YINGKE® 盈科

盈科全国业务指导委员会系列丛书

课税的规则

涉税典型案例释析

盈科律师事务所 / 编
王桦宇 / 著

THE RULES OF TAXATION

AN ANALYSIS OF TYPICAL CASES INVOLVING TAXATION

法律出版社 LAW PRESS · CHINA
北京

图书在版编目(CIP)数据

课税的规则 : 涉税典型案例释析 / 盈科律师事务所编 ; 王桦宇著. -- 北京 : 法律出版社, 2023
ISBN 978-7-5197-8632-8

Ⅰ. ①课… Ⅱ. ①盈… ②王… Ⅲ. ①税法-案例-中国 Ⅳ. ①D922.220.5

中国国家版本馆 CIP 数据核字(2023)第 247933 号

课税的规则
——涉税典型案例释析
KESHUI DE GUIZE
—SHESHUI DIANXING ANLI SHIXI

盈科律师事务所 编
王桦宇 著

策划编辑 朱海波
责任编辑 朱海波
装帧设计 汪奇峰 臧晓飞

出版发行 法律出版社
编辑统筹 法律应用出版分社
责任校对 蒋 橙
责任印制 刘晓伟
经 销 新华书店

开本 710 毫米×1000 毫米 1/16
印张 27.25 **字数** 400 千
版本 2023 年 12 月第 1 版
印次 2023 年 12 月第 1 次印刷
印刷 三河市兴达印务有限公司

地址:北京市丰台区莲花池西里 7 号(100073)
网址:www.lawpress.com.cn
投稿邮箱:info@lawpress.com.cn
举报盗版邮箱:jbwq@lawpress.com.cn
销售电话:010-83938349
客服电话:010-83938350
咨询电话:010-63939796

书号:ISBN 978-7-5197-8632-8
定价:98.00 元
凡购买本社图书,如有印装错误,我社负责退换。电话:010-83938349

本书编著者

王桦宇 著

YINGKE® 盈科

前　言

轮回观察:碎步前行的中国税务律师之路

我从2011年3月加入北京盈科(上海)律师事务所并担任盈科体系第一个筹建财税法律事务部的负责人,至今已经有12年,也算是一个岁月的小幅轮回。我总希望能有个基于专业的梳理和归纳,对涉税案件办理的感悟和心得,通过纸面化、可视化和迭代化的方式做一个阶段性的注解,也给有兴趣的同行特别是准备进入税务律师行业的法律新人一个开放的共享视角,让其了解到真实的税务案件办理的客观全貌和生态景象。于我自己而言,也能在此基础上,进入下一个12年的继续努力和不懈求索。按照每3到4年一个标志性特点的典型案例的原则,我梳理了这12年来我们团队承办的涉税专业事项和争议解决全部案例,选取了4个典型案例来温故中国税收执法、司法过程中虽明显挂一漏万但也略具代表性的法治片段,并结合专业税务律师的执业经验和体会,顺便谈谈对未来中国涉税专业服务的长远展望。

“营改增”时代:朝向更加公平的流转税制改革(2011)

我记得我加入盈科体系后代理的第一个税务行政案件是位于上海新天地的某意大利广告公司的税务行政争议案件,当时担任我助理的是在上海交大法学院读研二的王鸿平,我当时担任上海交大法学院法律谈判实务课程的业界导师,按照谈判议程,他被分在我的小组,基于口才谈吐、专业基础和思维能力等方面都表现不俗的原因,很快他就以实习生身份加入了我的团队,并参与了该案的全部过程。这个案件的委托人是一家在国际上享有知名度的外资广告企业,承办了诸多500强跨国公司在华非常知名的广告业务,他们对于当时的营业税差额征收政策的不周全感到难以理解,特别是对于公司广告营业收入中直接外包给广告制作公司的业务款不能进行营业税差额申报的政策无法认同，且导致公司在单项业务中无法正常获利，于是聘请税务律师参与到与稽查局的沟通当中。

接受代理后，我们向主管稽查局提供了多份税务法律意见和多轮沟通，就营业税差额征收政策的不周延性、政策的合理解释和相似政策的可参考性、可能的救济性处理建议等与他们进行了充分沟通。在时任上海公司总经理和亚洲区财务总监的密切配合和共同努力下，同时结合纳税人的其他稽查事项进行综合协调，最终在2011年金秋九月以双方都能接受的方案结案。[①] 两个月后，财政部、国家税务总局经国务院批准后印发《营业税改征增值税试点方案》（财税〔2011〕110号），从2012年1月1日起，在上海交通运输业和部分现代服务业开展营业税改征增值税试点，至此拉开全面“营改增”的全国序幕，该案可能也是上海营业税时代最后一批受营业税差额征收政策影响的不能实现公平税负的典型案例。

“放管服”改革：税务事项事后备案的法律效力（2015）

2015年，我们团队开始担任总部在厦门的一家以矿业、房地产为主营业务的集团的专项税务法律顾问。委托企业是该集团公司旗下某上市公司下属矿业企业，这家位于西部某省深山处的矿企遇到的主要问题是，2015年国务院推进“放管服”改革后，纳税人申请税收优惠事项不再需要经过审批，只是需要在专业判断基础上自行安排备案，在此背景下，该企业在与所在地主管税务机关进行专业沟通的基础上，按照省发改委审批的矿产属性，同时秉承经营实质确认应享受的相关主体，自行申报享受西部大开发15%优惠税率的企业所得税政策，并按照《税收征收管理法》的规定申请当期退税或抵税。该备案事项很快被所在省税务局负责上市公司公告涉税事项监控的小组了解，认为该矿企不应享受该税收优惠政策，并指派所在地主管税务机关进行情况了解和约谈，所在地主管税务机关据此出具不予备案受理的税务事项通知书。

接受委托后，我和上述集团公司财务总监多次和所在县、市、省三级税务机

---

① 参见王桦宇：《一份税务稽查法律意见书的解读——兼论上海市“营改增”试点与纳税人权利保护》，载熊伟主编：《税法解释与判例评注》（第3卷），法律出版社2012年版，第48～61页。

关相关处(科)室进行沟通,涉及要点包括税务备案的法律效力、“放管服”改革政策适用的程序性理解,以及该矿企是否满足税收优惠条件等技术性事项。在该宗案件的初期阶段,纳税人企业对主管税务机关的不予受理备案提起了行政诉讼,后经上级税务机关协调,在其撤回了相关通知书后,纳税人企业撤回了起诉。此后便进入了较长时间的沟通胶着阶段,我们也多次提交向各级税务机关就相关事项提交过多份涉税专业法律意见书。在此过程中,印象比较深刻的是到省城与省税务局企业所得税处的处长和分管副处长沟通,两人都比较专业,在友好气氛中也谈了各自的见解,不久后省税务局就安排省、市、县三级税务局相关主管人员乘坐两部公务中巴车到矿山现场进行调研,并最终同意接受纳税人企业能够享受优惠政策的意见。①

税惠小微企:认定税法主体的实质标准与避税判定(2018)

2018 年,我们团队接受长三角某省某县一家中小型超市公司负责人的委托,代理其一宗税务稽查的行政复议案件。这是一家家族经营的中小型超市,由该公司负责人及其家属、亲戚从事经营,最开始是一家注册为个体工商户的小超市,扩大门面规模后又增设了 7 家个体工商户,分别经营副食品、文具、日杂、大众化妆品、小家电等,后来在 8 家个体工商户的基础上设立了一家有限责任公司,便于与企业客户开展业务活动。这 8 家个体工商户的登记经营者是公司负责人的家属、亲戚,但实际在超市中的工作内容也不限于该个体工商户对应的经营区域,而是根据超市经营的需要从事理货、促销等工作,年终由超市负责人根据经营表现分红。由于财务管理能力弱,8 家个体工商户和一家有限责任公司的出入库账本和财务账簿记录也比较混乱,仅能总体上了解每年的进出货、经营和分红情况。在主管税务机关的例行检查过程中,发现该超市有限责任公司在近 7 年的销售过程中有累计开具达千万元的纸质发票,但大部分销售额并未申报纳税,品类主要为文具、食品和小家电,稽查局介入后要求该超市有限公司补

① 参见王桦宇:《税务事项事后备案的法律效力——以西部某县矿业公司税收优惠政策争议案为例》,载熊伟主编:《税法解释与判例评注》(第 8 卷),法律出版社 2017 年版,第 83 ~109 页。

缴税款。[①]

在经过听证程序后，稽查局最终仍在2018年作出要求该超市有限公司补缴税款及滞纳金数百万元的税务处理和按50%处罚的税务行政处罚决定。本案遂进入行政复议阶段，该等两份税务文书被上级税务机关责令撤回。当时，税惠小微企业的政策正在如火如荼的开展中，减轻小微企业负担和严格依法征税成为当时税收征管政策的主流。我和本案县税务局稽查局长和县税务局分管副局长进行了充分沟通，他们认为纳税人所称错误代开就是虚开的理由不成立，还会涉及刑事责任，所以作出前述两份税务文书。其间，我们团队出具了专项税务法律意见，主张认定税法主体和是否构成避税，需要综合商业惯例、现场实地考察结论、纳税人意见、诚信推定和举证责任分配等事项后斟酌判定。[②] 经再次核查具体情况，最终稽查局按照《发票管理办法》以代开发票为由进行了行政处罚（相对补税而言总额较少），并以另外事由的小额补税结案。

政府公信力：招商引资中财政奖补事项的司法保障（2021）

2020年，我们团队接受西部某大型矿业集团公司的委托，担任某宗在招商引资过程中政府承诺财政返还但无意兑现的行政争议案件的专项法律顾问，并先后担任行政复议和行政诉讼阶段的代理人。虽然客户主张标的数额高达亿元，案情也比较复杂，记得当时统计核算数十家关联及下属公司的财务数据时，用的是工程制图使用的大型纸张，并用一个系带的工程图纸专用筒随身携带，方便随时查看和讨论，开庭所使用的案卷资料也是以行李箱为单位进行统计。该案主要争议点在三个方面：一是在范围判定上，“上市”是否仅指首次公开募股（Initial Public Offering，IPO），这涉及附加财政奖励的强度；二是政策适用存在

---

① 案件调查主要涉及2010～2016年开出的纸质营业税发票和增值税发票（“营改增”后为增值税发票）。在案件调查中，稽查局认为可能系销售香烟而故意开成前述品类，超市负责人则指出开具品类真实但原本属于8家个体工商户实际销售，由于超市财务知识欠缺，出于使客户报销更为方便，在开票时告知客户个体工商户发票和有限公司发票均可开具，导致大多数顾客选择了开具有限公司发票，属于错误代开，且这些发票所载销售额并未超过8家个体工商户的核定销售额，同意接受税务行政处罚但不愿意补缴税款。

② 关于纳税人的诚信推定权，参见王桦宇：《论税法上的纳税人诚实推定权》，载《税务研究》2014年第1期。

多个财政奖补政策情形下，该项目同时覆盖新旧政策时，应如何适用政府奖补文件；三是统计口径上，除该集团公司所涉税款外，是否涵盖下属公司的所涉税款，以及如何妥适判定政府奖补文件的行业要求。在这些问题上，当地政府与昔日的座上宾在很多意见上都不一致，遂引发争议，该集团公司通过行政复议等法律途径主张权利。

2014 年 11 月 27 日发布的《国务院关于清理规范税收等优惠政策的通知》（国发〔2014〕62 号）要求各地方、各部门切实规范各类税收等优惠政策，全面清理已有的各类税收等优惠政策。① 2015 年 5 月 10 日发布的《国务院关于税收等优惠政策相关事项的通知》（国发〔2015〕25 号）对国发〔2014〕62 号文涉及的相关事项进行了明确，各地已经出台的税收等优惠政策继续有效，但以后不得在法律、行政法规之外制定出台新的优惠政策。此后的司法实践也支持 2015 年 5 月 10 日之前政府面向招商引资制定的优惠政策继续有效。代理本案后，在向市政府提起行政复议而维持了行政复议决定后，我们向省政府和省政府所在地的中级人民法院同时提起新的行政申诉和行政诉讼，很快省政府便向市、县两级政府发出督促函，要求其履行政府承诺的奖补待遇。与此同时，省政府所在地的中级人民法院受理本案后，支持应当享受奖补待遇，但在数额认定上采取了较小的数额标准。其后，本案经二审、再审程序并最终在 2021 年定案。需要指出的是，在执行环节，新任县政府负责人在财政并不十分宽裕的情形下，主导通过分阶段偿还方式最终偿还了该笔财政奖补款，此举值得肯定。

前述 4 个案件在本书中也都有详细的论述和展开，部分案件评析还在各级学术或实务类刊物上发表，涉及具体的税法争点也通过和解、调解、复议或诉讼等方式达成了最终结果。但我在这里想说的是，这 12 年来，中国的税务律师群体已经开始逐渐形成，并有越来越多的律师特别是青年律师加入其中。一方面，是经济社会发展和律师行业专业化分工的必然性决定的，涉税专业服务不仅需要掌握税务知识，还要掌握法律知识，这些法律知识不仅是指税法知识和民法、行政法的相关知识，更指法律观点和法治思维；另一方面，这与我国的税收法治建设和法治政府建设密切相关，原来的复议诉讼少并不是没有争议，而是争议基

① 关于清理规范税收优惠政策的法学思考，参见熊伟：《法治视野下清理规范税收优惠政策研究》，载《中国法学》2014 年第 6 期。

本上在基层化解或者纳税人因为各种原因不愿意通过法律方式来解决问题。有一种误解总是存在,即认为税务机关败诉就是所涉税务机关存在问题,其实很多案件就是由于基层税务机关担心渎职风险,过于"国库主义",从而导致了新的执法风险,①税法的模糊性在新时期又倍增了政策把握风险。虽然在总体上,基于我国文化传统、发展阶段、治理思维等综合因素,较大规模的税务行政复议诉讼也许不太会发生,但是通过具体案件的公正办理来体现税收法治的观念非常重要,这也是未来中国税务律师以及涉税专业服务共同体的职业前景所在。

目前,我已经连续担任三届(第三、四、五届)盈科全国财税法律专业委员会主任。盈科律师事务所创始合伙人、盈科全国业务指导委员会主任李华律师本着对盈科体系专业化建设的高度责任心,也多次关心本书稿的进度,盈科全国业务指导委员会秘书长郭琪律师更是多次跟催书稿的详细时间节点,也感谢她们的及时催促使得本书更早面世。感谢我团队的董珊珊顾问、施润霖律师、姜程律师、谭玉娇律师、律师助理俞滢以及实习生陈颖韬,她们有的参与过相关项目和案件的具体承办,有的参与过案件讨论会并整理过相关案件卷宗,有的参与核对相关内容的相关法条规定和引用文献,有的参与梳理和校对本书的前期初稿,并且多次集体向我阐明,出具教科式的办案手记能为青年税务律师带来更多的启迪和帮助,这也促使我能在后疫情时代首个暑期结束前完成全部书稿。

盈科全国财税法律专业委员会主任

盈科上海财税法律事务部主任

王桦宇

2023 年 10 月 30 日

---

① 关于"国库主义"以及相关税法基本理论、案例,参见刘剑文:《财税法——原理、案例与材料》(第 5 版),北京大学出版社 2022 年版,第 183 ~218 页。

目录

虚开增值税(刑事)篇

企业所得税争议篇

个人所得税争议篇

税务争讼救济篇

境内税收政策篇

增值税争议（行政）篇

001

论上海市“营改增”试点与纳税人权利保护*

——某意大利知名广告公司税务稽查案

摘要：广告业的税务征收事项相对简单，其难点主要在于营业税的差额征收部分。国家税务总局和上海市税务局对营业税差额征收专门下发过相关规范性文件，对营业税差额征收部分相关事项进行明确。在相关规范性文件中没有列明的差额扣除事项，在稽查实务中是否应当全部归结为不得扣除事项？在商业环节能够合理证明以及税负明显过重的情形下，是否可以直接援引纳税人权利保护原则作扩大解释？基于纳税人权利保护原则，以法律意见书的论证为主线，就营业税差额征收的相关法理进行解读，并在此基础上阐明上海市“营改增”试点如何在经济观察法角度体现税收正义。

一、案情简介

此案涉及的是2011年上海某意大利知名广告公司——新天地公司的税务稽查事项。[1] 在2011年国家税务总局发布的税务稽查工作要点中，广告业是重

---

* 肇始于上海试点的“营改增”改革，给中国税制改革带来了长期而深远的影响。本案作为上海“营改增”的典型案例，能在很大程度上为“营改增”的正当性提供实务案例注脚。本文原载于熊伟主编：《税法解释与判例评注》（第3卷），法律出版社2012年版。文章纳入本书时，部分内容有所调整。

① 此案最终以客户满意的方案获得稽查局确认。稽查局按照事先与我们达成的相关口头承诺内容出具税务稽查通知书，此争议最终未进入复议程序。按照学术研究惯例及为保护客户商业秘密，本文对当事人公司及所涉及公司的相关信息作了必要的技术性处理。

点稽查行业。[①] 2011 年 7 月,上海市原地方税务局某稽查分局对新天地公司最近两年的纳税事项进行税务稽查,并指出新天地公司多笔广告业务未及时缴纳营业税或文化建设费,要求新天地公司积极补缴或支付有关税费、罚款以及滞纳金。承办律师在接受新天地公司专项委托后,对该公司近两年来的纳税事项进行了核查和梳理,特别是针对稽查机关口头对新天地公司所提出的一些涉及可能补税的部分进行重点核查和甄别,并寻找相关事实依据和法律依据,从而避免新天地公司在法律法规、政策规定范围之外或因稽查人员对税法的主观认识差异而多缴税款。

2011 年 7 月,上海市原地方税务局某稽查局稽查人员到新天地公司进行税务稽查,调取了相关业务合同,约谈了相关业务主管人员,初步认定相关事实并提出了口头的税务稽查意见。大致内容包括两项:(1)松惠公司业务专项。新天地公司提交了新天地公司与客户松惠公司和外包商沪德公司的业务合同和财务资料。2010 年 4 月,新天地公司获得大客户松惠公司一笔 900 万元的广告业务,新天地公司承担最核心的设计业务,同时以 700 万元的价格将制作业务转包给广告制作商沪德公司。新天地公司按 900 万元合同标的缴纳营业税,但未在此基础上缴纳文化建设费。稽查局要求新天地公司按照业务标的数额和规定费率 4% 补缴此笔文化建设费计 36 万元,并按日加收滞纳款额 2‰的滞纳金。(2)明伦公司专项和海文公司专项。新天地公司提交了新天地公司与客户明伦公司和海文公司的业务合同和财务资料。2010 年 7 月,新天地公司获得明伦公司一笔 100 万元的广告业务,按照咨询业类别为明伦公司开具发票;2010 年 8 月,新天地公司获得海文公司一笔 150 万元的广告业务,按照咨询业类别为明伦公司开具发票。稽查局认为此两笔业务应开出广告业而非咨询业的发票,要求按照业务标的数额和规定费率 4% 补缴文化建设费计 10 万元,并按日加收滞纳款额 2‰的滞纳金。

---

① 根据 2011 年税务稽查工作会议纪要的精神,2011 年税收专项检查指令性项目包括:(1)资本交易项目(上市公司和非上市公司的股权交易项目);(2)广告业;(3)办理电子、服装类产品等出口退(免)税的企业。重点检查办理计算机中央处理器(CPU)、存储功能卡、数据存储装置、EMC 磁盘存储器、固态非易失性存储器件、手持式无线电话等手机相关产品、蓝牙耳机及其他耳机、耳塞(包括传声器与扬声器的组合机)、太阳能电池、液晶显示屏、电路板、集成电路板、偏光片等体积小、价值高的电子产品和各类服装出口退(免)税的出口企业。2011 年税收专项检查指导性项目包括:(1)房地产业、建筑安装业;(2)高收入者个人所得税;(3)金融行业非居民企业;(4)各地根据本地实际开展的其他项目。

新天地公司对稽查局的业务事实部分不持异议,但对补缴税费的口头稽查意见表示了异议。主要争议点在于对营业税差额征收政策的理解以及对业务性质认定导致的文化建设费缴纳必要性的认识。新天地公司认为:(1)松惠公司业务专项。就广告业务收入中支出扣除方面,应考虑相关法律法规和政策的具体规定以及税法基本原则,就委托给第三方进行广告制作所产生的业务成本,应作为差额征收的范畴,并由应退回的营业税款冲抵文化建设费,并多退少补。(2)明伦公司专项和海文公司专项。此两笔业务对应的合同名称并非“广告合同”,而是“品牌传播专案合同”,该合同中虽然涉及广告制作事项,但整体业务涉及策划、调研创意、培训等多个方面,应认定为咨询合同而非狭义的广告合同。据此,针对娱乐业和广告业的文化建设费及其滞纳金没有征收的基础性依据。

承办律师在稽查局检查阶段接受新天地公司委托介入此案,并多次与稽查人员进行磋商沟通。税务稽查进行过程中,新天地公司亚太区财务总监、中国区首席执行官(Chief Executive Officer, CEO)就此事与承办律师进行专门面谈沟通。稽查局也认真对待此案,稽查人员也多次向上级进行请示汇报。就明伦公司专项和海文公司专项,稽查局同意承办律师的法律意见,认为此两笔业务属于广义的咨询业务而非狭义的广告业务,可不予缴纳相应的文化建设费和滞纳金。就松惠公司业务专项,稽查局在参考承办律师法律意见的基础上,经多次向上级请示,稽查局仍认为,在相关法律、法规和政策未明确规定广告制作费属于差额征收的范围以及国家税务总局没有更进一步意见的前提下,尽管在商业判断上似流转课税过重,对认为广告制作费应作为扣除事项的法律意见仍持保留意见,但可酌情考虑是否征收滞纳金。在充分考虑各方面因素和权衡利弊后,新天地公司最终放弃了启动行政复议程序。至此,经由税务稽查检查和审理环节,稽查局按此思路制作了最终的税务处理决定书。

二、法律分析

(一)法律意见书的背景介绍——从沪地税货〔2010〕28 号说起

1. 相关规范性文件简介

为了贯彻《国务院关于推进上海加快发展现代服务业和先进制造业建设国际金融中心和国际航运中心的意见》(国发〔2009〕19 号)、《上海市人民政府关于进一步促进本市中介服务业发展的若干意见》(沪府发〔2010〕4 号)的精神,加强营业税管理,规范营业税计税营业额扣除项目的税收管理,促进服务经济健康发展,根据《营业税暂行条例》(已失效)、《营业税暂行条例实施细则》(已失效)、《税收征收管理法》及其实施细则和其他税收法律、法规的规定,上海市原地方税务局制定了《营业税差额征税管理办法》(已失效),于 2010 年 8 月 18 日以《关于印发本市〈营业税差额征税管理办法〉的通知》(沪地税货〔2010〕28 号,已失效)形式下发,并自 2010 年 9 月 1 日起施行。该办法适用于上海市范围内负有营业税纳税义务,按差额方式确定计税营业额,并据以征收营业税(以下简称差额征税)的单位和个人(以下简称纳税人),该文件还具体明确了按差额方式计征营业税的 9 类具体项目。其中,该文件所称"按差额方式确定计税营业额"是指纳税人在中国境内提供营业税应税劳务、转让无形资产或销售不动产时,以收取的全部价款和价外费用减去规定可扣除的支付款项后的余额为计税营业额。

2. 当事人情况及其与稽查局争议要点

2011 年 7 月,上海市原地方税务局某稽查局稽查人员到新天地公司进行税务稽查,调取了相关业务合同,约谈了相关业务主管人员,初步认定相关事实并提出了口头的税务稽查意见。内容包括两项:(1)松惠公司业务专项。新天地公司提交了新天地公司与客户松惠公司和外包商沪德公司的业务合同和财务资料。2010 年 4 月,新天地公司获得大客户松惠公司一笔 900 万元的广告业务,新天地公司承担最核心的设计业务,同时以 700 万元的价格将制作业务转包给广告制作商沪德公司。新天地公司按 900 万元合同标的缴纳营业税,但未在此基础上缴纳文化建设费。稽查局要求新天地公司按照业务标的数额和规定费率 4% 补缴此笔文化建设费计 36 万元,并按日加收滞纳款额 2‰的滞纳金。[①] (2)明伦公司专项和海文公司专项。新天地公司提交了新天地

---

① 根据 1998 年 7 月 3 日上海市人民政府发布并自 1998 年 9 月 1 日起施行的《上海市文化教育事业建设费征收办法》(已失效)的规定,凡在上海市行政区域内从事娱乐业、广告业经营的单位和个人,均须按照该办法的规定缴纳文化教育事业建设费。娱乐业的经营单位,按营业收入的 3% 缴纳文化教育事业建设费。广告业的经营单位,按广告经营收入的 4% 缴纳文化教育事业建设费。娱乐业、广告业的经营单位未在规定的期限内缴纳文化教育事业建设费的,征收部门除责令其限期缴纳外,从滞纳之日起,按日加收滞纳款额 2‰的滞纳金。另根据上海市人民政府《关于印发〈上海市文化事业建设费征收办法〉的通知》(沪府发〔2010〕45 号)的规定,自 2011 年 1 月 1 日起,文化事业建设费的费率调整为 3%,且取消了

公司与客户明伦公司和海文公司的业务合同和财务资料。2010 年 7 月,新天地公司获得明伦公司一笔 100 万元的广告业务,按照咨询业类别为明伦公司开具发票;2010 年 8 月,新天地公司获得海文公司一笔 150 万元的广告业务,按照咨询业类别为明伦公司开具发票。稽查局认为此两笔业务应开出广告业而非咨询业的发票,要求新天地公司按照业务标的数额和规定费率 4% 补缴文化建设费计 10 万元,按日加收滞纳款额 2‰的滞纳金。

新天地公司对稽查局的业务事实部分不持异议,但对补缴税费的口头稽查意见表示了异议。主要争议点在于对营业税差额征收政策的理解以及对业务性质认定导致的文化建设费缴纳必要性的认识。新天地公司认为:(1)松惠公司业务专项。就广告业务收入中支出扣除方面,应考虑相关法律法规和政策的具体规定以及税法基本原则,就委托给第三方进行广告制作所产生的业务成本,应作为差额征收的范畴,并由应退回的营业税款冲抵文化建设费,多退少补。(2)明伦公司专项和海文公司专项。此两笔业务对应的合同名称并非"广告合同",而是"品牌传播专案合同",该合同中虽然涉及广告制作事项,但整体业务涉及策划、调研创意、培训等多个方面,应认定为咨询合同而非狭义的广告合同。据此,针对娱乐业和广告业的文化建设费及其滞纳金没有征收的基础性依据。

3. 代理过程及最终结果

承办律师在稽查局检查阶段接受新天地公司委托介入此案,并多次与稽查人员进行磋商沟通。税务稽查进行过程中,新天地公司亚太区财务总监、中国区 CEO 就此事与承办律师进行专门面谈沟通。稽查局也认真对待此案,稽查人员也多次向上级进行请示汇报。就明伦公司专项和海文公司专项,稽查局同意承办律师的法律意见,认为此两笔业务属于广义的咨询业务而非狭义的广告业务,可不予缴纳相应的文化建设费和滞纳金。就松惠公司业务专项,稽查局在参考承办律师法律意见的基础上,经多次向上级请示,稽查局仍认为,在相关法律、法规和政策未明确规定广告制作费属于差额征收的范围以及国家税务总局没有更

关于滞纳金的规定。凡在上海市行政区域内依照《营业税暂行条例》的规定缴纳娱乐业、广告业营业税的单位和个人,为文化事业建设费的缴纳义务人,应当依照该办法的规定,缴纳文化事业建设费。文化事业建设费按缴费人应当缴纳娱乐业、广告业营业税的营业额和规定的费率计算应缴费额。计算公式为:应缴费额 = 应纳娱乐业、广告业营业税的营业额 × 3%。本案例虽然在 2011 年处理,但由于相关涉税事项期间均为 2010 年,故仍按 4% 的费率执行。

进一步意见的前提下，尽管在商业判断上似流转课税过重，对认为广告制作费应作为扣除事项的法律意见仍持保留意见，但可酌情考虑是否征收滞纳金。在充分考虑各方面因素和权衡利弊后，新天地公司最终放弃了启动行政复议程序。至此，经由税务稽查检查和审理环节，稽查局按此思路制作了最终的税务处理决定书。①

（二）主体性争议的法律论证——关于营业税差额征收

1. 广告业中能明确区分的业务外包费用能否扣除

（1）本案争议发生时的相关营业税差额征收的法律规定。当时有效的与营业税差额征收相关的法律规定除包括《营业税暂行条例》《营业税暂行条例实施细则》《税收征收管理法》《税收征收管理法实施细则》外，还包括《财政部、国家税务总局关于营业税若干政策问题的通知》（财税〔2003〕16 号）、《国家税务总局关于营业税若干问题的通知》（国税发〔1995〕076 号，已失效）、《上海市地方税务局关于印发本市〈营业税差额征税管理办法〉的通知》（沪地税货〔2010〕28 号）等中央和地方财税部门的规范性文件。

（2）当时有效的相关法律规定未明确规定业务外包不能扣除。上海市原地方税务局发布的沪地税货〔2010〕28 号文是对此前发布的相关法规政策的归类梳理，对大部分的差额征税方法进行了明确，并自 2010 年 9 月 1 日起在上海市范围内予以执行。在该文件的附件“按差额方式计征营业税的具体项目”（以下简称“具体项目”）中，第 41 条规定，从事广告代理业务的，以其全部收入减去支付给其他广告公司或广告发布者（包括媒体、载体）的广告发布费后的余额为计税营业额。不过，这并不能必然推导出广告业营业额中仅能扣除广告发布费。在税收法律、法规和政策中，对相关项目能否扣除，有三种规定，第一种是明确规定“不得扣除”（如《营业税暂行条例》第 6 条），第二种是明确规定“可以扣除”（如《营业税暂行条例》第 5 条），第三种是未作规定。在国家财税部门的相关规范性文件和沪地税货〔2010〕28 号文的附件“具体项目”中，对广告业务中能明确

① 根据 2009 年 12 月 24 日印发并自 2010 年 1 月 1 日起执行的《税务稽查工作规程》（国税发〔2009〕157 号，已失效）的规定，税务稽查工作分为选案、检查、审理和执行等几个阶段。其中，检查应当自实施检查之日起 60 日内完成；确需延长检查时间的，应当经稽查局局长批准。检查完毕，检查部门应当将税务稽查报告、税务稽查工作底稿及相关证据材料，在 5 个工作日内移交审理部门审理，并办理交接手续。审理部门接到检查部门移交的税务稽查报告及有关资料后，应当在 15 日内提出审理意见。审理完毕，审理人员应当制作税务稽查审理报告，由审理部门负责人审核。

区分业务分工性质的业务外包费用是否扣除部分，均未作明确规定。

(3)当时有效的相关法规政策对类似情形均作了可以扣除的相应规定。在财税〔2003〕16号文、国税发〔1995〕076号文和沪地税货〔2010〕28号文中，均贯彻了非真实进项收入可以扣除的原则。如国税发〔1995〕076号文第三部分“关于营业额的问题”中所列举的二十项可以进行差额扣除的部分；又如沪地税货〔2010〕28号文在交通运输业部分许可扣除支付给其他单位的运输费用；在建筑业部分许可扣除支付给其他单位的分包款；在金融保险业部分许可金融商品买卖业务以卖出价扣除买入价后的余额为计税营业额等。

综上所述，当时有效的法律规定并未明确规定广告业中能明确区分的业务外包费用不得扣除。

2. 新天地公司从事的大客户广告业务专项是否具有代理性质

(1)松惠广告业务具有综合性和代理性的特点。松惠公司作为全球500强企业，对供应商实行非常严格的管理，在全球和区域范围内制定适格的供应商名单。新天地公司作为松惠公司的指定供应商，集中负责松惠公司的广告业务，并提供综合性的广告解决方案。而新天地公司作为一家专业提供创意解决方案的公司，基于对专业精益求精的执着追求，不从事具体的广告制作业务。松惠公司亦了解新天地公司业务范围的基本情况，但基于对新天地公司的专业信任，将制作业务亦委托给新天地公司一体处理，即委托新天地公司选择有相应资质和专业水准的公司进行新天地公司业务产出部分的广告制作业务。

(2)松惠广告业务制作部分外包是该业务代理性的具体体现。松惠广告业务包括创意策划和设计部分，也包括制作和具体实现部分。新天地公司对松惠广告专项的项目内容整体负责，在独立完成其中的创业策划和设计部分的同时，接受松惠公司的委托，筛选和确定适当的广告制作单位，并将制作和具体实现部分交由其完成。新天地公司将松惠广告业务的制作部分予以外包，也正好体现了新天地公司所从事的松惠广告业务具有代理性的特点。

(3)代理业务属于营业税差额征税的范畴。《国家税务总局关于营业税若干问题的通知》(国税发〔1995〕076号)第四部分“关于代理业营业额问题”规定，代理业的营业额为纳税人从事代理业务向委托方实际收取的报酬。因此，对于新天地公司松惠专项的广告业务，应区分独自完成类和委托代理类。其中，对新天地公司松惠专项营业额的计算，应按照向松惠公司实际收取的报酬进行处理,对转付给广告制作公司的费用,宜准许予以扣除。

综上所述,应当认为新天地公司从事的松惠业务专项能明确区分独立完成部分和委托代理部分。确定新天地公司的实际营业额,宜按照代理业征收营业税的差额原则进行处理。

3. 真实发生的业务外包费用予以扣除的税法原则

(1)税收法定原则。税收法定原则是指由立法者决定全部税收问题的税法基本原则,即如果没有相应法律作前提,国家就不能征税,纳税人也没有纳税的义务。在税收实务中,往往会直接援引税法具体条文和相关规范性文件,但此种做法并不影响税法原则在征税实务中的适当运用。就税收法定原则而言,对税法没有明确规定的部分,宜考虑适用税法基本原则。对税法有明确规定的部分,应予以依法征收,但对税法没有明确规定的部分,宜注意识别可税性和公平性问题。真实发生的业务外包费用是否必然不能被扣除,则应严格贯彻税收法定原则。

(2)税收公平原则。对于法律法规没有明确规定的部分,宜予以特别考虑税收公平原则。营业税的征收立基于对真实交易的识别和判断,而后依据税法的相关条款对真实交易进行课税。对于税法没有明确规定,而相应征税会造成纳税人非常大的负担甚至是业务亏损的情形,应特别注意对公平性的把握。税款征收是督促纳税人在获取必要利润的基础上履行纳税义务,而非涸泽而渔,使纳税人陷于因支付不合理税款而不能经营的状态。税收公平原则的适用体现在真实营业额的具体确定上。

(3)量能课税原则。量能课税原则是税收公平原则的衍生原则。对于松惠专项,松惠所支付的费用有3/4要转付给第三方制作公司,新天地公司仅能获取其中费用的1/4。而这1/4款项中还包括必须支付的人工、场地、材料物损等费用。新天地公司作为一向合法纳税的纳税人,愿意依法缴纳税款,但难以在超过自己承受能力范围内承担不合理的纳税责任。量能课税原则可以在准确判断实际营业税的客观确定的基础上贯彻适用。

(4)纳税人权利保护原则。2009年11月,国家税务总局发布公告2009年第1号,即《国家税务总局关于纳税人权利与义务的公告》。依据该公告规定,纳税人在承担法定纳税义务的同时享有申请退还多缴税款权、陈述与申辩权、税收法律救济权、依法要求听证的权利等相应权利。与此同时,对于营业额的具体确定和营业税的具体征收,也应贯彻更抽象意义上的纳税人权利保护原则。

综上所述,基于上述税法原则,就新天地公司松惠专项的营业额具体确定而言,应按照税法的明确规定来执行。对于税法没有明确规定的,宜贯彻税法基本原则来进行处理。新天地公司松惠专项的营业额确定,应基于公平原则和纳税人权利保护的立场来处理。

4. 其他方面

(1)新天地公司宜提交客观真实的证据材料。新天地公司对税款征收事项的陈述和申辩宜提交客观真实、明确详尽的相关证据材料,供税务机关核查、识别和判定。新天地公司宜根据项目合同的真实情形提供松惠专项的项目合同、业务明细及相关财务资料。这些证据材料既包括松惠公司出具的指定供应商和授权处理广告制作事宜等相关证明文件,又包括新天地公司与广告制作方达成的制作合同和发票等相关证明文件、广告制作方出具的完成指定广告制作事项所包括的费用清单和工作量实现等相关证明文件。

(2)新天地公司宜与税务机关协调税务稽查、应缴文化建设费及申请退税的相关程序。新天地公司之前按照全额标准已缴纳的松惠专项的营业税,符合法定或合理性原则不宜或不应征收的部分,宜向税务机关申请予以相应退还。对于稽查部分提出的文化建设费补缴部分,则相应予以申请补缴。若可以与税务机关达成协商意见,亦可按照税务机关的安排将相关税款退回部分转为应缴纳的文化建设费。

因此,在新天地公司提供与松惠专项真实营业额部分相佐证的项目合同、业务明细及相关财务资料的基础上,宜许可对新天地公司广告制作业务外包的费用予以扣除。

5. 小结

基于以上分析,在本案争议发生时,相关法规政策并未明确规定广告业中能明确区分的业务外包费用不得扣除,因此,基于新天地广告松惠专项广告业务具有代理性质,应当按照代理业营业税差额扣除原则许可业务外包部分扣除,且准许真实发生的业务外包费用扣除是符合税法相关法律原则的。在新天地公司提交客观真实、明确详尽的项目合同、业务明细及相关财务资料的基础上,宜许可新天地公司对业务外包的费用予以扣除,新天地公司之前按照全额标准已缴纳的松惠专项的营业税宜予以相应退还,相关部分可转缴为应缴纳的文化建设费。

（三）辅助性争议的法律论证——关于业务类型与文化建设费征收

1. 品牌传播咨询业务与广告业务的区别

（1）从业务属性来区分。品牌传播咨询业务属于宏观和综合性业务，广告业务属于微观和专门性业务。实践中，品牌传播咨询业务往往支配多个策划公司和广告公司，从更高端的层次和角度为客户提供咨询服务。

（2）从业务模式来区分。品牌传播咨询业务注重服务提供的结构模式和流程实施，而广告业务注重服务提供的外表模式和设计制作。品牌、营销或渠道咨询的内核是实现特定阶段品牌的渠道及营销布局，并不直接以终端发布为要素；广告业务仅仅涉及给不特定客户的直观体验（如视听体验），并多数以媒体和载体发布为终端。

（3）从业务表现来区分。品牌传播咨询业务具有相当的恒定性和持久性，而广告业务具有阶段性和多变性。品牌传播往往需要通过市场调查、客户座谈等方式得出整个品牌传播的实施构架，并通过具体的执行方案来表现。而广告业务是基于特定产品和服务，按照市场营销的安排通过有形声像等方式对不特定客户进行推广和宣传的。

（4）从业务核心来区分。品牌传播咨询业务提供的是未有形成思路下的创意，而广告业务体现的是既定思路下的实现。品牌传播咨询业务的核心在于高端的整体创意，并整合更多渠道、营销业务功能，是公司营销部门的咨询外包业务；而广告业务的核心在于具体方案的设计与制作，属于既定品牌策略和营销策略下产品或服务包装的实际执行。

从上述几个方面可以看出，品牌传播咨询业务与广告业务是能被较为明确地区分的，新天地公司涉及稽查部分的业务宜归类于咨询业（品牌传播咨询业），不宜将其简单识别为广告业。

2. 品牌传播咨询业务是否需要征收文化建设费

（1）根据业务性质判断是否需要征收。品牌传播咨询业务属于咨询业，不宜征收文化建设费。新天地公司处理的两项专案（稽查调取复印留存）所涉业务包括整体品牌传播的市场调查、创意构思、渠道行销、业务促进和信息培训等全面流程，尽管其中部分流程环节可能涉及具体广告创意，但并不影响该项业务属于品牌传播咨询业务、属于咨询业的判断。

（2）根据税费区别判断是否需要征收。从税与费征收的学理立场上讲，税的征收采取税收法律主义，需要明确的法律依据；费的征收采取规费合理主义，需要合理的法规政策依据。就文化建设费等附加费而言，要考虑附加费征收的政策依据及其合理性，对能清楚识别的部分予以征收，对尚存争议的部分应谨慎征收或不予征收。

(3)根据政策取向判断是否需要征收。品牌传播咨询业务属于创意产业，属于服务业的高端部分，是政策予以鼓励与扶持的业务，对其征收文化建设费的政策基础不足；而广告业与娱乐业一起被归类于并非直接促进生产效益之部分，符合征收文化建设费之产业政策基础。

因此，对品牌传播咨询业务不宜征收文化建设费。

3. 对文化建设费是否科以滞纳金与行政处罚

(1)科以滞纳金和罚款无法律依据。《税收征收管理法》对不同情形下补缴税款后是否及如何科以滞纳金与行政处罚有相应规定。但是对补缴文化建设费等附加费部分是否需要科以滞纳金或行政处罚，目前没有相应的法律依据。①

(2)科以滞纳金和罚款无政策依据。文化建设费征收的相关政策依据如《国务院关于进一步完善文化经济政策的若干规定》(国发〔1996〕37号)、《财政部、国家税务总局关于印发〈文化事业建设费征收管理暂行办法〉的通知》(财税字〔1997〕95号，已失效)、《上海市文化事业建设费征收办法》(沪府发〔2010〕45号)等文件中没有关于滞纳金和行政处罚的相关规定，所以文化建设费滞纳金亦没有政策依据。2011年1月1日起施行的《上海市文化事业建设费征收办法》还特别取消了此前《上海市文化教育事业建设费征收办法》中关于滞纳金的相关规定，按照程序法适用规则的从新从轻原则，滞纳金也不宜征收。

(3)存在不征收的实践口径。作为地方实践，广东地税系统曾发文(粤地税函〔2003〕333号)明确了文化事业建设费等规费因无法律政策依据，不宜征收滞纳金。

因此，即便是涉及补缴文化建设费，也不宜科以滞纳金和行政处罚。

(四)小结

综合以上分析，品牌传播咨询业务与广告业务存在较为明显且合理的区别，

---

① 2012年1月1日起施行的《行政强制法》第13条第1款规定，行政强制执行由法律设定。对于非税公课(行政事业性收费、政府性基金等)，我国并未有相关立法。所以，对于地方性法规、部门规章和地方政府规章关于非税公课的滞纳金设定，也存在合法性和正当性的质疑。此案发生及其代理发生在2010年和2011年，其时《行政强制法》尚未生效，故未在法律意见书中陈述相关理由。

品牌传播咨询业务宜归类于咨询业,因此对品牌传播咨询业务不宜征收文化建设费,即便是涉及补缴文化建设费,也不宜科以滞纳金和行政处罚。

三、启示与思考——上海市"营改增"改革试点与税收正义

(一)经济观察法

质课税法、实质课税主义等,是指税法上确立的应遵循依据纳税人经营活动的实质而非表面形式予以征税的准则。① 从理论法源比较的角度出发,"民法提供者系法律交易制度,重视当事人契约自由与交易安全;税法所欲掌握系其经济成果与量能负担""一般将此税法与民法认定基础不同,称之为实质课税原则或经济观察法"②。在本案中,可以有两个面向的分析:一是松惠公司专项中对于营业税差额扣除适用正向的经济观察法考察,③即课核新天地公司与松惠公司的实质交易营业额应为其总营收额扣除沪德公司外包业务款项之差额,且沪地税货〔2010〕28 号文中即有关于代理业务差额扣除的相关规定,故外包委托处理的广告制作费用应予扣除;二是明伦公司专项和海文公司专项中对咨询业务的认定适用逆向的经济观察法考察,即对于明伦公司专项与海文公司专项中的"品牌传播专案合同"性质的认定应采具体要素归纳方法,比如两份合同中关于市场调查、创意构思、渠道行销、业务促进和信息培训等流程细节的约定及其实际执行的工作记录单等,均能证明该两项业务的咨询事务属性。不能仅因公司名为广告公司而将所有业务归类认定为广告业务。④

---

① 经济观察法的相关理论,参见陈清秀:《税法总论》(第 6 版),台北,元照出版有限公司 2010 年版,第 198 ~223 页;刘剑文、熊伟:《税法基础理论》,北京大学出版社 2004 年版,第 147 ~168 页;等等。

② 葛克昌、贾绍华、吴德丰:《实质课税与纳税人权利保护》,台北,元照出版有限公司 2012 年版,第 6 ~7 页。

③ 一般认为,经济观察法实际上是对税收规避的约束原则,而实际上,对于法律法规不完备情形下的税法适用,可贯彻正向即对纳税人有利的经济观察法或实质课税原则,即视其具体经济交易实质确定税收负担。此观点亦与"实质课税不得违反量能原则"意见相一致。关于"实质课税不得违反量能原则",参见葛克昌、贾绍华、吴德丰:《实质课税与纳税人权利保护》,台北,元照出版有限公司 2012 年版,第 11 ~22 页。

④ 即便是合同中采用广告业务合同名称,但实际合同履行并非广告业务实质,此种情形下亦应认定为非广告业务应税行为。相似观点及解说,参见黄茂荣:《法学方法与现代税法》,北京大学出版社 2011 年版,第 196 ~199 页。

(二)纳税人权利保护

基于法治国家的理解,纳税人权利是税法的根本命题。[①]“若从现代税法体现的人权意识出发,税法单纯是税务机关行使征税权的根据,即‘征税之法’,更重要的是,税法是保障纳税者基本权利的、旨在对抗税权滥用的‘权利之法’”。[②]在这个意义上,“从法律之观点,人民之金钱给付,系作为财政国中国家财政收入之核心要素,国家经由课税权之行使,将人民财产权转换成公法之强制性财政收入”。[③]按照德国法上的公课理论,公法上的金钱给付义务主要包括税收、非税公课(包括规费、受益费、特别公课三种)等。在本案中,同样是两部分涉及纳税人权利保护的不同方面:一是松惠公司专项中如何掌握类型化观察法的适用问题,[④]即在沪地税货〔2010〕28 号文已经明确了差额征收的类型化基础上,对于相关类似应税行为是否纳入差额征收范围的判断。若按照纳税人权利保护的基本立场,则应将类型化归纳作有利于纳税人的理解和推断,即应纳入差额征收的范围。二是松惠公司、明伦公司、海文公司等公司交易营业税中文化建设费的正当性及其滞纳金问题,文化建设费作为特别公课之一,宜被归类于特别公课中,兼有取得财源和管制诱导的双重特点。[⑤]而基于纳税人权利保护原则,公法上金钱给付义务的征收及其罚则应以法律保留和严格听证程序为原则。仅以地方政府规章即可规定非税公课事项,或者地方政府规章规定违反法律法规规定,不

① 2009 年 11 月 6 日,国家税务总局在其官方网站上发布《关于纳税人权利与义务的公告》(国家税务总局公告 2009 年第 1 号)。该公告第一次以税收规范性文件的形式,将《税收征收管理法》及其实施细则和相关税收法律、行政法规中有关纳税人权利与义务的规定进行了系统的归纳和整理,列明了纳税人享有的权利和应该履行的义务。该公告明确,纳税人在履行纳税义务的过程中,依法享有 14 项权利。具体包括知情权、保密权、税收监督权、纳税申报方式选择权、申请延期申报权、申请延期缴纳税款权、申请退还多缴税款权、依法享受税收优惠权、委托税务代理权、陈述与申辩权、对未出示税务检查证和税务检查通知书的拒绝检查权、税收法律救济权、依法要求听证的权利以及索取有关税收凭证的权利。此文件被认为是中国政府重视纳税人权利保护的重要里程碑。

② [日]北野弘久:《税法学原论》(第 4 版),陈刚、杨建广等译,中国检察出版社 2001 年版,第 18 页。

③ 黄俊杰:《纳税人权利之保护》,北京大学出版社 2004 年版,第 2 页。

④ 关于税法上类型化观察法理论,参见陈清秀:《税法总论》(第 6 版),台北,元照出版有限公司 2010 年版,第 249 ~260 页。

⑤ 作为一种新兴的财政工具,特别公课是国家为一定政策目标的需要,对于有特定关系的国民所课征的,并限定其课征所得的用途的公法上负担。实践中,根据设立的目的不同,特别公课具体又可以分为以取得财源为目的的特别公课以及管制诱导性特别公课。参见陈清秀:《税法总论》(第 6 版),台北,元照出版有限公司 2010 年版,第 65 ~84 页。

应作为非税公课的立法取向。[①] 本案中,松惠、明伦、海文三项业务的文化建设费直接在营业税税基上增加 3% 或 4% 的费率,非常接近正税税率,尽管是基于管制娱乐业和广告业发展,但仍需进一步考虑合理性及正当性。

(三)小结

通过本案例,除了可以了解到税务稽查的真实进程、律师参与中的纳税人权利维护以及地方公课的妥适性检讨外,还能够透析到营业税作为流转税而全额征收的弊端和不利面的客观所在,这也恰好切实解释了增值税必然会取代营业税的技术基础和正义逻辑。2012 年 1 月 1 日起,上海市在交通运输业和部分现代服务业开始营业税改征增值税的试点,并根据情况及时完善方案,择机扩大试点范围。[②] "营改增"在税务技术上有完善税制和克服双重征税的效果,但更有意义的是,"营改增"体现了一种对纳税人课税的公平正义,即对经济观察法的正向适用以及对纳税人权利保护的高度尊重。需要指出的是,"营改增"改革试点同时会带来新的阶段性的不平等,即实行试点的地区和未实行试点的地区在税负上的差异性会衍生新的合理性与正当性问题。但毕竟试点的最终目的在于全体纳税人的整体税负优化与减轻,此种权衡下,一定时间的试点便也具有了实质意义上正义性。

附录 1:相关法律法规政策规定

第五条 纳税人的营业额为纳税人提供应税劳务、转让无形资产或者销售不动产收取的全部价款和价外费用。但是,下列情形除外:

(一)纳税人将承揽的运输业务分给其他单位或者个人的,以其取得的全部价款和价外费用扣除其支付给其他单位或者个人的运输费用后的余额为营业额;

(二)纳税人从事旅游业务的,以其取得的全部价款和价外费用扣除替旅游

---

① 基于各种考虑,2011 年 1 月 1 日起施行的《上海市文化事业建设费征收办法》特别取消了此前《上海市文化教育事业建设费征收办法》中关于滞纳金的相关规定。

② 上海市"营改增"试点的主要政策文件包括《财政部、国家税务总局关于印发〈营业税改征增值税试点方案〉的通知》(财税〔2011〕110 号)、《财政部、国家税务总局关于在上海市开展交通运输业和部分现代服务业营业税改征增值税试点的通知》(财税〔2011〕111 号,已失效)等。

者支付给其他单位或者个人的住宿费、餐费、交通费、旅游景点门票和支付给其他接团旅游企业的旅游费后的余额为营业额；

（三）纳税人将建筑工程分包给其他单位的，以其取得的全部价款和价外费用扣除其支付给其他单位的分包款后的余额为营业额；

（四）外汇、有价证券、期货等金融商品买卖业务，以卖出价减去买入价后的余额为营业额；

（五）国务院财政、税务主管部门规定的其他情形。

第六条 纳税人按照本条例第五条规定扣除有关项目，取得的凭证不符合法律、行政法规或者国务院税务主管部门有关规定的，该项目金额不得扣除。

——《营业税暂行条例》

（国务院令第540号，2009年1月1日施行～2017年11月19日废止）

各省、自治区、直辖市和计划单列市国家税务局、地方税务局：

各地在贯彻新的营业税制中相继提出了一些问题，现根据营业税暂行条例及其实施细则和其他有关规定的精神，对这些问题明确如下：

……

四、关于代理业营业额问题

代理业的营业额为纳税人从事代理业务向委托方实际收取的报酬。

……

——《国家税务总局关于营业税若干问题的通知》

（国税发〔1995〕076号，1995年4月26日施行～2023年6月16日废止）

三、关于营业额问题

……

（七）中华人民共和国境内的保险人将其承保的以境内标的物为保险标的的保险业务向境外再保险人办理分保的，以全部保费收入减去分保保费后的余额为营业额。

境外再保险人应就其分保收入承担营业税纳税义务，并由境内保险人扣缴境外再保险人应缴纳的营业税税款。

（八）金融企业（包括银行和非银行金融机构，下同）从事股票、债券买卖业务以股票、债券的卖出价减去买入价后的余额为营业额。买入价依照财务会计制度规定,以股票、债券的购入价减去股票、债券持有期间取得的股票、债券红利收入的余额确定。

……

(十)金融企业从事受托收款业务,如代收电话费、水电煤气费、信息费、学杂费、寻呼费、社保统筹费、交通违章罚款、税款等,以全部收入减去支付给委托方价款后的余额为营业额。

(十一)经中国人民银行、外经贸部和国家经贸委批准经营融资租赁业务的单位从事融资租赁业务的,以其向承租者收取的全部价款和价外费用(包括残值)减除出租方承担的出租货物的实际成本后的余额为营业额。

以上所称出租货物的实际成本,包括由出租方承担的货物的购入价、关税、增值税、消费税、运杂费、安装费、保险费和贷款的利息(包括外汇借款和人民币借款利息)。

(十二)劳务公司接受用工单位的委托,为其安排劳动力,凡用工单位将其应支付给劳动力的工资和为劳动力上交的社会保险(包括养老保险金、医疗保险、失业保险、工伤保险等,下同)以及住房公积金统一交给劳务公司代为发放或办理的,以劳务公司从用工单位收取的全部价款减去代收转付给劳动力的工资和为劳动力办理社会保险及住房公积金后的余额为营业额。

……

(十六)经地方税务机关批准使用运输企业发票,按"交通运输业"税目征收营业税的单位将承担的运输业务分给其他运输企业并由其统一收取价款的,以其取得的全部收入减去支付给其他运输企业的运费后的余额为营业额。

(十七)旅游企业组织旅游团在中国境内旅游的,以收取的全部旅游费减去替旅游者支付给其他单位的房费、餐费、交通、门票或支付给其他接团旅游企业的旅游费后的余额为营业额。

(十八)从事广告代理业务的,以其全部收入减去支付给其他广告公司或广告发布者(包括媒体、载体)的广告发布费后的余额为营业额。

(十九)从事物业管理的单位,以与物业管理有关的全部收入减去代业主支付的水、电、燃气以及代承租者支付的水、电、燃气、房屋租金的价款后的余额为营业额。

(二十)单位和个人销售或转让其购置的不动产或受让的土地使用权,以全部收入减去不动产或土地使用权的购置或受让原价后的余额为营业额。

单位和个人销售或转让抵债所得的不动产、土地使用权的,以全部收入减去抵债时该项不动产或土地使用权作价后的余额为营业额。

——《财政部、国家税务总局关于营业税若干政策问题的通知》

(财税〔2003〕16 号,2003 年 1 月 1 日施行,

上述内容中的第 16、18 项已于 2013 年被废止)

第二条　本办法适用于本市范围内负有营业税纳税义务,按差额方式确定计税营业额,并据以征收营业税(以下简称差额征税)的单位和个人(以下简称"纳税人")。按差额方式计征营业税的具体项目详见附件一。

第三条　第二条所称"按差额方式确定计税营业额"是指以纳税人在中华人民共和国境内提供营业税应税劳务、转让无形资产或销售不动产时(以下简称应税行为),以收取的全部价款和价外费用减去规定可扣除的支付款项(以下简称扣除项目)后的余额为计税营业额。

第四条　纳税人发生应税行为,根据税法规定可按差额征税的,凭合法有效凭证,在计算营业额时扣除相关支付的款项后,按差额征税。

第十二条　本办法自 2010 年 9 月 1 日起执行。

附件:

按差额方式计征营业税的具体项目

一、交通运输业

1. 纳税人将承揽的运输业务分给其他单位或者个人的,以其取得的全部价款和价外费用扣除支付给其他单位或者个人的运输费用后的余额为计税营业额。

……

二、建筑业

4. 纳税人将建筑工程分包给其他单位的,以其取得的全部价款和价外费用扣除支付给其他单位的分包款后的余额为计税营业额。

……

四、金融保险业

22. 纳税人从事外汇、有价证券、期货等金融商品买卖业务,以卖出价扣除买入价后的余额为计税营业额。

……

五、服务业

……

41. 从事广告代理业务的,以其全部收入减去支付给其他广告公司或广告发布者(包括媒体、载体)的广告发布费后的余额为计税营业额。

……

九、法律、法规、规章规定的其他情形。

——《上海市地方税务局关于印发本市〈营业税差额征税管理办法〉的通知》

(沪地税货〔2010〕28 号,2010 年 9 月 1 日施行~2018 年 6 月 15 日废止)

第一条 (目的和依据)

为了加强多渠道筹措文化教育事业建设资金,加快本市文化教育事业的发展,根据国务院《关于进一步完善文化经济政策的若干规定》,结合本市实际情况,制定本办法。

第二条 (征收范围)

凡在本市行政区域内从事娱乐业、广告业经营的单位和个人(以下统称经营单位),均须按照本办法的规定缴纳文化教育事业建设费。

第三条 (征收管理部门)

市财政部门负责文化教育事业建设费的征收管理工作,并委托地方税务部门承担征收的具体工作。

第四条 (计征标准)

娱乐业的经营单位,按营业收入的 3% 缴纳文化教育事业建设费。

广告业的经营单位,按广告经营收入的 4% 缴纳文化教育事业建设费。

第七条 (强制措施)

娱乐业、广告业的经营单位未在规定的期限内缴纳文化教育事业建设费的,征收部门除责令其限期缴纳外,从滞纳之日起,按日加收滞纳款额2‰的滞纳金。

第十条 (施行日期)

本办法自1998年9月1日起施行。1987年10月23日《上海市人民政府办公厅关于同意对营业性舞厅和音乐茶座开征特种消费行为附加费的通知》同时废止;1995年9月8日上海市人民政府发布的《上海市地方社会事业建设费征收办法》中有关广告业的经营单位缴纳地方社会事业建设费的规定停止执行。

——《上海市文化教育事业建设费征收办法》

(1998年9月1日施行~2011年1月1日废止)

第一条 (目的和依据)

为了多渠道筹措文化事业建设资金,加快本市文化事业的发展,根据《国务院关于进一步完善文化经济政策的若干规定》、《文化事业建设费征收管理暂行办法》等规定,结合本市实际情况,制定本办法。

第二条 (征收范围)

凡在本市行政区域内依照《中华人民共和国营业税暂行条例》的规定缴纳娱乐业、广告业营业税的单位和个人,为文化事业建设费的缴纳义务人(以下简称"缴费人"),应当依照本办法的规定,缴纳文化事业建设费。

第三条 (征收部门)

文化事业建设费由地方税务部门在征收娱乐业、广告业营业税时一并征收。

第四条 (计征标准)

文化事业建设费的费率为3%。

文化事业建设费按缴费人应当缴纳娱乐业、广告业营业税的营业额和规定的费率计算应缴费额。计算公式:应缴费额=应纳娱乐业、广告业营业税的营业额×3%。

第五条 (缴纳和划转)

缴费人应当在缴纳营业税时,一并缴纳文化事业建设费。

对中央直属单位及其所属企业事业单位征收的文化事业建设费,全额上缴中央金库;对地方单位和个人征收的文化事业建设费,全额缴入市级金库。

第六条 （文化事业建设费的使用）

文化事业建设费用于发展本市的文化事业。

文化事业建设费的使用管理办法，由市财政局会同市有关部门制订，报市政府批准后实施。

第七条 （应用解释部门）

市财政局、市地税局根据各自职责负责对本办法的具体应用问题进行解释。

第八条 （施行日期）

本办法自2011年1月1日起施行。1998年7月3日上海市人民政府印发的《上海市文化教育事业建设费征收办法》同时废止。

——《上海市文化事业建设费征收办法》

（2011年1月1日施行，现行有效）

附录2：相关法律及涉税文书（略）

002

虚开增值税专用发票案件协查中的稽查风险与举证责任*

——若干虚开增值税专用发票案之法理启示

摘要：随着增值税防伪税控系统的推广和升级，增值税专用发票的开具受到了非常严格的管控，虚开增值税专用发票的行为也受到我国刑法的严厉约束。在稽查实务中，经常会出现基层税务机关按照上级指示对已查实虚开的增值税专用发票的受票方进行协查的情形，特别是对三个问题进行核实和厘清：一是交易是否真实，二是是否属于善意取得，三是如何进行税务处理。在此过程中，由于税法及规范性文件的模糊性以及对证据分配责任的认知差异，稽查人员往往会遇到一些稽查风险，并容易引发后续的行政复议和诉讼。本文通过对两个典型案例的分析，对税务机关的稽查风险和举证责任进行了解读和检视，并给出了相应的意见和建议。

一、案情简介——协查案件中善意受票人的典型面孔

（一）案例1：因客观原因无法证明交易真实性

2016年×月×日，S市J区税务局稽查局协助上级稽查局查出一起重大虚

---

* 在目前的税务征管实践中，很少真正聚焦并有效识别纳税人配合（协力）义务与税务机关依职权调查责任之间的区别和相互关系。在稽查实务中，有很多情况是纳税人不能证明某项事实而税务机关依职权调查也无法得出结论的，而从盖然性上而言也不能完全排除某项事项确定性地不存在，对于此种情况如何处理，多数稽查局是直接将不利结果推至纳税人，这种举证责任负担的认知是存在较大争议的。本文原载于熊伟主编：《税法解释与判例评注》（第9卷），法律出版社2018年版。文章纳入本书时，部分内容有所调整。

开增值税专用发票案件,涉嫌虚开增值税专用发票的企业约 1000 家,虚开金额约 3 亿元。其中一家涉案企业 A 向 S 市 M 区的企业 B 提供了一张虚开的增值税专用发票(2015 年),票面金额约 100 万元,其后企业 A 的法定代表人失联,故 J 区税务局请 M 区税务局协助调查企业 B 的具体实际情况。经 M 区税务局稽查人员的调查,并未获得相关证据证明企业 B 存在虚开增值税专用发票的情形;企业 B 自称其为善意受票人,其与企业 A 之间存在真实的购销关系,但亦无法提供明确的证据材料证明(在调查中,企业 B 表示其 2015 年合同总金额约 1000 万元,涉案票据对应的货物为某工程项目所购,但由于该工程项目早已完工且当时外派给施工队负责,管理比较混乱,所以未能保留当时的单据),案件调查陷入僵局。之后企业 B 主动将该张发票对应之进项税额转出,但仍坚持交易具有真实性,案件暂时告一段落。

(二)案例 2:相当程度上能证明交易真实有效

2017 年 × 月 × 日,Z 市 H 区税务局稽查局协助上级稽查局查出一起虚开增值税专用发票案件,其中的涉案企业 C 为企业 D 向 Z 市 K 区的企业 E 提供了代开的增值税专用发票(2015 ~ 2016 年),票面金额约 100 万元,其后企业 D 的联系人失联,企业 E 无法让企业 D 重新出具合法的增值税专用发票,故 H 区税务局请 K 区税务局协助调查企业 E 的实际情况。经 K 区税务局稽查人员调查,并未获得相关证据证明企业 E 存在虚开增值税专用发票的情形。企业 E 自称其为善意受票人,其采购环节均为 2 万元以下的小额、多笔和常态化的小额交易,存在较为充分的证据证明其与企业 D 之间存在真实的购销关系,且企业 D 当时提供的由企业 E 代开的增值税专用发票(企业 E 自称其并不知道发票为代开的)也经财务系统验证通过,企业 E 已经尽了主要注意义务。之后 K 区税务局初步认定,企业 E 与企业 D 之间存在真实的交易关系,但就本案的税务处理意见存在较大的争议。

二、法律分析——国库主义与纳税人保护的两难境地

(一)稽查风险的视角:失职渎职与征管违法

税务稽查执法风险主要是指税务机关和从事税务稽查活动的稽查执法人员在执法的过程中,由于滥用职权或者行政不作为、乱作为等不当的执法行为,致

使纳税人的合法权益受到侵害,或造成国家税收利益损失,而被追究责任的风险。[①] 税务稽查执法风险主要有两类,一是失职渎职风险,二是征管违法风险。前者主要是指“该征的没征”,后者主要是指“不该征的征了”。与此同时,这两类风险还包括程序上的违法和瑕疵行为,比如没有按照规定询问和记载回避事项、送达地址填写不规范导致纳税人未能收到、检查笔录存在倒签行为、没有按照规定格式和时限出具文书、行政强制措施未经规定程序等。在税务稽查执法过程中,税法规定的模糊性和交易类型的新兴化(特别是近年来纳税人法治意识和维权意识迅速提升)使得相关税务行政行为的循法、规范和妥适行使变得格外重要。

案例1中,稽查人员在实际处理时非常犹豫:一方面对于协查中出现的账簿和凭证全灭失的小概率事件高度怀疑,担心因调查不细、把关不严而出现失职渎职风险;另一方面在没有其他事实和证据佐证的情形下亦不能直接得出“确无真实交易”的结论,又担心无充分依据的相应税务处理和处罚会导致争讼程序启动而出现征管违法风险。纳税人将进项税额转出的行为能否认定其自认交易不真实或受票行为非善意,亦是判断所得税是否需要调增的关键,若贸然作出处理处罚决定,是否会引发行政争讼风险?案例2中,在企业E充分配合提供材料的情况下,稽查人员初步认定真实交易的存在,但由于执法理念及现行征管、稽查口径的影响,同样出现了两难境地:一是明知交易真实但仅因受票为虚开能否认可该项成本费用支出税前列支,是否符合税法规定,是否存在渎职风险;二是明知交易真实且能了解开票方失联不能重新开出新的增值税票而要求善意受票方进项税额转出,此处是否有征管违法的风险?针对相关税法规定、税法原理以及不同承办人各自不同的理解,K区税务局难以作出针对本案的税务处理决定。

针对案例1,虽然企业B作出了进项税额转出的决定,但假设企业B确实是善意受票人,在M区税务局稽查人员长时间调查无法获得实质证据却又无合理理由不予结案,或者仅凭进项税额转出而直接认定企业B非善意受票人并对其作出调增处理甚至是处罚决定的情况下,企业B作为纳税人的合法权益必然会受到相当程度的损害。若企业B因此投诉或控告本案的稽查人员,本案稽查人员将面临执法压力或责任追究;若企业B在此后又找到了交易真实性的证据材

---

① 参见伍红、侯伟:《税务稽查执法风险的分析与控制》,载《税务研究》2010年第9期。

料,已经进行的所得税调增行为是否可以申请退库,若加收滞纳金和罚款则亦可退回?针对案例2,在企业E坚称自己是善意受票人并且提供充分的证据材料予以佐证的情况下,若K区税务局稽查人员因国库主义立场导向而对税法规定进行理解,最终针对企业E作出进项税额转出、所得税调增并加收滞纳金和处罚之择一或并处的行政行为,将很有可能导致税务行政复议及行政诉讼的产生,进而可能发生追究本案稽查人员责任的纠纷。即便是按照多数地方税务机关采取的口径理解,许可不进行所得税调增而只进行进项税额转出的税务处理,是否一定没有执法风险?毕竟稽查人员明知交易真实性且发票已经进行了认证抵扣,而仅以流转税处理,按程序性规定或仍在探讨中的国家税务总局规范性文件处理,对善意的纳税人是否公平?

虽说税务稽查执法有很多风险,但这些风险在实际的执法过程中是可以在一定程度上加以预防和控制的,所以税务机关有必要采取科学而有效的措施来控制和防范税务稽查执法风险,建立包括风险识别、风险评估和风险处理的税务稽查执法风险管理体系。同样,对税法体系和规定的充分了解与认知,是建立税务稽查执法风险管理体系的重要基础,特别是需要建立起对税收法律、行政法规和国家税务总局规范性文件的层级效力及执行风险的妥适评估系统。针对上述两个案例,案例1中,稽查局作出关于所得税调增的处理决定以及是否科以处罚是稽查执法考虑的重点和难点。案例2中,在纳税人企业E的真实交易可以基本认定的情况下,是否有必要因企业E由于企业D失联无法重新获取合法的增值税专用发票而无视其善意取得的实际情况,最终作出针对企业E的税务处理处罚决定,目前是现有政策口径下会被经常讨论的问题。在稽查执法实务中,由于相关法律法规没有对该执法行为的相关期限作出明确规定,所以税务机关往往会援引《税务稽查工作规程》(2009修订,国税发〔2009〕157号,当时有效,该份规范性文件已经被2021年8月11日实施的《税务稽查案件办理程序规定》废止)中关于税务稽查检查程序不设具体时限的规定而将稽查执法长期搁置。①

(二)举证责任的考察:推计课税与协力义务

按照税法学理,纳税人对于所支配管理的税务事项,对税务机关调查事实应

---

① 《税务稽查工作规程》(2009修订)第22条第4款规定:"检查应当自实施检查之日起60日内完成;确需延长检查时间的,应当经稽查局局长批准。"但关于延长检查时间是否存在上限,该规程语焉不详。

承担予以协助的义务,此即税法上的协力义务。按照税法上的举证规则,“若纳税人未违反协力义务,原则上,课税原因事实不明确,其证明负担归稽征机关,减税原因事实之不明确,则归纳税人负担”①。在这两个案例中,主要的焦点在于三点:一是交易是否具有真实性;二是虚开的增值税专用发票是否属于善意取得;三是判断是否善意取得后的税务处理。而作出相应判定的前提,还在于对课税事实的举证责任应分配至征税双方的哪一方。如果举证责任在税务机关,那么税务机关没有充分、翔实的证据就不能处理处罚;如果举证责任在纳税人,那么纳税人不能进行充分、有效举证就应承担相应不利税务处理甚至是处罚的后果。“在税法上,推计课税是指稽征机关在为课税处分(尤其是所得税的核定)之际,不根据直接资料,而根据各种的间接资料,认定课税要件事实(所得额)的方法。”②根据我国的证据理论学说,税务稽查证据同样需要具备合法性(解决证据资格问题)、客观性、关联性这三性。③

1. 税务机关应承担针对具体行政行为的主要举证责任

就行政诉讼而言,为裁判基础之资料取得所采取的审理原则有辩论主义(verhandlungsgrundsatz)和职权调查主义(untersuchungsgrundsatz)之分,④我国的法理和司法实践均循大陆法系传统采职权调查主义,并借此衍生出举证责任规则。《行政诉讼法》第 34 条第 1 款规定,“被告对作出的行政行为负有举证责任,应当提供作出该行政行为的证据和所依据的规范性文件”。《最高人民法院关于行政诉讼证据若干问题的规定》第 1 条第 1 款规定:“……被告对作出的具体行政行为负有举证责任,应当在收到起诉状副本之日起 10 日内,提供据以作出被诉具体行政行为的全部证据和所依据的规范性文件。被告不提供或者无正当理由逾期提供证据的,视为被诉具体行政行为没有相应的证据。”根据上述条款,我国《行政诉讼法》关于行政诉讼的举证责任分配主要实行的是行政机关举

---

① BFH, XR17185, BStBL II 1989, 879(881). 转引自葛克昌:《协力义务与纳税人基本权》,载葛克昌主编:《纳税人协力义务与行政法院判决》,台北,翰芦图书出版有限公司 2011 年版,第 7 页。

② 陈清秀:《税法总论:2012 年版》(第 7 版),台北,月旦出版股份有限公司 2012 年版,第 526 页。

③ 税务稽查证据在我国目前的税收立法中尚没有明确的规定,一般来说是指税务稽查过程中,由税务机关按照合法程序收集或者纳税人、扣缴义务人、第三人配合税务机关提供的,经过查证属实可以作为定案根据,能够证明税收违法事实的依据。

④ 参见吴东都:《行政诉讼之举证责任——以德国法为中心》,台北,学林文化事业有限公司 2001 年版,第 79 ~84 页。

证原则。虽然在行政诉讼中是纳税人去“告”税务机关，但是作出行政行为的证据举证原则属于倒置安排，由被告税务机关去举证证明自己行政行为的合法合理性。

“举证责任规则是事实认定失败时介入，使本案要适用之法规仍有可能适用，具有将事实不明转化为终局法律效果之转化功能，及将事实无法证明之不利益分配予当事人间之分配功能。”税务诉讼中的这种分配规则的安排主要有三点原因：首先，作出具体行政行为的税务机关必须依据合法的行政程序规则办事（包括使用询问、查账、符合法律规定的第三方渠道调取等方式收集证据），根据事实证据和法律依据作出决定，而正是这种先调查取证后处罚决定的程序规则决定了税务机关的主要举证责任；其次，税务机关在实体和程序上都具有超然的优越地位，[①]其诸多行政措施和行政安排都直接基于税收征管法等公法的强制性规定，这与民法主体之间相互平等的地位存在较大区别，须实行不同于民法“谁主张，谁举证”的通常原则，而将举证责任更多设置给税务机关；最后，税务机关系公权力机关且依职权进行征管和执法行为，在证据处理和行政裁量上亦具有高度专业性，具有与一般行政案件不同之事物本质，[②]因此将更多的举证责任分配给税务机关而非纳税人，也是较为合理的。[③]

2. 纳税人亦需承担协力义务和相应举证责任

在诉讼法学理上，举证责任可分为主观举证责任（subjektive beweislast）和客观举证责任（objective beweislast），前者是指主张特定法律效果者对争议事实负举证责任；后者是指争议事实虽经当事人举证仍不能判定者，其不利益结果由该当事人负担。[④] 与民事诉讼法的举证责任观点不同，税法上采职权调查主义，其诉讼程序并无主观举证责任之适用。关于税务诉讼客观举证责任之分配，按德国通说所采之基本规则——“规范有利理论”（Normenbegünstigunstheorie），将事实真伪不明之风险分别分配予纳税义务人与稽征机关负担，并斟酌协力义务与

---

① 参见黄士洲：《税务诉讼的举证责任》，北京大学出版社2004年版，第19～21页。

② 具体包括：（1）税务案件重视负担正义；（2）税务案件重视速捷执行超过个案正义；（3）纳税义务人负担协力义务之质与量均超越一般行政案件。参见黄士洲：《税务诉讼的举证责任》，北京大学出版社2004年版，第21～22页。

③ 参见吴东都：《行政诉讼之举证责任——以德国法为中心》，台北，学林文化事业有限公司2001年版，第347页。

④ 参见黄士洲：《税务诉讼的举证责任》，北京大学出版社2004年版，第34～35页。

案例类型差异,适当地调整举证责任分配之基本规则,或减轻稽征机关证明程度,借以实现宪法与税法实体规定之价值决定。[①] 理解税法上税务机关和纳税人的举证责任,需要放置于作为公权力对应面纳税人的协力义务进行如法律保留、比例原则约束等必要限制的层面来进行讨论,方才符合权力制约和纳税人权利保护的基本原理。[②]

在税法学理上,税务机关和纳税人的举证责任有不同之处。税务机关需针对"符合课税事实"(针对税务处理)及"应受处罚性"(针对税务处罚)两个方面进行举证;在相关课税及处罚事实真伪不明时,税务机关需承担举证责任。纳税人则需尽到税收征管中的协力义务,在举证责任分配上需承担对"符合常理"或"一般有理性之人均不至于怀疑之确信程度"的举证责任。通俗来讲,纳税人要呈现真实的交易情况给税务机关而不得故意隐瞒或阻碍,否则经查确有逃避税收征管情形的,应按照税法、会计法等法律法规的规定承担法律责任;[③]若其认为税务机关行为违法或有其他具体的请求,为证明其主张的事实,亦需承担相应的举证责任,但这种责任负担应以必要性为原则。而税务机关需根据前述了解情况作出专业识别和判定,在真伪不明的情形下又无法得出纳税人明显不"符合常理"的结论时,需要进一步承担举证责任。"当稽征机关没有具体开示其所掌控之营业资料有何不足,需要纳税义务人提供,动辄要求纳税义务人协力,此时协力义务已非辅助性质,实与举证责任的转换毫无差异。"[④]

(三)价值观与技术论:中间立场可能存在

但需要指出的是,"协力义务之要求有其界限,不能无限上纲,而应符合法治国家之比例原则"[⑤]。税法上的协力义务主要有五种类型:(1)申报及报告义务;(2)陈述及提示(文件)义务;(3)制作账簿及会计记录义务;(4)说明义务;(5)忍受(调查)义务。换言之,即提供税务有关信息的义务,税法上的协力义务

---

① 参见黄士洲:《税务诉讼的举证责任》,北京大学出版社 2004 年版,第 40 页。

② 参见黄士洲:《税务诉讼的举证责任》,北京大学出版社 2004 年版,第 135 ~137 页。

③ 《税收征收管理法》第 24 条第 1 款规定:"从事生产、经营的纳税人、扣缴义务人必须按照国务院财政、税务主管部门规定的保管期限保管帐簿、记帐凭证、完税凭证及其他有关资料。"纳税人在经营管理和纳税申报中亦需要保存好相关凭据,并在税务机关执法过程中尽到协助义务。

④ 黄士洲:《税捐协力义务与推计课税》,载葛克昌主编:《纳税人协力义务与行政法院判决》,台北,翰芦图书出版有限公司 2011 年版,第 64 页。

⑤ 陈清秀:《税法总论:2012 年版》(第 7 版),台北,月旦出版股份有限公司 2012 年版,第 486 页。

实质上是对纳税人资讯权之干预。由于税务类资讯有相当部分在纳税义务人的支配范围中,所以税法上的协力义务会较行政法上的协力义务更广,对纳税人信息权和隐私权影响亦较大。[①] 需要指出的是,所谓公法上的法定义务,不履行则产生受行政执行之强制,违反者则受行政处罚之制裁,而违反税法上的协力要求,主要产生推计核定效果,所以更准确地说,不应称之为"协力义务",而仅为"协力负担"。也就是说,纳税人违反协力义务,须负担证据法上的不利负担。[②] 需要特别指出的是,在纳税人不能履行协力义务时,仅基于此部分课税事实认定上的证据法规则产生推计课税的效果,这种逻辑关系并不必然衍生适用于处罚的证据效力。

针对案例1,纳税人需要提供证据证明交易是真实存在的,若不能有效举证,则也应能作出合理的有效解释。若纳税人不能充分举证,则交易真实性存疑。税务机关若对纳税人进行处罚,则需证明其交易确实是不存在的,但若有充分合理依据认为纳税人可能逃避税收征管,亦不排除在纳税人不履行协力义务或明显存疑时(比如账簿、票据及合同等文书材料记载内容明显矛盾,或者无特殊理由而违反常理没有置备账册等),税务机关调查又存在客观困难,其法律效果为税务机关证明程度降低,此时可以"推计课税"而作出课税决定,但仍需基于伦理逻辑及经验法则,展现其优势证据说服纳税人。[③] 而且,"推计课税"的适用是有条件的,即"明显可知纳税人有规避之嫌疑与事实"。与此同时,"单凭怀疑有课税事实便予课税,与基本权利之保障及法治国家原则不符"[④]。本案中,由于企业 B 生产经营的特殊性,亦不能直接地予以绝对怀疑,税务机关进行处罚需要审慎评估。"未经协力义务,如不影响稽征机关之职权调查,即无处罚之必要;如因未尽协力义务致调查困难或花费过钜,则产生证明责任之减轻,而得

---

① 参见葛克昌:《协力义务与纳税人基本权》,载葛克昌主编:《纳税人协力义务与行政法院判决》,台北,翰芦图书出版有限公司 2011 年版,第 7 ~8 页。

② 参见葛克昌:《协力义务与纳税人基本权》,载葛克昌主编:《纳税人协力义务与行政法院判决》,台北,翰芦图书出版有限公司 2011 年版,第 10 ~11 页。

③ 参见葛克昌:《协力义务与纳税人基本权》,载葛克昌主编:《纳税人协力义务与行政法院判决》,台北,翰芦图书出版有限公司 2011 年版,第 8 ~9 页。

④ 黄茂荣:《税法总论:法学方法与现代税法》(第 2 册),台北,植根法学丛书编辑室 2005 年版,第 261 页。

以推计核定,亦无处罚之必要。"[1]

案例2则主要涉及证明程度的问题。企业E已经提供了相当多的其与企业D之间存在真实交易关系的证据材料,虽然并非每项业务都能充分证明,但是大部分的交易能通过银行流水、当事人记录以及经办人证明。即便是极少部分未能出具对应关联材料的,通过年度和总数上的识别和核对,也能基本证明相关增值税专用发票所涉业务的真实性和合法性。税务机关在掌握纳税人举证要求时,需要掌握"盖然性原则"的适用,除非发现纳税人材料或所提供证据存在明显疑点,否则应避免违反税法学理上的"臆测课税禁止原则"。[2] 目前关于税捐稽征证明程度的理论主要有三种:一是纳税人负举证责任,二是税务机关负举证责任,三是纳税人和税务机关承担共同责任。[3] 在德国法上,财务联邦法院的观点是,税务机关对课税原因事实或增加税负之事实负举证责任;而纳税人就减免税之事实负举证责任。[4] 我国台湾地区的判例和解释则认为,如果第三人亦负有协力义务,其正当性与纳税人略有不同,因其既非纳税人,其协力义务较之纳税人有更多限制:一是相较于纳税人而言,第三人仅负补充性义务;二是第三人拒绝协力义务之权利较纳税人更强。[5] 此点可适用于对已经离职的企业E的离职采购经理的配合义务的理解。

三、启示与思考——如何保护善意取得虚开增票的纳税人权利

关于交易真实性的分析,原则上举证责任须在纳税人,并尽到"符合常理"或"一般有理性之人均不至于怀疑之确信程度"的举证责任。在案例1中,纳税人举证确有不利,但考察其生产经营实际情况的特殊性,同时该企业主动转出进项税额,又很难完全厘清其是否符合应予进一步所得税调整的客观真实情形,若

---

① 葛克昌:《协力义务与纳税人基本权》,载葛克昌主编:《纳税人协力义务与行政法院判决》,台北,翰芦图书出版有限公司2011年版,第10页。

② 参见黄士洲:《税务诉讼的举证责任》,北京大学出版社2004年版,第191页。

③ 参见葛克昌:《稽征程序之证据评价与证明程度》,载葛克昌:《行政程序与纳税人基本权:税捐稽征法之新思维》(第3版),台北,翰芦图书出版有限公司2012年版,第755~757页。

④ 参见葛克昌:《稽征程序之证据评价与证明程度》,载葛克昌:《行政程序与纳税人基本权:税捐稽征法之新思维》(第3版),台北,翰芦图书出版有限公司2012年版,第758~760页。

⑤ 参见葛克昌:《协力义务与纳税人基本权》,载葛克昌主编:《纳税人协力义务与行政法院判决》,台北,翰芦图书出版有限公司2011年版,第12~13页。

税务机关“确无实证”证明其存在逃避税收征管的故意而需要进一步处理、处罚，则举证责任会移转到税务机关。在案例2中，纳税人已经尽到举证责任证明了交易的真实性。接下来还需要进行两项举证责任的分配与判断。其一，受票人企业是否为善意的？其二，假设受票人企业是善意受票人，采取何种税务处理方式更佳？具体包括：进项税额是否需要转出？所得税是否需要调增？受票人企业是否需要补缴滞纳金、罚金？就这两个案例而言，最明显的不同之处在于纳税人是否能够配合税务机关提供充分的证据材料证明真实交易的存在，而相同点是纳税人都自认交易真实，属于善意取得虚开的增值税专用发票。与此同时，税务行政程序的证明责任规则与税务救济程序中的举证责任规则具有关联性与前后延续性。①

(一)流转税的立场：进项税额转出

案例1中，纳税人企业自主进行了进项税额转出，但若其不愿自主转出又如何处理？以税务稽查的立场来看，案例1中的纳税人企业认为交易真实，不能提供相关证明材料但能说明合理性的，应审慎判定其是否属于善意取得；若确证属于非善意取得，应按照虚开相关规定处理。根据《国家税务总局关于纳税人善意取得虚开的增值税专用发票处理问题的通知》(国税发〔2000〕187号)和《国家税务总局关于纳税人善意取得虚开增值税专用发票已抵扣税款加收滞纳金问题的批复》(国税函〔2007〕1240号)的规定，纳税人善意取得虚开的增值税专用发票，若能重新取得合法、有效的专用发票，则准许其抵扣进项税款；若不能重新取得，则不得抵扣进项税款或追加其已经抵扣的进项税款。在前述两个案例中，企业的进项税额是否需要转出，需要看企业是否可以重新取得合法有效的增值税专用发票。不过，在明知交易真实且纳税人为善意的基础上以未能重新取得合法票据为由而不予抵扣的做法也引起了业内专家的反思，因为依据此条规定能重新取得合法有效的增值税专用发票的情形极少，且该流转税的税款承担对无任何过错的纳税人来说并不公平。

根据《国家税务总局关于纳税人对外开具增值税专用发票有关问题的公告》(国家税务总局公告2014年第39号)的规定，在出票方与受票方之间符合

① 参见贺燕、周序中：《税法举证责任分配规则新议》，载《税务研究》2016年第6期。

有真实交易、有款项往来及开票内容与交易内容相符三个条件的情况下，受票方纳税人可以将取得的增值税专用发票作抵扣进项税额。虽然也有观点认为应从字眼上从严理解“出票方”的概念，即出票方与销售方要完全一致，即便是依据通常交易惯例无须有此种高度注意义务时亦然。但从对该规范性文件规定的理解上整体来看，其导向性已逐渐偏向于保护善意受票人的合法权益。在案例2中，企业E有充足的证据证明其与企业D之间存在真实交易，双方之间存在对应的款项往来，企业D提供的增值税专用发票也与真实交易相符并在当时经过财务验证通过，企业E已经尽了主要注意义务，K区税务局可以考虑对企业E不采取进项税额转出的税务处理，此种做法符合保护纳税人权利的正当税法学理立场。就目前税务机关的执法口径而言，通常较少采取此种做法，而宁可将其作为流转税处理不同于所得税的特别规则，强制要求纳税人转出进项税额，这也是国库主义立场的一种实际体现。

(二)所得税的立场：所得税额调增

对于纳税人善意取得虚开的增值税专用发票，有关费用支出等成本能否在企业所得税前列支，目前尚没有非常明确的规定，北京、江苏和浙江等地的税务机关在执法时的口径亦有不同。《企业所得税法》第8条规定：“企业实际发生的与取得收入有关的、合理的支出，包括成本、费用、税金、损失和其他支出，准予在计算应纳税所得额时扣除。”考虑到不得税前扣除可能会给并无过错的纳税人造成损失，从保护纳税人利益的角度出发，善意取得虚开的增值税专用发票，只要该笔成本是实际发生的，并且是与纳税人取得收入相关的，税务机关宜允许纳税人在税前扣除。在案例1中，企业B未能提供证据证明其存在真实交易，仅进行了进项税额转出的操作，理论上企业B并没有提供真实有效的成本等支出的凭据，税务机关可以要求其作所得税调增的处理。但由于税务机关并不能确认企业B为非善意取得，且其相关凭据的灭失也符合该类企业经营的实际情况，为避免争讼风险，所以采取了暂且搁置的做法。案例2中针对企业E的税务处理，考虑到目前全国类似问题的处理口径以及国库主义的立场，以及稽查及执法风险控制，至少先不宜采取超出进项税额转出之外的其他操作。在一些地方的多个司法判例中，已经明确了在善意取得虚开的增值税专用发票情形下，能证明相关实际成本等支出时，可以进行税前扣除。

(三)小结:更为妥适谨慎的处理

就税务稽查和税务诉讼的举证理论而言,税务稽查与司法均采职权调查主义,作为"公共利益之受托人"之稽征机关对课税原因事实具有最终阐明责任。① 与此同时,"纳税人之协力义务与稽征机关之职权调查并行不悖,纳税人越不尽其协力义务,稽征机关之职权调查义务随之降低(降低其证明程度),从而纳税人证据法上负担愈为不利(甚至得以推计课税),二者具有相互影响替代之关系"②。实践中出现的各种税务争讼事项通常都围绕协力义务及未尽协力义务的处理。在我国台湾地区行政法院实务中,对于纳税人是否已尽协力义务以及稽征机关何时有权取得推计课税之权限,概采根据举证责任而加以研判,而基于程序规则来对实体上权利义务作出切分。③ 我国台湾地区行政法院实务见解虽然倾向于纳税义务人未尽到协力义务来免除稽征机关的举证责任或降低其所负证明程度,从而作出不利于纳税义务人的事实推定,但同时强调次协力义务尚不足以发生客观举证责任转换的实际效果。④ 具体稽查案件的办理往往与千变万化而又需要在税法上确证的交易事实紧密相关,当税务机关基于国库主义立场作出稽查决定或税务处理处罚判定时,司法机关作为纳税人权利保护者应当介入。正如德国 P. Häberle 教授所言,"当立法者长期怠于作为甚至缺乏作为能力,无从在税法上贯彻租税正义要求之际,积极的司法应有作为空间"⑤。

附录1:相关法律法规政策规定

……为加强增值税专用发票的管理,我们意见:对代开、虚开专用发票的,一

---

① See Seer, In Tipke/Lang, Steuerrecht, 20 Aufl. 2010, Rz. 2. 170 §21. 转引自葛克昌:《协力义务与纳税人基本权》,载葛克昌主编:《纳税人协力义务与行政法院判决》,台北,翰芦图书出版有限公司 2011 年版,第 6 页。

② W. Jakob, Abgabenordung, 5 Aufl. 2009, Rn. 184. 转引自葛克昌:《协力义务与纳税人基本权》,载葛克昌主编:《纳税人协力义务与行政法院判决》,台北,翰芦图书出版有限公司 2011 年版,第 6 ~ 7 页。

③ 参见郭秉芳、黄庆华整理:《推计课税与举证责任——2007 年判字第 24 号判决评释》,载葛克昌主编:《纳税人协力义务与行政法院判决》,台北,翰芦图书出版有限公司 2011 年版,第 249 ~284 页。

④ 参见刘剑文、王桦宇:《两岸税法比较研究》,北京大学出版社 2015 年版,第 311 页。

⑤ P. Häberle, Das national Steuerrecht in Textstufenvergleich, in Kirchhof/Lehner/Raupach/Podi(Hrsq). Staaten and Steuer 2000, S. 152. 转引自葛克昌:《协力义务与纳税人基本权》,载葛克昌主编:《纳税人协力义务与行政法院判决》,台北,翰芦图书出版有限公司 2011 年版,第 22 页。

律按票面所列货物的适用税率全额征补税款，并按《中华人民共和国税收征收管理法》的规定给予处罚。

——《国家税务总局对代开、虚开增值税专用发票征补税款问题的批复》

（国税函发〔1995〕415 号，1995 年 7 月 26 日施行～2012 年 8 月 1 日废止）

二、关于虚开代开的增值税专用发票的处罚问题

对纳税人虚开代开的增值税专用发票，一律按票面所列货物的适用税率全额征补税款，并按《中华人民共和国税收征收管理法》的规定给予处罚；对纳税人取得虚开代开的增值税专用发票，不得作为增值税合法的抵扣凭证抵扣进项税额。

——《国家税务总局关于加强增值税征收管理若干问题的通知》

（国税发〔1995〕192 号，1995 年 10 月 18 日施行～2012 年 8 月 1 日该条规定废止）

一、受票方利用他人虚开的专用发票，向税务机关申报抵扣税款进行偷税的，应当依照《中华人民共和国税收征收管理法》及有关规定追缴税款，处以偷税数额五倍以下的罚款；进项税金大于销项税金的，还应当调减其留抵的进项税额。利用虚开的专用发票进行骗取出口退税的，应当依法追缴税款，处以骗税数额五倍以下的罚款。

二、在货物交易中，购货方从销售方取得第三方开具的专用发票，或者从销货地以外的地区取得专用发票，向税务机关申报抵押税款或者申请出口退税的，应当按偷税、骗取出口退税处理，依照《中华人民共和国税收征收管理法》及有关规定追缴税款，处以偷税、骗取数额五倍以下的罚款。

三、纳税人以上述第一条、第二条所列的方式取得专用发票未申报抵扣税款，或者未申请出口退税的，应当依照《中华人民共和国发票管理办法》及有关规定，按所取得专用发票的份数，分别处以一万元以下的罚款；但知道或者应当知道取得的是虚开的专用发票，或者让他人为自己提供虚开的专用发票的，应当从重处罚。

四、利用虚开的专用发票进行偷税、骗税，构成犯罪的，税务机关依法进行追缴税款等行政处理，并移送司法机关追究刑事责任。

——《国家税务总局关于纳税人取得虚开的增值税

专用发票处理问题的通知》

（国税发〔1997〕134 号，1997 年 8 月 8 日施行～现行有效）

有下列情形之一的，无论购货方（受票方）与销售方是否进行了实际的交易，增值税专用发票所注明的数量、金额与实际交易是否相符，购货方向税务机关申请抵扣进项税款或者出口退税的，对其均应按偷税或者骗取出口退税处理。

一、购货方取得的增值税专用发票所注明的销售方名称、印章与其进行实际交易的销售方不符的，即 134 号文件第二条规定的"购货方从销售方取得第三方开具的专用发票"的情况。

二、购货方取得的增值税专用发票为销售方所在省（自治区、直辖市和计划单列市）以外地区的，即 134 号文件第二条规定的"从销货地以外的地区取得专用发票"的情况。

三、其他有证据表明购货方明知取得的增值税专用发票系销售方以非法手段获得的，即 134 号文件第一条规定的"受票方利用他人虚开的专用发票，向税务机关申报抵扣税款进行偷税"的情况。

——《国家税务总局关于〈国家税务总局关于纳税人取得虚开的增值税专用发票处理问题的通知〉的补充通知》

（国税发〔2000〕182 号，2000 年 11 月 6 日施行～现行有效）

购货方与销售方存在真实的交易，销售方使用的是其所在省（自治区、直辖市和计划单列市）的专用发票，专用发票注明的销售方名称、印章、货物数量、金额及税额等全部内容与实际相符，且没有证据表明购货方知道销售方提供的专用发票是以非法手段获得的，对购货方不以偷税或者骗取出口退税论处。但应按有关规定不予抵扣进项税款或者不予出口退税；购货方已经抵扣的进项税款或者取得的出口退税，应依法追缴。

购货方能够重新从销售方取得防伪税控系统开出的合法、有效专用发票的，或者取得手工开出的合法、有效专用发票且取得了销售方所在地税务机关已经或者正在依法对销售方虚开专用发票行为进行查处证据的，购货方所在地税务机关应依法准予抵扣进项税款或者出口退税。

如有证据表明购货方在进项税款得到抵扣、或者获得出口退税前知道该专用发票是销售方以非法手段获得的，对购货方应按《国家税务总局关于纳税人取得虚开的增值税专用发票处理问题的通知》（国税发〔1997〕134号）和《国家税务总局关于〈国家税务总局关于纳税人取得虚开的增值税专用发票处理问题的通知〉的补充通知》（国税发〔2000〕182号）的规定处理。

——《国家税务总局关于纳税人善意取得虚开的增值税专用发票处理问题的通知》

（国税发〔2000〕187号，2000年11月16日施行～现行有效）

根据《中华人民共和国外商投资企业和外国企业所得税法》第十七条的规定，企业各项会计记录必须完整准确，有合法凭证作为记账依据。因此，如果企业不能依照规定取得合法购货发票，无法确定其支付货款的真实性和准确性，其购进货物所支付的货款，在计算企业应纳税所得额时，不得作为成本费用扣除；根据财政部《关于增值税会计处理的规定》（〔93〕财会字第83号），企业缴纳的增值税（包括因取得虚开增值税专用发票而被查补的增值税）在计算企业应纳税所得额时，也不得作为成本费用扣除。

——《国家税务总局关于外商投资企业和外国企业通过虚开增值税专用发票购进的货物所得税处理问题的批复》

（国税函〔2003〕112号，2003年2月9日施行～2011年1月4日废止）

根据《国家税务总局关于纳税人善意取得虚开的增值税专用发票处理问题的通知》（国税发〔2000〕187号）规定，纳税人善意取得虚开的增值税专用发票指购货方与销售方存在真实交易，且购货方不知取得的增值税专用发票是以非法手段获得的。纳税人善意取得虚开的增值税专用发票，如能重新取得合法、有效的专用发票，准许其抵扣进项税款；如不能重新取得合法、有效的专用发票，不准其抵扣进项税款或追缴其已抵扣的进项税款。

纳税人善意取得虚开的增值税专用发票被依法追缴已抵扣税款的，不属于税收征收管理法第三十二条“纳税人未按照规定期限缴纳税款”的情形，不适用该条“税务机关除责令限期缴纳外，从滞纳税款之日起，按日加收滞纳税款万分之五的滞纳金”的规定。

——《国家税务总局关于纳税人善意取得虚开增值税专用

发票已抵扣税款加收滞纳金问题的批复》

(国税函〔2007〕1240 号,2007 年 12 月 12 日施行～现行有效)

纳税人虚开增值税专用发票,未就其虚开金额申报并缴纳增值税的,应按照其虚开金额补缴增值税;已就其虚开金额申报并缴纳增值税的,不再按照其虚开金额补缴增值税。税务机关对纳税人虚开增值税专用发票的行为,应按《中华人民共和国税收征收管理办法》及《中华人民共和国发票管理办法》的有关规定给予处罚。纳税人取得虚开的增值税专用发票,不得作为增值税合法有效的扣税凭证抵扣其进项税额。

本公告自 2012 年 8 月 1 日起施行。纳税人发生本公告规定事项,此前已处理的不再调整;此前未处理的按本公告规定执行。《国家税务总局关于加强增值税征收管理若干问题的通知》(国税发〔1995〕192 号)第二条和《国家税务总局对代开、虚开增值税专用发票征补税款问题的批复》(国税函发〔1995〕415 号)同时废止。

——《国家税务总局关于纳税人虚开增值税专用发票征补税款问题的公告》

(国家税务总局公告 2012 年第 33 号,2012 年 8 月 1 日施行～现行有效)

纳税人通过虚增增值税进项税额偷逃税款,但对外开具增值税专用发票同时符合以下情形的,不属于对外虚开增值税专用发票:

一、纳税人向受票方纳税人销售了货物,或者提供了增值税应税劳务、应税服务;

二、纳税人向受票方纳税人收取了所销售货物、所提供应税劳务或者应税服务的款项,或者取得了索取销售款项的凭据;

三、纳税人按规定向受票方纳税人开具的增值税专用发票相关内容,与所销售货物、所提供应税劳务或者应税服务相符,且该增值税专用发票是纳税人合法取得、并以自己名义开具的。

受票方纳税人取得的符合上述情形的增值税专用发票,可以作为增值税扣税凭证抵扣进项税额。

——《国家税务总局关于纳税人对外开具增值税专用发票有关问题的公告》

(国家税务总局公告 2014 年第 39 号,2014 年 8 月 1 日施行～现行有效)

一、挂靠方以挂靠形式向受票方实际销售货物,被挂靠方向受票方开具增值税专用发票的,不属于刑法第二百零五条规定的“虚开增值税专用发票”。

主要考虑:

(1)由挂靠方适用被挂靠方的经营资格进行经营活动,并向挂靠方支付挂靠费的经营方式在实践中客观存在,且带有一定普遍性。相关法律并未明确禁止以挂靠形式从事经营活动。

(2)虚开增值税专用发票罪是行政犯,对相关入罪要件的判断,应当依据、参照相关行政法规、部门规章等,而根据《国家税务总局关于纳税人对外开具增值税专用发票有关问题的公告》(国家税务总局公告 2014 年第 39 号),挂靠方以挂靠形式向受票方实际销售货物,被挂靠方向受票方开具增值税专用发票的,不属于虚开。

二、行为人利用他人的名义从事经营活动,并以他人名义开具增值税专用发票的,即便行为人与该他人之间不存在挂靠关系,但如行为人进行了实际的经营活动,主观上并无骗取抵扣税款的故意,客观上也未造成国家增值税款损失的,不宜认定为刑法第二百零五条规定的“虚开增值税专用发票”;符合逃税罪等其他犯罪构成条件的,可以其他犯罪论处。

主要考虑:

(1)虚开增值税发票罪的危害实质在于通过虚开行为骗取抵扣税款,对于有实际交易存在的代开行为,如行为人主观上并无骗取的扣缴税款的故意,客观上未造成国家增值税款损失的,不宜以虚开增值税专用发票罪论处。虚开增值税专用发票罪的法定最高刑为无期徒刑,系严重犯罪,如将该罪理解为行为犯,只要虚开增值税专用发票,侵犯增值税专用发票管理秩序的,即构成犯罪并要判处重刑,也不符合罪刑责相适应原则。

(2)1996 年 10 月 17 日《关于适用〈全国人民代表大会常务委员会关于惩治虚开、伪造和非法出售增值税专用发票犯罪的决定〉的若干问题的解释》虽然未被废止,但该解释制定于 1997 年刑法施行前,根据我院《关于认真学习宣传贯彻修订的〈中华人民共和国刑法〉的通知》(法发〔1997〕3 号)第五条“修订的刑法实施后,对已明令废止的全国人大常委会有关决定和补充规定,最高人民法院原作出的有关司法解释不再适用,但是如果修订的刑法有关条文实质内容没有变化的,人民法院在刑事审判工作中,在没有新的司法解释前,可参照执行。其他对于与修订的刑法规定相抵触的司法解释,不再适用”的规定,应当根据现行刑法第二百零五条关于虚开增值税专用发票罪的规定,合理选择该解释中可以继续参照适用的条文。其中,该解释中关于“进行了实际经营活动,但让他人为自己代开增值税专用发票”也属于虚开的规定,与虚开增值税专用发票罪的规定不符,不应继续适用;如继续适用该解释的上述规定,则对于挂靠代开案件也要以犯罪论处,显然有失妥当。

(3)《刑事审判参考》曾刊登“芦才兴虚开抵扣税款发票案”。该案例提出,虚开可以用于抵扣税款的发票冲减营业额偷逃税款的行为。主观上明知所虚开的运输发票均不用于抵扣税款,客观上使用虚开发票冲减营业额的方法偷逃应纳税款,其行为不符合虚开用于抵扣税款发票罪的构成要件,属于偷税行为。2001 年福建高院请示的泉州市松苑绵涤实业有限公司等虚开增值税专用发票案,被告单位不以抵扣税款为目的,而是为了显示公司实力以达到在与外商谈判中处于有利地位的目的而虚开增值税发票。我院答复认为该公司的行为不构成犯罪。

——《最高人民法院研究室〈关于如何认定以“挂靠”
有关公司名义实施经营活动并让有关公司为自己虚开
增值税专用发票行为的性质〉征求意见的复函》
(法研〔2015〕58 号,现行有效)

六、按照国家税务总局国税发〔2000〕187 号文件规定,企业在生产经营过程中,善意取得虚开的增值税专用发票,其购入商品实际支付的不含税价款,在结转成本时,准予税前扣除。

——《浙江省地方税务局关于企业所得税若干政策问题的通知》
(浙地税二〔2001〕3 号,2001 年 1 月 2 日施行~该条现行有效)

一、关于纳税人善意取得虚开的增值税专用发票,除补征税款外,是否加收滞纳金问题。目前,税法未对此作出明确规定。省局意见,在税法作出规定前,暂不加收滞纳金。

二、关于纳税人善意取得虚开的增值税专用发票所支付的贷款可否在企业所得税税前扣除问题。《国家税务总局关于印发〈企业所得税税前扣除办法〉的通知》(国税发〔2000〕84号)第三条规定:“纳税人申报的扣除要真实、合法”,而虚开的增值税专用发票不符合上述要求。因此,在计算应纳税所得额时,其购进货物所支付的货款不得税前扣除。

——《江苏省国家税务局关于纳税人善意取得虚开的增值税专用发票有关问题的批复》
(苏国税函〔2003〕37号,2003年2月21日施行~2016年9月30日废止)

《国家税务总局关于印发〈企业所得税税前扣除办法〉的通知》(国税发〔2000〕84号)第三条规定:“纳税人申报的扣除要真实、合法”,而虚开的增值税抵扣凭证(包括运输发票、废旧物资发票、农产品发票等)不符合上述要求。

因此,纳税人善意取得虚开的增值税抵扣凭证所记载的金额不能在企业所得税税前扣除。

——《江苏省国家税务局关于纳税人善意取得虚开的增值税抵扣凭证能否作为企业所得税税前列支依据问题的批复》
(苏国税函〔2006〕70号,2006年2月17日施行~2016年9月30日废止)

凡企业属于善意取得虚开增值税专用发票的,在企业所得税有关存货的计税成本方面,允许纳税人因善意取得虚开增值税专用发票而不能抵扣的进项税额增大其存货成本。

——《北京市地方税务局关于企业因善意取得虚开增值税专用发票有关企业所得税处理问题的批复》
(京地税企〔2003〕114号,2003年3月27日施行~现行有效)

附录2:相关法律及涉税文书

附件1:法律意见书

关于×××公司涉税事项之法律意见书

要点:

1. ×××公司取得涉案发票时为善意取得,其进项税额转出行为是为配合税务机关所采取的临时性措施。

2. 税务机关不应对转出部分税款加收滞纳金和罚金。

3. 税务机关目前不应对×××公司的企业所得税进行调增。

对于×××公司的进项税额转出行为,针对转出部分税款是否应加收滞纳金与罚金,以及是否应对企业所得税进行调增的问题,现提供以下法律意见以供参考:

一、×××公司取得涉案发票时为善意取得,其进项税额转出行为是为配合税务机关所采取的临时性措施。

2016年9月××日,×××公司接到税务局通知,称(填写上家公司名)涉嫌虚开增值税专用发票,其中一张涉案发票关系到×××公司,但×××公司取得该发票时为善意取得。

×××公司是项目型公司,该问题发票所涉项目为×××配套项目。由于该项目的特殊性,现项目已完成,工程已收尾,员工已解散,相关的能够证明交易真实性的材料均已遗失。因×××公司暂时无法提供足够有效的证明材料证明其取得问题发票时为善意取得,故为配合税务机关,暂时采取进项税额转出的处理措施。

其后可通过两种手段最终解决此问题:其一,待×××公司将材料收集齐全,由其自行向税务机关补充提交证明材料,证明交易的真实性;其二,待(填写上家公司名)案件办理完毕,由税务机关确认交易的真实性,再由税务机关进行相应的税务处理。

简言之,×××公司此次暂时将进项税额转出是临时性的、不确定的行为,未来可根据相关规定或相关案件处理情况由税务机关再行进行相应的税务处理。

二、税务机关不应对转出部分税款加收滞纳金和罚金。

根据《中华人民共和国税收征收管理法》及《中华人民共和国税收征收管理法实施细则》的规定,加收滞纳金主要针对未按期缴纳税款的行为,而加收罚金主要针对各类违法行为,如未按规定申报纳税行为,违反发票使用、管理规定行为,未按规定办理税务登记证件行为等。

《国家税务总局关于纳税人善意取得虚开增值税专用发票已抵扣税款加收滞纳金问题的批复》(国税函〔2007〕1240号)规定:纳税人善意取得虚开的增值税专用发票被依法追缴已抵扣税款的,不属于税收征收管理法第三十二条"纳税人未按照规定期限缴纳税款"的情形,不适用该条"税务机关除责令限期缴纳外,从滞纳税款之日起,按日加收滞纳税款万分之五的滞纳金"的规定。

首先,×××公司不存在加收罚金、滞纳金的法定情形;其次,×××公司本身在取得该涉案发票时是善意取得的,仅因该发票所对应项目的特殊性,使得×××公司目前无法提供相关的证明材料证明交易的真实性,为配合税务机关暂时采取进项税额转出的临时性措施。故税务机关不应对该转出部分税款加收滞纳金和罚金。

三、税务机关目前不应对×××公司的企业所得税进行调增。

从税务机关的征管而言,企业所得税调增有两种情形:其一,税务机关根据法律规定或查实的事实进行的税务处理;其二,当事人自愿。

首先,×××公司不存在法律规定的所得税调增事由,且税务机关有关(填写上家公司名)案件的侦查尚未终结,事实仍未查实;其次,如上述第一、二点所述,×××公司将进项税额转出是紧急处理,是为了配合税务机关在案件侦办终结之前所采取的临时性措施,该临时性措施亦应作特殊处理,不应将其视为对企业所得税调增的自愿,且×××公司在作进项税额转出的时候已经明确说明是为了配合税务机关采取的临时性措施。

就法理而言,企业所得税调增,应在客观真实的交易情况被证实以后方可作出。×××公司的进项税额转出行为只是为了配合税务机关采取的临时性措施,是其为避免自身的法律风险采取的配合性措施,是效力未定的税务处理行为,真实有效的应税行为是否发生仍然处于悬而未决之中。故目前将×××公司的企业所得税调增是不合理的。若税务机关目前调增企业所得税，在操作上必然存在一定的法律风险。

结论

×××公司取得涉案发票时为善意取得，其进项税额转出行为是为配合税务机关所采取的临时性措施，税务机关不应对转出部分税款加收滞纳金与罚金，目前亦不应对企业所得税进行调增。

北京盈科（上海）律师事务所

王桦宇律师

附件2：法律意见书

关于×××公司涉税事项之法律意见书

要点：

×××公司已在能力范围内尽到证明其与销货公司存在真实交易关系的举证责任和配合义务。

×××公司符合善意取得虚开的增值税专用发票的构成要件。

税务机关是否需要对×××公司采取进项税额转出尚存在争议，但宜允许×××公司在企业所得税前扣除该部分成本。

针对×××公司是否与销货公司存在真实的交易、其行为是否符合善意取得虚开的增值税专用发票的构成要件，以及税务机关针对其宜采取的税务处理举措的问题，根据×××公司提供的相关材料和论述的有关事实，现提供以下法律意见供参考。

一、×××公司已在能力范围内尽到证明其与销货公司存在真实交易关系的举证责任和配合义务

1.《行政诉讼法》第三十四条第一款规定："被告对作出的行政行为负有举证责任，应当提供作出该行政行为的证据和所依据的规范性文件。"《最高人民法院关于行政诉讼证据若干问题的规定》第一条第一款规定："……被告对作出的具体行政行为负有举证责任，应当在收到起诉状副本之日起十日内，提供据以作出被诉具体行政行为的全部证据和所依据的规范性文件。被告不提供或者无

正当理由逾期提供证据的，视为被诉具体行政行为没有相应的证据。”我国行政诉讼法关于行政诉讼的举证责任分配主要实行的是行政机关举证原则。

2. 在税法学理上，税务机关和纳税人的举证责任有不同之处。税务机关需针对“符合课税事实”（针对税务处理）及“应受处罚性”（针对税务处罚）两个方面进行举证；在相关课税及处罚事实真伪不明时，税务机关需承担举证责任。纳税人则需尽到税收征管中的协力义务，在举证责任分配上需承担对“符合常理”或“一般有理性之人均不至于怀疑之确信程度”的举证责任。通俗来讲，纳税人要呈现真实的交易情况给税务机关而不得故意隐瞒或阻碍；而税务机关需根据前述了解情况作出专业识别和判定，在真伪不明的情形下又无法得出纳税人明显不“符合常理”的结论时，需要进一步承担举证责任。

3. ×××公司已经提供了相当多的其与销货公司之间存在真实交易关系的证据材料，虽然并非每项业务都能充分证明，但是大部分的交易能通过银行流水、当事人记录以及经办人证明。即便是极少部分未能出具对应关联材料的，通过年度和总数上的识别和核对，也能基本证明相关增值税专用发票所涉业务的真实性和合法性，同时其提供了当时经办该项业务员工的身份信息以及具体的采购地点，即×××公司已经尽到举证责任证明交易真实性。若税务机关仍对事实真伪存在高度怀疑，则应承担对可能存在疑点的举证责任，在未发现纳税人材料或所提供证据存在明显疑点又无法获取相关佐证证据的情况下，应避免违反税法学理上的“臆测课税禁止原则”。

二、×××公司符合善意取得虚开的增值税专用发票的构成要件

1.《国家税务总局关于纳税人善意取得虚开的增值税专用发票处理问题的通知》（国税发〔2000〕187号）规定，购货方与销售方存在真实的交易，销售方使用的是其所在省（自治区、直辖市和计划单列市）的专用发票，专用发票注明的销售方名称、印章、货物数量、金额及税额等全部内容与实际相符，且没有证据表明购货方知道销售方提供的专用发票是以非法手段获得的，对购货方不以偷税或者骗取出口退税论处。《国家税务总局关于纳税人善意取得虚开增值税专用发票已抵扣税款加收滞纳金问题的批复》（国税函〔2007〕1240号）规定，纳税人善意取得虚开的增值税专用发票指购货方与销售方存在真实交易，且购货方不知取得的增值税专用发票是以非法手段获得的。

2. 根据以上规范性文件的规定，善意取得虚开的增值税专用发票的构成要

件包括:(1)购货方与销售方存在真实的交易;(2)销售方使用的是其所在省(自治区、直辖市和计划单列市)的专用发票;(3)专用发票注明的销售方名称、印章、货物数量、金额及税额等全部内容与实际相符;(4)没有证据表明购货方知道销售方提供的专用发票是以非法手段获得的。实践中,税务机关常以"货、票、款一致"为基础,综合考虑交易和发票开具的时间、资金结算方式、货物交付方式等多种因素,判断取得专用发票的一方是否为善意取得虚开的增值税专用发票。

3. ×××公司与销货公司之间存在真实的购销交易,涉案公司(江岚公司与泉益公司)代为开具的也是上海市的增值税专用发票,开具的发票注明的销售方名称、印章、货物数量、金额及税额等内容与交易实际情形相符,且×××公司并不知道其取得的发票是虚开的增值税专用发票,该发票在系统上可以进行认证抵扣,×××公司取得涉案公司代为开具的增值税专用发票符合上述税法对善意取得虚开增值税专用发票的规定。

三、税务机关是否需要对×××公司采取进项税额转出尚存在争议,但宜允许×××公司在企业所得税前扣除该部分成本

1. 税务机关是否需要对×××公司采取进项税额转出尚存在争议

(1)根据国税发〔2000〕187号文与国税函〔2007〕1240号文的规定,纳税人善意取得虚开的增值税专用发票,如果能重新取得合法、有效的专用发票,准许其抵扣进项税款;如果不能重新取得合法、有效的专用发票,不准其抵扣进项税款或追缴其已抵扣的进项税款。×××公司能否抵扣进项税额,原则上需要看×××公司是否可以重新取得合法有效的增值税专用发票。然而,从稽查实践的角度来看,虚开方负责人或经办人往往都已失联或被控制,或者在技术上该虚开方也无法重新开具相应发票。若在明知交易真实且纳税人为善意的基础上以未能重新取得合法票据为由而不予抵扣,由无任何过错的纳税人承担流转税的税款,显然并不公平。

(2)根据《国家税务总局关于纳税人对外开具增值税专用发票有关问题的公告》(国家税务总局公告2014年第39号)的规定,在出票方与受票方之间符合有真实交易、有款项往来及开票内容与交易内容相符三个条件的情况下,受票方纳税人可以将取得的增值税专用发票抵扣进项税额。虽然也有观点认为应从字眼上从严理解"出票方"的概念(关于对出票方与销售方的一致性,有观点认

为应该严格一致，也有观点认为根据当时交易实际情境普通采购人应尽的必要注意义务即可，综合考虑标的大小、交易场景和交易习惯等，不应责之过宽；税务机关稽查处罚的应是主观未能遵守或者违反税法规定的纳税人，而非利用公权力之规则在程序上阻吓和制约善意的纳税人和受票人，否则此种税务处理具有“不可抗力”的法律特征，可能会减损政府机关公信力，影响良善的交易习惯和和谐的税收征管秩序)，但从对该规定的整体理解和历次规范性文件调整的角度看，其导向性已逐渐偏向于保护善意受票人的合法权益。

×××公司已提供证据证明其与销货公司之间存在真实交易，双方之间存在对应的款项往来，涉案公司代为提供的增值税专用发票也与真实交易相符并在当时经过增值税发票税控系统认证通过，×××公司已经尽了主要注意义务，税务机关可以考虑允许×××公司抵扣进项税额。

2. 税务机关宜允许×××公司在企业所得税前扣除该部分成本

《企业所得税法》第八条规定：“企业实际发生的与取得收入有关的、合理的支出，包括成本、费用、税金、损失和其他支出，准予在计算应纳税所得额时扣除。”考虑到不得税前扣除可能会给并无过错的纳税人造成损失，从保护纳税人利益的角度出发，善意取得虚开的增值税专用发票，只要该笔成本是实际发生的，并且是与纳税人取得收入相关的，并且是合理的，税务机关宜允许纳税人在税前扣除。×××公司从销货公司购买礼品，该笔成本是实际发生的，并且是与其取得收入有关的、合理的成本，税务机关宜允许×××公司在税前扣除。

北京盈科(上海)律师事务所

×××律师

二〇一六年××月××日

003

处罚决定书所载虚开认定是否构成进项转出的客观基础

——大宗交易业务公司进项税额处理应对及税务争议解决*

摘要：在真实交易情形下仍被认定为虚开的问题一直是虚开领域的重点问题。在涉税实务中，基于对税务机关、涉税文书公信力的信任，部分税务机关在未进行调查取证、实质审查的情况下，直接认定在其他涉税文书中记载的内容。该类行为当前立法并未进行规范，而该类行为严重剥夺了纳税人的权利救济途径，在虚开认定下还需要承担进项转出的责任，不合理地让纳税人负担相应的税负。在税法学理上，税务机关和纳税人的举证责任有不同之处，税务机关需针对"符合课税事实"及"应受处罚性"两个方面进行举证，纳税人则需尽到税收征管中的协力义务。在相关课税及处罚事实真伪不明时，税务机关需承担举证责任。通过对实务中涉案公司在复议与行政诉讼中相关行政机关、法院的认定，对处罚决定书所载虚开认定是否构成进项转出的客观基础的问题进行法律分析，并提出相应建议，以更好健全涉税处罚决定体系并保护纳税人合法权益。

---

* 团队在代理类似案件的过程中，也对裁判文书网的相关案例进行了检索，并对司法实践中的做法进行了分析。目前对其他税务机关的已证实虚开通知单以及税务处理决定书、税务行政处罚决定书中列示具体的发票号码等导致受票所在地税务机关作出相应进项税额转出等税务处理的相关案件，纳税人若以已证实虚开通知单等提起行政诉讼，大部分法院会予以立案，但多数会以"对纳税人权益不产生实际影响"等为由驳回诉讼请求，而受票所在地的法院又以"按照有效的行政文书作出行政处理并无不当"等为由驳回诉讼请求，这样可能使得当事人无法获得寻求救济的渠道。可参见上海铁路运输法院行政判决书，(2020)沪7101行初291号；上海铁路运输法院行政裁定书，(2019)沪7101行初445号；广东省深圳市盐田区人民法院行政裁定书，(2019)粤0308行初1455号；广东省深圳市盐田区人民法院行政裁定书，(2019)粤0308行初1456号；广东省揭阳市中级人民法院行政裁定书，(2019)粤52行终18号等裁判文书。本文内容来自团队的法律意见书及代理意见，部分内容有所调整。

一、案情简介

C公司系一家从事货物及技术进出口业务、房屋建设工程施工等业务的公司。2017年3月初,A公司和C公司盖章签订了产品购销合同,约定C公司以22,480元/吨的价格向A公司购买220吨锌锭,由C公司凭仓单前往A公司在上海的指定仓库自提。2017年3月7日,C公司分两笔向A公司支付了部分货款总计4,910,000元,2017年3月27日,C公司再次向A公司支付了剩余的货款64,936.4元。2017年3月21日,A公司通过过户的方式将其储存在甲物流公司(以下简称物流公司)某地仓库的锌锭交付给C公司,共计221.305吨,并由物流公司向C公司出具了货物入库凭证。C公司向物流公司支付了仓储及过户费221.31元。

2017年3月23日,A公司向C公司开具增值税专用发票43份,发票代码××,发票号码××,货物名称锌锭,发票金额合计4,252,082.35元,税额合计722,854.05元,价税合计4,974,936.4元。C公司收到发票后,在发票综合服务平台上勾选认证上述发票,发票综合服务平台上显示的发票代码、发票号码、货物名称、数量、单价、总金额与收到的纸质发票上述内容一致,也与实际交易的货物名称、数量、单价、总金额相符,勾选认证成功。

2019年,N市税务局稽查局向A公司作出决定书1,认定前述发票为虚开。其后,S市税务局稽查局向C公司出具决定书2,认定C公司取得的增值税专用发票已被定性为虚开的发票,并要求C公司核减期末留抵税额、补缴增值税、城建税、教育费附加、地方教育费附加以及河道管理费。经复议程序,S市税务局出具决定书3,决定维持决定书2的处理结果。决定书2与决定书3中明确了认定案涉的发票为虚开的依据为决定书1所记载认定的A公司虚开发票的违法行为,属于认定事实清楚,证据确凿。

2022年11月10日,因A公司主要负责人出逃,C公司作为利害关系人以决定书1认定事实不清,损害C公司合法权益为由提起行政诉讼。法院受理后作出裁定认为决定书1仅认定了A公司存在虚开发票的违法行为,并未对C公司是否存在接受虚开发票的行为作出认定。C公司是否与A公司存在真实交易,是否知道A公司提供的专用发票是以非法手段获得的,是否应以偷税论处,并非决定书 1 的内容，因此，决定书 1 并未实际影响 C 公司的权益，认定 C 公司并非该诉的适格被告，驳回其诉讼请求。

此后，C 公司向 N 市中级人民法院提起上诉。2023 年 9 月 5 日，N 市中级人民法院作出二审裁定，认定一审裁定以不属于受案范围为由驳回起诉理由不当，但结果正确，即并未实际影响 C 公司的权益，裁定维持原裁定。

二、法律分析

针对 C 公司是否与 A 公司存在真实的交易，其行为是否符合善意取得虚开的增值税专用发票的构成要件，处罚决定书所载内容能否直接作为进项转出的客观基础，税务机关针对其宜采取的税务处理举措等问题，有以下几个可能存在的争议焦点值得分析。

（一）证明责任和证明标准方面

1. 税务机关不能以决定书 1 的内容认定 C 公司虚开并要求转出进项

《行政处罚法》第 40 条、第 46 条规定："公民、法人或者其他组织违反行政管理秩序的行为，依法应当给予行政处罚的，行政机关必须查明事实；违法事实不清、证据不足的，不得给予行政处罚。""证据包括：（一）书证；（二）物证；（三）视听资料；（四）电子数据；（五）证人证言；（六）当事人的陈述；（七）鉴定意见；（八）勘验笔录、现场笔录。证据必须经查证属实，方可作为认定案件事实的根据。以非法手段取得的证据，不得作为认定案件事实的根据。"

《行政处罚法》及相关规定并未对免证事实进行规定，而且明确了证据的种类以及证据必须经查证属实方可作为认定案件事实的根据。涉税处罚决定书所记载的内容并不能被直接认定为免证事实，仍需要经过查证属实阶段。仅凭涉税处罚决定书的确定性、公信力，不足以直接将其所载内容作为认定违法事实的依据。

作出处罚决定的税务机关有义务查明证据，并以充足之证据方可作出行政处罚决定。以涉税处罚决定书所载内容直接认定虚开行为，实则是税务机关并未对基于虚开的涉税行政处罚决定进行有效的取证、查证，并未承担其相应的取证责任，因此涉税处罚决定书所载内容不能作为认定案件事实的依据。

2. C公司已经提供了充分的证据以证明其与A公司之间存在真实交易关系

《行政诉讼法》第34条第1款规定:"被告对作出的行政行为负有举证责任,应当提供作出该行政行为的证据和所依据的规范性文件。"《最高人民法院关于行政诉讼证据若干问题的规定》第1条第1款规定:"……被告对作出的具体行政行为负有举证责任,应当在收到起诉状副本之日起十日内,提供据以作出被诉具体行政行为的全部证据和所依据的规范性文件。被告不提供或者无正当理由逾期提供证据的,视为被诉具体行政行为没有相应的证据。"我国行政诉讼法关于行政诉讼的举证责任分配主要实行的是行政机关举证原则。

在税法学理上,税务机关和纳税人的举证责任有不同之处。税务机关需针对"符合课税事实"(针对税务处理)及"应受处罚性"(针对税务处罚)两个方面进行举证;在相关课税及处罚事实真伪不明时,税务机关需承担举证责任。纳税人则需尽到税收征管中的协力义务,在举证责任分配上需承担对"符合常理"或"一般有理性之人均不至于怀疑之确信程度"的举证责任。通俗来讲,纳税人要呈现真实的交易情况给税务机关而不得故意隐瞒或阻碍;税务机关则需根据前述了解情况作出专业识别和判定,在真伪不明的情形下又无法得出纳税人明显不"符合常理"的结论时需要进一步承担举证责任。

C公司已经提供了充分的证据以证明其与A公司之间存在真实交易关系。C公司向税务机关提供了A公司与C公司签署的产品购销合同、银行凭证及银行单位客户专用回单、物流公司货物入库凭证、A公司开具的增值税专用发票等相关材料,并陈述了其与A公司发生的相关业务往来。银行凭证和银行单位客户专用回单记载的转账用途及金额与物流公司货物入库凭证记载的货物名称、数量及增值税专用发票上记载的货物名称、金额可以相互印证。由此可见,C公司与A公司之间的交易是真实发生的。

在此基础上,若税务机关仍对事实真伪存在怀疑,则应承担对可能存在疑点的举证责任。在未发现纳税人材料或所提供证据存在明显疑点又无法获取相关佐证证据的情况下,税务机关需要避免违反税法学理上的"臆测课税禁止原则"。

(二)税法适用和税法依据方面

1. C公司符合适用善意取得虚开发票特殊规定的情形

《国家税务总局关于纳税人善意取得虚开的增值税专用发票处理问题的通

知》(国税发〔2000〕187 号)规定,购货方与销售方存在真实的交易,销售方使用的是其所在省(自治区、直辖市和计划单列市)的专用发票,专用发票注明的销售方名称、印章、货物数量、金额及税额等全部内容与实际相符,且没有证据表明购货方知道销售方提供的专用发票是以非法手段获得的,对购货方不以偷税或者骗取出口退税论处。《国家税务总局关于纳税人善意取得虚开增值税专用发票已抵扣税款加收滞纳金问题的批复》(国税函〔2007〕1240 号)规定,纳税人善意取得虚开的增值税专用发票指购货方与销售方存在真实交易,且购货方不知取得的增值税专用发票是以非法手段获得的。

根据以上规范性文件的规定,善意取得虚开的增值税专用发票的构成要件包括:(1)购货方与销售方存在真实的交易;(2)销售方使用的是其所在省(自治区、直辖市和计划单列市)的专用发票;(3)专用发票注明的销售方名称、印章、货物数量、金额及税额等全部内容与实际相符;(4)没有证据表明购货方知道销售方提供的专用发票是以非法手段获得的。实践中,税务机关常以"货、票、款一致"为基础,综合考虑交易和发票开具的时间、资金结算方式、货物交付方式等多种因素,判断取得专用发票的一方是否为善意取得虚开的增值税专用发票。

如前所述,C 公司与 A 公司之间存在真实的购销交易。A 公司开具的是宁波增值税专用发票,开具的发票注明的销售方名称、印章、货物数量、金额及税额等内容与交易实际情形相符,C 公司并不知晓其取得的发票是虚开的增值税专用发票,且该发票在系统上可以进行认证抵扣,C 公司取得 A 公司开具的增值税专用发票符合上述税法对善意取得虚开增值税专用发票的规定。

2. C 公司须对进项税额作转出处理的税法依据不足

根据国税发〔2000〕187 号文与国税函〔2007〕1240 号文的规定,纳税人善意取得虚开的增值税专用发票,若能重新取得合法、有效的专用发票,则准许其抵扣进项税款;若不能重新取得合法、有效的专用发票,则不准其抵扣进项税款或追缴其已抵扣的进项税款。C 公司能否抵扣进项税额,原则上需要看 C 公司是否可以重新取得合法有效的增值税专用发票。然而,从稽查实践的角度来看,虚开方负责人或经办人往往都已失联或被控制,且相关企业多数停止经营,或者在技术上该虚开方也无法重新开具相应发票。

此外,"天眼查"等征信机构网站显示,A 公司已经被列入企业经营异常名单(2018 年 9 月 4 日起,A 公司唯一股东由国有独资公司和 × × 有限公司变更为自然人王某,即在 2018 年 9 月 4 日前,A 公司为国有独资公司,而本案所涉交易均发生在 2017 年年初,即均在此次股东变更之前)。此时,若在明知交易真实且纳税人为善意的基础上而以未能重新取得合法票据为由不予抵扣,由无任何过错的纳税人承担流转税的税款,显然并不公平。

根据《国家税务总局关于纳税人对外开具增值税专用发票有关问题的公告》(国家税务总局公告 2014 年第 39 号)的规定,在出票方与受票方之间符合有真实交易、有款项往来及开票内容与交易内容相符三个条件的情况下,受票方纳税人可以将取得的增值税专用发票抵扣进项税额。

C 公司已提供证据证明其与 A 公司之间存在真实交易,双方之间存在对应的款项往来,A 公司开具的增值税专用发票与真实交易相符,并在当时经增值税发票税控系统认证通过,C 公司已经尽了主要注意义务,C 公司抵扣进项税额于法有据。

从相关规定的税法依据而言,根据《增值税暂行条例》第 9 条"纳税人购进货物、劳务、服务、无形资产、不动产,取得的增值税扣税凭证不符合法律、行政法规或者国务院税务主管部门有关规定的,其进项税额不得从销项税额中抵扣"的规定,应当先判断纳税人"取得的增值税扣税凭证"是否"符合法律、行政法规或者国务院税务主管部门有关规定",而非在未核实交易是否真实或者明知交易真实的情况下,简单理解相关税收政策,一律要求进项税额转出。因此,C 公司须对进项税额作转出处理的税法依据不足。

3. C 公司在企业所得税层面亦不需要作调增处理

《企业所得税法》第 8 条规定:"企业实际发生的与取得收入有关的、合理的支出,包括成本、费用、税金、损失和其他支出,准予在计算应纳税所得额时扣除。"考虑到不得税前扣除可能会给并无过错的纳税人造成损失,从保护纳税人利益的角度出发,善意取得虚开的增值税专用发票,只要该笔成本是实际发生的,是与纳税人取得收入相关的,并且是合理的,税务机关就宜允许纳税人在税前扣除。《企业所得税税前扣除凭证管理办法》(国家税务总局公告 2018 年第 28 号)第 9 条、第 14 条对此也作了明确的规定。C 公司从 A 公司购入锌锭,该笔成本是实际发生的,并且是与其取得收入直接有关的成本,税务机关宜允许 C 公司在税前扣除。

（三）纳税人权利保护方面

1. 以决定书内容认定事实，未能有效保障当事人依法享有的陈述、申辩、要求听证等权利

《行政处罚法》第 44 条、第 45 条规定："行政机关在作出行政处罚决定之前，应当告知当事人拟作出的行政处罚内容及事实、理由、依据，并告知当事人依法享有的陈述、申辩、要求听证等权利。""当事人有权进行陈述和申辩。行政机关必须充分听取当事人的意见，对当事人提出的事实、理由和证据，应当进行复核；当事人提出的事实、理由或者证据成立的，行政机关应当采纳。行政机关不得因当事人陈述、申辩而给予更重的处罚。"

S 市税务局稽查局作出决定书 2 所依据的决定书 1 是在未告知 A 公司行政处罚内容及事实、理由、依据的情况下作出的，A 公司未能就该等行政处罚及其中认定的事实履行任何陈述、申辩、听证等权利。A 公司作为受到决定书 1 的外部效力影响的利害关系人，有权对决定书 1 中的相关事实进行举证、陈述、申辩等，在 C 公司未能实现上述权利的情况下作出的决定书 1 不能作为 S 市税务局稽查局进行事实认定的依据。

而且在本案中，C 公司提供了充分的证据以证明其与 A 公司之间存在真实交易关系。C 公司前后数次配合 S 市税务局稽查局的稽查，提供了包括但不限于产品购销合同、支付货款的银行凭证、与物流公司签署的物资过户储存协议及物流公司货物入库凭证、C 公司购买货物后将货物销售给 D 公司的购销合同，以及 C 公司的银行存款余额表和银行账户情况说明。此外，C 公司多次向 S 市税务局稽查局陈述了与 A 公司发生的相关业务往来。

C 公司向 A 公司支付货款的银行凭证和银行单位客户专用回单记载的转账用途及金额与物流公司货物入库凭证记载的货物名称、数量及增值税专用发票上记载的货物名称、金额可以相互印证。由此可见，A 公司与 C 公司之间的交易是真实发生的。C 公司与物流公司签署的物资过户储存协议以及 C 公司与 D 公司签署的购销合同亦可以提供旁证。《行政处罚法》第 38 条规定："行政处罚没有依据或者实施主体不具有行政主体资格的，行政处罚无效。违反法定程序构成重大且明显违法的，行政处罚无效。"S 市税务局稽查局未能保障 C 公司实现对决定书 1 中的相关事实进行举证、陈述、申辩等权利，违法事实不清、证据不足，未能依法履行法定程序，因此行政处罚的效力受到质疑。

2. 以决定书内容认定事实不当,限制了纳税人的权利保护和救济途径

处罚决定书所载虚开认定能够直接被用于认定虚开的情况实际上是将处罚决定主体与调查取证主体进行了分离,一方面将会导致《行政处罚法》第 57 条、第 58 条所设立的行政机关负责人及法制审核的虚设;另一方面在载有虚开认定的处罚决定书的相对人与进项转出的相对人不一致时,进项转出的相对人的救济权利可能会被剥夺。

本案中,N 市税务局稽查局基于调查取证,作出决定书 1 认定了 A 公司虚开的事实并对 A 公司实施了行政处罚。S 市税务局稽查局基于决定书 1 对 A 公司所开的发票为虚开之认定,对其受票方 C 公司实施了行政处罚。C 公司此时有效的救济途径有两个,一是否定 S 市税务局稽查局基于决定书 1 的认定,即处罚决定书所载虚开认定不能直接构成进项转出的客观基础;二是否定 N 市税务局稽查局基于调查取证对案涉发票虚开的认定。

第一条路径在处罚决定书所载虚开认定能够直接被用于认定虚开的前提设定下将无法实现。而第二条路径,本案中 N 市基层法院的裁定表示,决定书 1 并未对 C 公司的虚开与否、是否真实交易等进行认定,因此,C 公司并不属于行政诉讼法上的利害关系人,不是适格的原告。

综上,C 公司的权利保护和救济途径均被堵塞,税务机关对 C 公司虚开的认定无法被 C 公司质疑,这剥夺了 C 公司的救济权利。此外,本案中存在一个逻辑矛盾,若决定书 1 并未对 C 公司的虚开与否等进行认定,那么 S 市税务局稽查局就没有作出决定书 2 的客观基础;若决定书 1 实际上是对 C 公司的虚开与否等进行认定且影响实际权利的,那么 C 公司必然是行政诉讼的适格原告。

从合理行政、权责统一的角度分析,显然在涉税行政处罚决定书所载虚开认定不能直接构成进项转出的客观基础的前提下,更符合当前行政处罚法、税收征收管理法的体系,可以更好地保护行政相对人的权利。

3. 要求 C 公司对进项税额作转出处理与纳税人保护理念不符

《国家税务总局关于异常增值税扣税凭证管理等有关事项的公告》(国家税务总局公告 2019 年第 38 号)第 3 条第 1 项规定,“尚未申报抵扣增值税进项税额的,暂不允许抵扣。已经申报抵扣增值税进项税额的,除另有规定外,一律作进项税额转出处理”,这与《国家税务总局关于走逃(失联)企业开具增值税专用发票认定处理有关问题的公告》(国家税务总局公告 2016 年第 76 号)第 2 条第

2 项(该项规定已失效)相比,新增了“除另有规定外”,为“一律作进项税额转出处理”留出了一定的空间和余地,可见政策取向逐步开始关注对纳税人权利的保护。

善意取得增值税专用发票是否一定要予以转出,是理论界和实务界高度关注的事关纳税人权益的重要事项,也是颇具争议的焦点问题。在早些年出台的国税发〔2000〕187 号文、国税函〔2007〕1240 号文等规范性文件中,确有“按照有关规定不予抵扣”的相关规定。但从近年来的规范性文件来看,包括从国家税务总局公告 2019 年第 38 号文所表述的“除另有规定外”来看,应该理解为纳税人能证明交易真实性的应予以例外,这在国家税务总局公告 2019 年第 38 号文第 3 条第 4 项关于纳税信用 A 级纳税人的特别规定中也可以得到佐证。一般认为,信用等级序列差异会对纳税人程序权利存在一定影响,但这种差异并不以应当享有的权利减损为前提,更不能对纳税人的实体权利产生歧视性影响。

基于有效减少税企争议、避免税务行政争讼的目的,税务机关在理解和掌握相关规定时宜秉承“以事实为依据”的实质认定原则和“纳税人权利保护”的基本原则,不能简单以国家税款可能流失为由要求无任何过错的 C 公司承担流转税的税款。相关税款流失的损失宜由造成损失的相关责任人或嫌疑人承担,善意的纳税人不应当在不确定的税制和征管环境下承受不合理的税收负担。税务机关在掌握相关税收政策时宜寻求税法法理和税法规定的具体内涵,在兼顾公平性、合理性和正当性原则的基础上妥善处理相关涉税事项。

此外,在进一步构建法治公平、优质便捷、现代高效的税收营商环境的总体目标下,实行包容、审慎监管的税收征管和服务将是大势所趋。C 公司与 A 公司之间的交易价税合计近 500 万元,从 C 公司的实际承受能力来看,交易金额和对应税额均较大,宜综合考虑涉税具体情况、税务行政合法合理性、C 公司实际承受能力及事后可追责等因素,综合作出相应的税务辅导和处理。另外,从有利于纳税人的角度出发,亦可以选择先行尽可能核实相关情况,而非直接要求其转出进项税额,避免给善意受票的纳税人造成过大的经营压力。

三、启示与思考

类似案件在税收征管实务中经常出现。各地税务机关收到上级或兄弟税务机关的协查通知后,即联系属地的纳税人企业(主要是受票人企业),要求其进行进项税额转出和所得税调增。无论是从程序、体系还是纳税人实体权利保护的角度出发,作出行政处罚的税务机关应当对违法事实进行实质的调查取证,不应仅以其他涉税行政处罚决定书所记载的内容为直接认定依据。虽然在表面上通过此类认定能够降低税务机关的成本,高效处理相关涉税问题,但若其中一个文书效力出现瑕疵,将会导致链条中的文书都出现效力瑕疵,从而产生更高的补正成本。现行税务执法和税务司法实践中都采取了有利于税务行政效能的立场,但这种涉税行政处罚决定书所载虚开认定不能直接构成进项转出的客观基础,仍应当对违法行为进行实质性审查。

附录1:相关法律法规政策规定(略)

附录2:相关法律及涉税文书

附件1:税务处理决定书

国家税务总局S市税务局第×稽查局

税务处理决定书

×税稽×处〔××××〕××号

C公司:(纳税人识别号:××)

我局(所)于2020年××月××日至2021年××月××日对你(单位)(地址:××区××路××号××室)2017年××月××日至2017年××月××日纳税情况进行了检查,违法事实及处理决定如下。

一、违法事实

你单位收受A公司2017年3月23日开具增值税专用发票43份(发票代码××,发票号码××),发票金额合计××元,税额合计××元,价税合计××元,货物或应税劳务名称为锌锭,上述发票已定性为虚开,应转出2017年3月已抵扣的进项税额××元。上述行为违反了《中华人民共和国增值税暂行条例》(中华人民共和国国务院令第691号)第九条,《国家税务总局关于纳税人善意取得虚开的增值税专用发票处理问题的通知》(国税发〔2000〕187号)的规定。

二、处理决定及依据

根据《中华人民共和国增值税暂行条例》(中华人民共和国务院令第691号)第四条、第九条,《国家税务总局关于纳税人善意取得虚开的增值税专用发票处理问题的通知》(国税发〔2000〕187号)的规定,核减期末留抵税额××元,补缴增值税××元。

根据《中华人民共和国城市维护建设税暂行条例》(国发〔1985〕19号)第二条的规定,补缴城建税××元。根据《征收教育费附加的暂行规定》(国发〔1986〕50号)第二条和《××市税务局关于提高本市城市教育附加征收率的通知》(×税地〔××〕××号)的规定,补缴教育费附加××元。

根据《××市人民政府关于本市开征地方教育附加的通知》(×府发〔××〕××号)和《关于印发〈××市地方教育附加征收管理办法〉的通知》(×财教〔××〕××号)的规定,补缴地方教育附加××元。

根据《××市人民政府办公厅关于本市河道工程修建维护管理费征收事项的通知》(××府办发〔××〕××号)的规定,补缴河道管理费××元。

限你(单位)自收到本决定书之日起15日内到国家税务总局××市××区税务局将上述税款及滞纳金缴纳入库,并按照规定进行相关账务调整。逾期未缴清的,将依照《中华人民共和国税收征收管理法》第四十条规定强制执行。

你(单位)若同我局(所)在纳税上有争议,必须先依照本决定的期限缴纳税款及滞纳金或者提供相应的担保,然后可自上述款项缴清或者提供相应担保被税务机关确认之日起六十日内依法向国家税务总局××市税务局申请行政复议。

税务机关(印章)

××××年××月××日

附件2:行政复议申请书

申请人:C公司

统一社会信用代码:××××

法定代表人:××

住所:××区××路××号

被申请人:S 市税务局稽查局

局长:×××

联系地址:×××

联系方式:×××

申请人对被申请人作出《税务处理决定书》(以下简称《决定书》)的具体行政行为不服,现提起行政复议。

行政复议请求

请求撤销被申请人作出的《税务处理决定书》。

事实和理由

一、被申请人在《决定书》中认定申请人收受 A 公司开具的增值税专用发票 43 份为虚开发票,申请人认为上述事实认定错误,申请人与 A 公司间存在真实交易

2017 年 3 月初,A 公司和申请人盖章签订了产品购销合同,约定申请人以 22,480 元/吨的价格向 A 公司购买 220 吨锌锭,由申请人凭仓单前往 A 公司在××的指定仓库自提。3 月 7 日,申请人分两笔向 A 公司支付了部分货款总计 4,910,000 元,3 月 27 日,申请人再次向 A 公司支付了剩余的货款 64,936.4 元。3 月 21 日,A 公司通过过户的方式将其储存在物流公司的锌锭交付给申请人,共计 221.305 吨,并由物流公司向申请人出具了货物入库凭证。申请人向物流公司支付了仓储及过户费 221.31 元。

2017 年 3 月 23 日,A 公司向申请人开具增值税专用发票 43 份,发票代码 3302163130,发票号码 03155759~03155800、03155802,货物名称锌锭,发票金额合计 4,252,082.35 元,税额合计 722,854.05 元,价税合计 4,974,936.4 元。

上述交易发生时,申请人曾对 A 公司的经营情况进行了必要核查。当时 A 公司为和田玉鼎棉业有限公司的全资子公司,和田玉鼎棉业有限公司由新疆生产建设兵团第十四师国有资产经营有限公司全资持股,故 A 公司与申请人发生交易时是一家国有控股的企业。且交易发生时,A 公司不存在任何经营异常的记录。申请人已经在交易中尽到了审慎义务。申请人与 A 公司间的交易属于真实交易。

二、申请人已经就上述事实充分向被申请人进行了说明，在能力范围内尽到证明申请人与A公司存在真实交易关系的举证责任和配合义务

《行政诉讼法》第三十四条第一款规定："被告对作出的行政行为负有举证责任，应当提供作出该行政行为的证据和所依据的规范性文件。"《最高人民法院关于行政诉讼证据若干问题的规定》第一条第一款规定："……被告对作出的具体行政行为负有举证责任，应当在收到起诉状副本之日起十日内，提供据以作出被诉具体行政行为的全部证据和所依据的规范性文件。被告不提供或者无正当理由逾期提供证据的，视为被诉具体行政行为没有相应的证据。"我国行政诉讼法关于行政诉讼的举证责任分配主要实行的是行政机关举证原则。

在税法学理上，税务机关和纳税人的举证责任有不同之处。税务机关需针对"符合课税事实"（针对税务处理）及"应受处罚性"（针对税务处罚）两个方面进行举证；在相关课税及处罚事实真伪不明时，税务机关需承担举证责任。纳税人则需尽到税收征管中的协力义务，在举证责任分配上需承担对"符合常理"或"一般有理性之人均不至于怀疑之确信程度"的举证责任。通俗来讲，纳税人要呈现真实的交易情况给税务机关而不得故意隐瞒或阻碍；而税务机关需根据前述了解情况作出专业识别和判定，在真伪不明的情形下又无法得出纳税人明显不"符合常理"的结论时，需要进一步承担举证责任。

申请人已经提供了充分的证据以证明其与A公司之间存在真实交易关系。申请人前后数次配合被申请人的稽查，向被申请人提供了包括但不限于如下材料：(1)A公司与申请人签署的《产品购销合同》；(2)申请人向A公司支付货款的《银行凭证》及《银行单位客户专用回单》；(3)申请人与物流公司签署的《物资过户储存协议》、《物流公司货物入库凭证》、申请人向物流公司支付过户费的《银行凭证》及《银行单位客户专用回单》；(4)A公司开具的增值税专用发票；(5)申请人购买货物后将货物销售给B公司的《购销合同》；(6)申请人的2017年至2019年银行存款余额表及银行账户情况说明。此外，申请人多次向被申请人陈述了申请人与A公司发生的相关业务往来。

申请人向A公司支付货款的《银行凭证》及《银行单位客户专用回单》记载的转账用途及金额与《物流公司货物入库凭证》记载的货物名称、数量及增值税专用发票上记载的货物名称、金额可以相互印证。由此可见，申请人与A公司间的交易是真实发生的。申请人与物流公司签署的《物资过户储存协议》以及

申请人与 B 公司签署的《购销合同》亦可以提供旁证。

在此基础上，如果被申请人认为申请人存在收受虚开的增值税发票的情况，被申请人应当对相应的事实承担举证责任。在不能证明申请人与 A 公司间的交易是虚构的或未发现纳税人材料或所提供证据存在明显疑点的情况下，被申请人需要避免违反税法学理上的“臆测课税禁止原则”，不应在《决定书》中认定申请人收到的发票“已证实虚开”。

三、从税法角度理解，规范性文件的执行应当有明确的税法实体法和程序法依据，申请人须对进项税额作转出处理的税法依据不足，从维护整体营商环境、保护纳税人权利及避免税务行政争讼的角度来看，不宜要求申请人对进项税额作转出处理

1. 申请人抵扣进项税额于法有据，被申请人决定要求申请人转出进项税额的税法依据不足

根据《国家税务总局关于纳税人善意取得虚开的增值税专用发票处理问题的通知》（国税发〔2000〕187 号，以下简称 187 号文）与《国家税务总局关于纳税人善意取得虚开增值税专用发票已抵扣税款加收滞纳金问题的批复》（国税函〔2007〕1240 号，以下简称 1240 号文）的规定，纳税人善意取得虚开的增值税专用发票，若能重新取得合法、有效的专用发票，则准许其抵扣进项税款；若不能重新取得合法、有效的专用发票，则不准其抵扣进项税款或追缴其已抵扣的进项税款。

申请人能否抵扣进项税额，原则上需要看申请人是否可以重新取得合法有效的增值税专用发票。然而，从稽查实践的角度来看，开票方负责人或经办人往往都已失联或被控制，且相关企业多数停止经营，或者在技术上该开票方也无法重新开具相应发票。本案中，A 公司已经被列入企业经营异常名单（在 2018 年 9 月 4 日前，A 公司为国有独资公司，而本案所涉交易均发生在 2017 年年初，即均在此次股东变更之前）。此时，若在明知交易真实且纳税人为善意的基础上以未能重新取得合法票据为由而不予抵扣，由无任何过错的纳税人承担流转税的税款，显然并不公平。

根据《国家税务总局关于纳税人对外开具增值税专用发票有关问题的公告》（国家税务总局公告 2014 年第 39 号）的规定，在出票方与受票方之间符合有真实交易、有款项往来及开票内容与交易内容相符的三个条件的情况下，受票

方纳税人可以将取得的增值税专用发票抵扣进项税额。

申请人已提供证据证明其与A公司之间存在真实交易,双方之间存在对应的款项往来,A公司开具的增值税专用发票与真实交易相符,并在当时经增值税发票税控系统认证通过,申请人已经尽了主要注意义务,申请人抵扣进项税额于法有据。

从相关规定的税法依据而言,根据《增值税暂行条例》第九条"纳税人购进货物、劳务、服务、无形资产、不动产,取得的增值税扣税凭证不符合法律、行政法规或者国务院税务主管部门有关规定的,其进项税额不得从销项税额中抵扣"的规定,应当先判断纳税人"取得的增值税扣税凭证"是否"符合法律、行政法规或者国务院税务主管部门有关规定",而非在未核实交易是否真实或者明知交易真实的情况下,简单理解相关税收政策,一律要求进项税额转出。因此,申请人须对进项税额作转出处理的税法依据不足。

2. 为保护纳税人权利,不应要求申请人转出进项税额

《国家税务总局关于异常增值税扣税凭证管理等有关事项的公告》(国家税务总局公告2019年第38号,以下简称38号文)第三条第(一)项规定,"(一)尚未申报抵扣增值税进项税额的,暂不允许抵扣。已经申报抵扣增值税进项税额的,除另有规定外,一律作进项税额转出处理",这与《国家税务总局关于走逃(失联)企业开具增值税专用发票认定处理有关问题的公告》(国家税务总局公告2016年第76号,以下简称76号文)第二条第(二)项相比,新增了"除另有规定外",为"一律作进项税额转出处理"留出了一定的空间和余地,可见政策取向逐步开始关注对纳税人权利的保护。

善意取得增值税专用发票是否一定要予以转出是理论界和实务界高度关注的事关纳税人权益的重要事项,也是颇具争议的焦点问题。在早些年出台的187号文、1240号文等规范性文件中,确有"按照有关规定不予抵扣"的相关规定。但从近年来的规范性文件来看,包括从38号文所表述的"除另有规定外"来看,应该理解为纳税人能证明交易真实性的应予以例外,这在38号文第三条第(四)项关于纳税信用A级纳税人的特别规定中也可以得到佐证。一般认为,信用等级序列差异会对纳税人程序权利存在一定影响,但这种差异并不以应当享有的权利减损为前提,更不能对纳税人的实体权利产生歧视性影响。

基于有效减少税企争议、避免税务行政争讼的目的,税务机关在理解和掌握

相关规定时宜秉承“以事实为依据”的实质认定原则和“纳税人权利保护”的基本原则，不能简单以国家税款可能流失为由要求无任何过错的申请人承担流转税的税款。相关税款流失的损失宜由造成损失的相关责任人或嫌疑人承担，善意的纳税人不应当在不确定的税制和征管环境下承受不合理的税收负担。××市税务机关作为全国税务系统“热情服务、文明执法”的排头尖兵，在掌握相关税收政策时宜寻求税法法理和税法规定的具体内涵，在兼顾公平性、合理性和正当性原则的基础上妥善处理相关涉税事项。

因此，在进一步构建法治公平、优质便捷、现代高效的税收营商环境的总体目标下，实行包容、审慎监管的税收征管和服务将是大势所趋。从有利于纳税人的角度出发，对于存在真实交易且没有过错的纳税人，不应机械适用相关政策条文从而直接要求其转出进项税额，避免给善意受票的纳税人造成过大的经营压力。

综上所述，被申请人作出《税务处理决定书》的行为，侵害了申请人的合法权益，故申请人依据《行政复议法》等相关法律法规的相关规定，向贵局提起行政复议。恳请贵局详细调查后，依法撤销被申请人作出的《税务处理决定书》，以维护申请人的合法权益。

此致

S市税务局

附件3：行政复议决定书

国家税务总局S市税务局税务行政复议决定书

××税复决字〔××××〕××号

申请人：C公司

地址：××

被申请人：S市税务局稽查局

地址：××

法定代表人：××

职务：××

申请人C公司不服国家税务总局S市税务局第×稽查局作出的《税务处理决定书》(×税稽×处〔××××〕××号),于××××年××月××日向本机关提出行政复议申请并于××××年××月××日进行了材料补正,本机关依法予以受理,现已审查终结。

申请人请求:撤销被申请人作出的《税务处理决定书》(×税稽×处〔××××〕××号)。

申请人称:

被申请人认定申请人收受A公司开具的43份增值税专用发票为虚开发票的事实认定错误,申请人与A公司之间存在真实交易。申请人已就上述事实充分向被申请人进行了说明,在能力范围内尽到了证明申请人与A公司存在真实交易关系的举证责任和配合义务。

申请人认为被申请人要求申请人对相关交易的进项税额作转出处理的税法依据不足。因此,申请人提出申请撤销被申请人作出的《税务处理决定书》(×税稽×处〔××××〕××号)。

被申请人称:

被申请人作出的税务处理决定具有法定职权且程序合法。根据《中华人民共和国税收征收管理法》第十四条、《中华人民共和国税收征收管理法实施细则》第九条第一款的规定,被申请人具有依法对申请人履行纳税义务情况及涉税事项进行检查处理的法定职责。被申请人根据《税务稽查工作规程》相关规定进行了选案立案、检查、审理等程序,作出的具体行政行为程序合法。

被申请人作出的税务处理决定认定事实清楚,适用法律法规准确。本案中,申请人收受A公司于2017年3月23日开具的增值税专用发票43份(上述43张发票已被上游发票企业所在地税务机关定性为虚开),发票金额合计4,252,082.35元,税额722,854.05元,价税合计4,974,936.4元,货物、应税劳务服务名称为锌锭,申请人将该进项税于2017年3月认证抵扣。已就上述事实充分向被申请人进行了说明,在能力范围内尽到了证明申请人与A公司存在真实交易关系的举证责任和配合义务。

申请人认为被申请人要求申请人对相关交易的进项税额作转出处理的税法依据不足。因此,申请人提出申请撤销被申请人作出的《税务处理决定书》(×税稽×处〔××××〕××号)。

被申请人根据《中华人民共和国增值税暂行条例》(中华人民共和国国务院令第691号)第四条、第九条,《国家税务总局关于纳税人善意取得虚开的增值税专用发票处理问题的通知》(国税发〔2000〕187号)的规定,要求申请人核减期末留底税额××元,补缴增值税××元。并根据相关规定,补缴城市维护建设税××元、教育费附加××元、地方教育附加××元、河道管理费××元。

被申请人认为,根据外省市税务机关提供的行政处罚决定书,申请人取得的涉案发票已经被认定为虚开,故应按规定作进项税额转出处理。

综上,被申请人作出《税务处理决定书》(×税稽×处〔××××〕××号),事实清楚,证据确凿,适用法律法规正确,符合法定程序。申请人的复议诉求事实证据不足、理由不充分。恳请市局维持被申请人行政行为。

经审理查明:

2020年××月××日,被申请人根据国家税务总局N市税务局稽查局(以下简称N市税务局)发送的《关于××有限公司—发票违法案件的协查函》(××税稽二协〔××××〕××号)及《已证实虚开通知单》(协查编号××)对申请人予以立案审批。××××年××月××日,被申请人向申请人送达了《税务检查通知书》。在检查期间,检查人员对申请人收受A公司43份增值税专用发票的情况进行检查。××××年××月××日,被申请人完成《税务稽查审理报告》。2021年××月××日,被申请人认定申请人为善意取得虚开的增值税专用发票,作出《税务处理决定书》(×税稽×处〔××××〕××号),并于××××年××月××日送达申请人。

本机关认为:

国家税务总局公告2014年第39号的适用对象为开票企业,是对纳税人的某一种行为不属于虚开增值税专用发票所作的明确。在开票企业已被认定为虚开的情况下,申请人收受发票的情形不能适用该公告。此外,被申请人在检查过程中取得N市税务局的税务行政处罚决定书(××税稽××罚〔××××〕××号),在决定书中明确了A公司虚开发票的违法行为。税务行政处罚决定书是税务机关出具的拥有法律效力的外部文书,在处罚决定书未被认定失效的情况下,被申请人认定申请人取得A公司虚开发票的事实清楚、证据充分。

根据《中华人民共和国增值税暂行条例》第九条规定,纳税人购进货物取得的增值税扣税凭证不符合法律、行政法规或者国务院税务主管部门有关规定的,其进项税额不得从销项税额中抵扣。根据《国家税务总局关于纳税人善意取得虚开的增值税专用发票处理问题的通知》(国税发〔2000〕187号)规定,对购货方与销售方存在真实的交易,且没有证据表明购货方知道销售方提供的专用发票是以非法手段获得的,对购货方不以偷税论处,但购货方已经抵扣的进项税额,应依法追缴。因此,被申请人对申请人作出进项税额转出的税务处理决定并无不妥。

综上,被申请人作出的《税务处理决定书》(×税稽×处〔××××〕××号)认定事实清楚,证据确凿,适用法律正确,程序合法。

根据《中华人民共和国行政复议法》第二十八条第一款第(一)项和《税务行政复议规则》第七十五条第(一)项的规定,本机关作出以下决定:

维持被申请人国家税务总局S市税务局稽查局作出的《税务处理决定书》(×税稽×处〔××××〕××号)。申请人对本行政复议决定不服,可以在收到本复议决定书之日起十五日内向人民法院提起行政诉讼。

S市税务局

××××年××月××日

附件4:行政起诉状

原告:C公司

统一社会信用代码:×××

法定代表人:××

住所:××区××路×××号

联系地址:××市××区××××

被告1:S市税务局稽查局

局长:×××

联系地址:S市××区××××

联系方式:××××

被告2:S市税务局

局长:×××

联系地址:S市×××区××××

联系方式:×××××

请求事项

1. 判决撤销被告1作出的《税务处理决定书》(以下简称《决定书1》)。

2. 判决撤销被告2作出的《行政复议申请决定书》(以下简称《决定书2》)。

事实和理由

概括事实与理由:事实认定错误,交易属于真实,被告1依据A公司的主管税务局(以下简称A税务局)的税务行政处罚决定书认定原告存在收受虚开发票的违法事实是不当的。法律适用错误,在交易真实的情况下,应当适用《国家税务总局关于纳税人对外开具增值税专用发票有关问题的公告》(国家税务总局公告2014年第39号),而非《国家税务总局关于纳税人善意取得虚开的增值税专用发票处理问题的通知》(国税发〔2000〕187号)以及《国家税务总局关于纳税人善意取得虚开增值税专用发票已抵扣税款加收滞纳金问题的批复》(国税函〔2007〕1240号)。

2017年3月初,原告向A公司以22,480元/吨的价格采购了220吨锌锭,2017年3月23日,A公司向原告开具增值税专用发票43份,发票代码××,发票号码××,货物名称锌锭,发票金额合计4,252,082.35元,税额合计722,854.05元,价税合计4,974,936.4元。

2021年12月20日,被告1向原告出具《决定书1》,认定原告取得的增值税专用发票已被定性为虚开的发票,并要求原告核减期末留抵税额,补缴增值税、城建税、教育费附加、地方教育费附加以及河道管理费。

2022年1月25日,原告不服上述《决定书1》的处理结果,向被告2提出行政复议申请。2022年2月7日,被告2受理了原告的行政复议申请,并于2022年3月30日出具《决定书2》,决定维持《决定书1》的处理结果。2022年6月13日,原告收到《决定书2》。

现原告根据《行政诉讼法》第二十六条及相关法律法规政策之规定,将S市税务局稽查局以及S市税务局列为共同被告,申请撤销被告1作出的《决定书1》及被告2作出的《决定书2》。

一、被告1作出的《决定书1》在“违法事实”部分存在事实认定错误

被告1作出的《决定书1》认定,原告于2017年3月23日取得的发票根据外省市税务机关提供的行政处罚决定书已被定性为虚开。原告认为这一事实认定错误,原告发生的交易均为真实交易,不存在取得虚开的增值税专用发票的情

形,理由如下。

1. 原告与 A 公司间存在真实交易

2017 年 3 月初,A 公司和原告盖章签订了《产品购销合同》,约定原告以 22,480 元/吨的价格向 A 公司购买 220 吨锌锭,由原告凭仓单前往 A 公司在××的指定仓库自提。2017 年 3 月 7 日,原告分两笔向 A 公司支付了部分货款总计 4,910,000 元,2017 年 3 月 27 日,原告再次向 A 公司支付了剩余的货款 64,936.4 元。2017 年 3 月 21 日,A 公司通过过户的方式将其储存在物流公司的锌锭交付给原告,共计 221.305 吨,并由物流公司向原告出具了货物入库凭证。原告向物流公司支付了仓储及过户费 221.31 元。

2017 年 3 月 23 日,A 公司向原告开具增值税专用发票 43 份,发票代码××,发票号码××,货物名称锌锭,发票金额合计 4,252,082.35 元,税额合计 722,854.05 元,价税合计 4,974,936.4 元。

上述交易发生时,原告曾对 A 公司的经营情况进行了必要核查。当时 A 公司是一家国有控股的企业,且交易发生时,A 公司不存在任何经营异常的记录。原告已经在交易中尽到了审慎义务,原告与 A 公司间的交易属于真实交易。

2. 原告已经就上述事实充分向被告 1 进行了说明,在能力范围内尽到了证明原告与 A 公司存在真实交易关系的举证责任和配合义务

《行政诉讼法》第三十四条第一款规定:"被告对作出的行政行为负有举证责任,应当提供作出该行政行为的证据和所依据的规范性文件。"《最高人民法院关于行政诉讼证据若干问题的规定》第一条第一款规定:"……被告对作出的具体行政行为负有举证责任,应当在收到起诉状副本之日起十日内,提供据以作出被诉具体行政行为的全部证据和所依据的规范性文件。被告不提供或者无正当理由逾期提供证据的,视为被诉具体行政行为没有相应的证据。"我国行政诉讼法关于行政诉讼的举证责任分配主要实行的是行政机关举证原则。

在税法学理上,税务机关和纳税人的举证责任有不同之处。税务机关需针对"符合课税事实"(针对税务处理)及"应受处罚性"(针对税务处罚)两个方面进行举证;在相关课税及处罚事实真伪不明时,税务机关需承担举证责任。纳税人则需尽到税收征管中的协力义务,在举证责任分配上需承担对"符合常理"或"一般有理性之人均不至于怀疑之确信程度"的举证责任。通俗来讲,纳税人要呈现真实的交易情况给税务机关而不得故意隐瞒或阻碍;而税务机关需根据前

述了解情况作出专业识别和判定,在真伪不明的情形下又无法得出纳税人明显不“符合常理”的结论时,需要进一步承担举证责任。

原告已经提供了充分的证据以证明其与A公司之间存在真实交易关系。原告前后数次配合被告1的稽查,向被告1提供了包括但不限于如下材料:(1)A公司与原告签署的《产品购销合同》;(2)原告向A公司支付货款的《银行凭证》及《银行单位客户专用回单》;(3)原告与物流公司签署的《物资过户储存协议》、《物流公司货物入库凭证》、原告向物流公司支付过户费的《银行凭证》及《银行单位客户专用回单》;(4)A公司开具的增值税专用发票;(5)原告购买货物后将货物销售给B公司的《购销合同》;(6)原告的2017年至2019年银行存款余额表及银行账户情况说明。此外,原告多次向被告1陈述了原告与A公司发生的相关业务往来。

原告向A公司支付货款的《银行凭证》和《银行单位客户专用回单》记载的转账用途及金额与《物流公司货物入库凭证》记载的货物名称、数量及增值税专用发票上记载的货物名称、金额可以相互印证。由此可见,原告与A公司间的交易是真实发生的。原告与物流公司签署的《物资过户储存协议》以及原告与B公司签署的《购销合同》亦可以提供旁证。

在此基础上,如果被告1认为原告存在收受虚开的增值税发票的情况,被告1应当对相应的事实承担举证责任。在原告已经提出充分证据证明交易真实性的情况下,被告1需要避免违反税法学理上的“臆测课税禁止原则”,不应在《决定书1》中认定原告收到的发票“已证实虚开”。

3.被告1不能依据A税务局的税务行政处罚决定书(以下简称《决定书3》)认定原告存在收受虚开发票的违法事实

被告2在《决定书2》中认定被告1:“被申请人在检查过程中取得A税务局的税务行政处罚决定书,在决定书中明确了A公司虚开发票的违法行为。税务行政处罚决定书是税务机关出具的拥有法律效力的外部文书,在处罚决定书未被认定失效的情况下,被申请人认定申请人取得A公司虚开发票的事实清楚,证据充分。”

《中华人民共和国行政处罚法》(2021修订)第四十四条规定:“行政机关在作出行政处罚决定之前,应当告知当事人拟作出的行政处罚内容及事实、理由、依据,并告知当事人依法享有的陈述、申辩、要求听证等权利。”被告1作出《决定书1》所依据的《决定书3》是在未告知原告行政处罚内容及事实、理由、依据的情况下作出的,原告未能就该等行政处罚及其中认定的事实履行任何陈述、申辩、听证等权利。原告作为受到《决定书3》的外部效力影响的利害关系人,有权对《决定书3》中的相关事实进行举证、陈述、申辩等,在原告未能实现上述权利的情况下作出的《决定书3》不能作为被告1进行事实认定的依据。

二、从税法角度理解,规范性文件的执行应当有明确的税法实体法和程序法依据,被告1要求原告对进项税额作转出处理的税法依据不足

根据《国家税务总局关于纳税人善意取得虚开的增值税专用发票处理问题的通知》(国税发〔2000〕187号)与《国家税务总局关于纳税人善意取得虚开增值税专用发票已抵扣税款加收滞纳金问题的批复》(国税函〔2007〕1240号)的规定,纳税人善意取得虚开的增值税专用发票,如能重新取得合法、有效的专用发票,准许其抵扣进项税款;如不能重新取得合法、有效的专用发票,不准其抵扣进项税款或追缴其已抵扣的进项税款。

原告能否抵扣进项税额,原则上需要看原告是否可以重新取得合法有效的增值税专用发票。然而,从稽查实践的角度来看,开票方负责人或经办人往往都已失联或被控制,且相关企业多数停止经营,或者在技术上该开票方也无法重新开具相应发票。本案中,A公司已经被列入企业经营异常名单(在2018年9月4日前,A公司为国有独资公司,而本案所涉交易均发生在2017年年初,即均在此次股东变更之前)。此时,若在明知交易真实且纳税人为善意的基础上以未能重新取得合法票据为由而不予抵扣,由无任何过错的纳税人承担流转税的税款,显然并不公平。

根据《国家税务总局关于纳税人对外开具增值税专用发票有关问题的公告》(国家税务总局公告2014年第39号)的规定,在出票方与受票方之间符合有真实交易、有款项往来及开票内容与交易内容相符的三个条件的情况下,受票方纳税人可以将取得的增值税专用发票抵扣进项税额。原告已提供证据证明其与A公司之间存在真实交易,双方之间存在对应的款项往来,A公司开具的增值税专用发票与真实交易相符,并在当时经增值税发票税控系统认证通过,原告已经尽了主要注意义务,原告抵扣进项税额于法有据。被告2认为国家税务总局公告2014年第39号文仅适用于开票企业,是对纳税人的某一种行为不属于虚开增值税专用发票所作的明确,不适用于收票方企业,这一理解是被告2不恰

当地运用了限制解释的方法，缩减了行政相对人的权利，不利于对纳税人的保护。

从相关规定的税法依据而言，根据《增值税暂行条例》第九条“纳税人购进货物、劳务、服务、无形资产、不动产，取得的增值税扣税凭证不符合法律、行政法规或者国务院税务主管部门有关规定的，其进项税额不得从销项税额中抵扣”的规定，应当先判断纳税人“取得的增值税扣税凭证”是否“符合法律、行政法规或者国务院税务主管部门有关规定”，而非在未核实交易是否真实或者明知交易属于真实的情况下，简单理解相关税收政策，一律要求进项税额转出。

因此，原告须对进项税额作转出处理的税法依据不足。

《国家税务总局关于异常增值税扣税凭证管理等有关事项的公告》(国家税务总局公告2019年第38号)第三条第(一)项规定，“尚未申报抵扣增值税进项税额的，暂不允许抵扣。已经申报抵扣增值税进项税额的，除另有规定外，一律作进项税额转出处理”，这与《国家税务总局关于走逃(失联)企业开具增值税专用发票认定处理有关问题的公告》(国家税务总局公告2016年第76号)第二条第(二)项相比，新增了“除另有规定外”，为“一律作进项税额转出处理”留出了一定的空间和余地，可见政策取向逐步开始关注对纳税人权利的保护。

善意取得增值税专用发票是否一定要予以转出是理论界和实务界高度关注的事关纳税人权益的重要事项，也是颇具争议的焦点问题。在早些年出台的国税发〔2000〕187号文、国税函〔2007〕1240号文等规范性文件中，确有“按照有关规定不予抵扣”的相关规定。但从近年来的规范性文件来看，包括从国家税务总局公告2019年第38号文所表述的“除另有规定外”来看，应该理解为纳税人能证明交易真实性的应予以例外，这在国家税务总局公告2019年第38号文第三条第(四)项关于纳税信用A级纳税人的特别规定中也可以得到佐证。 般认为，信用等级序列差异会对纳税人程序权利存在一定影响，但这种差异并不以应当享有的权利减损为前提，更不能对纳税人的实体权利产生歧视性影响。

因此，税务机关在理解和掌握相关规定时宜秉承“以事实为依据”的实质认定原则和“纳税人权利保护”的基本原则，不能简单以国家税款可能流失为由要求无任何过错的原告承担流转税的税款。相关税款流失的损失宜由造成损失的相关责任人或嫌疑人承担，善意的纳税人不应当在不确定的税制和征管环境下承受不合理的税收负担。从有利于纳税人的角度出发，对于存在真实交易且没有过错的纳税人,不应机械适用相关政策条文从而直接要求其转出进项税额,避免给善意受票的纳税人造成过大的经营压力。

综上所述,被告1作出的《税务处理决定书1》以及被告2作出的《行政复议申请决定书2》侵害了原告的合法权益,故原告依据《行政诉讼法》等相关法律法规的相关规定,向贵院提起行政诉讼。恳请贵院依法撤销被告1作出的《税务处理决定书1》以及被告2作出的《行政复议申请决定书2》,以维护原告的合法权益。

此致

S市××区人民法院

附件5:行政裁定书(一审)

××省N市××区人民法院行政裁定书

(2022)××××行初××号

原告:C公司,住所地××。

法定代表人:××,董事长。

委托代理人:××,××律师事务所律师。

被告:国家税务总局N市税务局××稽查局,住所地××。

法定代表人:××,局长。

出庭应诉负责人:××,副局长。

委托代理人:××,××律师事务所律师。

第三人:A公司,住所地××。

法定代表人:××。

原告C公司(以下简称××公司)因诉被告国家税务总局N市税务局第二稽查局(以下简称××市税务局第二稽查局)、第三人A公司(以下简称××公司)罚款一案,向本院提起行政诉讼。本院对本案进行诉前协调未果后,于××××年11月××日立案受理,并依法向被告N市税务局第二稽查局送达了起诉状副本、应诉通知书、举证通知书等材料。因A公司与本案被诉行政行为具有利害关系,本院依法通知其作为第三人参加诉讼。本院依法组成合议庭,于××××年××月××日公开开庭审理了本案。原告C公司的委托代理人××、被告N市税务局第二稽查局的出庭应诉负责人××及委托代理人××到庭参加诉讼。第三人A公司经本院合法传唤,无正当理由未到庭参加诉讼。本案现已审理终结。

被告N市税务局第二稽查局于××××年××月××日向第三人A公司作出××税稽××罚〔××××〕××号《税务行政处罚决定书》(以下简称××号《税务行政处罚决定书》),载明违法事实如下:"检查人员从××起对你单位××至××纳税情况进行了检查,发现存在以下问题:1. 销项情况:经防伪税控查询,××××年开具3份增值税专用发票,涉及受票企业3家,货物名称为塑料类,金额××元,税额××元,价税合计××元。2016年1月至7月共开具47份增值税专用发票,其中作废6份,未作废的41份发票涉及受票企业9家,货物名称为塑料类,金额××元,税额××元,价税合计1××元。2016年8月至12月共开具1804份增值税专用发票,其中作废38份,未作废的1766份发票涉及受票企业4家,其中有3家受票单位112份,货物名称为塑料类,金额××元,税额××元,价税合计××元;大量异常受票企业1家,为××××实业有限公司,开具了1755份,货物名称为锌锭,金额××元,税额××元,价税合计××元。2017年共开具3761份增值税专用发票,其中作废320份,未作废的发票3441份涉及受票企业38家,货物名称有煤、锌锭、乙二醇、原煤、精煤、钢坯、焦煤、混煤、废钢、铁精粉,金额××元,税额××元,价税合计××元。2. 进项情况:经防伪税控查询,2015年认证相符增值税专用发票1份,金额××元,税额××元,价税合计××元,货物名称为塑料。2016年1月至7月认证相符增值税专用发票34份,金额××元,税额××元,价税合计1,587,778.75元,货物名称为各类塑料及其他。2016年8月至12月认证相符增值税专用发票180份,金额163,324,454.05元,税额27,765,067.34元,价税合计191,089,521.39元,涉及的开票企业10家,其中9家进项都较小,货物名称是各类塑料及其他;重点收受的是××××有限公司开具的进项发票,认证相符发票167份,货物名称为锌锭,金额162,594,735.49元,税额27,641,104.40元,价税合计190,235,839.89元。2017年认证相符增值税专用发票11,808份,金额1,792,831,592.91元,税额304,768,183.53元,价税合计2,097,599,776.44元,货物内容为煤、乙二醇、锌锭、废钢等,涉及开票企业32家。3. 资金往来情况:对你单位开户银行××银行××支行2015年1月至2018年12月的银行交易明细账分析,发现其下游××家购货单位中只有12家单位有过资金汇入情况,其余26家无资金汇入。这12家单位汇入资金从2017年1月至2018年1月,共汇入700,305,872.20元,占2017年开票价税合计2,493,473,771.69元的28%。上述12家购货单位资金汇入后,在当天几乎同一时间就全额汇出至××有限公司、××××有限公司、××××有限公司、××有限公司、××贸易有限公司、××××有限公司、××××有限公司等单位账号。通过对银行交易明细账的分析,发现其上游共55家进项单位中,只有××有限公司等6家单位有资金汇出记录,且汇出时间与上述12家购货单位资金汇入时间几乎一致。从2017年1月至2018年1月,共汇出资金××元,占2017年进项抵扣发票价税合计额××元的30.6%,其余货物购进均无支付汇出记录。"认定:"根据《中华人民共和国发票管理办法》第二十二条(现为第二十一条)第二款'任何单位和个人不得有下列虚开发票行为:(一)为他人、为自己开具与实际经营业务情况不符的发票;(二)让他人为自己开具与实际经营业务情况不符的发票;(三)介绍他人开具与实际经营业务情况不符的发票'、《国家税务总局关于走逃(失联)企业开具增值4税专用发票认定处理有关问题的公告》(国家税务总局公告2016年第76号)、《国家税务总局关于走逃(失联)企业涉嫌虚开增值税专用发票检查问题的通知》(税总发〔2016〕172号)之规定,对你单位在2016年8月至2017年12月开具给前述39家企业的增值税专用发票5196份,发票金额2,293,782,340.93元,销项税额389,942,995.73元,价税合计2,683,725,336.66元,定性为虚开。出具《已证实虚开通知单》,并附相关证据材料,发往下游受票企业所在地税务机关依法处理。根据《中华人民共和国发票管理办法》第三十七条第一款(现为第三十五条第一款)'违反本办法第二十二条第二款的规定虚开发票的,由税务机关没收违法所得;虚开金额在1万元以下的,可以并处5万元以下的罚款;虚开金额超过1万元的,并处5万元以上50万元以下的罚款;构成犯罪的,依法追究刑事责任'之规定,决定对你单位虚开发票行为处以罚款50万元。"原告C公司起诉称:一、原告与被告作出的行政行为有利害关系,是适格原告。2017年3月初,原告向第三人以22,480元/吨的价格采购了220吨锌锭,2017年3月23日,第三人向原告开具增值税专用发票43份,发票代码3302163130,发票号码03155759~03155800、03155802,货物名称锌锭,发票金额合计4,252,082.35元,税额合计

722,854.05 元，价税合计 4,974,936.4 元。2021 年 12 月 20 日，国家税务总局 S 市税务局第三稽查局向原告出具×税稽三处〔××××〕××号《税务处理决定书》（以下简称××号《税务处理决定书》），认定原告取得的增值税专用发票已被定性为虚开的发票，并要求原告核减期末留抵税额、补缴增值税、城建税、教育费附加、地方教育费附加以及河道管理费。2022 年 1 月 25 日，原告不服××号《税务处理决定书》的处理结果，向国家税务总局 S 市税务局提出行政复议申请。2022 年 2 月 7 日，S 市税务局受理了原告的行政复议，并于 2022 年 3 月 30 日出具《税务行政复议申请决定书》（××税复决字〔××××〕××号，以下简称××号《税务行政复议决定书》），决定维持××号《税务处理决定书》的处理结果。2022 年 6 月 13 日原告收到 5 号《税务行政复议决定书》。原告不服，遂向上海市浦东新区人民法院（以下简称浦东法院）提起诉讼，该院于 2022 年 7 月 6 日受理原告起诉。在 5 号《税务行政复议决定书》中，S 市税务局认定，S 市税务局第三稽查局取得了被告作出的××号《税务行政处罚决定书》，在××号《税务行政处罚决定书》中明确了第三人虚开发票的违法行为，因此，S 市税务局第三稽查局认定原告取得第三人虚开发票的事实清楚、证据充分。被告作出的××号《税务行政处罚决定书》是具有法律效力的外部文书，原告正是基于被告作出的××号《税务行政处罚决定书》被认定为取得了虚开的发票，并被要求转出相应进项税额，原告虽然不是××号《税务行政处罚决定书》的行政相对人，但是被告作出的××号《税务行政处罚决定书》仍对原告的合法权益产生了影响，原告作为利害关系人有权对被告作出××号《税务行政处罚决定书》的行政行为提起诉讼。二、被告作出的××号《税务行政处罚决定书》认定事实不清，损害了原告的合法权益。就原告与第三人间的贸易情况而言，第三人和原告盖章签订了《产品购销合同》，约定原告以 22,480 元/吨的价格向第三人购买 220 吨锌锭，由原告凭仓单前往第三人在××的指定仓库自提。3 月 7 日，原告分两笔向第三人支付了部分货款总计 4,910,000 元，3 月 27 日，原告再次向第三人支付了剩余的货款 64,936.4 元。3 月 21 日，第三人通过过户的方式将其储存在×××有限公司（以下简称××物流）××路仓库的锌锭交付给原告，共计 221.305 吨，并由××物流向原告出具了货物入库凭证。原告向××物流支付了仓储及过户费 221.31 元。此外，原告正是被告所认定的实际向第三人支付过货款的 12 家购货单位之一，且原告支付货款后，货款未再回流至原告。上述情况,原告已于2020年8月11日,由公司法务负责人、业务负责人等一同前往被告处进行过说明,并向本案的负责人提交了情况说明以及其他相关材料进行了论述与佐证。

综上所述,原告与第三人间的交易是真实发生的。因此,第三人对外开具的发票均为虚开认定有误,其向原告开具的43份增值税专用发票应属于真实、有效、可供抵扣的增值税专用发票。原告提起诉讼的时效尚未超过。被告作出××号《税务行政处罚决定书》后未以任何途径向原告进行送达,原告于2022年8月12日收到S市税务局第三稽查局提交给浦东法院的答辩材料时才知道被告作出的行政行为,因此原告的起诉尚在6个月的时效要求以内。综上所述,被告作出的××号《税务行政处罚决定书》侵害了原告的合法权益,请求法院判决撤销被告作出的××号《税务行政处罚决定书》。

被告N市税务局第二稽查局答辩称:一、原告诉讼主体不适格。被告作出的××号《税务行政处罚决定书》的相对人是第三人,针对的是第三人虚开发票的违法行为,并未针对原告接受虚开发票的违法行为,被告也没有侵犯原告的合法权益。原告无权对被告作出××号《税务行政处罚决定书》的行政行为提起诉讼,依法应当驳回原告起诉。二、原告起诉超过诉讼时效。1.2019年11月25日,被告作出××号《税务行政处罚决定书》,原告知道该决定书将第三人开具给原告的发票被定性为虚开后,于2020年8月11日前往被告处说明情况,由此可知,原告在2020年8月11日之前就已经知道被告作出的行政行为;2.2021年12月20日,S市税务局第三稽查局作出××号《税务处理决定书》,口头告知被告,原告在2021年12月22日签收。该份决定书中载明涉案发票已定性虚开。故原告至迟在2021年12月22日也应当知道被告作出的行政行为,其于2022年10月14日才提起诉讼,已经超过诉讼时效。三、被告作出××号《税务行政处罚决定书》程序合法、认定事实清楚、适用法律正确。综上所述,原告起诉主体不适格,且已经超过诉讼时效,被告作出××号《税务行政处罚决定书》程序合法、认定事实清楚、适用法律正确,第三人对其虚开发票事实没有异议,并按照处罚决定书缴纳罚款。综上,请求法院判决驳回原告的诉讼请求。经审理查明,2019年11月25日,被告N市税务局第二稽查局作出××号《税务行政处罚决定书》,并于2020年1月19日送达给第三人A公司。第三人A公司于同日缴纳罚款50万元。2021年12月20日,S市税务局第三稽查局向原告C公司作出

841号《税务处理决定书》,认定原告C公司收受A公司2017年3月23日开具增值税专用发票43份(发票代码××,发票号码××),发票金额合计4,252,082.35元,税额合计722,854.05元,价税合计4,974,936.40元,货物或应税劳务名称为锌锭,上述发票已定性虚开,应转出2017年3月已抵扣的进项税额722,854.05元。上述行为违反了《中华人民共和国增值税暂行条例》(中华人民共和国国务院令第691号)第九条,《国家税务总局关于纳税人善意取得虚开的增值税专用发票处理问题的通知》(国税发〔2000〕187号)。根据《中华人民共和国增值税暂行条例》(中华人民共和国国务院令第691号)第四条、第九条、《国家税务总局关于纳税人善意取得虚开的增值税专用发票处理问题的通知》(国税发〔2000〕187号)的规定,核减期末留抵税额1138.10元,补缴增值税721,715.95元。根据《中华人民共和国城市维护建设税暂行条例》(国发〔1985〕19号)第二条的规定,补缴城建税36,085.80元。根据《征收教育费附加的暂行规定》(国发〔1986〕50号)第二条和《××市税务局关于提高本市城市教育附加征收率的通知》(×税地〔1993〕79号)的规定,补缴教育费附加21,651.47元。根据《××市人民政府关于本市开征地方教育附加的通知》(×府发〔2011〕2号)和《关于印发〈××市地方教育附加征收管理办法〉的通知》(沪财教〔2011〕10号)的规定,补缴地方教育附加14,434.32元。根据《××市人民政府办公厅关于本市河道工程修建维护管理费征收事项的通知》(×府办发〔2006〕9号)的规定,补缴河道管理费7209.85元。原告C公司对此不服,于2022年1月25日向S市税务局提出行政复议申请,请求撤销841号《税务处理决定书》。S市税务局于2022年3月30日作出5号《税务行政复议决定书》,认为"国家税务总局公告2014年第39号的适用对象为开票企业,是对纳税人的某一种行为不属于虚开增值税专用发票所作的明确。在开票企业已被认定虚开的情况下,C公司收受发票的情形不能适用39号公告。此外,S市税务局第三稽查局在检查过程中取得N市税务局第二稽查局的××号《税务行政处罚决定书》,在决定书中明确了A公司虚开发票的违法行为。税务行政处罚决定书是税务机关出具的拥有法律效力的外部文书,在处罚决定书未被认定失效的情况下,S市税务局第三稽查局认定C公司取得A公司虚开发票的事实清楚、证据充分。根据《增值税暂行条例》第九条规定,纳税人购进货物取得的增值税扣税凭证不符合法律、行政法规或者国务院税务主管部门有关规定的,其进项税额不得从销项税额中抵扣。根据《国家税务总局关于纳税人善意取得虚开的增值税专用发票处理问题的通知》(国税发〔2000〕187 号)的规定,对购货方与销售方存在真实的交易,且没有证据表明购货方知道销售方提供的专用发票是以非法手段获得的,对购货方不以偷税论处,但购货方已经抵扣的进项税额,应依法追缴。因此,S 市税务局第三稽查局对 C 公司作出进项税额转出的税务处理决定并无不妥。综上,S 市税务局第三稽查局作出的 841 号《税务处理决定书》认定事实清楚,证据确凿,适用法律正确,程序合法”。

S 市税务局据此决定维持 S 市税务局第三稽查局作出的 841 号《税务处理决定书》。原告 C 公司收到上述复议决定书后,不服,向浦东法院提起行政诉讼。以上事实,由原告 C 公司提交的 ××号《税务行政处罚决定书》、5 号《税务行政复议决定书》及 EMS 快递信息、诉前调解立案号及 EMS 快递信息,被告 N 市税务局第二稽查局提交的 ××号《税务处理决定书》、××号《税务处罚决定书》及报纸公告、税务文书送达回证、税收缴纳书等证据及原、被告庭审陈述予以证实。

本院认为,《中华人民共和国行政诉讼法》第二十五条第一款规定:“行政行为的相对人以及其他与行政行为有利害关系的公民、法人或者其他组织,有权提起诉讼。”第四十九条规定:“提起行政诉讼应当符合下列条件:(一)原告是符合本法第二十五条规定的公民、法人或者其他组织;(二)有明确的被告;(三)有具体的诉讼请求和事实根据;(四)属于人民法院受案范围和受诉人民法院管辖。”《最高人民法院关于适用〈中华人民共和国行政诉讼法〉的解释》第一条第二款规定:“下列行为不属于人民法院行政诉讼的受案范围:……(十)对公民、法人或者其他组织权利义务不产生实际影响的行为。”

本案中,原告 C 公司并非涉案税务行政处罚决定的行政相对人,涉案税务行政处罚决定仅认定了第三人 A 公司存在虚开发票的违法行为,并未对原告 C 公司是否存在接受虚开发票的行为作出认定。原告 C 公司是否与第三人 A 公司存在真实交易、是否知道第三人 A 公司提供的专用发票是以非法手段获得的、是否应以偷税论处,以及是否对原告 C 公司已经抵扣的进项税额予以追缴,均系由 S 市税务局第三稽查局在后续的针对原告 C 公司的调查过程中予以认定和处理,故被告 N 市税务局第二稽查局在 ××号《税务行政处罚决定书》中认定第三人 A 公司存在虚开发票的行为,并未直接影响原告 C 公司的权利义务。

综上，原告C公司提起本案诉讼不属于人民法院行政诉讼的受案范围，依照《中华人民共和国行政诉讼法》第四十九条第（四）项、《最高人民法院关于适用〈中华人民共和国行政诉讼法〉的解释》第一条第二款第（十）项、第六十九条第一款第（一）项之规定，裁定如下：驳回原告C公司的起诉。案件受理费依法免收。如不服本裁定，可在裁定书送达之日起十日内向本院递交上诉状，并按对方当事人的人数提出副本，上诉于N市中级人民法院。

审　判　长　××
人民陪审员　××
人民陪审员　××
××××年××月××日
代书记员　××

附件5：行政裁定书（二审）

××省N市中级人民法院行政裁定书

××××××行终××××号

上诉人（原审原告）C公司，住所地××，法定代表人××，该公司董事长。委托代理人××，××律师事务所律师。

被上诉人（原审被告）国家税务总局N市税务局第二稽查局，住所地××，法定代表人××，该局局长。委托代理人××，××律师事务所律师。

原审第三人A公司，住所地××，法定代表人××，该公司执行董事。

C公司（以下简称××公司）因罚款一案，不服N市××区人民法院（2022）××××行初××号行政裁定，向本院提起上诉。本院依法组成合议庭对本案进行了审理，现已审理终结。

原审法院审理查明，2019年11月25日，国家税务总局N市税务局第二稽查局（以下简称第二稽查局）作出××税稽××罚〔××××〕××号税务行政处罚决定（以下简称被诉处罚决定），并于2020年1月19日送达给A公司（以下简称××公司），A公司于同日缴纳罚款50万元。2021年12月20日，国家税务总局S市税务局第三稽查局（以下简称第三稽查局）向C公司作出沪税稽三处〔2021〕841号税务处理决定(以下简称841号税务处理决定),认定C公司接受A公司2017年3月23日开具的增值税专用发票43份,该发票定性为虚开,C公司应转出2017年3月已抵扣的进项税额722,854.05元、核减期末留抵税额1138.10元、补缴增值税721,715.95元、城市建设维护税36,085.80元、教育费附加21,651.47元、地方教育附加14,434.32元、河道管理费7209.85元。C公司不服向国家税务总局上海市税务局(以下简称上海市税务局)提出行政复议申请,请求撤销841号税务处理决定。上海市税务局作出维持841号税务处理决定的沪税复决字〔2022〕5号税务行政复议决定,认为在开票企业A公司已被认定虚开的情况下,C公司收受虚开的增值税专用发票的情形不能适用国家税务总局公告2014年第39号;被诉处罚决定是税务机关出具的具有法律效力的外部文书,明确了A公司虚开增值税专用发票的违法行为,在该决定未被认定失效的情况下,第三稽查局认定C公司取得A公司虚开的增值税专用发票的事实清楚、证据充分。C公司不服上述复议决定,向上海市浦东新区人民法院提起行政诉讼。

原审法院认为,《中华人民共和国行政诉讼法》第二十五条第一款规定,行政行为的相对人以及其他与行政行为有利害关系的公民、法人或者其他组织,有权提起诉讼。第四十九条规定,提起行政诉讼应当符合下列条件:(一)原告是符合本法第二十五条规定的公民、法人或者其他组织;(二)有明确的被告;(三)有具体的诉讼请求和事实根据;(四)属于人民法院受案范围和受诉人民法院管辖。《最高人民法院关于适用〈中华人民共和国行政诉讼法〉的解释》第一条第二款规定,下列行为不属于人民法院行政诉讼的受案范围:……(十)对公民、法人或者其他组织权利义务不产生实际影响的行为。本案中,C公司并非被诉处罚决定的行政相对人,被诉处罚决定仅认定A公司存在虚开增值税专用发票的违法行为,并未对C公司是否存在接受虚开的增值税专用发票的行为作出认定。C公司是否与A公司存在真实交易、是否知道A公司提供的增值税专用发票是以非法手段获得的、是否应以偷税论处,以及是否对C公司已经抵扣的进项税额予以追缴,均由第三稽查局在后续的针对C公司的调查过程中予以认定和处理,故第二稽查局在被诉处罚决定中认定A公司存在虚开增值税专用发票的行为并未直接影响C公司的权利义务。综上,C公司提起本案诉讼不属于人民法院行政诉讼的受案范围,依照《中华人民共和国行政诉讼法》第四十九条第(四)项、《最高人民法院关于适用〈中华人民共和国行政诉讼法〉的解释》第一条第二款第(十)项、第六十九条第一款第(一)项的规定,裁定驳回C公司的起诉。

C公司上诉称:一、被诉处罚决定及第二稽查局向第三稽查局发送的《已证实虚开通知单》与841号税务处理决定具有明显的因果关系。被诉处罚决定认定A公司给39家企业开具增值税专用发票为虚开,C公司系其中一家。第三稽查局收到《已证实虚开通知单》后,据此对C公司作出了841号税务处理决定。二、841号税务处理决定以及上海市税务局的行政复议决定,均是依据被诉处罚决定作出的,被诉处罚决定对C公司的权利义务有直接的影响。三、行政行为一旦作出即具有确定力、拘束力和执行力,任何组织和个人都应服从,且非因法定原因及非经法定程序不得随意更改和撤销。本案中被诉处罚决定作出后具有确定力,不管是相对人的A公司还是利害关系人的C公司,抑或第三稽查局,都不得随意变更被诉处罚决定的内容。第三稽查局因无法改变被诉处罚决定认定的虚开增值税专用发票事实,对C公司作出了841号税务处理决定,对C公司的合法权益产生了明显的影响。四、C公司的权利受到被诉处罚决定影响是确定且必然的,C公司与被诉处罚决定有法律上的利害关系。如果不能改变A公司向C公司虚开增值税专用发票的事实认定,第三稽查局就无法否定C公司收取的是虚开的增值税专用发票,就应作出841号税务处理决定。上海市税务局、上海市浦东新区人民法院对被诉处罚决定没有管辖权,C公司只能通过向有管辖权的人民法院提起行政诉讼进行救济,如果有管辖权的人民法院不认可C公司的原告资格,则C公司将陷入无处救济的窘境。

综上,原审裁定认定事实不清,适用法律错误,请求撤销原审裁定,指令原审法院继续审理。

第二稽查局辩称:一、被诉处罚决定的相对人是A公司,C公司不是被诉处罚决定的相对人。二、被诉处罚决定没有直接影响C公司的权利义务。(一)第二稽查局提供的证据证明A公司实施了虚开增值税专用发票行为,被诉处罚决定认定事实清楚,程序合法,A公司对被诉处罚决定没有提出异议,缴纳了罚款。(二)被诉处罚决定针对的是A公司虚开增值税专用发票的违法行为,而不是针对C公司接受虚开的增值税专用发票的行为,没有侵犯C公司的合法权益。(三)第三稽查局根据自己查明的事实,依照相关法律规定作出841号税务处理决定,该决定作出的事实依据不是被诉处罚决定。(四)第三稽查局对C公司作出841号税务处理决定,是因为该公司接受虚开的增值税专用发票的行为,影响C公司权利义务的是A公司虚开增值税专用发票的行为,而不是第二稽查局对虚开增值税专用发票行为作出的被诉处罚决定。三、C公司享有有效合法的救济途径。《国家税务总局关于纳税人善意取得虚开的增值税专用发票处理问题的通知》(国税发〔2000〕187号,以下简称《通知》)规定,购买方能够重新从销售方取得防伪税控系统开出的合法、有效专用发票的,或者取得手工开出的合法、有效专用发票且取得销售方所在地税务机关已经或者正在依法对销售方虚开专用发票行为进行查处证明的,购货方所在地税务机关应依法准许抵扣进项税款或者出口退税。据此,C公司可以重新向A公司取得防伪税控系统开出的合法、有效专用发票的,或者取得手工开出的合法、有效专用发票及相关证明,依法抵扣进项税款或者出口退税,维护自己的合法权益。

综上,第二稽查局作出的被诉处罚决定并未影响C公司的权利义务,该公司提出的本案诉讼不属于人民法院行政诉讼的受案范围,原审法院裁定驳回C公司的起诉,认定事实清楚,适用法律正确,请求驳回C公司的全部上诉请求,维护第二稽查局的合法权益。

C公司未作答辩。

二审审理期间,各方当事人均未向本院提交新证据。各方当事人向原审法院提供的证据均已随案移送至本院。本院根据随卷证据及审理,对原审法院认定的事实予以确认。

本院认为,本案的争议焦点是C公司是否具有提起本案诉讼的原告资格。《中华人民共和国行政诉讼法》第二十五条第一款规定,行政行为的相对人以及其他与行政行为有利害关系的公民、法人或者其他组织,有权提起诉讼。第四十九条第(一)项规定,原告是符合本法第二十五条规定的公民、法人或者其他组织。C公司不是被诉处罚决定的相对人,其能否提起本案诉讼关键在于其是否与被诉处罚决定有利害关系。上述利害关系,是指行政行为对公民、法人或者其他组织的合法权益产生直接实际影响,即直接减损了合法权益或增添了义务。被诉处罚决定认定了A公司存在虚开增值税专用发票的事实,但对C公司与A公司是否存在真实交易、是否善意取得虚开的增值税专用发票等事实均未作出认定。另《通知》规定,购货方与销售方存在真实的交易,销售方使用的是其所在省(自治区、直辖市和计划单列市)的专用发票,专用发票注明的销售方名称、印章、货物数量、金额及税额等全部内容与实际相符,且没有证据表明购货方知道销售方提供的专用发票是以非法手段获得的,对购货方不以偷税或者骗取出口退税论处。但应按有关规定不予抵扣进项税款或者不予出口退税;购货方已经抵扣的进项税款或者取得的出口退税,应依法追缴。购货方能够重新从销售方取得防伪税控系统开出的合法、有效专用发票的,或者取得手工开出的合法、有效专用发票且取得了销售方所在地税务机关已经或者正在依法对销售方虚开专用发票行为进行查处证据的,购货方所在地税务机关应依法准予抵扣进项税款或者出口退税。据此,C公司接受A公司虚开的增值税专用发票事实以及行为性质、相应法律责任等认定,均由第三稽查局依法予以处理,而不是由被诉处罚决定确定。

故,被诉处罚决定对C公司的合法权益并不直接产生实际影响,C公司与被诉处罚决定没有利害关系,不具有提起本案诉讼的原告资格。被诉处罚决定虽不对C公司的合法权益产生实际影响,但对相对人A公司以及其他利害关系人的权利义务产生实际影响,故其属于人民法院行政诉讼的受案范围。综上,原审裁定驳回C公司起诉的理由不当,但结果正确,应当予以维持。C公司的上诉理由不足,依法不予支持。

依照《中华人民共和国行政诉讼法》第八十九条第一款第(一)项之规定,裁定如下:驳回上诉,维持原裁定。本裁定为终审裁定。

虚开增值税（刑事）篇

004

财务梳理类技术性调账是否构成虚开增值税专用发票罪*

——某高科技民企法定代表人及财务总监数亿级虚开增值税专用发票涉税犯罪案

摘要：部分企业为了商业目的，实际控制人与财务负责人会进行财务梳理从而产生技术性调账。在司法实务中，该类行为可能会被公安机关认定构成虚开专票罪。企业需要通过具有合理商业目的、调账行为合理证明行为并非违法，财务负责人则需要通过是否知情、是否为被动服从主观意志等方面对其行为角色地位进行确认，从而减轻或免除自身的法律责任。

一、案情简介

A公司系B市的一家新能源高新技术企业。2018年，A公司新一任董事会及管理层在履职过程中，发现A公司与大股东之间存在频繁的关联交易，遂上报公安机关。调查发现，前董事长甲及前总裁乙二人采购设备虚增价款2亿元以上，虚构亿元工程款的建设合同，均涉嫌职务侵占。同时，二人冒领公司补偿款高达亿元，涉嫌刑事犯罪。

---

* 虚开增值税专用发票罪是涉税犯罪案件中的主要罪名之一，也是《刑法》中唯一与具体税种有关的罪名。团队在代理类似案件时，公安经侦、检察院、法院在罪与非罪的判断、行政处罚与刑事处理的界限、国家税收利益是否减损等方面，往往会存在较大争议。即便是公检法等公权力机关内部，也会对具体案情的判断或多或少地存在争议。这也使得虚开增值税专用发票罪成为学界和实务界高度关注的争议罪名之一。

在后续调查中，还发现A公司存在虚开增值税专用发票问题，A公司财务总监丙随即接受调查。团队接受丙委托后获知，公安机关认为丙涉嫌虚开专票罪的证据主要有：(1)一张请款申请，内容包括“税务查出需要进项转出300万元”“丁需税务稽查活动经费200万元(要求支付到指定账户)”，丙在其上有签名；讯问中，丙将“进项转出”解释为“指增值税专用发票进项出现问题，要转出”，将“活动经费”解释为支付给税务稽查的费用。(2)A公司企业所得税调整的请示方案，内容为A公司为降低所得税，在2017年的申报中虚构了股权转让金额，丙在其上有签名。(3)同一批电池设备以极大的价格波动多次交易，存在虚开专票的可能性。团队与检察院办案人员多次沟通，出具了羁押必要性审查申请文书等相关文书。在羁押一段时间后，A公司财务总监丙取保获准。

二、法律分析

公安机关将涉嫌罪名由职务侵占罪改为涉嫌虚开增值税专用发票罪(以下简称虚开专票罪或虚开)且暂不再将职务侵占罪列出，此种办案思路的调整说明职务侵占罪证据可能不足，需要进一步侦查。涉嫌虚开是个牵连比较广的罪名，衍生出来的还包括非法出售、非法购买等罪名。

与此同时，检方认为涉嫌虚开专票罪罪名(含为他人虚开、为自己虚开、让他人为自己虚开、介绍他人虚开等)的证据略显充分，加之检方在批捕前到所提审明确询问丙：(1)是否知情E公司开具非正常交易之2200万元专票，(2)是否受乙指示同意支付相关成本(手续)费并在手续单上签名，另外还涉及一批电池设备的处理和涉税事项，故可知检方是在确认这一事实的前提下作出的涉及该罪名的批捕手续。

在代理过程中，当事人的代理律师认为公安机关关注的要点可能在于以下几点：

1. E公司的2200万元是否涉嫌虚开或非法购买。对于公安机关而言，一方面丙在手续费请款单上签字，另一方面手续费请款单上的签字可能确实是丙在得知E公司非法买受虚开发票(让他人为自己虚开或非法购买)之后形成的。虽然丙的助理戊笔录显示丙知情，且按常识丙作为关联企业核心公司的财务总监，对于关联企业财务重大事情知情可能性较大，不过丙在多次供述中坚决否认事前知情，且存在甲、乙二人有直接绕过财务总监处理公司业务的先例（事后再交由财务总监丙“收尾”），若是，则公安机关需要更确切地证实丙事前知情这一情节。

2. 电池生产设备的销售价格波动是否合理，是否可能是潜在的“虚开”线索。该批设备初始价值只有800多万元，A公司将其以约4500万元的价格（设备作价约1100万元，技术作价约3450万元）卖给C公司，C公司又以约4800万元的价格卖给E公司，其间E公司收取了5%的设备维护费，2016～2017年E公司以70多万元的价格将该设备卖给了外地一家公司。从形式上看，这种价格波动极大的交易存在虚开专票的可能性，如果没有关于该相关交易的合理商业解释，就会因被认为“没有真实交易”而较大概率且有正当性地被认定为“虚开”，反之则不能认定，因此需要公安机关进一步跟进并梳理。

3. A公司在“调账”行为中的财务处理是否可能涉及虚开增值税专用发票。对于前期职务侵占罪办理过程中涉及的“调账”行为，也会有相应款项进出的增值税专用发票开具事宜。根据当时的情况，公安机关对此节证据和事实部分梳理起来较为困难。如果证明“调账”本身属于合理操作，则“虚开”亦不成立。“调账”行为的财务认定及其合法性研判亦是认定虚开专票罪的前提条件，公安机关如需在此部分突破，需要继续梳理“调账”行为的性质并作权威认定。

4. 公司的其他财务事项是否可能涉及虚开增值税专用发票。原则上，对于很多民营企业而言，如果发现一宗虚开（包括自己虚开、介绍虚开、自己买受并入账等）或非法购买事实，则很有可能有其他尚未被发现的虚开或非法购买事实。公安机关可以与税务机关对接协查，通过“金税三期”工程的智能系统以及大数据筛查，有可能发现新的线索。但如果公安机关不与税务机关联系，而是以自行侦查为主，则应当关注在现行侦查框架下通过技术及常规侦查手段并从财务、业务及相关人员处“有限办案”获知线索，避免将该案引导至不可“收摊”的重案或外界对其“报复性办案”的印象。

与之相应，在代理过程中，当事人的代理律师认为当事人应当厘清以下事项：

1. 针对E公司的2200万元涉嫌虚开（让他人为自己虚开）或非法购买，当事人需要证明丙是否事先知情，具体而言需要结合已有证据，并考虑以下因素，包括：其他证人笔录及陈述等是否有可以质疑之处；甲、乙等是否存在或经常存在绕过丙办理业务并在事后让丙“收尾”处理之情事；是否有证据证明丙对于关联企业的财务事项均有相当了解并实际负责相关财务事项，若丙不负责，由谁负责，是法定代表人或甲等指定的人，还是代理公司或者其他人？

具体而言，如果上述证据可以证明丙确实在前期不知情，后面开票及入账行为完成后才同意代为批准（丙并非E公司财务），特别是丙并不实际处理该公司财务，如日常财务处理申报纳税、年终汇算清缴所得税、公司财务税务重大事项等，即丙事后知情，但不负责E公司财务或并不实际处理E公司财务，则丙的情节较轻，甚至可能会作无罪处理。

如果上述证据证明丙属于事后知情，但其本人一直处理E公司财务，即丙参与其中，包括后续批准但一直属于实质影响相关关联财务事项，其未尽到及时审核发现责任，也未在后续处理中作进项税额转出或所得税调增，则至少E公司应承担税务机关税务处理、滞纳金及税务处罚之行政责任，丙本身是否涉嫌犯罪则存在一定的争议（虚开时不知情，且并无主观故意，事后虽未纠正但不能直接入罪）。

如果上述证据证明丙事前知情，事后代为同意批准该项手续费支出，但为单笔负责，则可能构成虚开，并根据具体情况承担相应责任。

此外还需要考虑到，相关进项税额是否抵扣，企业所得税中是否已有体现，税款预计多少，以及假如丙确有参与该笔2200万元的涉嫌虚开或买受（包括事后知情），其在该行为中的角色和地位如何，是接受甲、乙等的指示被动参与或参与部分环节，还是积极向甲、乙积极提出建议，或同意后再有其办理，还是其他的情况，从而区分主次责任等。

2. 针对电池生产设备处理事宜可能涉嫌的虚开专票事宜，后续公安机关的侦查中可能会成为重点。当事人需要说明设备的价格波动在新能源业界是否存在合理性；为何短时间内会交易频繁，商业上是否存在合理性；5%的设备维护费在商业上如何理解，会否是虚开之手续费；该设备一直在同一园区，从“三流合一”的角度来看“没有货物流”，且需要说明为何采购该设备后并不作任何用途。

若上述问题中商业合理性的问题得以解决，价格波动以及频繁交易具有合理的商业目的，现在办理虚开案件也不完全强调资金流、票证流和物流“三流合一”，因为法律上可以理解为“占有改定”，不变换物理空间但民法上权属已经变更，则不宜认定为虚开。但关于交易的商业合理性论证，若交易可能是虚构的，在确实涉及虚开的情况下，当事人需要考虑涉及税款多少，增值税是否已认证抵扣，企业所得税是否已经处理完毕等。

3. 针对A公司在“调账”行为中的财务处理是否可能涉及虚开增值税专用发票事宜，当事人需要说明，是否有证明甲等从外部或关联方借入资金的证据，或者确有借入事实但无证据佐证；“调账”中涉及的具体款项数额从何处得知，是否有相应证据，或者采取评估方式得出又是采取何种评估方式或相关手段；丙作税负分析方案是一种基于客观事实的财务处理还是纯粹为公司获取非法的税收利益，是否完全“无中生有”还是“借东补西”等。

若上述交易不能否认其商业或财务上的合理性，则不能认定为虚开。

三、启示与思考

在本案中，主要涉及虚开专票罪及个人犯罪和单位犯罪的问题，以单位名义作出行为、决定作出行为的系单位意志，且行为目标为单位利益，则通常作为单位犯罪处理。

就具体的罪名而言，涉及增值税专用发票犯罪的刑法条文主要是《刑法》第205条规定的虚开专票罪，还可能会涉及第207条规定的非法出售增值税专用发票罪和第208条规定的非法购买增值税专用发票罪。若涉及虚开，还有个牵连罪名是第201条规定的逃税罪，若上述涉税事项查实后，公司及时补缴税款，原则上不依照该条作犯罪处理，实务中还会涉及税务机关和公安机关的协调对接问题。

总体上看，财务负责人在该案中的角色地位如何也是非常重要的关键点，若系被动服从上级主管意志且参与程度较低（上级主管存在“跳过去”处理相关业务及财务事项的情形），甚至出现阻却相关违法犯罪的行为，则对是否有罪、罪轻等有较大影响。

附录1:相关法律法规政策规定(略)

附录2:相关法律及涉税文书

附件1:《拘留通知书》

××市公安局拘留通知书

×公拘通字〔××××〕××号

××:

根据《中华人民共和国刑事诉讼法》第八十一条之规定,我局已于××××年××月××日××时将涉嫌职务侵占罪的××刑事拘留,现羁押在××市第一看守所。

××市公安局

××××年××月××日

附件2:《逮捕通知书》

××市公安局逮捕通知书

×公捕通字〔××××〕××号

××之家属:

经××省××市人民检察院批准,我局于××××年××月××日××时对涉嫌虚开增值税专用发票罪的××执行逮捕,现羁押在××市第一看守所。

××市公安局

××××年××月××日

附件 3:《羁押必要性审查申请书》

羁押必要性审查申请书

申请人:××律师事务所××律师

××律师事务所××律师

联系地址:B 市××大道××号××大厦

申请事项:

请求依法对被羁押于 B 市第一看守所的涉嫌虚开增值税专用发票罪的丙进行羁押必要性审查,并建议办案机关 B 市公安局对犯罪嫌疑人予以释放或者变更强制措施为取保候审。

申请理由:

丙因涉嫌虚开增值税专用发票罪一案,于 2019 年 3 月 28 日被 B 市公安局刑事拘留,现羁押于 B 市第一看守所。受丙的委托,申请人担任丙的律师,为其提供法律咨询和帮助。申请人介入该案后,认为丙并不构成虚开增值税专用发票罪,继续羁押丙可能会损害其合法权益。

申请人现依照我国《刑事诉讼法》第 95 条、《人民检察院办理羁押必要性审查案件规定(试行)》等有关法律规定和丙的授权委托,申请对丙的羁押必要性进行审查,并建议办案机关 B 市公安局对丙予以释放或者变更强制措施为取保候审。

一、丙在本案中的具体行为

1. 在 E 公司的相关手续费请款单上签字,现贵局调查显示涉案手续费请款单涉及 E 公司涉嫌虚开 2200 万元的增值税专用发票进成本事宜。

2. 涉及 A 公司相关调账行为,对民间借贷利息等应收款项进行账务处理。

二、丙是否构成虚开增值税专用发票罪的分析

根据我国《刑法》的规定以及司法实践①的指导,构成虚开增值税专用发票

① 最高人民法院 2018 年 12 月 4 日发布的《人民法院充分发挥审判职能作用保护产权和企业家合法权益典型案例》(第二批)第一个案例“张某强虚开增值税专用发票案”中存在表述:“……不具有骗取国家税款的目的,未造成国家税款损失,其行为不构成虚开增值税专用发票罪……”

罪,主观上应当具有骗取国家税款的目的,客观上应当实施了虚开的行为,并造成国家税款损失的结果。申请人认为,丙的行为不符合虚开增值税专用发票罪的构成要件,理由如下:

1. 丙对2200万元虚开发票事前并不知情,不存在主观故意。(1)丙在E公司的手续费请款单上签字,仅是根据A公司领导甲、乙的指示行事。丙对涉案手续费请款单涉及E公司涉嫌虚开2200万元的增值税专用发票进成本事宜事先并不知情,主观上不具有骗取国家税款的目的;(2)丙在E公司并不担任职务,丙并非E公司的财务负责人,只是在处理该笔事项时作为A公司的业务经办人参与,既无法也不能了解E公司的业务和财务相关情况;(3)并非涉及新能源公司的所有财务事项均需经过丙之手,丙并不对A公司所有业务和财务事项知情,甲、乙等确实也存在多次直接绕过丙处理公司业务和财务事务的行为。

2. 丙拟同意拨付相关款项的行为本身并不构成虚开发票客观行为或之一部分。(1)丙拟同意拨款的行为只能说明丙参与的仅是应领导要求拨付款项进行技术性财务处理本身而已,且不具有最终决定性,后续还需公司领导的批准;(2)拟同意拨付款项并不意味着构成参与虚开的合意,丙在不知相关事项前因后果的情形下,应领导指示在第三方的独立法人公司出现资金短缺时予以支持,符合常规理解;(3)即便是拨付时知情该笔资金所拨付的单位涉嫌虚开,然而相关虚开行为已经成就,且丙并非E公司的管理职人员,也无法决定E公司的财务和业务事项;(4)请款拨付的相关款项是作为公司债权存在的,在未来的时点该笔款项仍需返还,A公司与E公司是独立的两家公司,且A公司与丙并未在此过程中受益。

3. 目前本案涉及的E公司虚开增值税发票属于单位犯罪,丙并非E公司的管理人员,不能构成单位犯罪的主体。(1)据目前了解的情况,系E公司管理层决策推动开具增值税专用发票事宜,相关犯罪主体是E公司,需要承担刑事责任的是该单位直接负责的主管人员和其他直接责任人员;(2)丙是A公司的财务负责人,E公司也并非A公司的子公司或持股公司,丙不实际也不可能管理E公司的财务业务事项,不能作为虚开增值税专用发票罪的适格主体。

4. 至于A公司调账过程中可能涉及的相关业务事项开具增值税专用发票行为,不宜理解为构成虚开增值税专用发票罪。在此过程中,开具增值税专用发票的主要目的在于对不实的账目进行梳理以符合或尽可能符合真实交易及实际债权债务情况，而非在于获取不当税收利益，且实质上并未导致国家税款减少，反而部分情况下还可能多缴纳税款。按照目前虚开增值税专用发票司法实践，非以不当税收利益为目的且未导致国家税款减损的，一般不作为增值税涉税犯罪处理。

三、对丙取保候审，不具有社会危险性

1. 立法、司法、执法理念日渐更新，“可捕可不捕的不捕、可诉可不诉的不诉、疑罪从无”的理念正在贯彻执行。2019 年 4 月 17 日，最高人民检察院党组书记、检察长张军在政法领导干部专题研讨班作报告时表示，“可捕可不捕的不捕、可诉可不诉的不诉、疑罪从无”，这样的法治观念必须牢固树立。

2. 就本案而言，对丙取保候审，并不具有社会危险性。自始至终，丙一直配合侦查机关对案件的调查，如实陈述了解的案件经过，并协助侦查机关调取相关案件资料。对丙取保候审，亦不存在可能实施新的犯罪，或有危害国家安全、公共安全或者社会秩序的现实危险，或可能造成毁灭伪造证据、干扰证人作证或者串供，或可能对被害人、举报人、控告人实施打击报复，或企图自杀或者逃跑的社会危险性。

3. 丙作为从事财务工作、受过高等教育的职业女性，工作本分，谨守分际，长期忙于工作，父母年迈都已八十多岁，又家庭离异，子女需要抚养，生活条件并不宽裕，丙本人也多次表示若取保候审会保证随传随到。希望贵局能考虑到该案的实际情况以及丙的具体家庭情况，对丙变更强制措施，以体现刑事司法政策人文关怀的价值观。

综上所述，申请人认为丙并不构成虚开增值税专用发票罪，对丙取保候审亦不具有社会危险性，故而申请对丙的羁押必要性进行审查，并建议办案机关 B 市公安局对丙予以释放或者变更强制措施为取保候审。

特此申请，恳请贵院批准！

此致

B 市人民检察院

申请人：××律师事务所××律师

××律师事务所××律师

××××年××月××日

005

园区代理记账公司是否构成虚开增值税专用发票罪的共犯*

——某西部金融产业园区招商服务公司涉嫌虚开增值税专用发票案

摘要:代理记账公司接受委托并为客户提供商务辅助业务时,接受客户指令为其打印增值税专用发票,除非明知虚开而参与发票打印甚至获利等情形外,原则上不应认定为刑法上的虚开,也不应认定为税法上的提供条件便利而进行税务行政处罚;作为政府招商窗口的产业园区,在招商引资提供工商注册、代理记账和代办发票打印等商务辅助服务时,需要进一步加强风险防控工作,在招商宣传、风险提示、内部控制和专业指导等方面落实税务合规安排。

一、案情简介

设立于西部陆海新通道的X金融产业园区的实际运行主体是H投资有限公司(以下简称H公司),系资产数十亿元的实体企业,在当地开发了多个体量较大的楼盘,业态涉及商业地产、旅游地产和总部园区等多个模块,并设有投融资、会展招商、生态旅游、企业服务等业务模块,其中Z企业管理服务公司(以下

---

* 目前,全国各地的产业园区在招商过程中,往往都会引导在当地注册一些"税源"公司,即投资公司、咨询公司、品牌(供应链)管理公司等,这些公司往往都存在"人员少、交易多、金额大"的特点,经常会引起税务机关的高度关注,特别是自以"金税四期"为主要内容的智慧税务建设以来,税务机关自身以及与相关行政机关协同的大数据能力明显加强,对税务事项异常的监测也更加敏感。本案源于税务机关和公安机关的一次联合执法,其线索来源即大数据监控发现,虽然本案因其特殊性最终以对纳税人较为友善的结果结案,但依然给热衷于利用各类园区或"洼地"进行税务规划的做法进行了示警。

简称Z公司)系旗下招商引资模块,主要提供代理记账和园区物业管理等服务。Z公司的代理记账服务收费标准是协助代理记账、发票打印、日常涉税申报、相关材料寄送等事项,每家企业按照工作量、耗材使用情况年度收费3000～5000元。2022年3月起,上述园区的部分房地产品牌管理公司受到税务稽查部门的问询。2022年7月起,H公司也开始接受税务稽查部门的问询。2022年10月,所在地公安经侦机关将J房地产品牌管理公司(L公司)的财务经理和业务经理从异地带回并采取了刑事强制措施,同时对Z公司大部分在岗员工采取了刑事强制措施。数天后,Z公司大部分员工得以解除措施,财务部两位员工被取保候审。此后不久,L公司的两位经理也被取保候审。再后,Z公司财务部两位员工及L公司两位经理均获不起诉处理。

团队在Z公司员工被采取强制措施当日即接受委托,提供涉税刑事咨询和辩护,并向有关办案机关提交了法律意见书,提出专业法律观点和见解,并有效促成取保候审和最终的不起诉处理。

二、法律分析

本案涉及两个焦点问题:一是Z公司的代理记账行为是否有可能构成虚开增值税专用发票罪的共犯;二是入驻园区的J公司的经营及开票行为是否构成虚开增值税专用发票罪。①

(一)Z公司的代理记账行为不可能构成虚开增值税专用发票罪的共犯

虚开增值税专用发票罪,该罪设立的目的在于惩治通过虚开增值税专用发票而骗取国家税款的行为,就《刑法》第205条的罪状表述而言,只要行为人实施了虚开行为即可构成本罪,即将该罪以行为犯作为入罪的判断标准并无异议,系因刑法条文的规定与彼时立法的现实状态是契合的,即当时发生的虚开增值税专用发票案件,行为人的目的都是骗取国家税款。但是,随着社会经济的发展,出现了各种不以骗取税款为目的的虚开行为,那么,此时再以行为犯说处理虚开增值税专用发票案件,就会偏离本罪的立法本意。

2018年12月4日,最高人民法院公布《人民法院充分发挥审判职能作用保

① 相关内容,摘自团队出具的税务法律意见书和相关代理意见,部分内容有调整。

护产权和企业家合法权益典型案例》，其中“一、张某强虚开增值税专用发票案”即排序第一的典型涉税案件。该案的典型意义在于，最高人民法院经过复核认为，被告人张某强以其他单位名义对外签订销售合同，由该单位收取货款、开具增值税专用发票，不具有骗取国家税款的目的，未造成国家税款损失，其行为不构成虚开增值税专用发票罪。最高人民法院通过典型案例发布的方式，明确了虚开增值税专用发票的定罪参考标准，即要求主观上有骗取国家税款的目的，客观上造成了国家税款的损失，反之则不构成刑法层面的犯罪。

代理记账公司（以下简称代账公司）等中介服务机构接受企业委托从事代理工商注册、代为办理政府手续、代为办理涉税事项等代理行为，是专业社会化分工的体现，属于政府鼓励类的现代服务业业态。在实践中，由于具体经营业务事项由企业主导并负责，代账公司只从事手续性的商务辅助服务，一般很少参与到企业具体的经营过程中，一些企业特别是有专业财务人员设置的企业也不愿意代账公司对其业务事项进行过多干预。代账公司的主要工作内容在于按照客户的指令和提交的相关材料，按照服务流程办理完成代办政府手续、发票打印、发票提额等工作，主观上无骗取或协助客户骗取国家税款的故意，只是基于诚实信用原则履行服务合同约定的商务辅助义务，且实际上代账公司只向客户收取约定的小额服务费用，并未获得任何额外的非法利益。

从刑法上看，判定代账公司是否构成虚开共犯的条件有二：一是存在构成虚开犯罪的主犯，二是其与主犯存在共同的犯意。对于后者，构成虚开共犯的基础性判定依据是存在合意或知情。在本案中，从主客观条件和实际情况来看，并不存在这种合意。知情为一种主观性判定，除结合了公司主管人员和经办人员的陈述外，还要结合是否具备判断基础、是否成立共谋合意或明知而配合以及是否获利等因素综合判定。另外，从技术实现的角度来看，虚开发票行为的完整技术要件包括主观上形成虚开意思和客观上打印发票。在未形成虚开的共同合意的情况下，代账公司纯粹打印发票的行为只符合表面要件，而不满足主观要件，不能简单认定为成立虚开共犯，对不存在合意的纯粹发票打印行为不应确认为参与虚开。

从税法上看，代账公司在正常经营过程中仅提供商务辅助服务，不涉及客户的商业安排和具体交易过程，主观上并无过错，且已尽到合理注意义务，本身并不存在税收违法行为，不符合《税收征收管理法实施细则》第 93 条规定的“非法提供银行账户、发票、证明或者其他方便”情形，亦不应进行税务行政处罚。《行政处罚法》第 33 条第 2 款规定：“当事人有证据足以证明没有主观过错的，不予行政处罚。法律、行政法规另有规定的，从其规定。”行政处罚法的立法原意也非常明确，即行为人没有主观过错时，不应行政处罚。

因此，根据虚开增值税专用发票罪的相关法律规定和司法实践，需要贯彻主客观相结合的原则，要求主观上有骗取国家税款的故意，客观上造成国家税款的损失。本案中，代账公司根据与其客户签署的服务协议依约履行合同义务，主观上无主动骗取税款或协助客户骗取税款的故意，实际上亦未获得任何在服务协议以外的非法利益，不应作为刑事犯罪（共犯）处理，也不应进行税务行政处罚。

（二）具有商业逻辑但合理性存疑的案件宜纳入税务行政处理

虚开增值税专用发票的一般判定原则是没有真实交易而开具发票。典型的虚开行为一般具备以下特征：一是没有主观上可识别的合理商业逻辑支撑，二是没有客观上的业务行为轨迹印证，三是没有凭证上合同及银行流水体现。

实践中，对于集团企业基于业务统筹和税负规划进行的多中心管理模式，其中涉及的品牌管理中心（一般以有限公司、合伙企业等形式设立）的业务是否真实以及是否构成虚开，需要从几个方面综合来看：一是从产生逻辑上来看，是否有董事会或管理层对价值链调整的架构形成决议或记录，这是判断是否具有合理商业逻辑的首要基础，也是区分正常商业安排（商业目的为先，附随税务效果）和纯粹技术性税务筹划（税务目标为先）的重要标准。二是从执行安排上来看，是否有相关资源或人员从事相关品牌运营实际业务，这是判断是否具有交易真实性的客观基础。至于该环节的价值形成是否合理，人力资源支撑是否成比例或者选择以外包形式执行，不影响交易的真实性，原则上按照品牌价值相关评估进行纳税调整即可。三是从识别效应上来看，是否构成了对合理商业行为的不当限制，这是行政机关是否干预市场行为的价值基础。一项行政行为的作出且被认定为公正合法，是否会导致社会上类似行为都能作类似判定，从而形成各地“认定复制”的示范效果或“选择性执法”的评价，需要统筹考量。

刑法上的认定相较于税法上的认定更为严格。作为行政法上的税法适用需要遵循比例原则，即相关认定需要秉承适当性、必要性与狭义比例原则相协调的识别性判断标准；刑法上的虚开认定则要贯彻刑法适用谦抑性原则，特别是要注重“明显的”虚开（“暴力”虚开、虚开为业或虚开牟利等无争议情形，需要刑法适用)和“有争议”的虚开(交易真实性存疑、价值链必要性存疑或具体环节价值形成不合理等情形,原则上仅需进行税务行政处理)。

综上,企业通过异地设立品牌管理中心,以品牌使用费名义为关联公司提供品牌授权服务并开具增值税专用发票,识别该等行为合法合规性的主要判断依据在于是否具有合理商业逻辑,是否存在价值链的业务实质以及考察该等安排在执法司法实践中的常规处理方式;法律规范的调整与适用应尊重市场主体的意思自治,即使有权机关认为该等品牌的价值评估存在不实或不合理之处,也仅需进行行政层面的纳税调整,不应将其纳入“虚开”的刑事判罚范畴。

三、启示与思考

目前关于虚开增值税专用发票的制度设计和学理认知,到底是目的犯、行为犯,还是结果犯、危险犯,学界已经有了充分的讨论。[①] 虚开增值税专用发票罪作为经济犯罪的典型罪名,在企业经营管理特别是税务管理中成为公认的“红线”。在刑法学理上,主观上没有骗取国家税款的目的或者客观上没有造成国家税款损失的危险,原则上不能认定为虚开增值税专用发票罪。[②] 但是在司法审判实务中,考虑到各种主客观因素等,大部分虚开增值税专用发票案件仍遵循了比较保守的方式进行裁判,聚焦于是否存在包括主体真实、内容真实、逻辑合理的真实交易,所以对于市场主体或纳税人而言,实践中更多地需要注意商业逻辑的合理性和交易的真实性。对于包括代账公司在内的商务服务类的市场主体而言,尤其需要重视在日常经营合规和具体的客户服务中需尽到一般的勤勉和注意义务。

(一)产业园区经济在较长时间内对地方经济转型仍将发挥重要作用

在西部大开发战略的指引下,一些企业和投资者选择到西部地区投资兴业,符合产业目录要求的企业按照国家规定享受15%的税收优惠政策。部分西部省(市、区)还结合当地实际情况,相应地出台了地方性的奖补政策,包括北海市在内的一些西部城市还设立了专门班子并出台了优惠政策,对符合当地产业政

① 参见陈兴良:《虚开增值税专用发票罪:罪名沿革与规范构造》,载《清华法学》2021年第1期。

② 参见陈兴良:《虚开增值税专用发票罪的不法性质与司法认定》,载《法律科学》2021年第4期。

策的企业和投资者进行政策增量加总和提供招商专班服务。北海红树林现代金融产业城的招商模式亦是国内产业园区招商的普遍形态，而且园区靠近自然环境优越的风景名胜区，还设有产城结合的地产项目，相较国内一些其他地区的服务配套更为完善，有利于入驻企业实质性经营的硬件设施和营商环境更为优越。

（二）商务服务公司的日常经营合规需要尽到一般的勤勉和注意义务

本案中，受新冠疫情等因素影响，在企业经办人员出行不便或尚未到岗的情况下，部分入驻企业会按照服务合同约定委托产业城服务公司完成材料提交、手续办理、发票开具等商务辅助事务性工作。企业提供相应的开票信息、业务凭证等开票指令材料给服务公司员工，服务公司员工按照企业指令代办完成包括发票领用和打印等事务性操作。公司财税负责人也会不定期随机抽查开票企业的材料的完整性和合规性，如有疑问，通常会第一时间通知企业或反馈给税务局，这样应该认为尽到了税法上一般的勤勉和注意义务。

实践中，产业园区（包括以招商为主业的代账公司）在引进企业和税源的同时，需要进一步识别有关涉税风险，加强对金融业态、新科技业态、现代咨询服务业态税务合规的关注。作为政府招商窗口的产业园区，代账公司在招商引资提供工商注册、代理记账和代办发票开具等服务时，在税务合规和风险防控方面，需要注意在招商宣传和风险提示方面加大宣导力度，在内部控制方面加强制度建设并积极寻求专业指导。

通常而言，在税务合规方面，需要注意以下几点：一是在招商宣传上，要注重对重点产业扶持和鼓励实质性经营的正确宣导；二是在风险提示上，要加强对服务企业的合理商业目的和交易真实性方面的风险提示，尽到合理注意义务；三是在内部控制上，要强化内部分析和潜在风险点识别机制，并对主管人员和员工的税务合规进行培训；四是在专业指导上，要及时寻求主管税务机关的辅导或聘请专业人士进行合规排查。

附录1：相关法律法规政策规定

第二百零五条　虚开增值税专用发票或者虚开用于骗取出口退税、抵扣税款的其他发票的，处三年以下有期徒刑或者拘役，并处二万元以上二十万元以下罚金；虚开的税款数额较大或者有其他严重情节的，处三年以上十年以下有期徒刑,并处五万元以上五十万元以下罚金;虚开的税款数额巨大或者有其他特别严重情节的,处十年以上有期徒刑或者无期徒刑,并处五万元以上五十万元以下罚金或者没收财产。

单位犯本条规定之罪的,对单位判处罚金,并对其直接负责的主管人员和其他直接责任人员,处三年以下有期徒刑或者拘役;虚开的税款数额较大或者有其他严重情节的,处三年以上十年以下有期徒刑;虚开的税款数额巨大或者有其他特别严重情节的,处十年以上有期徒刑或者无期徒刑。

虚开增值税专用发票或者虚开用于骗取出口退税、抵扣税款的其他发票,是指有为他人虚开、为自己虚开、让他人为自己虚开、介绍他人虚开行为之一的。

——《刑法》(2020 年修正,现行有效)

各省、自治区、直辖市高级人民法院,解放军军事法院,新疆维吾尔自治区高级人民法院生产建设兵团分院:

为正确适用刑法第二百零五条关于虚开增值税专用发票罪的有关规定,确保罪责刑相适应,现就有关问题通知如下:

一、自本通知下发之日起,人民法院在审判工作中不再参照执行《最高人民法院关于适用〈全国人民代表大会常务委员会关于惩治虚开、伪造和非法出售增值税专用发票犯罪的决定〉的若干问题的解释》(法发〔1996〕30 号)第一条规定的虚开增值税专用发票罪的定罪量刑标准。

二、在新的司法解释颁行前,对虚开增值税专用发票刑事案件定罪量刑的数额标准,可以参照《最高人民法院关于审理骗取出口退税刑事案件具体应用法律若干问题的解释》(法释〔2002〕30 号)第三条的规定执行,即虚开的税款数额在五万元以上的,以虚开增值税专用发票罪处三年以下有期徒刑或者拘役,并处二万元以上二十万元以下罚金;虚开的税款数额在五十万元以上的,认定为刑法第二百零五条规定的"数额较大";虚开的税款数额在二百五十万元以上的,认定为刑法第二百零五条规定的"数额巨大"。

以上通知,请遵照执行。执行中发现的新情况、新问题,请及时报告我院。

最高人民法院

2018 年 8 月 22 日

——《最高人民法院关于虚开增值税专用发票定罪

量刑标准有关问题的通知》

（法〔2018〕226号,2018年8月22日施行～现行有效）

第五十六条〔虚开增值税专用发票、用于骗取出口退税、抵扣税款发票案(刑法第二百零五条)〕虚开增值税专用发票或者虚开用于骗取出口退税、抵扣税款的其他发票,虚开的税款数额在十万元以上或者造成国家税款损失数额在五万元以上的,应予立案追诉。

——《最高人民检察院、公安部关于公安机关管辖的

刑事案件立案追诉标准的规定(二)》

（公通字〔2022〕12号,2022年5月15日施行～现行有效）

附录2:相关法律及涉税文书(略)

006

有真实交易但“张冠李戴”是否构成虚开增值税专用发票罪

——系列类案专家论证法律意见梳理与归纳*

摘要：虚开增值税发票，在税务行政管理和刑事司法程序中都是非常重要的关注事项。在行政管理和行政法层面，虚开增值税发票会导致国家税款受到损失，包括普通发票上的所得税额损失以及专用发票上的税额抵扣损失和所得税额损失，在征管实践中，税务机关会对相关企业进行税务处理和税务行政处罚；在刑法层面，虚开增值税发票会对国家税收秩序造成影响，多数情况下会给国家税款带来损失，与之相关的罪名是虚开增值税普通发票罪和虚开增值税专用发票罪。其中，虚开增值税普通发票罪是近年来新增的罪名，对应的刑期比较短，实践中也以缓刑居多；虚开增值税专用发票行为则相对易发，在刑事司法程序中也存在较大的争议，以前通常是聚焦于是否有税务目的或是否造成国家税款形式上的损失，近几年来开始关注是否存在具备商业逻辑的真实交易或是否真正造成国家税款的实质损失。一些新兴业态的出现，利用特定优势交易获利和疏解进项税额缺失的特定安排等，都使虚开增值税发票涉税犯罪的图景显得更为

---

* 这三个案例是近年来作者作为法律专家撰写的涉税法律论证意见书所涉及的真实案例，相关内容也主要摘自相应的论证意见书，因涉及相关细节而又受篇幅所限，此处对相关论述作了相应的删改和简化。之所以选择这三个案例，是因为这三个案例的代表性很强，不属于“暴力虚开”“虚开为业”等明显需要刑事打击的涉税行为，又分别涉及新兴业态下的虚开普票、便利交易下的商业模式真实性、交易真实但“张冠李戴”下刑法上的可责罚性等热点事项，如何对虚开增值税发票的法律政策进行准确理解并对司法审判产生一定的指引作用的意义比案件本身更为重要。实践中，无论是税法专家还是刑法专家出具的法律论证意见，看起来都会或多或少地“减轻”犯罪嫌疑人和被告人的刑事认定及其责任，但这也是税法理论和刑法理论作为公法理论应保护行政相对人、嫌疑人和被告人的基本人权保障观念所决定的。

复杂和多元。

一、案情简介

(一)Y 公司案

Y 人力资源管理有限公司(以下简称 Y 公司)是一家主要提供企业薪酬福利外包服务的公司,通过其开发的企业福利平台开展人事薪酬福利外包发放业务。其业务模式如下:委托×××发放员工薪酬福利的客户公司,在与 Y 公司签订《Y 平台服务合同》并进行入网登记后,可以凭借账号密码登录 Y 公司企业福利平台。需发放薪酬福利时,客户公司先向 Y 公司支付一笔款项,Y 公司就该笔款项向客户公司开具全额增值税普通发票,客户公司付款后在×××企业福利平台上的账户中会获得等额的积分,该笔积分可发放至 Y 公司企业福利平台上客户公司员工的个人账户,客户公司员工可以直接在 Y 公司企业福利平台上进行积分消费,如购买粽子、床上用品等实物,充值话费、水电煤缴费、购买京东卡、天猫卡等消费卡等。如果不需要在 Y 公司企业福利平台上进行积分消费,客户公司或者其员工可以选择 Y 公司企业福利平台的"卡券回收",将积分换为现金。"卡券回收"的方式为,Y 公司购买超市预付费卡并转售,所得款项扣除一定比例的服务费后,通过第三方支付公司支付到客户公司员工的个人银行账户。后来公安经侦部门对×××公司以虚开增值税普通发票罪立案侦查,检察院审查起诉后交由人民法院审理。

(二)S 公司案

最初因 B 公司与 S 粮油公司(以下简称 S 公司)合作粮食生意,B 公司有资金,S 公司有采购、销售渠道。但 S 公司系民营粮食收储企业,销售收款后如果开具增值税专用发票将增加纳税成本,而 D 粮库系国有粮食收储企业,享受增值税免税政策,开具增值税专用发票不需缴纳增值税,S 公司遂与 B 公司一起前往 D 粮库,希望 D 粮库加入他们的粮食贸易,并承诺给予 D 粮库一定的利润。三方间的贸易模式如下:S 公司先与 D 粮库签署粮食购销合同,D 粮库与 B 公司签署粮食购销合同,即表现为 S 公司将粮食卖给 D 粮库,D 粮库将粮食卖给 B 公司。资金先由 B 公司打给 D 粮库,D 粮库扣除一定点数后再将资金打给 S 公司。D 粮库向 B 公司开具与合同、货物相符的增值税专用发票,S 公司未向 D

粮库开具增值税专用发票。货物流转的情况是，S公司不经过D粮库就直接将货物运至B公司。该线索经纪委监委发现后转交税务机关和公安机关办理，公安经侦部门以虚开增值税专用发票罪立案侦查，检察院审查起诉后交由人民法院审理。

（三）K公司案

2009年，被告人某甲成立K物流股份有限公司（以下简称K公司），K公司主营业务为物流运输，名下有大量实际运输车辆，并实际开展运输业务。之后被告人某甲利用他人名义先后在A市、B县等"税收洼地"注册成立数十家物流公司，该批物流公司后续即成为案涉开票公司，案涉开票公司与全国各地数千家受票企业签订货物运输合同，同时与受票企业或运输车队指定的车队长签订物流运输协议（承包合同），在要求实际对接的受票单位或车队长提供运输清单的情况下，根据运输清单上的金额开具运输发票，收到受票单位支付的运输费后，将扣除一定点数的管理费后的余款付给承包运输的车队长。上述案涉开票公司本身没有实际经营场地，也没有建立劳动关系的员工，上述业务的开展系被告人某甲安排K公司的财务、物流产业链、数据中心等部门的员工配合，依据对接的受票单位或车队长提供运输清单，统计其完成的业务量，并予以开票。后该案被公安经侦部门以虚开增值税专用发票罪立案，检察院审查起诉后交由人民法院审理。在案件的调查过程中，已经接受调查的受票企业和个体运输司机/车队长均称其存在真实的运输，只因个体承运方无法开具发票，才通过上述模式获取与实际运输业务相符的增值税专用发票。

二、法律分析

虚开普通发票的认定较为简单，主要关注是否存在真实交易。如果业务活动具有真实性且符合通常商业逻辑，一般不认为构成虚开普通发票。在税法上理解虚开发票主要是指没有真实交易而开具发票的行为。虚开增值税专用发票的目的主要有两项：一是在增值税上用以抵扣进项税额，二是在企业所得税上作为税前扣除凭证。原则上，虚开发票的认定需要紧密围绕交易真实性来展开，对于"有真实交易"、"存在正常商业逻辑"且"款票相符"的情形，宜认定为正常开具的增值税专用发票。

（一）对新兴业态的涉税监管慎以虚开增值税普通发票罪进行刑法规制

1. 在税法上理解虚开发票主要是指没有真实交易。虚开增值税专用发票的目的主要有两项：一是在增值税上用以抵扣进项税额，二是在企业所得税上作为税前扣除凭证；而虚开普通发票不能用于扣除进项税额，其唯一目的在于冲抵成本，用作企业所得税的税前扣除凭证。在 2018 年 6 月国家税务总局制定《企业所得税税前扣除凭证管理办法》（国家税务总局公告 2018 年第 28 号）之前，税收征管实务中能够作为扣除凭证管理的范围很窄，这也客观上导致了一些企业违法虚开增值税普通发票以冲抵成本。在上述文件出台后，真实合法有效的其他内外部凭证也可以作为税前扣除的凭证，这在一定程度上减缓了一些企业虚开普通发票的动机，但仍有一些企业虚构交易进而虚开普通发票。原则上，虚开普通发票的认定需要紧密围绕交易真实性来展开，对于“有真实交易”“存在正常商业逻辑”且“款票相符”情形，宜认定为正常开具普通发票。

2. 可以参照虚开增值税专用发票认定的排除要件来理解虚开普通发票的认定。对于增值税专用发票而言，根据《国家税务总局关于纳税人对外开具增值税专用发票有关问题的公告》（国家税务总局公告 2014 年第 39 号），在出票方与受票方之间符合有真实交易、有款项往来及开票内容与交易内容相符三个条件的情况下，出票方的行为“不属于对外虚开增值税专用发票”，受票方纳税人可以将取得的增值税专用发票抵扣进项税额。根据“举重以明轻”的基本法律原则，如果开具普通发票的出票方与受票方之间有真实交易、有款项往来及开票内容与交易内容相符，也应当认定其行为不属于虚开普通发票。析言之，如果企业开具的普通发票有符合通常商业逻辑的实际经营活动，有真实的款项往来且开票内容与交易内容相符，不会破坏发票管理秩序和税收征管秩序，就不属于税收违法犯罪行为，宜认定为正常的发票开具行为。

3. 薪酬福利外包是目前人力资源模块外包的常见形态。在企业运营过程中，企业为实现自身的良性发展，需要调动员工劳动的积极性，并选择合适的福利内容与发放方式向员工发放福利。部分企业基于“扁平化管理”和“专业分工”的理念，通过 Y 公司这类的员工福利外包服务类企业可以有效解决上述问题，客户企业仅需制定对每个员工的福利预算并向员工福利外包服务企业支付相应款项，员工可以在电子平台上自行选择其所需的福利内容，可以使得福利效用最大化，解决企业成本管理和员工满意度的矛盾。Y 公司向客户企业发放积分,积分是客户企业在平台上结算的计量单位,是为了交易的便利性而设置的,最终将由客户企业的员工将积分兑换为实物或现金等其他福利内容。Y 公司实际提供的服务并非积分本身,而是允许客户企业通过 Y 公司平台对其员工福利通过积分的方式进行发放及管理的服务。相关积分的拟制、管理、消费和兑现按照企业规章制度的规定和服务合同的约定进行,存在真实的交易内容且其交易内容具有合理的商业目的及经营逻辑,并不违反现行相关法律法规政策的规定。

4. 外包公司向客户员工依积分兑现现金的行为不构成资金回流。① 客户企业的员工收到用人单位通过 Y 公司向其发放的现金福利后,相应款项的所有权归员工个人所有。客户企业仅能在 Y 公司平台上决定积分的分配方案,员工一旦使用积分购买了实物或通过"卡券回收"的方式收入了现金,就对其收到的实物及现金享有完全的所有权,客户企业则对该部分实物及现金失去支配的可能。通过 Y 公司平台发放福利,不意味着客户企业可以控制其员工的个人银行账户,福利发放渠道及方式的不同不能证明 Y 公司的客户企业对客户企业的员工的个人银行收款账户存在任何支配或关联关系,Y 公司客户企业的员工与发放福利的客户企业间也不存在财务管理上的关联关系,故客户企业员工的个人银行账户与客户企业的银行账户是相互独立的。

5. 对于 Y 公司及其经营同类业务的企业交易模式应当审慎进行评估,该交易模式并未破坏税收征管秩序且未造成相应税款损失,宜用税务行政处理处罚方式替代刑法规制。② 本案需要充分研判其价值与存在的问题,综合考虑交易本身的真实性与合理性及所涉及的商务行政管理法律关系与税收法律关系等不同法律关系后,才能进行有效判断。商务行政管理法律关系与税收行政管理法律关系是两种不同的法律关系,分别适用各自的法学学理、判断规则和调整机

---

① 通常而言,在虚开发票的案件中,在虚构交易时交易合同和货物及服务的流转仅存在合同,而相应交易货款的流通需要受票方实际向开票方支付,但因交易是虚构的,故资金到开票方账户后,需要通过各种方式由开票方返还给受票方,因此形成"资金回流"的现象。在典型的虚开发票案件中,是否存在"资金回流"也是判断交易真实性及是否构成虚开发票的一种事实判定依据。

② 将预付卡或单用途商业预付卡销售给"黄牛"兑现的行为虽不符合《支付机构预付卡业务管理办法》及《单用途商业预付卡管理办法(试行)》的规定,但禁止将预付卡或单用途商业预付卡用于提取现金是为了避免跨境资金非法流动、洗钱、诈骗等金融风险,将预付卡或单用途商业预付卡销售给"黄牛"兑现的行为与就真实发生的业务开具发票的行为是两个不同的法律关系,不能因预付卡或单用途商业预付卡用于提取现金违反对预付卡或单用途商业预付卡的管理规定而直接推知其在税法评价上当然导致税收秩序被破坏或税款损失。

制。不宜直接认为在商务行政管理法律关系上存在预付卡违规行为时，即认定其违反税收行政管理法律关系，并进一步作出“虚开发票”的认定。预付卡或单用途商业预付卡违规行为分别应由金融及商务主管部门处理。在税法层面，该交易模式宜按照个税节税合法性的思路进行评估。如果认为应当由Y公司而非其客户企业为客户企业的员工代扣代缴个人所得税，应当由主管税务机关或相关税务机关经过立案、检查、审理等程序后，作出相应的税务行政处理决定和相关决定。

（二）没有直接运输货物不意味着没有真实交易，国家税款损失并非该等交易安排所致

1.刑法上虚开增值税专用发票的认定需要结合国家税务总局的相关政策文件精神。《国家税务总局关于纳税人对外开具增值税专用发票有关问题的公告》（国家税务总局公告2014年第39号）规定，“纳税人通过虚增增值税进项税额偷逃税款，但对外开具增值税专用发票同时符合以下情形的，不属于对外虚开增值税专用发票：一、纳税人向受票方纳税人销售了货物，或者提供了增值税应税劳务、应税服务；二、纳税人向受票方纳税人收取了所销售货物、所提供应税劳务或者应税服务的款项，或者取得了索取销售款项的凭据；三、纳税人按规定向受票方纳税人开具的增值税专用发票相关内容，与所销售货物、所提供应税劳务或者应税服务相符，且该增值税专用发票是纳税人合法取得、并以自己名义开具的”。根据上述规定，在出票方与受票方之间符合有真实交易、有款项往来及开票内容与交易内容相符三个条件的情况下，出票方的行为“不属于对外虚开增值税专用发票”。

需要注意的是，根据《国家税务总局办公厅关于〈国家税务总局关于纳税人对外开具增值税专用发票有关问题的公告〉的解读》，“本公告是对纳税人的某一种行为不属于虚开增值税专用发票所做的明确，目的在于既保护好国家税款安全，又维护好纳税人的合法权益。换一个角度说，本公告仅仅界定了纳税人的某一行为不属于虚开增值税专用发票，并不意味着非此即彼，从本公告并不能反推出不符合三种情形的行为就是虚开”。也就是说，同时符合前述三种情形的，已经明确为不属于虚开发票，即便是不同时符合前述三种情形的，也要根据实际情况判断是否属于虚开发票，采取的是“举重明轻”、更加包容以及更加注重真实交易的实质认定方式。析言之，企业开具的发票有符合通常商业逻辑的实际

经营活动,有真实的款项往来且开票内容与交易内容相符,不会破坏发票管理秩序和税收征管秩序,没有造成国家税款损失的,不属于税收违法犯罪行为,宜认定为正常的发票开具行为。

2. 不宜因D粮库没有直接运输货物而否认其与B公司间交易的真实性。D粮库的粮食购销业务中存在实际的经营活动及真实的交易过程,其与B公司间的交易符合国家税务总局公告2014年第39号文件对"不属于对外虚开增值税专用发票"的三项要求:其一,D粮库向B公司销售了小麦,双方签署了购销合同。其二,B公司向D粮库多次出具针对双方之间小麦货物贸易的粮权交接结算单以及结算说明,并且D粮库实际收到了B公司支付的小麦货款。其三,D粮库向B公司开具的增值税专用发票是按照相关规定开具的,增值税专用发票中的相关内容与D粮库所销售的货物小麦一致,且该增值税专用发票是D粮库合法取得并以自己名义开具的。因此应当认为D粮库所开具的增值税专用发票是与真实交易情况相符的发票,不属于虚开的增值税专用发票。

在交易过程中,D粮库在向S公司采购小麦后,直接由S公司向B公司发货,此系正常的商业安排,考虑到仓储、运输方面的成本,D粮库在已经与买方B公司签署了购销合同的情况下,直接由S公司向B公司完成小麦的交付可以减少运输途中的损耗与风险,节约仓储成本,具有合理的商业目的。在货物贸易中,指示交付是常见的交付方式,《民法典》第227条对"指示交付"规定为"动产物权设立和转让前,第三人占有该动产的,负有交付义务的人可以通过转让请求第三人返还原物的权利代替交付",即在上述的小麦交易中,由于交易标的物在D粮库与B公司的交易之前由第三人S公司占有,所以标的物的出让人D粮库可以将请求第三人S公司交付标的物的请求权转让给B公司,以此替代标的物的交付,上述交易流程符合《民法典》中动产交付的规定,也符合一般、正常、合理的商业逻辑,若因D粮库没有直接向B公司交付货物即认定其涉嫌虚开增值税专用发票,则《民法典》中对指示交付、占有改定等动产交付方式的规定都将面临重大挑战。因此,仅因D粮库与B公司间缺乏直接物流往来即认定其不存在真实交易是不妥当的。

3. D粮库与B公司间的交易具有一定的商业合理性,且在行业业务规程内操作,不属于"虚开"行为。首先,D粮库作为国家粮食储备库,除专门储备粮食以外,进行粮食贸易也属于其正常的业务范围。从××省粮食和物资储备局官方网站新闻中心交易公告一栏中披露的交易公告可以看出，国家粮食储备库可以进行粮食采购和销售，××省粮食和物资储备局官方网站刊登的交易公告中包括竞价采购交易公告、竞价销售交易公告以及地方储备粮油的采购和销售结果公告。就采购以及销售交易公告而言，一般要求参与采购及销售的主体是国内具有粮油经营资格且认同××粮油商品交易市场《地方粮食竞价销售交易细则》所有内容的法人企业或自然人，因此D粮库作为国家储备粮食库参与小麦的采购和销售贸易属于正常的业务范围。其次，D粮库采购和销售小麦的价格尚在合理范围内。根据对近年来D粮库采购小麦的价格和销售价格的分析，D粮库采购及销售小麦的价格与公开渠道竞价销售的价格相差不远，其与B公司间的贸易存在商业合理性。最后，D粮库采购和销售小麦的利润虽然略低，但属于正常的商业利润，而非虚开增值税专用发票的违法所得。就贸易而言，在商业上，贸易的成本主要由生产商品的成本、运输成本、批发和零售的配送成本、信息成本等共同构成。在D粮库的小麦购销贸易中，在小麦生产成本不变的情况下，D粮库自身不承担小麦的运输及仓储，因此没有运输和仓储成本，小麦供货方和购买方较为稳定，D粮库无须承担寻找上游卖家和下游买家的信息成本，也不产生中间介绍方的销售费用等，因此D粮库在小麦贸易中利润略低是符合正常的商业逻辑的，也能因此保持业务的持续性，不宜因其相对略低的利润率即认定其交易不真实或具有不法性。

4. D粮库的涉案业务行为没有必然造成国家税款的损失，贸易环节中可能产生的国家税款损失系S公司未及时申报缴纳增值税导致的。在D粮库向S公司采购小麦并销售给B公司的贸易过程中，D粮库在采购环节没有增值税纳税或扣缴义务，在销售环节按照相应政策享受免税待遇，其采购和销售行为没有造成国家税款的损失。在上述贸易过程中可能产生的国家税款的损失，系D粮库向S公司采购小麦时，S公司未及时履行自身申报缴纳增值税的义务导致的，应当由S公司自行承担相应责任。在D粮库向S公司采购小麦的业务中，S公司销售了小麦，是增值税的纳税义务人；而在D粮库向B公司销售小麦的业务中，D粮库是增值税的纳税义务人。

《财政部、国家税务总局关于粮食企业增值税征免问题的通知》（财税字〔1999〕198号）第1条规定，国有粮食购销企业必须按顺价原则销售粮食。对承担粮食收储任务的国有粮食购销企业销售的粮食免征增值税。在D粮库向B

公司销售小麦的过程中，D粮库作为承担粮食收储任务的国有粮食购销企业，其销售行为免征增值税。在贸易过程中，S公司并未向D粮库开具发票，但这并不免除S公司的增值税纳税义务，S公司在收到D粮库支付的小麦货款时即产生了增值税纳税义务。同时，该等纳税义务与D粮库是否享受增值税免征政策并不存在税法上的直接关系，S公司的增值税缴纳义务是独立存在的，即便D粮库在向B公司销售小麦时能享受到增值税免征政策，也并不免除S公司向D粮库销售小麦时的增值税缴纳义务。

S公司没有及时申报缴纳增值税，导致国家税款受到损失，D粮库在小麦采购过程中既不是增值税的纳税人也不是增值税的扣缴义务人，其采购行为并未造成国家税款的损失。D粮库在小麦采购过程中，虽然暂时没有要求S公司开具发票，但也没有明示放弃上述权利，且《增值税暂行条例》中并未对购买方索取发票的时间予以任何限制，D粮库仍随时可以要求S公司完成增值税专用发票的开具，因此其暂时没有要求S公司开具发票的行为对国家税款不会造成不利影响。与此同时，在此种情况下，主管税务机关也可责令S公司依法补缴增值税税款，并可视情况判定是否属于偷税行为，若属于偷税行为，则不受3年或5年追征期的限制。

（三）交易真实但“张冠李戴”地开具增值税发票在刑事可责罚性上应审慎评价

1. 在客观真实商业逻辑基础上的发票开具，即便开具主体存在瑕疵，原则上也不宜简单地认定为“虚开”。根据国家税务总局公告2014年第39号文件和国家税务总局办公厅对该文件的解读，企业开具的发票有符合通常商业逻辑的实际经营活动，有真实的款项往来且开票内容与交易内容相符，没有造成国家税款损失的，不宜简单地、机械式地认定为虚开发票行为。物流公司与实际承运人之间存在类似于挂靠的业务关系，前者根据后者具体的业务实质开具发票，后者按照真实业务据实反馈交易情况。

在税法上，开票方公司与实际承运人间的关系可参考挂靠关系处理。在货运行业，根据《道路运输条例》第21条的规定，“申请从事货运经营的，应当具备下列条件：（一）有与其经营业务相适应并经检测合格的车辆；（二）有符合本条例第二十二条规定条件的驾驶人员；（三）有健全的安全生产管理制度”。个人无法申请从事货运经营，不能办理道路运输经营许可证。因此挂靠经营是我国道路运输市场常见的一种现象，即个人的货运车辆往往通过挂靠来取得货运经营资格。因此,从经营资质来看,当事人成立的相应物流公司具备货运经营资格,而实际承运人不具备相应的资格,因此实际承运人通过挂靠来取得货运经营资格;从经营管理情况来看,实际承运人属于自负盈亏,不参与物流公司的经营也不由物流公司管理;从双方的意思表示来看,物流公司与实际承运人或受票方指定的车队长签署了书面的挂靠合同。

需要注意的是,车辆是否登记在物流公司名下并不影响挂靠关系的成立,根据《民法典》第 224 条及第 225 条,“动产物权的设立和转让,自交付时发生效力,但是法律另有规定的除外”“船舶、航空器和机动车等的物权的设立、变更、转让和消灭,未经登记,不得对抗善意第三人”。换言之,货运车辆是登记在物流公司名下还是实际承运人名下,对车辆的物权归属不造成影响,在税法上的理解仍应贯彻实质重于形式的认定原则,物流公司与实际承运人间达成过成立挂靠关系的合意也不因车辆登记而受影响。换言之,即使实际承运人的车辆未以登记的形式挂靠在物流公司名下,物流公司与实际承运人间的业务挂靠关系仍然成立。因此,在当事人成立的物流公司与实际承运人间构成挂靠关系的前提下,交易模式符合国家税务总局公告 2014 年第 39 号文件要求的有真实交易、有款项往来及开票内容与交易内容相符的要求,不属于虚开发票的行为。

2. 构成虚开增值税专用发票罪需要具有骗取税款的目的以及造成国家税款损失的后果,从虚开增值税专用发票罪的罪名发展历程来看,虚开增值税专用发票罪的打击对象主要是没有实体经营活动的“暴力”虚开行为,以虚开增值税专用发票为唯一或主要“业务”的情形。根据立法资料可知,虚开增值税专用发票的行为是增值税制度推行以后出现的一种违反税法的行为,会致使国家税款大量流失,因此 1997 年《刑法》修改时,1997 年《刑法》第 205 条的立法本意是保障国家流转税制,打击的对象是利用增值税专用发票非法抵扣国家税款和骗取出口退税款的行为,为了更严厉地惩治这种骗取国家税款的行为,立法机关将骗取国家税款的行为融合在虚开增值税专用发票罪的构成要件之中,由此形成了虚开增值税专用发票罪,且《刑法修正案(八)》在废除虚开增值税专用发票罪死刑的同时删去了“有前款行为骗取国家税款”这一表述,此后的争议亦由此而起。但从最初的立法目的及罪名的历史沿革而言,构成虚开增值税专用发票罪需要具有骗取税款的目的。

从虚开增值税专用发票罪的性质来看,虚开增值税专用发票罪具有侵害增值税专用发票管理制度和国家税款安全的双重性质,因此其具有财产犯罪和经济犯罪的双重属性且缺一不可。一方面,虚开增值税专用发票罪属于侵害增值税专用发票管理制度的犯罪,是一种经济犯罪;另一方面,隐藏在虚开行为背后的是骗取国家税款。增值税专用发票的根本特征在于可以用于抵扣税款,因此,虚开增值税专用发票并进行抵扣的,就属于骗取国家税款的行为。这种骗取国家税款的行为是一种诈骗行为,利用虚开的增值税专用发票抵扣税款,虚构货物或者应税服务而骗取国家税款,是一种财产犯罪。因此,虚开增值税专用发票罪同时侵害增值税专用发票管理制度以及国家税款的安全,兼具经济犯罪和财产犯罪的双重属性,也具有法定犯和自然犯的双重属性。

从最高人民法院公布的相关案例来看,在具体案件中,基于公平性及谦抑性原则,虚开增值税专用发票罪多数会被考虑作为目的犯来对待。最高人民法院于 2018 年 12 月 4 日公布的典型案例“张某强虚开增值税专用发票案”中指出:本案张某强借用其他企业名义为其自己企业开具增值税专用发票,虽不符合当时的税收法律规定,但张某强并不具有偷逃税款的目的,其行为未对国家造成税收损失,不具有社会危害性。最终,该案中张某强被宣告无罪。

3. K 公司设立的物流公司开具发票不具有骗取税款的目的,也没有造成国家税款损失的后果。首先,K 公司成立物流公司开具发票的行为没有骗取国家税款的目的。受制于经营资质管理以及特定行业领域增值税税制及其征管制度本身的局限性,当事人成立的物流公司与实际承运人间形成了类似于挂靠的关系。物流公司向实际接受服务的受票方开具发票均是依据真实业务开具的,本案中涉及的物流公司并未在真实业务范围以外开具发票,主观上不具有通过虚开增值税专用发票予以抵扣并骗取国家税款的目的。其基于此类挂靠关系收取的部分费用,是基于挂靠关系而收取的挂靠费,如果其与行业内的挂靠费收益比例相当或具有商业逻辑上的合理性,也不宜认定为“虚开”所得。需要说明的是,当事人陆续设立多家物流公司主要是由于每家公司能够享受的税收优惠政策有时间限制,并非基于开具发票的目的而陆续设立,并不能因为先后设立多家相关主体而被反推或证成具有“虚开”或骗取国家税款的目的。

其次,当事人设立的物流公司开具的发票没有造成国家税款损失的后果。在我国的增值税制度下,除适用征收率的情形外,增值税的计算方式可以概括为应纳税额 = 当期销项税额 - 当期进项税额。进项税额是指纳税人购进货物、劳务、服务、无形资产、不动产支付或者负担的增值税额,一般而言,进项税额按从销售方取得的增值税专用发票上注明的增值税额计算。本案中受票方实际购进了物流运输服务时承担的增值税额应当作为进项税额进行抵扣,但由于实际承运人不能开具相应的增值税专用发票,所以由实际承运挂靠的物流公司依据交易的实际情况开具发票。受票方当事人在使用物流公司开具的发票抵扣进项税额时,其抵扣的金额与其按照税法规定应当抵扣的金额是一致的,在此过程中,无论是受票方当事人还是开具发票的物流公司均没有少缴税款,国家税款并没有因当事人及其设立的物流公司的开票行为而受到损失。

最后,对税收利益的判定。现代税法理论一般倾向于认为,如果是税制、征管制度原因或政府行业管制原因导致纳税人无法按照税法原理取得进项税额的,若该等税收收益基于授权或关联原则被让渡于相关主体或使得自身直接或间接受益,不宜直接认定纳税人无此等权益处分权或者相关主体的做法属于损害国家税款的行为。需要注意的是,在不具有骗取税款的目的,没有造成国家税款损失的后果的情况下,不仅受票单位不宜作为虚开增值税专用发票罪处理,开票单位同样不构成虚开增值税专用发票罪。就税收利益的角度而言,如上文所述,受票方当事人在使用物流公司开具的发票抵扣进项税额时,其抵扣的金额与其按照税法规定应当抵扣的金额是一致的,与之同理,开票单位在开具发票后同样需要缴纳或负担发票相应的增值税额。换言之,开票方当时在开具发票的过程中没有获取本不属于其的税收利益。此外,由于开票行为和受票行为是一组相互对应的行为,在目前实践中普遍认为不具有偷逃税款的目的,未给国家造成税款损失的受票行为不构成虚开增值税专用发票罪的情况下,开票行为同样不应被认定为构成虚开增值税专用发票罪。

因此,无论K公司设立的物流公司与实际承运人间是否构成挂靠关系,其开票行为均以真实交易为基础,并按照增值税基本原理进行抵扣,不属于刑法意义上虚开发票的行为。即使在物流公司与实际承运人间不构成挂靠关系的情况下,虽然受票人与增值税专用发票开票方的开票人之间并不存在形式上的货运服务关系,但是受票人与相关主体之间存在真实的实质上的货运服务关系,只是提供服务与接受服务关系的双方由于某种原因不能开具增值税专用发票。在此种情况下,由于其开票行为没有造成国家税款损失,国家税款安全这一法益并未受到损害,所以物流公司的开票行为不属于刑法意义上虚开发票的行为。

4. 当事人设立物流公司开具发票的行为在刑法上的可责罚性程度较低，不宜适用刑法予以规制。首先，货运行业存在一定的特殊性，普遍存在挂靠以及由挂靠方开具发票的行业惯例。增值税是以商品或劳务在流转过程中产生的增值额为计税依据而征收的一种流转税，增值税通过抵扣机制避免重复征税，以此避免重复征税、增值税抵扣链条中断等问题，畅通增值税抵扣链条是我国增值税改革的重要方面。在货运行业中，依据取得的增值税专用发票抵扣进项税额是托运方的合法权益，但是由于承运人以自然人或小规模纳税人为主，开具增值税专用发票较为困难，增值税的抵扣链条在这一环节往往发生中断，即托运方当事人对外开具了发票，其销项税额较高，因此难以取得可以据以抵扣进项税额的发票，其增值税税负超过其实际应当承担的水平。为解决这一情况，承运人往往挂靠于可以开具增值税专用发票的被挂靠人处，此种挂靠既包括将车辆登记在被挂靠人处的情形，也包括车辆虽未登记在被挂靠人处但双方成立实质的业务挂靠关系的情形，由被挂靠人开具相应的发票，此种情况在货运行业极为常见，是增值税税制及其征管特点与货运行业的行业性质共同导致的。

其次，当事人及其设立的物流公司的行为不宜直接适用刑法予以规制。一方面，随着刑事法治的向前发展，尤其是在防止对经济行为的过度刑事干预，保障市场经济秩序的思想指导下，既要严厉打击虚开增值税专用发票违法犯罪行为，又要尊重正常的商业贸易流转，因此，对于当事人及其设立的物流公司的行为不宜适用刑法予以规制；另一方面，从虚开增值税专用发票罪所保护的法益而言，国家税款安全的这一法益并未受到侵害，虽然从一定程度上来看，当事人及其设立的物流公司的行为可能会对增值税发票的管理秩序这一法益造成一定的不利影响，但是此种情形仅能构成行政法上的发票违法行为，而不构成刑法上的犯罪。

5. 当事人设立的物流公司开具的发票与客观交易情况相符但开具主体存在瑕疵的，宜按《发票管理办法》的相关规定认定为“代开”行为。在税法理论上，“代开”和“虚开”的重要差异是“是否存在真实交易”，有真实交易的发票开具，除非存在税法上的不当利益，一般不宜直接认定为虚开。在代开的情况下，由于业务真实，不太可能导致国家税款损失的后果。《发票管理办法》之所以禁止非法代开发票，是因为非法代开发票的行为虽然是基于真实交易产生的且不能使开票人获得任何不当利益，但实际经营业务情况中的主体与开票主体不符仍然对税收管理秩序有负面影响。从《发票管理办法》第 35 条的规定也可以看出，在发票管理中，“代开”和“虚开”虽然适用的处罚规则相同，但仍是两个有所区别的概念。

开票方物流公司与实际承运人或受票方或实际承运人指定的车队长签订了书面挂靠合同，即使上述合同未被认定为存在实质的挂靠关系，物流公司按照承运人与托运人间实际发生的货运业务，以自身名义向托运人开具发票的行为也不构成虚开增值税专用发票。虽然物流公司并非实际的服务提供方，其代他人开具发票的行为并没有获得税务机关的认可或授权，但开具的发票内容不以骗取国家税款、偷逃税款为目的，客观上也没有充分证据证明导致了国家税款损失的后果。因此，对物流公司的行为更宜认定为违反《发票管理办法》的“代开发票”的行为。

三、启示与思考

虚开增值税发票犯罪作为破坏市场经济秩序类犯罪的典型犯罪，在税务机关执法实践和公安经侦部门、检察院、法院工作实践长期以来存在诸多讨论，也给企业合规管理、新兴业态商业模式创新、政府营商环境的构建等带来了很多的问题。需要指出的是，增值税作为我国目前的第一大税种，税务机关对于虚开发票首先是关注进项税额转出和所得税调增的问题，这也是税务机关作为保障国家税款应收尽收的主责机关最优先关注的问题，其次会涉及是否需要移送公安经侦部门刑事立案的问题。而在虚开增值税发票特别是虚开增值税专用发票的司法实践中，随着“金税四期”的推进和智慧税务的建设，传统的“暴力虚开”“虚开为业”等虚开方式在严格的监管下已经逐渐淡出，目前更多的案件涉及的是“多余安排的交易”是否符合商业逻辑、是否具有“税务目的”，有真实交易但“张冠李戴”的虚开行为是否一定要上升到刑事层面解决，是否进行税务行政处理、行政处罚即可满足维护经济社会管理秩序的需要，等等。毫无疑问的是，现代化的法治秩序和良善的税收监管执法不应该在各种不确定中蹒跚前行，而无法让市场主体的各类创新特别是交易模式安排面临更大的不确定性。

在《刑法》尚未修改或者最高人民法院尚未出台专门的涉税司法解释之前，

目前的虚开增值税发票司法实践确实存在种种困境。①对于新兴的交易形态以及"税制不完善背景下不得已的自我税务规划"等司法实践中的认定争议焦点，相关主管部门宜仔细甄别、审慎处理，既要严厉打击虚开增值税普通发票违法犯罪行为，又要对新兴业态进行"包容性监管"，还要"谦抑地"尊重合理逐利的商业贸易流转，既要对有必要、依法可归责于刑事处理的犯罪行为进行必要追究，又要区分影响金融征管秩序和税收征管秩序的具体情况，按照不同法律关系进行相应处理，不宜进行法律关系"穿透"归责。作为一种法治治理对策，税务机关及有关行政机关对于相关违法行为可以给予行政处罚，并确保处罚的程度与行为的违法程度相适应，刑法应当保持其谦抑性且罪名归纳完整充分，不宜对于存在真实交易和合理商业目的的交易模式或者学理和实务上尚存较大争议的交易模式直接援引和适用涉税刑法条文。

附录1：相关法律法规政策规定

第二百零五条　虚开增值税专用发票或者虚开用于骗取出口退税、抵扣税款的其他发票的，处三年以下有期徒刑或者拘役，并处二万元以上二十万元以下罚金；虚开的税款数额较大或者有其他严重情节的，处三年以上十年以下有期徒刑，并处五万元以上五十万元以下罚金；虚开的税款数额巨大或者有其他特别严重情节的，处十年以上有期徒刑或者无期徒刑，并处五万元以上五十万元以下罚金或者没收财产。

单位犯本条规定之罪的，对单位判处罚金，并对其直接负责的主管人员和其他直接责任人员，处三年以下有期徒刑或者拘役；虚开的税款数额较大或者有其他严重情节的，处三年以上十年以下有期徒刑；虚开的税款数额巨大或者有其他特别严重情节的，处十年以上有期徒刑或者无期徒刑。

---

① 这些困境包括，对于"借用""复制""挂靠"他人真实交易而开具增值税专用发票特别是数额较为巨大的情形，尤其是一些市场主体在国家增值税制非全链条化、全抵扣化的背景下不当地获得税收利益（哪怕这些利益是其他纳税人放弃的）的情形，很多法官和合议庭认为在对绝大部分受票方只作税务或其他行政管理上的补救措施和行政处罚（哪怕是最顶格的行政处罚），而对主要的开票方不作刑事处理的话，会给严格规范增值税法发票管理秩序的治理导向带来消极影响，也会对公安经侦部门、检察院的前期工作产生否定性评价。对于某项特定内部交易产生了一项增值税交易行为，其开具的增值税普通发票数额大大超过起刑点标准的，很多法官和合议庭更愿意选择定性为"情节严重的"并处2年以下量刑，而不是机械地作"情节特别严重"的认定及2～7年的量刑。

虚开增值税专用发票或者虚开用于骗取出口退税、抵扣税款的其他发票，是指有为他人虚开、为自己虚开、让他人为自己虚开、介绍他人虚开行为之一的。

第二百零五条之一　虚开本法第二百零五条规定以外的其他发票，情节严重的，处二年以下有期徒刑、拘役或者管制，并处罚金；情节特别严重的，处二年以上七年以下有期徒刑，并处罚金。

单位犯前款罪的，对单位判处罚金，并对其直接负责的主管人员和其他直接责任人员，依照前款的规定处罚。

——《刑法》(2020 年修正，现行有效)

第五十六条　〔虚开增值税专用发票、用于骗取出口退税、抵扣税款发票案(刑法第二百零五条)〕虚开增值税专用发票或者虚开用于骗取出口退税、抵扣税款的其他发票，虚开的税款数额在十万元以上或者造成国家税款损失数额在五万元以上的，应予立案追诉。

第五十七条　〔虚开发票案(刑法第二百零五条之一)〕虚开刑法第二百零五条规定以外的其他发票，涉嫌下列情形之一的，应予立案追诉：

(一)虚开发票金额累计在五十万元以上的；

(二)虚开发票一百份以上且票面金额在三十万元以上的；

(三)五年内因虚开发票受过刑事处罚或者二次以上行政处罚，又虚开发票，数额达到第一、二项标准百分之六十以上的。

——《最高人民检察院、公安部关于公安机关管辖的刑事案件立案追诉标准的规定(二)》
(公通字〔2022〕12 号，2022 年 5 月 15 日施行～现行有效)

第二百二十四条　动产物权的设立和转让，自交付时发生效力，但是法律另有规定的除外。

第二百二十五条　船舶、航空器和机动车等的物权的设立、变更、转让和消灭，未经登记，不得对抗善意第三人。

第二百二十七条　动产物权设立和转让前，第三人占有该动产的，负有交付义务的人可以通过转让请求第三人返还原物的权利代替交付。

——《民法典》(2021 年 1 月 1 日施行～现行有效)

第五十二条　因税务机关的责任，致使纳税人、扣缴义务人未缴或者少缴税款的，税务机关在三年内可以要求纳税人、扣缴义务人补缴税款，但是不得加收滞纳金。

因纳税人、扣缴义务人计算错误等失误，未缴或者少缴税款的，税务机关在三年内可以追征税款、滞纳金；有特殊情况的，追征期可以延长到五年。

对偷税、抗税、骗税的，税务机关追征其未缴或者少缴的税款、滞纳金或者所骗取的税款，不受前款规定期限的限制。

——《税收征收管理法》(2015 年修正，现行有效)

第一条　在中华人民共和国境内销售货物或者加工、修理修配劳务(以下简称劳务)，销售服务、无形资产、不动产以及进口货物的单位和个人，为增值税的纳税人，应当依照本条例缴纳增值税。

第十九条　增值税纳税义务发生时间：

(一)发生应税销售行为，为收讫销售款项或者取得索取销售款项凭据的当天；先开具发票的，为开具发票的当天。

(二)进口货物，为报关进口的当天。

增值税扣缴义务发生时间为纳税人增值税纳税义务发生的当天。

第二十三条第一款、第二款　增值税的纳税期限分别为 1 日、3 日、5 日、10 日、15 日、1 个月或者 1 个季度。纳税人的具体纳税期限，由主管税务机关根据纳税人应纳税额的大小分别核定；不能按照固定期限纳税的，可以按次纳税。

纳税人以 1 个月或者 1 个季度为 1 个纳税期的，自期满之日起 15 日内申报纳税；以 1 日、3 日、5 日、10 日或者 15 日为 1 个纳税期的，自期满之日起 5 日内预缴税款，于次月 1 日起 15 日内申报纳税并结清上月应纳税款。

——《增值税暂行条例》(2017 年修订，现行有效)

公安部经济犯罪侦查局：

贵局《关于如何认定以“挂靠”有关公司名义实施经营活动并让有关公司为自己虚开增值税专用发票行为的性质的函》(公经财税〔2015〕40 号)收悉，经研究，现提出如下意见：

一、挂靠方以挂靠形式向受票方实际销售货物，被挂靠方向受票方开具增值税专用发票的，不属于刑法第二百零五条规定的“虚开增值税专用发票”。

主要考虑：

（1）由挂靠方适用被挂靠方的经营资格进行经营活动，并向挂靠方支付挂靠费的经营方式在实践中客观存在，且带有一定普遍性。相关法律并未明确禁止以挂靠形式从事经营活动。

（2）虚开增值税专用发票罪是行政犯，对相关入罪要件的判断，应当依据、参照相关行政法规、部门规章等，而根据《国家税务总局关于纳税人对外开具增值税专用发票有关问题的公告》（国家税务总局公告2014年第39号），挂靠方以挂靠形式向受票方实际销售货物，被挂靠方向受票方开具增值税专用发票的，不属于虚开。

二、行为人利用他人的名义从事经营活动，并以他人名义开具增值税专用发票的，即便行为人与该他人之间不存在挂靠关系，但如行为人进行了实际的经营活动，主观上并无骗取抵扣税款的故意，客观上也未造成国家增值税款损失的，不宜认定为刑法第二百零五条规定的“虚开增值税专用发票”；符合逃税罪等其他犯罪构成条件的，可以其他犯罪论处。

主要考虑：

（1）虚开增值税发票罪的危害实质在于通过虚开行为骗取抵扣税款，对于有实际交易存在的代开行为，如行为人主观上并无骗取的扣缴税款的故意，客观上未造成国家增值税款损失的，不宜以虚开增值税专用发票罪论处。虚开增值税专用发票罪的法定最高刑为无期徒刑，系严重犯罪，如将该罪理解为行为犯，只要虚开增值税专用发票，侵犯增值税专用发票管理秩序的，即构成犯罪并要判处重刑，也不符合罪刑责相适应原则。

（2）1996年10月17日《关于适用〈全国人民代表大会常务委员会关于惩治虚开、伪造和非法出售增值税专用发票犯罪的决定〉的若干问题的解释》虽然未被废止，但该解释制定于1997年刑法施行前，根据我院《关于认真学习宣传贯彻修订的〈中华人民共和国刑法〉的通知》（法发〔1997〕3号）第五条“修订的刑法实施后，对已明令废止的全国人大常委会有关决定和补充规定，最高人民法院原作出的有关司法解释不再适用，但是如果修订的刑法有关条文实质内容没有变化的，人民法院在刑事审判工作中，在没有新的司法解释前，可参照执行。其他对于与修订的刑法规定相抵触的司法解释，不再适用”的规定，应当根据现行刑法第二百零五条关于虚开增值税专用发票罪的规定，合理选择该解释中可以继续参照适用的条文。其中，该解释中关于“进行了实际经营活动，但让他人为自己代开增值税专用发票”也属于虚开的规定，与虚开增值税专用发票罪的规定不符，不应继续适用；如继续适用该解释的上述规定，则对于挂靠代开案件也要以犯罪论处，显然有失妥当。

(3)《刑事审判参考》曾刊登“芦才兴虚开抵扣税款发票案”。该案例提出，虚开可以用于抵扣税款的发票冲减营业额偷逃税款的行为。主观上明知所虚开的运输发票均不用于抵扣税款，客观上使用虚开发票冲减营业额的方法偷逃应纳税款，其行为不符合虚开用于抵扣税款发票罪的构成要件，属于偷税行为。2001 年福建高院请示的泉州市松苑绵涤实业有限公司等虚开增值税专用发票案，被告单位不以抵扣税款为目的，而是为了显示公司实力以达到在与外商谈判中处于有利地位的目的而虚开增值税发票。我院答复认为该公司的行为不构成犯罪。

以上意见供参考。

最高人民法院研究室

二〇一五年六月十一日

——《最高人民法院研究室〈关于如何认定以“挂靠”有关公司名义实施经营活动并让有关公司为自己虚开增值税专用发票行为的性质〉征求意见的复函》(法研〔2015〕58 号，现行有效)

第二十一条　开具发票应当按照规定的时限、顺序、栏目，全部联次一次性如实开具，开具纸质发票应当加盖发票专用章。

任何单位和个人不得有下列虚开发票行为：

(一)为他人、为自己开具与实际经营业务情况不符的发票；

(二)让他人为自己开具与实际经营业务情况不符的发票；

(三)介绍他人开具与实际经营业务情况不符的发票。

第三十五条　违反本办法的规定虚开发票的，由税务机关没收违法所得；虚开金额在 1 万元以下的，可以并处 5 万元以下的罚款；虚开金额超过 1 万元的，并处 5 万元以上 50 万元以下的罚款；构成犯罪的，依法追究刑事责任。

非法代开发票的,依照前款规定处罚。

——《发票管理办法》(2023 年修订,现行有效)

一、国有粮食购销企业必须按顺价原则销售粮食。对承担粮食收储任务的国有粮食购销企业销售的粮食免征增值税……

审批享受免税优惠的国有粮食购销企业时,税务机关应按规定缴销其《增值税专用发票领购簿》,并收缴其库存未用的增值税专用发票予以注销;兼营其他应税货物的,须重新核定其增值税专用发票用量。

……

六、属于增值税一般纳税人的生产、经营单位从国有粮食购销企业购进的免税粮食,可依据购销企业开具的销售发票注明的销售额按 13% 的扣除率计算抵扣进项税额;购进的免税食用植物油,不得计算抵扣进项税额。

——《财政部、国家税务总局关于粮食企业增值税征免问题的通知》
(财税字〔1999〕198 号,1999 年 8 月 1 日施行~
第一条第二句于 2015 年 5 月 22 日废止)

纳税人通过虚增增值税进项税额偷逃税款,但对外开具增值税专用发票同时符合以下情形的,不属于对外虚开增值税专用发票:

一、纳税人向受票方纳税人销售了货物,或者提供了增值税应税劳务、应税服务;

二、纳税人向受票方纳税人收取了所销售货物、所提供应税劳务或者应税服务的款项,或者取得了索取销售款项的凭据;

三、纳税人按规定向受票方纳税人开具的增值税专用发票相关内容,与所销售货物、所提供应税劳务或者应税服务相符,且该增值税专用发票是纳税人合法取得、并以自己名义开具的。

——《国家税务总局关于纳税人对外开具增值税专用发票有关问题的公告》
(国家税务总局公告 2014 年第 39 号,2014 年 8 月 1 日施行~现行有效)

附录 2:相关法律及涉税文书(略)

企业所得税争议篇

007

资产损失确认的证据要求与税法确认*

——某投资集团公司企业所得税涉税政策事宜

摘要:纳税人作出的担保行为如果在生产经营上确有关联性,既属于公司法项下意思自治的范畴,亦是基于其生产经营活动之所需,只要不属于“明显不合理”,就更宜判定为符合税前扣除的前提条件。各方当事人通过仲裁的方式解决追偿权纠纷,该裁决书经由法定的仲裁程序作出,在民法上和税法上都具有法律效力,而不区分是否基于调解和解与否。在有客观证据证明损失已经在当年发生的情形下将相关损失在所在年度确认并税前扣除,且嗣后裁决书印证未出现多列损失,该等损失确认符合税法原理和规定,且根据所得税税法原理,无论是否对损失确认年度形成共识,只要纳税人在规定的年限内确认,从链条周期上也并不因此对所得税款造成必然损失。

一、案情简介

2017 年,L 股份有限公司(以下简称 L 公司)采取非公开发行股票的方式总计募集资金 861,474,692.40 元,其用途在于:(1)收购某县 B 矿业有限公司(以下简称 B 矿业)100% 股权;(2)含锌渣综合回收系统技术改造工程;(3)补充流

---

* “放管服”以来,税务机关对大部分涉税行政事项由此前的“事前许可”改为了以存档备查为主的“事中事后管理”。“放管服”以前,对于税收政策的理解,税务机关可以前置性把关,不会有后续的检查风险,而“放管服”以后,这些事项均由企业自行把握,如果出现把握不准的情况,就会衍生后续的补税、滞纳金,甚至是行政处罚风险。在某种意义上讲,企业在日常财务税务管理中需要体现比以前更多的专业性。本案即主管税务机关在例行检查中发现的,并要求纳税人补缴税款及滞纳金。

动资金。甲、乙、丙三人参与本次的非公开发行股票。

2017 年 1 月 12 日,F 集团有限公司(以下简称 F 集团)以保证人的身份签署保证担保书(编号:HR××-×-2017-000×-00×),其中第 2 条“保证方式”约定,“保证人承担保证责任的方式为连带责任保证”;该保证范围为甲、乙、丙三人在《资产管理计划收益权转让及回购合同》项下资产管理计划收益权回购款、违约金、损害赔偿金及实现该债权的费用。F 集团就此次担保作出有效的股东会决议,有效期限自 2017 年 1 月 10 日至 2019 年 1 月 10 日。

甲、乙、丙三人在回购期限到期后未履行回购义务,因此 F 集团作为保证人在 2018 年至 2019 年合计偿付 2.4 亿元。具体为 2018 年 12 月 10 日,Z 建设集团有限公司(以下简称 Z 集团)代 F 集团支付 1.3 亿元;2019 年 7 月 19 日,F 集团支付 1.1 亿元。

2020 年 6 月 20 日,F 集团负责人丁就连带保证追偿事项与甲、乙、丙会谈,三人明确表示无力支付相关款项。

2021 年 5 月 21 日,××仲裁委员会作出裁决书[(2021)×仲裁 48×号],其中甲、乙、丙三人合计向 F 集团支付 3000 万元。F 集团在当年度对投资损失进行了确认。

2023 年 3 月,F 集团所在地税务机关在检查中发现了 F 集团在 2021 年对该等投资损失进行确认的情形,税务机关认为该等投资损失不应被确认。理由有三:一是该等损失的形成与公司经营管理没有必然关联性;二是该等损失虽是依据仲裁委员会的裁决书确认的,但因为该裁决文书是依据各方和解协议而非调解制作的,所以不成依法裁决,这里面存在各方合意和造成人为损失的可能;三是即便能够确认损失,其确认时点应该是裁决书作出的 2021 年,而非甲、乙、丙明确拒绝支付款项的 2020 年。因此,税务机关要求 F 集团补缴 2020 年度的企业所得税并缴纳滞纳金,如未能及时补缴,将移交税务稽查部门处理。

随后,F 集团和税务律师团队与主管税务机关进行多轮沟通,税务律师团队提交了专项税务法律意见书。其后,税务机关在多轮研究后,并未要求继续补缴税款,也并未将线索移交税务稽查部门处理。

二、法律分析

本案的主要问题聚焦在如下几个方面:一是如何判断某项投资损失与公司

生产经营是否存在关联性？二是仲裁委员会基于和解调解作出的裁定文书是否会影响损失的真实性判定？三是投资损失到底应该在哪个具体时点确认？税务机关提出的三项理由不能说没有任何合理性，但是如何进行有效地识别和判断，既能确保税务机关依法征税入库，又能有效保障纳税人合法权益，就成为税收征管实务中非常重要的考虑点。[①]

（一）对税法上的关联性的理解应基于合理性原则

在税法上，能够适用税前扣除政策的资产损失需要与企业生产经营有关，这种关联性应该是一种商业逻辑上的关联性，只要在商业逻辑上能够成立且存在相互影响的效果，即应认为关联关系存在；如果是基于观察税款是否短少等税务目的反推关联性是否存在及其强弱，不仅没有贯彻纳税人诚信推定原则，还会让税收执法进入"少缴税款即有避税故意"的误区；判断是否构成税前扣除之考察因素的关联性，需要结合市场经济主体自由经营、自主决策的立场和税务行政不介入合理商业安排的角度，秉承实事求是、纳税人权利保护和营商环境优化的原则，不随意轻率否认"关联性"，只有在明显不具有商业逻辑的情形下，税法上的特别介入和税收执法的必要否认才具有合理性。

《财政部、国家税务总局关于企业资产损失税前扣除政策的通知》（财税〔2009〕57 号）第 1 条规定，"本通知所称资产损失，是指企业在生产经营活动中实际发生的、与取得应税收入有关的资产损失，包括现金损失，存款损失，坏账损失，贷款损失，股权投资损失，固定资产和存货的盘亏、毁损、报废、被盗损失，自然灾害等不可抗力因素造成的损失以及其他损失"。

《国家税务总局关于发布〈企业资产损失所得税税前扣除管理办法〉的公告》（国家税务总局公告 2011 年第 25 号）所附之《企业资产损失所得税税前扣除管理办法》第 44 条规定，"企业对外提供与本企业生产经营活动有关的担保，因被担保人不能按期偿还债务而承担连带责任，经追索，被担保人无偿还能力，对无法追回的金额，比照本办法规定的应收款项损失进行处理。与本企业生产经营活动有关的担保是指企业对外提供的与本企业应税收入、投资、融资、材料采购、产品销售等生产经营活动相关的担保"。

① 相关内容摘自王桦宇律师、姜程律师出具的法律意见书〔2023〕盈沪意见书第 1020 号，部分内容有调整。

首先,基于民商事法律确认的法律事实是税收法律关系产生的基础。除非税法规则有特别规定,否则民商事法律上认可的法律关系是税法适用的前提。所以,税法上有尊重和不干预自主商业安排、合意交易等民商事法律行为的基本适用原则,以维持税法上的中立性判断。本案中,F集团是否提供担保以及向谁提供担保、提供哪种类型的担保等均系公司自治的范畴,税务机关作为公权力机关不宜过度作否认性干涉。F集团通过有效的股东会决议,向甲、乙、丙三人提供担保,此举符合其公司内部的规章制度,亦没有违反法律强制性规定,具有民商事法律上的效力,属于纳税人生产经营的意思自治范畴。

其次,市场主体从事特定行为是否与生产经营有关,需要基于综合意义上的商业考虑,除非确实从形式到实质上分析均与业务事项无关,否则原则上都应推定为与生产经营有关;市场主体从事商业安排的主要目的是寻求自身的更好发展,并非以税务上的节省为特定或唯一目的,不能将税款实际入库多寡作为商业上是否合理的判断依据;在税法上只有基于纯粹税务目的且无法说明商业逻辑的交易行为才能被“穿透”而不予认可。本案中,甲、乙、丙三人参与的非公开发行股票所募集的资金用途之一为购买B矿业100%的股权,且B矿业由F集团100%全资控股持有,那么下层公司股权结构的变动必然会对作为股东的F集团的生产经营产生直接影响。此外,在本次发行股票之前,F集团系L公司的第二大股东,持股比例达21%以上,通过发行股票的方式募集资金,可以有效增强公司的资金流动性,有利于保障企业的稳健运营。

综上,在税法上判断是否与生产经营活动有关时,应尊重市场主体商业决策自由自主,并综合考虑企业自身生产经营的实际情况。本案中,F集团基于集团整体利益的目的,在维护其下层公司组织结构的稳定性,增强公司运营资金的流动性以及预期投资收益等因素的考量下,作出向甲、乙、丙三人提供担保的行为,该行为具有商业逻辑上的合理性且对公司的生产经营具有积极影响,系出于公司生产经营之所需,或至少属于《企业资产损失所得税税前扣除管理办法》第44条所列“应税收入”“投资”“融资”等事项有关,符合税前扣除要求的“与本企业生产经营活动有关”的前提条件。

(二)生效仲裁文书具有公信力并不因基于和解调解形成而有所区别

现行法律法规制度框架下,仲裁作为争议解决的方式之一,仲裁机构作出的裁决书系具有公信力、法律效力的法律文书,与人民法院作出的判决书、裁决书具有同等效力；仲裁机关是法定的裁判机关，即便是对于和解、调解事项，也需尽到法律上的充分注意和必要审查义务，税务机关不宜因仲裁裁决书可能系基于当事人的和解、调解意愿作出，进而质疑仲裁机构的勤勉尽责义务，甚至作为行政机关否认准司法机构作出的裁决书的法律效力；在人民法院未撤销或不予执行该等裁决书之前，仲裁机构作出的裁决书具有确定的法律效力，亦符合税法规则上“仲裁机构的仲裁书”的表意陈述。

《仲裁法》第 51 条规定，“仲裁庭在作出裁决前，可以先行调解。当事人自愿调解的，仲裁庭应当调解。调解不成的，应当及时作出裁决”。“调解达成协议的，仲裁庭应当制作调解书或者根据协议的结果制作裁决书。调解书与裁决书具有同等法律效力”。

《仲裁法》第 57 条规定，“裁决书自作出之日起发生法律效力”。

《企业资产损失所得税税前扣除管理办法》第 22 条规定，“企业应收及预付款项坏账损失应依据以下相关证据材料确认：（一）相关事项合同、协议或说明……（三）属于诉讼案件的，应出具人民法院的判决书或裁决书或仲裁机构的仲裁书，或者被法院裁定终（中）止执行的法律文书……”

首先，在现行法律法规框架下，诉讼解决、仲裁解决均是法律认可的争议解决方式，依法设立的仲裁机构作出的裁决书是具有公信力、法律效力的法律文书，与人民法院作出的判决书、裁决书具有同等效力。即便是对和解、调解事项，也需尽到法律上的充分注意和必要审查义务，如此才能基于前述相关协议作出调解书、裁决书等仲裁文书。也就是说，并非任何人拿一纸协议就可以随意去仲裁委员会形成并确认一个法律关系，仲裁机构亦要尽到相应勤勉的注意和审查义务。除非经由法定程序，否则税务机关不宜直接质疑该等仲裁文书不具有税法上的法律效力甚至是民法上的法律效力。本案中，××仲裁委员会作出具有法律效力的裁决书，确认在该连带保证追偿权纠纷中，甲、乙、丙三人向 F 集团合计支付 3000 万元，该等纠纷即归于消灭，且该等债权债务的消灭具有法律效力。

其次，《企业资产损失所得税税前扣除管理办法》第 22 条明确规定了“仲裁机构的仲裁书”系资产损失的规定证据材料。按照仲裁相关法律法规，此处所称的“仲裁书”系指调解书或裁决书，前者更强调双方合意的表述，后者则更强调仲裁机构的权威性和确定性。本案中，××仲裁委员会作出的系后者的裁决书，相比调解书更具有确定性。

综上，在人民法院未撤销或不予执行该等裁决书之前，××仲裁委员会作出的裁决书具有确定的法律效力。该裁决书确定的法律效力，不仅体现在民商事法律关系上，还体现在税收法律关系上。在民商事法律关系上，该裁决书终局确认了该连带保证追偿权纠纷相关权利义务的最终消灭；与此同时，在税法上，该裁决书对F集团的资产损失的具体金额进行了具有法律效力的确认。

（三）资产损失的确认年度应以真实发生的年度为原则

就资产损失的确认年度而言，在税法上仍然需要基于体现真实损失是否确已存在的基本立场，并辅之以相关的类推考察因素；如果已有客观证据证明相关损失确已存在，宜理解为在所在年度即可对相关损失予以确认；如果没有相关客观证据证明资产损失业已存在，则可按照其他辅助性考察因素加以综合判定后予以确认；本案中，仲裁书只是对具体损失数额的最终确认，并不必然影响资产损失确认依据真实发生原则在相应年度确认。

《企业所得税法实施条例》第32条规定，“企业所得税法第八条所称损失，是指企业在生产经营活动中发生的固定资产和存货的盘亏、毁损、报废损失，转让财产损失，呆账损失，坏账损失，自然灾害等不可抗力因素造成的损失以及其他损失。企业发生的损失，减除责任人赔偿和保险赔款后的余额，依照国务院财政、税务主管部门的规定扣除。企业已经作为损失处理的资产，在以后纳税年度又全部收回或者部分收回时，应当计入当期收入”。

《企业资产损失所得税税前扣除管理办法》第3条规定，“准予在企业所得税税前扣除的资产损失，是指企业在实际处置、转让上述资产过程中发生的合理损失（以下简称实际资产损失），以及企业虽未实际处置、转让上述资产，但符合《通知》和本办法规定条件计算确认的损失（以下简称法定资产损失）”。

《企业资产损失所得税税前扣除管理办法》第4条规定，“企业实际资产损失，应当在其实际发生且会计上已作损失处理的年度申报扣除；法定资产损失，应当在企业向主管税务机关提供证据资料证明该项资产已符合法定资产损失确认条件，且会计上已作损失处理的年度申报扣除”。[①]

《企业资产损失所得税税前扣除管理办法》第16条规定，“企业资产损失相关的证据包括具有法律效力的外部证据和特定事项的企业内部证据”。

---

① 本文2018年废止。

《企业资产损失所得税税前扣除管理办法》第 17 条规定："具有法律效力的外部证据，是指司法机关、行政机关、专业技术鉴定部门等依法出具的与本企业资产损失相关的具有法律效力的书面文件，主要包括：……（八）仲裁机构的仲裁文书……（十）符合法律规定的其他证据"。

《企业资产损失所得税税前扣除管理办法》第 18 条规定，"特定事项的企业内部证据，是指会计核算制度健全、内部控制制度完善的企业，对各项资产发生毁损、报废、盘亏、死亡、变质等内部证明或承担责任的声明，主要包括：（一）有关会计核算资料和原始凭证……（三）相关经济行为的业务合同……（五）企业内部核批文件及有关情况说明……（七）法定代表人、企业负责人和企业财务负责人对特定事项真实性承担法律责任的声明"。

《企业资产损失所得税税前扣除管理办法》第 22 条规定："企业应收及预付款项坏账损失应依据以下相关证据材料确认：（一）相关事项合同、协议或说明……"

《企业资产损失所得税税前扣除管理办法》第 44 条第 1 款规定，"企业对外提供与本企业生产经营活动有关的担保，因被担保人不能按期偿还债务而承担连带责任，经追索，被担保人无偿还能力，对无法追回的金额，比照本办法规定的应收款项损失进行处理"。

首先，就资产损失的确认年度而言，在税法上仍然需要基于体现真实损失是否确已存在的基本立场，并辅之以相关的类推考察因素。《企业所得税法实施条例》第 32 条明确规定了企业发生的损失，减除责任人赔偿和保险赔款后的余额，依照国务院财政、税务主管部门的规定扣除。《企业资产损失所得税税前扣除管理办法》第 3 条、第 4 条则明确规定了实际发生的损失可以在所在年度扣除。《企业资产损失所得税税前扣除管理办法》第 16 条、第 17 条和第 18 条则规定了损失的内外部证据形式。《企业资产损失所得税税前扣除管理办法》第 22 条规定了应收及预付款项损失的具体确认证据类型。《企业资产损失所得税税前扣除管理办法》第 44 条则针对前述损失类型未涵盖的连带担保事项，规定其损失比照应收款项处理。梳理前述规定，不难发现该等条款之间的逻辑关系在于，如果已有客观证据证明相关损失确已存在，可理解为在所在年度即可对相关损失予以确认，如果没有相关客观证据证明资产损失业已存在，则可按照其他辅助性考察因素加以综合判定后予以确认。

本案中,F集团的连带保证产生相关追偿的损失确认,按照《企业资产损失所得税税前扣除管理办法》第44条的规定,可比照应收款项的损失办理。对于连带保证相关追偿的损失而言,如果有包括外部证据和内部证据在内的客观证据证明,可以在所在年度扣除,如果没有相关证据证明,则可以按照《企业资产损失所得税税前扣除管理办法》第23条、第24条规定的逾期时间、款项大小来综合予以确认。F集团提供了其负责人与甲、乙、丙三人会谈得到明确拒绝的相关纪要,且从无反担保安排、相关公开市场信息、个人财务能力等相关证据来看,该三人也确实欠缺偿付能力,该等损失从前述客观证据中已可综合判定,属于当年度实际发生的损失,依照真实性原则可在所在年度进行确认,且该等不能偿付的事实也在后续的××仲裁委员会作出的裁决书中得以印证。

其次,本案中,仲裁书只是对具体损失数额的最终确认,并不必然影响资产损失确认依据真实发生原则在相应年度确认。在法理逻辑上讲,"损失是否发生"与"损失具体多少"是两个概念,前者与所在年度能否确认损失有关,后者则与具体确认损失的数额有关。也就是说,不能将诉讼或仲裁的结果作为确认损失的时点,而只能将其作为计算损失的依据,确认损失时点的第一原则仍然是真实发生原则,即有客观证据证明损失已经发生的当年。在税法上,真实发生的损失可以在当年确认,如果具体的损失金额存在差异或超出计算,可以根据《企业所得税法实施条例》第32条第3款的规定,企业已经作为损失处理的资产,在以后纳税年度又全部收回或者部分收回时,应当计入当期收入。本案中,从仲裁结果嗣后观察的角度来看,所在年度的损失还存在少计的实际情况。

三、启示与思考

在确定资产损失等设施事项中,可能会涉及会计准则、税法规定和征管实践的交叉性问题。在会计准则上,资产损失的确认以真实记载和会计规则为原则,更多的是一个账务处理问题;在税法规定上,需要按照企业所得税法和国家税务总局关于税前扣除的相关规定来处理,更多的是一个技术规范问题;而在征管实践上,需要更多地进行综合判定,如资产损失与生产经营的关联性、相关证据材料的真实性、是否存在主客观原因导致少缴税款的可能性等,更多的是一个征管口径的问题。无论是作为税务机关还是纳税人,抑或涉税专业服务机构,在判定资产损失涉税事项方面,可能都需要面临一个合理性的判断问题,以及对税法条款存在多种理解时秉承何种立场的问题。比较一致的看法是,在税法没有强制性规定排除的情形下,纳税人在能够提供材料举证其商业上合理性并对真实性负责的基础上,判断是否税前扣除标准的口径稍微靠向纳税人,是比较符合服务纳税人、以纳税人为本的税务执法理念的。我国的税收法治是一个长期的发展过程,税法规则作出后是否在理解上需要绝对利于税务机关以减少执法风险,税务机关是否可以根据合理性原则对涉税规定作出有利于纳税人的合理理解以建构良善的税法口径,人民法院在行政案件审判中是否确实发生对税务规范性进行合法性审查的情形等,这些都需要涉税法律共同体在申报纳税、涉税服务、税务征管和行政审判实践中的持续协同努力。

附录1:相关法律法规政策规定

第五条　企业每一纳税年度的收入总额,减除不征税收入、免税收入、各项扣除以及允许弥补的以前年度亏损后的余额,为应纳税所得额。

第八条　企业实际发生的与取得收入有关的、合理的支出,包括成本、费用、税金、损失和其他支出,准予在计算应纳税所得额时扣除。

第二十条　本章规定的收入、扣除的具体范围、标准和资产的税务处理的具体办法,由国务院财政、税务主管部门规定。

——《企业所得税法》(2018 年修正,现行有效)

第五十一条　仲裁庭在作出裁决前,可以先行调解。当事人自愿调解的,仲裁庭应当调解。调解不成的,应当及时作出裁决。

调解达成协议的,仲裁庭应当制作调解书或者根据协议的结果制作裁决书。调解书与裁决书具有同等法律效力。

——《仲裁法》(2017 年修正,现行有效)

第三十二条　企业所得税法第八条所称损失,是指企业在生产经营活动中发生的固定资产和存货的盘亏、毁损、报废损失,转让财产损失,呆账损失,坏账损失,自然灾害等不可抗力因素造成的损失以及其他损失。

企业发生的损失,减除责任人赔偿和保险赔款后的余额,依照国务院财政、税务主管部门的规定扣除。

企业已经作为损失处理的资产,在以后纳税年度又全部收回或者部分收回时,应当计入当期收入。

——《企业所得税法实施条例》(2019 年修订,现行有效)

附录 2:相关法律与涉税文书

附件 1:××仲裁委员会裁决书

××仲裁委员会

裁决书

(2021)×仲裁 48×号

申请人:F 集团有限公司,住所地×××,统一社会信用代码:×××。

法定代表人:×××。

仲裁代理人:×××,×××××××律师事务所律师。

被申请人:甲,男,汉族,××××年×月××日生,住×××,公民身份号码××。

被申请人:乙,男,汉族,××××年×月×日生,住×××,公民身份号码××。

被申请人:丙,男,汉族,××××年×月×日生,住×××,公民身份号码××。

上述被申请人共同的仲裁代理人:×××,××××律师事务所律师。

本会于 2021 年×月×日受理申请人 F 集团有限公司与被申请人甲、乙、丙之间的追偿权纠纷案。根据本会《仲裁规则》规定,本案由一名仲裁员组成仲裁庭,本会主任依法指定仲裁员×××进行审理。本案现已和解结案。

申请人 F 集团有限公司申请仲裁称:2017 年×月××日,××投资股份有限公司(以下简称 H 公司)与 G 信托有限公司(以下简称 G 信托公司)签订了

《×××号单一资金信托信托合同》(以下简称《信托合同》),约定H公司为委托人,G信托公司为受托人,H公司委托G信托公司与被申请人签订《资产管理计划收益权转让及回购合同》(以下简称《回购合同》)。2017年×月××日,申请人签署《保证担保书》,为《回购合同》项下被申请人的义务提供连带责任保证,保证的范围为,被申请人享有的收益权回购价款、违约金、赔偿金及实现该债权的费用等。2017年×月××日,G信托公司基于上述约定,与被申请人三人分别签订了《回购合同》,约定被申请人有收益权回购之义务。故H公司基于《信托合同》、《回购合同》及《保证担保书》,有权要求被申请人履行收益权回购义务,有权要求申请人承担保证责任。《信托合同》、《回购合同》及《保证担保书》签订后,被申请人收到上述合同项下的款项合计×亿元,但被申请人在回购期限到期后未履行回购义务。2018年至2019年,申请人作为被申请人的担保人,向H公司合计偿付×亿元,具体为2019年×月××日偿付1.1亿元,2018年××月××日偿付×亿元。根据《中华人民共和国民法典》第七百条之规定,申请人有权在其承担的保证责任范围内向被申请人进行追偿。

申请人F集团有限公司提出仲裁请求:一、被申请人甲向申请人支付×××元及相应利息损失[利息损失以×××元为基数,按中国人民银行授权全国银行间同业拆借中心公布的贷款市场报价利率(LPR),自申请仲裁之日起计至实际付清之日止];二、被申请人乙向申请人支付×××元及相应利息损失[利息损失以×××元为基数,按中国人民银行授权全国银行间同业拆借中心公布的贷款市场报价利率(LPR),自申请仲裁之日起计至实际付清之日止];三、被申请人丙向申请人支付×××元及相应利息损失[利息损失以×××元为基数,按中国人民银行授权全国银行间同业拆借中心公布的贷款市场报价利率(LPR),自申请仲裁之日起计至实际付清之日止];四、本案的仲裁费用由三位被申请人承担。

2021年5月××日,申请人F集团有限公司与被申请人甲、乙、丙签订《调解协议》,并请求本会根据《调解协议》内容制作《裁决书》,《裁决书》不写明争议的事实和理由,《调解协议》内容如下:

一、各方确认,申请人作为被申请人甲、乙、丙的担保人已向债权人支付×亿元,现申请人向被申请人甲、乙、丙追偿。因被申请人甲、乙、丙无力偿付应支付给申请人的款项,双方同意并确认:

1. 就上述追偿款项,各方同意按30,000,000元调解,即被申请人甲、乙、丙每人各向申请人承担10,000,000元,其他的追偿款项均予以免除,申请人不要求被申请人甲、乙、丙再支付其他追偿款项。

2. 被申请人甲、乙、丙在2021年12月31日前,分别向申请人支付10,000,000元。

3. 签订本协议后,若申请人作为被申请人甲、乙、丙的担保人再向债权人偿付债务,申请人免除被申请人甲、乙、丙的偿还责任,不再向被申请人甲、乙、丙追偿。

4. 本案仲裁费由申请人负担。

二、本协议经过各方平等自愿、充分协商一致签订。

三、双方均放弃本案的开庭审理、答辩期限、举证期限和质证期限等《××仲裁委员会仲裁规则》中相关期限的限制。请求立即作出结案文书,在时间上不受《××仲裁委员会仲裁规则》中所有期间的限制。

四、双方请求仲裁庭根据本调解协议尽快制作《裁决书》,《裁决书》中不写明争议的事实和裁决的理由。

仲裁庭经审查认为,《和解协议》是双方当事人自愿达成并签订,意思表示真实,内容不违反法律、行政法规的强制性规定,合法有效,予以确认。依照《中华人民共和国仲裁法》第九条第一款、第四十九条、第五十七条之规定,裁决如下:

一、被申请人甲应于2021年12月31日前向申请人F集团有限公司支付代偿款10,000,000元。

二、被申请人乙应于2021年12月31日前向申请人F集团有限公司支付代偿款10,000,000元。

三、被申请人丙应于2021年12月31日前向申请人F集团有限公司支付代偿款10,000,000元。

本案案件受理费×××元,处理费×××元,合计×××元,由申请人F集团有限公司负担。

本裁决为终局裁决,自作出之日起发生法律效力。

仲裁员:×××

二〇二一年××月××日

秘书:××

附件2:会议纪要

会议纪要

时间:2020年×月××日

出席:甲、乙、丙、丁

地点:×××

丁:根据H投资股份有限公司与F集团有限公司还款协议,甲、乙、丙三人在回购期限到期后未履行回购义务,F集团有限公司作为担保人在2018年至2019年,合计偿付×亿元。甲、乙、丙三人作为第一债务人,F集团有限公司要求三人履行赔偿公司代付款项。公司压力很大,要是三人没有履行义务,向公司支付款项,会给公司造成巨大的损失。为了维护公司的权益,公司将考虑进行诉讼或仲裁。

甲、乙、丙:由于这两年股票价格持续下跌,没有上升的迹象,股票要全部卖出平仓。现在大部分资产和股票已作了抵押和贷款,无力偿还F集团有限公司担保支付的款项。

参会人员签字:×××××××××××××

008

税务事项事后备案的法律效力*

——以西部某县矿业公司税收优惠争议案为例

摘要:随着行政审批制度改革的持续推进,原来存在的税务行政审批事项更多地变更为税务行政备案事项。税收优惠作为税法要素的存在,对于其作为实体性构成还是程序性安排的判定会影响税收优惠政策的具体适用。在税务行政审批制度改革过程中,原先属于行政审批事项而现在调整为行政备案事项且在《税收征收管理法》规定的3年时限内的税收优惠补备案申请如何处理,成为税务机关在国库主义和税收公平原则之间徘徊的实务难题。通过一起税收优惠事项事后备案的真实案例,在评析税务行政审批制度改革功能与意义的基础上,在实体公平和程序正义两个层面对纳税人权利保护的理念和原则作了深入探讨。

一、案情概述

(一)相关规范性文件简介——从2012年12号文到2015年76号文

根据《企业所得税法》及其实施条例和《财政部、海关总署、国家税务总局关于深入实施西部大开发战略有关税收政策问题的通知》(财税〔2011〕58号)的

---

* 该案发生的时间点正好在"放管服"改革之际,改革前审批事项是否可以按照新政策通过补备案的方式进行是本案最大的争议焦点。在与所在地的省税务局所得税处沟通的过程中,处室负责人对此态度非常谨慎,但也表示了开放沟通的态度。本案还涉及其他有关涉税事项的讨论。本文原载于熊伟主编:《税法解释与判例评注》(第8卷),法律出版社2017年版。文章纳入本书时,部分内容有所调整。

规定,[1]国家税务总局发布《关于深入实施西部大开发战略有关企业所得税问题的公告》(国家税务总局公告 2012 年第 12 号,以下简称 2012 年 12 号文)。12 号文规定,自 2011 年 1 月 1 日至 2020 年 12 月 31 日,对设在西部地区以《西部地区鼓励类产业目录》中规定的产业项目为主营业务,且其当年度主营业务收入占企业收入总额 70% 以上的企业,可减按 15% 税率缴纳企业所得税。企业应当在年度汇算清缴前向主管税务机关提出书面申请并附送相关资料。第一年须报主管税务机关审核确认,第二年及以后年度实行备案管理。各省、自治区、直辖市和计划单列市税务机关可结合本地实际制定具体审核、备案管理办法,并报国家税务总局(所得税司)备案。[2]

2014 年 8 月 20 日,国家发展和改革委员会发布国家发展和改革委员会第 15 号令,发布经国务院批准的《西部地区鼓励类产业目录》(已失效,现行有效的为《西部地区鼓励类产业目录(2020 年本)》),该目录自 2014 年 10 月 1 日起施行。该目录共包括两部分,一是"国家现有产业目录中的鼓励类产业",二是"西部地区新增鼓励类产业"。2015 年 3 月 10 日,国家税务总局发布《关于执行〈西部地区鼓励类产业目录〉有关企业所得税问题的公告》(国家税务总局公告 2015 年第 14 号,以下简称 2015 年 14 号文,已失效)。14 号文第 1 条规定:"对设在西部地区以《西部地区鼓励类产业目录》中新增鼓励类产业项目为主营业务,且其当年度主营业务收入占企业收入总额 70% 以上的企业,自 2014 年 10 月 1 日起,可减按 15% 税率缴纳企业所得税。"

2014 年 9 月 15 日,国家税务总局发布《关于税务行政审批制度改革若干问题的意见》(税总发〔2014〕107 号,以下简称 2014 年 107 号文)。107 号文在"四、坚持放管结合强化事中事后管理"之"(十一)"规定了"实施备案管理":

---

① 该通知第 2 条规定:"自 2011 年 1 月 1 日至 2020 年 12 月 31 日,对设在西部地区的鼓励类产业企业减按 15% 的税率征收企业所得税。上述鼓励类产业企业是指以《西部地区鼓励类产业目录》中规定的产业项目为主营业务,且其主营业务收入占企业收入总额 70% 以上的企业。《西部地区鼓励类产业目录》另行发布。"该文件中的"企业所得税政策规定"已被《财政部、税务总局、国家发展改革委关于延续西部大开发企业得得税政策的公告》废止。

② 该公告第 2 条第 2 款、第 3 款同时规定:"凡对企业主营业务是否属于《西部地区鼓励类产业目录》难以界定的,税务机关应要求企业提供省级(含副省级)政府有关行政主管部门或其授权的下一级行政主管部门出具的证明文件。企业主营业务属于《西部地区鼓励类产业目录》范围的,经主管税务机关确认,可按照 15% 税率预缴企业所得税。年度汇算清缴时,其当年度主营业务收入占企业总收入的比例达不到规定标准的,应按税法规定的税率计算申报并进行汇算清缴。"

"各级税务机关应当严格区分行政审批和备案管理方式，不得以事前核准性备案方式变相实施审批。实施备案管理的事项，纳税人等行政相对人应当按照规定向税务机关报送备案材料，税务机关应当将其作为加强后续管理的资料，但不得以纳税人等行政相对人没有按照规定备案为由，剥夺或者限制其依法享有的权利、获得的利益、取得的资格或者可以从事的活动。纳税人等行政相对人未按照规定履行备案手续的，税务机关应当依法进行处理。"

2015 年 6 月 8 日，为贯彻落实国务院行政审批制度改革精神，进一步做好减免税管理有关工作，国家税务总局修订并发布《税收减免管理办法》（国家税务总局公告 2015 年第 43 号，以下简称 2015 年 43 号文，已失效），自 2015 年 8 月 1 日起施行。2015 年 11 月 12 日，国家税务总局发布《企业所得税优惠政策事项办理办法》（国家税务总局公告 2015 年第 76 号，以下简称 2015 年 76 号文，已失效）。2015 年 76 号文第 2 条规定了其所适用的税收优惠的范围，其中关于西部大开发战略减按 15% 征收企业所得税的税收优惠包含在内。76 号文第 3 条规定："企业应当自行判断其是否符合税收优惠政策规定的条件。凡享受企业所得税优惠的，应当按照本办法规定向税务机关履行备案手续，妥善保管留存备查资料……"第 21 条规定："本办法施行前已经履行审批、审核或者备案程序的定期减免税，不再重新备案。"第 22 条规定："本办法适用于 2015 年及以后年度企业所得税优惠政策事项办理工作。"

《税收征收管理法》第 51 条规定："纳税人超过应纳税额缴纳的税款，税务机关发现后应当立即退还；纳税人自结算缴纳税款之日起三年内发现的，可以向税务机关要求退还多缴的税款并加算银行同期存款利息，税务机关及时查实后应当立即退还；涉及从国库中退库的，依照法律、行政法规有关国库管理的规定退还。"《税收征收管理法实施细则》第 78 条规定："税务机关发现纳税人多缴税款的，应当自发现之日起 10 日内办理退还手续；纳税人发现多缴税款，要求退还的，税务机关应当自接到纳税人退还申请之日起 30 日内查实并办理退还手续。税收征管法第五十一条规定的加算银行同期存款利息的多缴税款退税，不包括依法预缴税款形成的结算退税、出口退税和各种减免退税。退税利息按照税务机关办理退税手续当天中国人民银行规定的活期存款利率计算。"

（二）当事人情况及其与税务局争议要点

2016 年 3 月，西部某县税务局向某县矿业公司出具税务事项通知书，大致意思为就“设在西部地区的鼓励类产业企业减按15%的税率征收企业所得税”优惠备案事项，根据《国家税务总局关于深入实施西部大开发战略》以及《国家税务总局关于执行〈西部地区鼓励类产业目录〉有关企业所得税问题的公告》的规定，凡对企业主营业务是否属于《西部地区鼓励类产业目录》难以界定的，税务机关可以要求企业提供省级（含副省级）政府有关行政主管部门或其授权部门出具的证明文件；根据《国家税务总局关于深入实施西部大开发战略》的规定，企业应当在年度汇算清缴前向主管税务机关提出书面申请并附送相关资料，第一年须报主管税务机关审核确认，第二年及以后年度实行备案管理，要求某县矿业公司出具相关证明文件，明确列示主营业务的具体项目及符合《西部地区鼓励类产业目录》中对应条款项目，逾期不能提供的需对2013年、2014年、2015年4季度企业所得税进行更正申报，涉及已享受的税收优惠按规定缴纳税收滞纳金。

2016年5月，某县矿业公司委托具有论证鉴定资质的某地质勘查局对其进行的探矿及采矿工作是否属于“有色金属现有矿山接替资源勘探开发”开展论证鉴定工作，后经论证鉴定得出某县矿业公司的探矿及采矿活动属于“有色金属现有矿山接替资源勘探开发”的结论，且认定“从水文地质条件角度，该矿床属难采矿床”。其后某县矿业公司分别向该县原国土资源局、该省发展和改革委员会、该省原国土资源厅申请确认其“主营业务属于西部地区鼓励类产业”。2016年5月，以上三家机构发出批复文件。三份批复文件均明确确认某县矿业公司的勘探开采属于《产业结构调整指导目录（2011年本）（修正）》（已失效）“鼓励类”第9条“有色金属”第1款“有色金属现有矿山接替资源勘探开发”的范围。随后，某县矿业公司向该县税务局提交上述批复文件，继续申请2013年、2014年、2015年三个年度的税收优惠。该县税务局请逐级请示至省税务局后，省税务局认为2013年的税收优惠仍应采取审批制而非按照新规定采取备案制，某县矿业公司不能申请享受2013年的企业所得税税收优惠。

（三）代理过程及最终结果

2016年6月，应某县矿业公司委托，团队介入并代理此案，并与县、市和省三级税务机关主管处室进行了充分的沟通与交流。我们认为，无论是按照“程序从新，实体从旧”的规范性文件适用原则，还是实际上回溯实行审批制的无法执行性，抑或从行政审批制度的沿革以及纳税人权利保护的角度来看，2014年度的税收优惠事项申请仍处于《税收征收管理法》规定的3年期限范围内，这也就意味着纳税人可以通过补备案的方式享受该等税收优惠政策。税务机关同意2014年、2015年两个年度依据2015年43号文的规定进行税收优惠事项的补备案，但认为2013年度的税收优惠事项申请应适用2012年12号文的规定，按照“旧事旧办法、新事新办法”的原则实行审批制，不能进行补备案，即在2013年度，某县矿业公司也不可以享受减按15%的所得税率享受税收优惠政策。

2016年6月，某县矿业公司向有管辖权的邻县人民法院提起诉讼，[①]要求依法撤销前述税务事项通知书。此后，某县矿业公司又委托律师出具该涉税事项的法律意见书。在法律意见书作出后，某县矿业公司与承办律师一道又与该县税务局及相关政府部门进行了多次协商洽谈。2016年7月，某县矿业公司向该县税务局再次申请企业所得税减免备案事项，并提交了企业所得税优惠事项备案表及相关材料。此后一周，某县矿业公司与该县税务局再次就程序事项进行沟通。随后，该县税务局出具非典型文本格式的税务事项受理通知书，通知准予受理。在该税务事项受理通知书中，关于“受理”的表述为“向我机关提交本表及相关材料，现我机关予以受理”。随后，某县矿业公司向邻县人民法院提交撤诉申请书，人民法院经审查后准予撤诉，案件暂时告一段落。

二、法律分析——税务事项备案的价值指向与实质功能

（一）是否属于税收优惠范围的认定

“在量能课税原则之平等课征的意义下，对纳税义务人而言，税捐优惠（die Steuervergünstigung）中所称之优惠，是指在负担能力相同的情形，相对于一般纳税义务人之比较有利的税捐负担。”[②]税收优惠的规定必然因为赋予一部分人税收上的特权而违反量能课税原则意义下的平等原则，从而对经济发展产生引导

① 根据该省法院系统深化司法体制改革的规定，全省基层人民法院全面推行行政诉讼案件跨行政区域相对集中管辖工作。按照相关规定，该县发生的行政诉讼案件由邻县人民法院管辖。

② 黄茂荣：《论税捐优惠》，载《税法总论：税捐法律关系》（第3册），台北，植根法学丛书编辑室2008年版，第341页。

功用。[①] 在此基础上，部分应税行为因为对经济发展目的有贡献而符合功绩原则（verdienstprinzip），由此而享有税收优惠，也因具有了特定政策目的而具有相应正当性。[②] 在我国推动改革开放和西部大开发战略的进程中，税收优惠政策的使用发挥了重要的促进投资的作用，并对特定产业的发展进行相应的助力和引导。[③] 在税务征管实践中，税收优惠政策的适用需要秉承"有明确规定"原则，按照国务院及其财税部门的相关规定严格执行。对于其中产业归属识别存在一定争议的专业性问题，应委托负责产业指导的具体部门或相关专业机构予以论证和认定。

本案中，某县矿业公司按照税务机关的要求提供了省发展和改革委员会、省原国土资源厅和县原国土资源局的相关批文，证实了相关矿产开发活动属于《产业结构调整指导目录（2011 年本）（修正）》和《西部地区鼓励类产业目录》中所述的产业范围，应予以享受减按 15% 的企业所得税优惠税率的税收优惠政策。相比 2012 年 12 号文规定的"应要求企业提供省级（含副省级）……出具的证明文件"，2015 年 14 号文则规定"税务机关可以要求企业提供省级（含副省级）……的证明文件。"也就是说，2012 年 12 号文从有利于纳税人的角度，明确了证明文件并非必需项。若纳税人提供了符合要求的相应证明文件，则更补强证实了纳税人主营业务属于应予享受税收优惠的产业目录。

（二）税务行政备案的法律性质

从语词学的角度解释，备案是指"把情况用书面形式报告给主管部门，供存

① 参见葛克昌：《大法官解释与公司合并亏损扣除——高雄高等行政法院 2000 年度诉字第 254 号判决评释》，载葛克昌：《所得税与宪法》（增订版），台北，翰芦图书出版有限公司 2003 年版，第 342 页。

② 参见张永明：《租税优惠正当性之探讨》，载张永明：《国家租税权之界限》，台北，翰芦图书出版有限公司 2010 年版，第 71 ~73 页。

③ 税收优惠政策在我国的适用具有特殊性，其和实体经济及产业发展关系紧密。2014 年 11 月 27 日，国务院发布《关于清理规范税收等优惠政策的通知》（国发〔2014〕62 号），明确要求各地各部门清理规范税收优惠政策。2014 年 12 月 22 日，财政部发布《关于贯彻落实国务院清理规范税收等优惠政策决策部署若干事项的通知》（财预〔2014〕415 号），对国发〔2014〕62 号文的实施进行了部署和细化。2015 年 5 月 10 日，国务院发布《关于税收等优惠政策相关事项的通知》（国发〔2015〕25 号），针对处理优惠政策实际操作中出现的问题提出了设立过渡期的执行方案，并强调国发〔2014〕62 号文规定的专项清理工作将待今后另行部署进行。

档备查”[①]。行政备案则是指公民、法人或其他组织依法将与行政管理有关的具体事务的相关材料向行政机关报送，行政机关将报送材料收集、整理、存档备查的一种程序性事实行为和行政法律制度。[②] 在行政法学理上，有关行政备案的相关研究并不多见，原则上行政备案往往并不会导致行政相对人的权利受损，通常是作为一种行政事实行为加以理解的。[③] 但当行政备案作广义上的理解时，对行政备案的法律性质理解可能会出现多种判定性观点。这些观点汇总起来有“许可说”“监督说”“立法说”“登记说”“告知说”“审批说”“行政行为说”等诸多种，莫衷一是。[④] 从妥善概括的角度出发，目前税法上的行政备案似可作如下的界定：税务行政备案是指纳税义务人按照税法的规定，将相关涉税信息事项向税务机关报送并由税务机关存档以便进行后续管理的税务行政程序和事实行政行为。

现行法律法规没有对设定行政备案的主体权限、行政备案的定位要求和程序规范作出明确界定，[⑤]这导致行政备案在事实上成了一个什么都可以往里装的大“筐”，甚至部分行政机关将行政备案管理事项“行政审批化”，造成了行政备案事项的“滥”“乱”“散”“慢”尴尬格局。[⑥] 在税收征管实践中，也存在“以备案名义实施审批”或“以事中事后的备案理解为事前备案”等错误理解，甚至在本案中出现了专门针对备案行为的税务事项受理通知书。其实，税务行政备案只是一种行政事实行为，将备案表提交给税务机关即完成备案作业，并不需要经由“受理”环节。若存在“受理”环节，则其与行政审批的界限会变得模糊。在当前和未来一段时间内，行政备案的制度规范应区分于行政审批，并需紧密围绕行政备案机关及其权限、行政备案的事项范围、行政备案的程序、行政备案的后续

① 中国社会科学院语言研究所词典编辑室编：《现代汉语词典》（第6版），商务印书馆2012年版，第57页。

② 参见朱最新、曹延亮：《行政备案的法理界说》，载《法学杂志》2010年第4期。

③ 我国台湾地区学者陈新民认为，行政事实行为是与行政法之法律行为相对之行为。事实行为的结果并不涉及法律关系，也就是不为了产生、变更或消灭一个行政法上的权利或者义务关系，而仅产生了“事实效果”。参见陈新民：《中国行政法学原理》，中国政法大学出版社2002年版，第231页。

④ 参见朱最新、曹延亮：《行政备案的法理界说》，载《法学杂志》2010年第4期。

⑤ 目前仅有部分地方政府对行政备案制定了相应的规章或规范性文件，如2010年12月14日通过并于2011年3月1日起施行的《广州市行政备案管理办法》（广州市人民政府第50号），该办法共30条，对行政备案的概念、设定范围、实施程序、监督管理和行政责任作了相应的规定。

⑥ 参见胡小飞：《关于加强和改进行政备案工作的调研报告》，载《机构与行政》2016年第6期。

监督检查及相关行政责任等内容进行展开与深化。

（三）税务行政备案作为公权力应受约束

“行政具有积极、主动之特性，故行政处分原则上不待相对人之申请，得依职权为之。但一部分行政作用，依其性质或法令之规定，须有相对人之申请始得为之”。[①] 税务机关在依照税法行使职权的过程中，应当谦卑地使用其征税权和行政执法权，“把权力关进制度笼子”[②]，自觉接受法律法规的刚性约束和合理必要的正当性约束。税收征收管理是公共财产权行使的一种体现，而公共财产权是一种应受控制的公权力，其在脱胎于行政权的财政权的基础上形成，需要特别注重公共财产取得的正当性。[③] 税务行政备案作为一种行政事实行为，并不直接对纳税义务人的实体权益产生影响，但在实践中，税务机关往往会不当理解行政备案的法律性质，将其视作类似行政审批的具体行政行为，这也客观导致税务行政备案的相关争议。在本案中，税务行政备案本只需要纳税义务人向税务机关提交备案表即完成该事实行为，但实际上税务机关混同了其与行政审批的界限。

“法律之解释及适用，虽以价值为指导，但仍应以理性及可以审查之程序为之，对其结果亦应给予理性及可审查之理由说明”。[④] 就本案涉及的规范性文件来看，2015 年 43 号文第 4 条区分了减免税的类型为核准类和备案类，第 5 条分别规定了核准类和备案类的减免税，第 6 条则规定了多缴税款的返还请求权。[⑤] 结合本案税收优惠备案情况，从 2015 年 43 号文和 2015 年 76 号文本身的行文表述来看，2015 年 43 号文并未限制事后补办核准，2015 年 76 号文则明确取消了西部鼓励类产业所得税优惠的核准而改为备案。由此可知，不仅对于备案事

---

① Vgl. Erichsen/Martens, aao., S. 210. 转引自翁岳生：《论行政处分》，载翁岳生：《法治国家之行政法与司法》（第 2 版），台北，元照出版有限公司 2009 年版，第 7 页。

② 《中共中央关于全面深化改革若干重大问题的决定》，人民出版社 2013 年版，第 35 页。

③ 参见刘剑文、王桦宇：《公共财产权的概念及其法治逻辑》，载《中国社会科学》2014 年第 8 期。

④ 陈敏：《行政法总论》（第 7 版），台北，新学林出版有限公司 2011 年版，第 140 页。

⑤ 从该规范性文件的条款叙述逻辑上看，第 6 条规定的溢缴税款返还请求权是同时及于第 5 条核准类和备案类的。如果核准类事项也存在返还请求权，那么事后进行补办核准在逻辑上也是成立的。且第 5 条规定本身也只是表述为“按本办法规定核准确认后执行”，并未区分事前、事中和事后。核准与备案同样都是一种程序。纳税人未经核准不得享受税收优惠，经核准后方可享受税收优惠。纳税人因客观原因事先没有申请核准亦没有享受税收优惠的，补办核准并确认符合条件后则可以按照规定享受税收优惠。

项未明确阐明不能回溯适用,而且特别强调未享受税收优惠而多缴税款的,可以在税收征管法律规定的期限内申请减免税款,要求退还多缴的税款。所以,某县矿业公司在2013年和2014年两个年度的所得税优惠事项处理,并不适用2012年12号文之"二"所述的"首年审核,以后备案"的规定,而应适用2015年43号文第6条和2015年76号文第8条、第16条所述的"补办备案,持续享受"的规定。

(四)税务行政备案的程序意义

税务行政备案的过程只不过是纳税义务人通过备案告知税务机关其即将、正在或已经进行某项发生税法上效力的涉税行为,且依据法律法规的规定无须得到行政机关的许可。在这个意义上讲,税务行政备案只是一个税务机关加强事中或事后管理监督的行政安排。《日本行政程序法》中的"申报"制度类似备案,其第37条规定:"申报于申报书所记载之事项齐全,且备具申请书之必要书状以及其他法令所规定之形式要件均符合者,于该申报到达法令所定之机关之办公处所时,该申报即为已完成程序上之义务"①。而在税务事项备案过程中,税务机关一般只进行形式上的书面审查,至于实质性内容的真实性,则由纳税义务人承担法律责任。"程序是交涉过程的制度化"②,税务行政备案只是纳税义务人单方的事实行为,不以税务机关作出相应具体行政行为而为其成立或合法的判据。

从税法适用原则的角度观察,我国税法通常遵循的是"实体从旧,程序从新"的溯及既往原则,税务事项关涉国家和纳税人的财产权分配,征税权力宜谦抑行使以保障纳税人权利,新的规范性文件程序上对纳税人有利的宜适用新规范性文件的规定。在本案中,行政备案虽产生了实体上的权益影响,但研议适用方法时仍宜作为程序性事项来理解。首先,"实体从旧,程序从新"原则是指实体法不具备溯及力,而程序法在特定条件下具备一定溯及力。其次,从法律适用原则的角度来看,我国的法律体系遵循的是"有利溯及既往"原则。《税收规范性文件制定管理办法》(国家税务总局令第20号,已失效)第13条亦规定,"税收规范性文件不得溯及既往,但为了更好地保护税务行政相对人权利和利益而

---

① 应松年主编:《外国行政程序法汇编》,中国法制出版社2004年版,第549页。

② 季卫东:《法律程序的意义》(增订版),中国法制出版社2012年版,第33页。

作出的特别规定除外”。最后,国家税务总局出台的诸多规范性文件都明确了与备案相关的税收优惠政策均可在税收征管法律规定的3年内补办备案并享受相关优惠政策。

三、启示与思考——申报制作为税收征管的基本方式

(一)行政审批制度改革

政府职能转变是行政体制改革的核心,是提高政府治理效能的重要内容,而行政审批制度改革是政府职能转变和治理能力提升的突破口。[①] 行政备案按不同标准在类型上可分为许可性行政备案、确认性行政备案和监督性行政备案,[②] 而监督性行政备案成为“放管结合”的主要形式。行政审批设定行政备案的边界,应当考虑是否有助于行政目的的达成、能否提高行政的效率、是否给行政相对人增加不必要的负担等因素。对于已经通过行政许可、行政确认等方式进行事前管理的事项,以及可以通过行政检查、行政调查等方式进行监管的事项,以及行政机关之间能够通过信息共享机制获取信息的事项都不应当设定行政备案。[③] 规制行政审批制度改革,需要保障行政许可法的实施与执行,与规范性文件的修订和废止相结合,实现行政管理立法的创新,从法律上切断审批权力与利

---

① 自2001年国务院启动行政审批制度改革至今,国务院先后发布的与取消和下放行政审批项目有关的文件包括:2001年10月18日发布的《批转关于行政审批制度改革工作实施意见的通知》(已失效)、2002年11月1日发布的《关于取消第一批行政审批项目的决定》、2003年2月27日发布的《关于取消第二批行政审批项目和改变一批行政审批项目管理方式的决定》、2004年5月19日发布的《关于第三批取消和调整行政审批项目的决定》、2007年10月9日发布的《关于第四批取消和调整行政审批项目的决定》、2010年7月4日发布的《关于第五批取消和下放管理层级行政审批项目的决定》、2012年9月23日发布的《关于第六批取消和调整行政审批项目的决定》、2013年5月15日发布的《关于取消和下放一批行政审批项目等事项的决定》等。除通过发布决定的方式取消和下放行政审批项目外,政府还在政府常务会议上直接决定取消和下放相关的审批事项,包括:2013年6月19日,国务院常务会议决定再取消和下放32项行政审批等事项;2013年9月25日,国务院常务会议决定再取消和下放75项行政审批事项;2014年1月8日,国务院常务会议决定进一步推出深化行政审批制度改革的三项措施等。

② 参见朱最新:《行政备案类型化与法治化初探》,载中国法学会行政法学研究会编:《服务型政府与行政法:中国法学会行政法学研究会2008年年会论文集》,浙江工商大学出版社2009年版,第617~618页。

③ 参见张红:《论行政备案的边界》,载《国家行政学院学报》2016年第3期。

益的联结,以立法推动国有企业逐步退出竞争性的行业和领域。[①]

从行政体制改革的角度来看,对于原来不合理不正当的规定和做法应逐渐纠正,且即便是按照此前规定的核准事项也属于非行政许可审批,只是一种内部管理事项,本身就不具有合理性和正当性。[②] 依照2014年107号文之"(十一)"的规定,此前本身不合理的税收优惠"核准制",在税收征管法律规定的3年时限内,应予通过补办备案的方式得以纠正。在本案中,纳税人可依新的规范性文件中规定的补办备案方式履行程序后享受税收优惠。另外,在2015年第76号文出台之前,对于西部大开发税收优惠政策,虽然规定采取核准方式,但在具体操作过程中,该核准方式与现今采取的备案方式所要求提交的材料及其所依托的减免税原理一致。即便是按照原来的规范性文件规定补办核准手续,其过程除徒增所谓的核准环节外,与当前的补办备案手续并无二致。所以,从技术方法上讲,当下纳税人采取的补办备案实际上也是在实质层面上达到原规范性文件规定的事前核准的要求。

(二)纳税人权利保护

基于法治国家的理解,纳税人权利是税法的根本命题。"若从现代税法体现的人权意识出发,税法单纯是税务机关行使征税权的根据,即'征税之法',更重要的是,税法是保障纳税者基本权利的、旨在对抗税权滥用的'权利之法'"。[③] 在这个意义上,"从法律之观点,人民之金钱给付,系作为财政国中国家财政收入之核心要素,国家经由课税权之行使,将人民财产权转换成公法之强制性财政收入"[④]。具体而言,纳税人权利包括两种类型:一是与税法合法性有关的相对原则性的权利,二是与税法的具体适用和实施相关而产生于日常征管程序中的

---

① 参见王克稳:《我国行政审批制度的改革及其法律规制》,载《法学研究》2014年第2期。

② 2013年,国务院启动新一轮行政审批制度改革,国家税务总局从政治、大局和实现税收现代化的高度出发,已从当年开始取消和下放税务行政审批事项。《国家税务总局关于税务行政审批制度改革若干问题的意见》(税总发〔2014〕107号)进一步要求,"各级税务机关应当建立行政审批事项目录动态调整机制,根据行政审批制度改革情况依法更新行政审批事项目录","对已经取消和下放行政审批事项涉及的税务部门规章和税收规范性文件,应当及时清理、修改或者废止","各级税务机关应当严格区分行政审批和备案管理方式,不得以事前核准性备案方式变相实施审批"。坚决取消和下放不必要的行政审批成为贯彻国务院文件精神不可逆转的大趋势和政策取向。

③ [日]北野弘久:《税法学原论》(第4版),陈刚、杨建广等译,中国检察出版社2001年版,第18页。

④ 黄俊杰:《纳税人权利之保护》,北京大学出版社2004年版,第2页。

权利。[1] 在我国,国家税务总局曾通过规范性文件的方式公布我国纳税人的权利与义务,其中明确阐释了纳税人的14项权利。[2] 纳税人权利的维护并非抽象的或仅写在纸面上的,而应体现在具体的税务案件中,通过实体争议或程序救济的方式呈现出来。

对于涉及享受税收优惠且具有审批性质争议的备案,现有的管理方式对征纳双方的权责划分并不清晰。从纳税人的角度来看,备案一般不具有较为规范的争议解决渠道,备案过程中产生争议难以在本环节启动解决程序,往往要拖延至后续的征税环节或检查环节才能进入复议、诉讼等解决程序。[3] 从理论上讲,相对人不服行政备案可以通过行政复议或者行政诉讼解决,但我国《行政复议法》和《行政诉讼法》规定,只有具体行政行为才能单独申请行政复议或者提起行政诉讼。[4] 而行政备案是一种行政事实行为,不是具体行政行为,因而不能通过行政复议或行政诉讼解决。[5] 在本案中,承办律师依托税务事项通知书尾部注明的"救济告知"表述,结合《行政诉讼法》司法实践,将可能不具有可诉性的税收优惠申请程序事项纳入行政诉讼的框架,在某种程度上是一种救济手段的创新和纳税人权利维护方式的突破。

(三)小结

国家税务总局出台2014年107号文、2015年43号文和2015年76号文的目的,是通过"核准转备案"的方式自我约束权力运行,给予市场主体更多的自主权,由纳税人自行判断纳税义务和是否享受税收优惠条件,此亦是纳税人权利

---

① 参见丁一:《纳税人权利研究》,中国社会科学出版社2013年版,第220~237页。

② 2009年11月30日,国家税务总局在其官方网站上发布《关于纳税人权利与义务的公告》(国家税务总局公告2009年第1号)。该公告第一次以税收规范性文件的形式,将《税收征收管理法》及其实施细则和相关税收法律、行政法规中有关纳税人权利与义务的规定进行了系统的归纳和整理,列明了纳税人享有的权利和应该履行的义务。该公告明确,纳税人在履行纳税义务的过程中,依法享有14项权利。具体包括知情权、保密权、税收监督权、纳税申报方式选择权、申请延期申报权、申请延期缴纳税款权、申请退还多缴税款权、依法享受税收优惠权、委托税务代理权、陈述与申辩权、对未出示税务检查证和税务检查通知书的拒绝检查权、税收法律救济权、依法要求听证的权利以及索取有关税收凭证的权利。此文件被认为中国政府重视纳税人权利保护的重要里程碑。

③ 参见杨攀:《涉税行政审批与备案的改革边界探讨》,载《税收经济研究》2015年第4期。

④ 参见周伟:《行政纠纷解决的第三条路径——论行政裁判制度在我国的建立》,载《江汉大学学报(社会科学版)》2014年第4期。

⑤ 参见徐景波:《完善我国行政备案制度的构想》,载《江汉大学学报(社会科学版)》2015年第1期。

在市场经济和法治社会中的必然体现。在本案中，税务事项事后备案仍可在程序税法规定的范围内享受税收优惠政策，这不仅符合“实体从旧、程序从新”的税法原则，而且在政策上贯彻了国务院“转变职能、简政放权”行政审批制度改革的实质精神。税法的核心任务是正确处理国家与纳税人之间因税收而产生的社会关系。[①] 我国税收法治之路，除继续推动贯彻落实税收法定原则之外，还应特别注重和借力于税收司法之重大意义。在当前特定的中国语境下，税收进入司法既具有政策必然性，亦存在技术可能性。[②] 在贯彻“税收法定原则”和妥适约束政府征税权的基本立场上，通过立法、执法和司法诸环节的共同协力，积极争取纳税人权利并营造“良法善治”的税收法治局面，虽各界持之以恒，但仍任重而道远。

附录1：相关法律法规政策规定（略）

附录2：相关法律及涉税文书

附件1：税务事项通知书

××县国家税务局××分局

税务事项通知书

××国税通(2016)××××号

××县××矿业有限公司（纳税人识别号：××××××）

你（单位）于2015年12月×日向我局所申请的“设在西部地区的鼓励类产业企业减按15%的税率征收企业所得税”优惠备案事项，经审查报送的资料存在以下问题，特此通知如下。

一、《国家税务总局关于深入实施西部大开发战略有关企业所得税问题的

---

① 参见《我国的税收法律制度——刘剑文教授在十届全国人大常委会第二十三次法制专题讲座上的讲稿》，载《寻求财税法的真谛——刘剑文教授访谈录》，法律出版社2009年版，第50页。

② 参见刘剑文、王桦宇：《两岸税法比较研究》，北京大学出版社2015年版，第313~314页。

公告》(国家税务总局公告2012年第12号)第二条第二款规定:"凡对企业主营业务是否属于《西部地区鼓励类产业目录》难以界定的,税务机关应要求企业提供省级(含副省级)政府有关行政主管部门或其授权的下一级行政主管部门出具的证明文件。"《国家税务总局关于执行〈西部地区鼓励类产业目录〉有关企业所得税问题的公告》(国家税务总局公告2015年第14号)第三条规定:"凡对企业主营业务是否属于《西部地区鼓励类产业目录》中国家鼓励类产业项目难以界定的,税务机关可以要求企业提供省级(含副省级)发展改革部门或其授权部门出具的证明文件。证明文件需明确列示主营业务的具体项目及符合《西部地区鼓励类产业目录》中的对应条款项目。"《国家税务总局关于发布〈企业所得税优惠政策事项办理办法〉的公告》(国家税务总局公告2015年第76号)中《企业所得税优惠事项备案管理目录》第四十九项规定,"主营业务属于《西部地区鼓励类产业目录》中的具体项目的相关证明材料"。

二、企业所申请的2013年度、2014年度企业所得税的优惠备案的根据是国家税务总局公告2012年第12号第二条"企业应当在年度汇算清缴前向主管税务机关提出书面申请并附送相关资料。第一年须报主管税务机关审核确认,第二年及以后年度实行备案管理。各省、自治区、直辖市和计划单列市税务机关可结合本地实际制定具体审核、备案管理办法,并报国家税务总局(所得税司)备案"的规定。2013年度需经税务机关审核确认、2014年度因2013年度未经审核确认故不受理备案。

根据上述一、二款规定,限你司于2016年3月25日前提供省级(含副省级)发展改革部门或其授权部门出具的证明文件。证明文件需明确列示主营业务的具体项目及符合《西部地区鼓励类产业目录》中对应条款项目。逾期不能提供的限你司在2016年4月××日前对2013年、2014年、2015年4季度企业所得税进行更正申报,涉及已享受的税收优惠按规定缴纳税收滞纳金。

如对本通知不服,可自收到本通知之日起六十日内依法向××县国家税务局申请行政复议,或者自收到本通知之日起三个月内依法向人民法院起诉。

税务机关(签章)

2016年3月×日

附件2:行政起诉状

行政起诉状

原告:××县××矿业有限公司

法定代表人:××××

住所:××省××市××县××乡×××村

邮政编码:××××××

被告:××县国家税务局×××税务分局

法定代表人:××

地址:××省××市××县××镇××路

邮政编码:××××××

请求事项

一、请求依法判决撤销被告于2016年3月9日作出的《税务事项通知书》(××国税通〔2016〕××××号)。

二、本案诉讼费用由被告承担。

事实与理由

原告于2015年12月×日向被告申请"设立在西部地区的鼓励类产业企业减按15%的税率征收企业所得税"优惠备案,被告于2016年3月×日作出《税务事项通知书》,通知要求原告对2013年、2014年、2015年4季度企业所得税进行更正申报,涉及已享受的税收优惠按规定缴纳税收滞纳金,根据:其一,对原告主营业务是否属于《西部地区鼓励类产业目录》难以界定;其二,因2013年、2014年原告未申请审核,故不享受税收优惠政策。

原告认为被告作出的《税务事项通知书》适用法律错误,认定事实错误。

一、原告主营业务属于《西部地区鼓励类产业目录》,符合"设立在西部地区的鼓励类产业企业减按15%的税率征收企业所得税"的要求。

第一,××省×××地质勘查局×××(地质勘查资质证书为固体矿产勘查:甲级)于2016年5月出具《××省××县××矿业有限公司×××铅锌矿矿山接替资源勘探开发论证报告》,报告结论为原告于2007年进驻该矿山之后在

2008年发证×××矿权外开展的铅锌矿探矿及采矿活动属于"有色金属现有矿山接替资源勘探开发";从水文地质角度来看,该矿床属难采矿床。

第二,××县国土资源局于2016年5月××日出具《关于对××县××矿业有限公司属于西部地区鼓励类产业申请的复函》(普国土资函〔2016〕146号),复函称经审查原告×××铅锌矿的勘查开采自2007年起属于《产业结构调整指导目录(2011年本)(修正)》(国家发展和改革委员会令第21号)鼓励类第九条"有色金属"第一款中"有色金属现有矿山接替资源勘探开发"范围类矿山。

第三,××省国土资源厅于2016年5月××日出具《省国土资源厅关于对〈关于××县××矿业有限公司×××铅锌矿出具现有矿山接替资源勘探开发证明的报告〉的复函》,复函称经核实原告×××铅锌矿为有色金属(铅锌矿)现有矿山接替资源勘查开采。

第四,××省发展和改革委员会于2016年5月××日出具《省发展改革委关于确认××县××矿业有限公司等企业主营业务属于西部地区鼓励类产业范围的函》(×发改西开〔2016〕842号),函复称确认原告2015年和2016年主营的开采铅锌矿业务属于《西部地区鼓励类产业目录》(国家发展和改革委员会2014年第15号令)第一部分《产业结构调整指导目录(2011年本)(修正)》鼓励类第九条"有色金属"第一款中"有色金属现有矿山接替资源勘探开发"的范围。

二、原告可享受2013年、2014年的税收优惠。

根据《国家税务总局关于发布〈企业所得税优惠政策事项办理办法〉的公告》(国家税务总局公告2015年第76号)的规定,申请"设立在西部地区的鼓励类产业企业减按15%的税率征收企业所得税"优惠实行备案制,按照程序从新的观点,该办法可回溯适用,故2013年、2014年的税收优惠亦可补充备案,原告可依法享受税收优惠。

综上,原告依据《行政诉讼法》第十二条规定,提起诉讼,请求法院支持原告诉讼请求,以维护原告的合法权益。

此致

××县人民法院

起诉人:××县××矿业有限公司

二〇一六年六月×日

附：

1. 起诉状副本1份。

2. 申请人证件材料复印件1份。

3.《税务事项通知书》(××国税通〔2016〕××××号)复印件1份。

4.《××省××县××矿业有限公司×××铅锌矿矿山接替资源勘探开发论证报告》复印件1份。

5.《关于对××县××矿业有限公司属于西部地区鼓励类产业申请的复函》(×国土资函〔2016〕×××号)复印件1份。

6.《省国土资源厅关于对〈关于××县××矿业有限公司×××铅锌矿出具现有矿山接替资源勘探开发证明的报告〉的复函》复印件1份。

7.《省发展改革委关于确认××县××矿业有限公司等企业主营业务属于西部地区鼓励类产业范围的函》(×发改西开〔2016〕×××号)复印件1份。

附件3:关于某县矿业有限公司涉税事项之法律意见书

要点：

1. ××县××矿业有限公司符合税法规定的所得税优惠条件。

2. ××县××矿业有限公司在2013年和2014年两个年度的所得税优惠，在向主管税务机关履行补办备案手续后,应得以享受。

根据《国家税务总局关于发布〈企业所得税优惠政策事项办理办法〉的公告》(国家税务总局公告2015年第76号)(以下简称76号文)的规定,申请“设立在西部地区的鼓励类产业企业减按15%的税率征收企业所得税”优惠实行备案制。针对××县××矿业有限公司(以下简称××公司)是否满足所得税优惠条件以及76号文是否可以适用该项所得税优惠的问题,现提供以下法律意见以供参考。

一、××公司的主营业务属于《产业结构调整指导目录(2011年本)(修正)》和《西部地区鼓励类产业目录》中所述“第一类鼓励类”之“九、有色金属1、有色金属现有矿山接替资源勘探开发,紧缺资源的深部及难采矿床开采”,符合“设立在西部地区的鼓励类产业企业减按15%的税率征收企业所得税”的要求

(一)省级地质勘探机构论证报告证明其业务类型

××省×××地质勘查局×××(地质勘查资质证书为固体矿产勘查:甲

级）于2016年5月出具《××省××县××矿业有限公司芦茅林铅锌矿矿山接替资源勘探开发论证报告》，报告结论为原告于2007年进驻该矿山之后在2008年发证×××矿权外开展的铅锌矿探矿及采矿活动属于“有色金属现有矿山接替资源勘探开发”；从水文地质角度来看，该矿床属难采矿床。

（二）省级国土资源部门出具复函确认核实其业务类型

××县国土资源局于2016年5月××日出具《关于对××县××矿业有限公司属于西部地区鼓励类产业申请的复函》（×国土资函〔2016〕×××号），复函称经审查原告×××铅锌矿的勘查开采自2007年起属于《产业结构调整指导目录（2011年本）（修正）》（国家发展和改革委员会令第21号）鼓励类第九条“有色金属”第1款中“有色金属现有矿山接替资源勘探开发”范围类矿山。此后，××省国土资源厅于2016年5月××日出具《省国土资源厅关于对〈关于××县××矿业有限公司×××铅锌矿出具现有矿山接替资源勘探开发证明的报告〉的复函》，复函称经核实原告×××铅锌矿为有色金属（铅锌矿）现有矿山接替资源勘查开采。

（三）省级发改委出具公函确认其主营业务符合产业目录

××省发展和改革委员会于2016年5月30日出具《省发展改革委关于确认××县宏泰矿业有限公司等企业主营业务属于西部地区鼓励类产业范围的函》（×发改西开〔2016〕842号），函复称确认原告2015年和2016年主营的开采铅锌矿业务属于《西部地区鼓励类产业目录》（国家发展和改革委员会2014年第15号令）第一部分《产业结构调整指导目录（2011年本）（修正）》鼓励类第九条“有色金属”第1款中“有色金属现有矿山接替资源勘探开发”的范围。

（四）最新的总局规范性文件规定相较此前文件更有利于纳税人

相比《国家税务总局关于深入实施西部大开发战略有关企业所得税问题的公告》（国家税务总局公告2012年第12号）规定的“应要求企业提供省级（含副省级）……出具的证明文件”，《国家税务总局关于执行〈西部地区鼓励类产业目录〉有关企业所得税问题的公告》（国家税务总局公告2015年第14号）则规定“税务机关可以要求企业提供省级（含副省级）……的证明文件”。也就是说，作为最新规范性文件的12号文从有利于纳税人的角度，明确了证明文件并非必需项。若纳税人提供了符合要求的相应证明文件，则更强证实了纳税人主营业务属于应予享受税收优惠的产业目录。

二、× ×公司在2013年和2014年两个年度的所得税优惠事项处理，并不适用12号文之“二”所述的“首年审核，以后备案”规定，而应适用最新的国家税务总局公告2015年43号文第六条和76号文第八条、第十六条所述的“补办备案，持续享受”规定。如此，不仅在法律上完全符合“实体从旧、程序从新”的税法原则，而且在政策上坚决贯彻国务院“转变职能、简政放权”行政审批制度改革的实质精神

（一）从43号文和76号文本身的行文表述来看，不仅对于备案事项未明确阐明不能回溯适用，而且特别强调未享受税收优惠而多缴税款的，可以在税收征管法规定的期限内申请减免税要求退还多缴的税款

1.43号文并未限制事后补办核准。43号文第四条区分了减免税的类型为核准类和备案类，①第五条分别规定了核准类和备案类的减免税，②第六条则规定了多缴税款的返还请求权。③ 从该规范性文件的条款叙述逻辑上看，第六条规定的溢缴税款返还请求权是同时及于第五条核准类和备案类的。如果核准类事项也存在返还请求权，那么事后进行补办核准在逻辑上也是成立的。且第五条规定本身也只是表述为“按本办法规定核准确认后执行”，并未区分事前、事中和事后。核准与备案同样都是一种程序。纳税人未经核准不得享受税收优惠，经核准后方可享受税收优惠。纳税人因客观原因事先没有申请核准亦没有享受税收优惠的，补办核准并确认符合条件后则可以按照规定享受税收优惠。

2.76号文取消了西部鼓励类产业所得税优惠的核准而改为备案。76号文附件1《企业所得税优惠事项备案管理目录（2015年版）》已将西部地区鼓励类产业所得税优惠（序号49）列为备案事项，对《国家税务总局关于公开行政审批事项等相关工作的公告》（国家税务总局公告2014年第10号）附件《税务总局行政审批事项公开目录》之西部大开发税收优惠政策审批（项目编码24059）进

---

① 国家税务总局公告2015年43号文第4条规定：“减免税分为核准类减免税和备案类减免税。核准类减免税是指法律、法规规定应由税务机关核准的减免税项目；备案类减免税是指不需要税务机关核准的减免税项目。”

② 国家税务总局公告2015年43号文第5条规定：“纳税人享受核准类减免税，应当提交核准材料，提出申请，经依法具有批准权限的税务机关按本办法规定核准确认后执行。未按规定申请或虽申请但未经有批准权限的税务机关核准确认的，纳税人不得享受减免税。纳税人享受备案类减免税，应当具备相应的减免税资质，并履行规定的备案手续。”

③ 国家税务总局公告2015年43号文第6条规定：“纳税人依法可以享受减免税待遇，但是未享受而多缴税款的，纳税人可以在税收征管法规定的期限内申请减免税，要求退还多缴的税款。”

行了修正。自2015年11月12日起,该西部鼓励类产业所得税优惠无须税务机关审批核准,进行依法备案即可。也就是说,对于此前年度税收优惠享受,即便目前拟补办核准的,既无须也无法进行核准作业,只能采取备案方式。

(二)从税法适用原则的角度来看,我国税法遵循的是"实体从旧,程序从新"的溯及既往原则,税务事项关涉到国家和纳税人的财产权分配,征税权力宜谦抑行使以保障纳税人权利,新的规范性文件程序上对纳税人有利的宜适用新规范性文件的规定

1."实体从旧,程序从新"原则是指实体法不具备溯及力,而程序法在特定条件下具备一定溯及力。"实体从旧,程序从新"原则包括两方面的内容:一是有关税收权利义务的产生、变更和灭失的税收实体法,如在应税行为或事实发生后有所变动,除非法律有特别规定外,否则对该行为或事实应适用其发生当时的税法规定,即遵循法律不溯及既往的原则;而税务机关在适用征税程序或履行税收债务时,则不问税收债权债务发生的时期,征管程序上一律适用新法。二是对于新法公布实施以前发生的税收债务,在新法公布实施以后进入履行程序的,新法对其具有拘束力,即遵循新法优于旧法的原则。基于此原则,申请减免税属于程序性规定,且在税收征管法规定的3年期限内,纳税人在补办备案手续后应予享受所得税优惠。

2. 从法律适用原则的角度来看,我国的法律体系遵循的是"有利溯及既往"原则。2015年修正的《立法法》第九十三条规定,"法律、行政法规、地方性法规、自治条例和单行条例、规章不溯及既往,但为了更好地保护公民、法人和其他组织的权利和利益而作的特别规定除外"。《税收规范性文件制定管理办法》(国家税务总局令第20号)第十三条亦规定,"税收规范性文件不得溯及既往,但为了更好地保护税务行政相对人权利和利益而作出的特别规定除外"。与此同时,43号文和76号文本身亦未有明确规定备案事项不能回溯的规定。基于纳税人权利保护的立场,并按照上述法律和规范性文件规定,76号文关于"核准转为备案"以及"补办备案"的规定有利于税务行政相对人,应予溯及既往。

3. 国家税务总局出台的诸多规范性文件都明确了与备案相关的税收优惠政策均可在税收征管法规定的3年内补办备案并享受相关优惠政策。《国家税务总局关于发布〈非居民企业从事国际运输业务税收管理暂行办法〉的公告》(国家税务总局公告2014年第37号)公布的《非居民企业从事国际运输业务税收管理

暂行办法》第11条至第15条规定了纳税人的享受税收优惠的备案义务，但同时也明确了3年内补办备案后享受税收优惠的有效性。① 该37号文的第11条至第15条后被《国家税务总局关于发布〈非居民纳税人享受税收协定待遇管理办法〉的公告》（国家税务总局公告2015年第60号）更新。但该60号文第14条仍规定了3年内可以要求退还税款的权利以及税务机关查实后退还税款的责任。②

（三）从行政体制改革的角度来看，政府部门逐步取消和下放行政审批事项是从不合理不正当逐步转变为合理正当的过程，对于原来规定不合理不正当的规定和作法应逐渐纠正，且即便是按照此前规定的核准事项也属于非行政许可审批，只是一种内部管理事项，本身就不具有合理性和正当性，纳税人可依新的规范性文件中规定的补办备案方式履行程序后享受税收优惠

1.2013年国务院启动新一轮行政审批制度改革，国家税务总局从政治、大局和实现税收现代化的高度，已从当年开始取消和下放税务行政审批事项。《国家税务总局关于税务行政审批制度改革若干问题的意见》（税总发〔2014〕107号）进一步要求，“各级税务机关应当建立行政审批事项目录动态调整机制，根据行政审批制度改革情况依法更新行政审批事项目录”③，“对已经取消和下放行政审批事项涉及的税务部门规章和税收规范性文件，应当及时清理、修改或者废止”④，“各级税务机关应当严格区分行政审批和备案管理方式，不得以事前核准性备案方式变相实施审批”⑤。坚决取消和下放不必要的行政审批成为贯彻国务院文件精神不可逆转的大趋势和政策取向。

2.国家税务总局出台107号文、43号文和76号文的目的，是通过“核准转

---

① 国家税务总局公告2014年37号文第15条明确规定：“非居民企业可享受但未曾享受税收协定待遇，且因未享受本可享受的税收协定待遇而多缴税款的，可自结算缴纳该多缴税款之日起三年内向主管税务机关提出追补享受税收协定待遇的要求，并按本办法规定补办备案手续，退还多缴的税款；超过前述规定时限的，主管税务机关不予受理。”此条款即体现了补办备案手续的可行性。

② 国家税务总局公告2015年60号文第14条规定：“非居民纳税人可享受但未享受协定待遇，且因未享受协定待遇而多缴税款的，可在税收征管法规定期限内自行或通过扣缴义务人向主管税务机关要求退还，同时提交本办法第七条规定的报告表和资料，及补充享受协定待遇的情况说明。主管税务机关应当自接到非居民纳税人或扣缴义务人退还申请之日起30日内查实，对符合享受协定待遇条件的办理退还手续。”

③ 参见税总发〔2014〕107号文之“（五）公开税务行政审批事项目录”。

④ 参见税总发〔2014〕107号文之“（八）抓紧清理税务行政审批项目涉及的文件依据、征管流程和表证单书”。

⑤ 参见税总发〔2014〕107号文之“（十一）实施备案管理”。

备案”的方式自我约束权力运行，给予市场主体更多的自主权，由纳税人自行判断纳税义务和是否享受税收优惠条件。依照107号文之“（十一）”的规定，“实施备案管理的事项，纳税人等行政相对人应当按照规定向税务机关报送备案材料，税务机关应当将其作为加强后续管理的资料，但不得以纳税人等行政相对人没有按照规定备案为由，剥夺或者限制其依法享有的权利、获得的利益、取得的资格或者可以从事的活动”。此前本身不合理的税收优惠“核准制”，在税收征管法规定的3年时限内，应予通过补办备案的方式得以纠正。

另外，在总局76号文出台之前，对于西部大开发税收优惠政策，虽然规定采取核准方式，但在具体操作过程中该核准方式与现今采取的备案方式所要求提交的材料及其所依托的减免税原理一致。即便是按照原来的规范性文件规定补办核准手续，其过程除徒增所谓的核准环节外，与当前的补办备案手续并无二致。所以，在技术方法上讲，当下纳税人采取的补办备案实际上也是在实质层面上达到原规范性文件规定的事前核准的要求。

结论

××公司主营业务符合税法规定的产业目录，实质上具备享受优惠政策的资格，同时76号文关于备案事项的规定可以回溯适用，两公司可就2013年、2014年两个年度的所得税优惠事项向主管税务机关补办备案手续并享受税收优惠政策。

北京××（上海）律师事务所

×××律师

2016年××月××日

附件4：企业所得税优惠事项备案表

企业所得税优惠事项备案表

（　　）年度

纳税人识别号	××××××	纳税人名称	某县矿业有限公司
经办人	×××	联系电话	××××××××

续表

<table>
<tr><td colspan="4">优惠事项备案情况</td></tr>
<tr><td>优惠事项名称</td><td colspan="3">设在西部地区的鼓励类产业企业减按15%的税率征收企业所得税</td></tr>
<tr><td>备案类别(√)</td><td colspan="2">正常备案(√)</td><td>变更备案()</td></tr>
<tr><td>享受优惠期间</td><td colspan="3">自2013年1月1日至2020年12月31日</td></tr>
<tr><td>主要政策依据文件及文号</td><td colspan="3">《西部地区鼓励类产业目录2015》《产业结构调整指导目录(2011年本)(修正)》;国家税务总局公告2012年第12号;国家税务总局公告2015年第14号;国家税务总局公告2015年第43号</td></tr>
<tr><td>具有相关资格的批准文件(证书)及文号(编号)</td><td>采矿许可证(××××××××)</td><td>文件(证书)有效期</td><td>自2012年12月×日至2031年12月×日</td></tr>
<tr><td>有关情况说明</td><td colspan="3">《产业结构调整指导目录(2011年版)(修正)》第一类鼓励类第九条有色金属第1款紧缺资源的深部及难采矿床开采。××××××</td></tr>
<tr><td rowspan="8">企业留存备查资料清单</td><td colspan="3">1.《西部地区鼓励类产业目录2015年》</td></tr>
<tr><td colspan="3">2.《产业结构调整指导目录(2011年本)(修正)》</td></tr>
<tr><td colspan="3">3.《国家税务总局关于深入实施西部大开发战略有关企业所得税问题的公告》(国家税务总局公告2012年第12号)</td></tr>
<tr><td colspan="3">4.《国家税务总局关于执行〈西部地区鼓励类产业目录〉有关企业所得税问题的公告》(国家税务总局公告2015年第14号)</td></tr>
<tr><td colspan="3">5.《税收减免管理办法》(国家税务总局公告2015年第43号)</td></tr>
<tr><td colspan="3">6.《关于发布实施〈全国矿产资源规划(2008—2015年)〉的通知》(国土资发〔2008〕309号)</td></tr>
<tr><td colspan="3">7.《国土资源部关于促进深部找矿工作指导意见》(国土资发〔2007〕299号)</td></tr>
<tr><td colspan="3">8.《采矿许可证》(正副本)</td></tr>
<tr><td>企业声明</td><td colspan="3">我单位已知悉本优惠事项全部相关政策和管理要求。此表是根据《中华人民共和国企业所得税法》及其实施条例和国家税收规定填报的,是真实、完整的,提交的资料真实、合法、有效
(企业公章)
财务负责人:××× 法定代表人(负责人):××× 2015年12月××日</td></tr>
</table>

续表

税务机关回执	您单位于________年____月____日向我机关提交本表及相关资料。我机关意见:________________。 特此告知。 (税务机关印章) 经办人:　　年　　月　　日

填报说明

一、企业向税务机关进行企业所得税优惠事项备案时填写本表。

二、企业同时备案多个所得税优惠事项的,应当分别填写本表。

三、纳税人识别号、纳税人名称:按照税务机关核发的税务登记证件规范填写。商事登记改革后,不再取得税务登记证件的企业,纳税人识别号填写“统一社会信用代码”。

四、优惠事项名称:按照《企业所得税优惠事项备案管理目录》中的“优惠事项名称”规范填写。

五、备案类别:企业根据情况选择填写“正常备案”“变更备案”。

变更备案:是指企业享受定期减免税事项,在其备案后的有效年度内,税收优惠条件发生变化,但仍然符合税收政策规定,可以继续享受优惠政策。

六、享受优惠期间:填写优惠事项起止日期。对于优惠期间超过一个纳税年度且有具体起止时间的定期减免税,填写相应的起止期间。对于定期减免税以外的其他优惠事项,填写享受优惠事项所属年度的1月1日(新办企业填写成立日期)至12月31日(年度中间停业,填写汇算清缴日期)。

七、主要政策依据文件及文号:按照《企业所得税优惠事项备案管理目录》中的“主要政策依据”规范填写。“主要政策依据”涉及税法和具体税收政策文件的,填写直接相关的政策依据。

八、具有相关资格的批准文件(证书)及文号(编号):企业享受优惠事项,按照规定需要具备相关资格的,应当填写有关部门的批准文件或颁发的相关证书名称及文号(编号)。按照规定,不需要取得上述批准文件(证书)的,填写“无”。

文件(证书)包括但不限于:高新技术企业证书、动漫企业证书、集成电路生产企业证书、原软件企业证书、原资源综合利用认定证书、非营利组织认定文件、远洋捕捞许可证书等。

九、文件(证书)有效期:按照批准文件或颁发证书的实际内容填写。

十、有关情况说明:企业简要概述享受优惠事项的具体内容,如“从事蔬菜种植免税”“从事公路建设投资三免三减半”等。企业备案的优惠事项需要符合国家规定的特定行业、范围或者对优惠事项实行目录管理的,企业应当指明符合哪个特定行业、范围或目录中的哪一个具体行业或项目。

特定行业、范围、目录包括但不限于:《享受企业所得税优惠政策的农产品初加工范围(试行)》《产业结构调整指导目录》《公共基础设施项目企业所得税优惠目录》《环境保护节能节水项目企业所得税优惠目录》《国家重点支持的高新技术领域》《资源综合利用企业所得税优惠目录》等。

部分优惠事项对承租、承包等有限制的,企业应予以说明。

备案时一并附送相关书面资料的,在本栏列示相关资料名称。

十一、企业留存备查资料清单:按照《企业所得税优惠事项备案管理目录》中“主要留存备查资料”,结合企业实际情况规范填写。

十二、税务机关接收本表和附报资料后,应当对本表的填写内容是否齐全,提交资料是否完整进行形式审核。受理环节不核实企业备案资料真实性,备案资料真实性、合法性由企业负责。税务机关应当在税务机关回执栏中标注受理意见,并注明日期,加盖税务机关印章。

十三、本表一式二份。一份交付企业作为提交备案的证明留存,一份由税务机关留存。采取网络备案的,其留存情况由省、自治区、直辖市和计划单列市国家税务局、地方税务局联合规定。

附件5:税务事项受理通知书

××省××市××县国家税务局
税务事项通知书

××国税通〔2016〕2832号

××县××矿业有限公司(纳税人识别号:×××××××××)

事由:《税务事项通知书》(受理通知)

依据:《财政部、海关总署、国家税务总局关于深入实施西部大开发战略有关税收政策问题的通知》(财税〔2011〕58号)第二条

通知内容:你单位于2016年××月××日申请的企业所得税减免备案事项,经审核,符合受理条件,准予受理。

特此通知。

税务机关(签章)
二〇一六年××月××日

附件6:撤诉申请书

撤诉申请书

申请人:××县××矿业有限公司

法定代表人:××××

住所:××省××市××县××乡×××村

邮政编码:××××××

被申请人:××县国家税务局×××税务分局

法定代表人:××

地址:××省××市××县××镇××路

邮政编码:××××××

请求事项

申请人诉被申请人××县国家税务局×××税务分局撤销具体行政行为一案,已由贵院于2016年×月××日立案,现申请撤诉。

事实与理由

2016年×月×日,××县国家税务局制作并向申请人送达《税务事项通知书》,就同一事实作出新的行政行为,受理了申请人的企业所得税减免备案事项申请,故依据《中华人民共和国行政诉讼法》第六十二条等相关规定,特申请撤回针对此前具体行政行为的起诉。请贵院予以批准。

此致

××县人民法院

申请人:××县××矿业有限公司

2016年×月××日

附件:

××县国家税务局税务事项通知书(××国税通〔2016〕××××)复印件一份

附件7:准许撤诉行政裁定书

××省××县人民法院

行政裁定书

(2016)×××××行初××号

原告:××县××矿业有限公司

地址:××省××市××县××乡×××村

组织机构代码:×××××××××－×

法定代表人:×××

委托代理人:×××,××

被告:××县国家税务局×××税务分局

地址:××省××市××县××镇××路

法定代表人:××,××

委托代理人：××，×××

原告××县××矿业有限公司诉被告××县国家税务局×××税务分局税务行政管理一案，原告以××县国家税务局就同一事实作出新的具体行政行为，受理了原告的企业所得税减免备案事项申请为由，于2016年×月××日向本院提出撤回起诉申请。

本院认为，原告撤诉申请符合法律规定，依照《中华人民共和国行政诉讼法》第六十二条的规定，裁定如下：

准予原告××县××矿业有限公司撤回起诉。

案件受理费50元，减半收取25元，由原告××县××矿业有限公司负担。

审　判　长　×××
代理审判员　×××
人民陪审员　×××
二〇一六年××月××日
书　记　员　××

009

招商引资背景下财税优惠政策的兑现*

——某上市公司旗下矿业公司招商引资亿级政府财政奖励争议案

摘要:在招商引资的背景下,地方政府一般会设定税收优惠政策及其他财政奖励吸引企业落户。但在后续的申请兑付时,存在地方政府以政策已经失效、公司已经注销或上市公司主体并非在该政府管辖范围内等理由,拒绝兑现当时承诺的招商引资优惠政策的情况。通过对本案例中A公司旗下矿业公司招商引资亿级政府财政奖励争议进行法律分析,对税收优惠政策的兑现问题进行探讨并提出相应建议。

一、案情简介

A公司为B公司控股股东,B公司通过资源整合等方式,成为b1、b2、b3三家矿业公司的100%全资控股股东。

2011年10月13日,A公司向××县政府提出税收优惠政策的请示,包括:申请对公司日常生产经营过程中的增值税、企业所得税、资源税等予以减免扶持;对三家矿业公司在上市过程的税费予以减免支持。2011年11月9日,××县政府作出复函1,同意A公司的申请,包括:(1)对三家矿业公司在上市改制规

---

* 本案涉及的集团公司因招商引资政策以及本地存在矿山经营实体而将整个集团公司的控股公司迁入西部某县,但因为各种原因,控股公司最终又迁回沿海地区。在此过程中,因为财政、政策理解差异等诸多原因,当地政府一直没有兑现财税优惠政策,故控股公司决定启动行政复议和行政诉讼方式,以寻求救济。

范工作中缴纳的税金及各项费用中属于县级地方财政收入部分予以等额奖励；(2)明确若能在规定的时间内实现上市目标，则采取一事一论的方式给予定向奖励，若未能在规定时间内实现上市，则按照已有的优惠文件给予一般性奖励。

2012 年 7 月 16 日，A 公司再次向 × × 县政府提出税收优惠政策的请示，申请将 B 公司及资产纳入复函 1 的优惠政策范围。2012 年 8 月 3 日，× × 县政府亦作出同意的复函 2。

由此，在 × × 县政府承诺给予招商引资优惠政策的前提下，B 公司将注册地址迁至该地，进一步整合矿业资源，通过定增的方式将旗下三家矿业公司纳入 A 股上市公司主体 C 公司，实现企业上市的目标，为当地的社会经济发展繁荣作出重大贡献。

2017 年以及 2019 年，B 公司分别向 × × 县政府提出申请，要求其兑现税收优惠政策下的奖励款项，直至 2019 年 12 月 26 日，× × 县政府作出正式的书面文件复函 3，以政策已经失效加之 B 公司已经注销，以及上市公司主体并非在 × × 县政府管辖范围内等为由，拒绝兑现当时承诺的招商引资优惠政策。

后续，B 公司被 A 公司吸收合并，因其注销，其权利义务依法由 A 公司承继。A 公司依法通过行政复议、行政诉讼等权利救济方式，依法维护自身的合法权益。在行政复议阶段，复议机关以该纠纷不属于受案范围为由，驳回了复议申请；在行政诉讼阶段，一审、二审法院作出判决：撤销 × × 政府曾经作出的拒绝兑现奖励政策的复函，明确 × × 县政府应该兑现优惠政策。其后，A 公司提请再审，再审维持一审、二审法院判决。

二、法律分析

(一)企业注销情形下，权利义务的承继

企业是否注销不影响是否享受招商引资优惠政策，在企业注销的情况下，其权利义务有明确的继受主体，依然可以享受相应的招商引资优惠政策。

首先，B 公司的注销登记合理合法。B 公司与 A 公司基于合理的商业安排，由 A 公司作为吸收方，而 B 公司作为被吸收方申请注销登记，双方通过合理合法的手续完成此次吸收合并的行为。根据 × × 县市场监督管理局出具的准予注销登记通知书，因 B 公司的注销登记申请符合法定形式，准予注销登记。

其次,B 公司注销后的权利依法由合并存续公司继受。《公司法》第 172 条规定:“公司合并可以采取吸收合并或者新设合并。一个公司吸收其他公司为吸收合并,被吸收的公司解散。两个以上公司合并设立一个新的公司为新设合并,合并各方解散。”第 174 条规定:“公司合并时,合并各方的债权、债务,应当由合并后存续的公司或者新设的公司承继。”结合本案的具体情况,在 B 公司因吸收合并已经注销的情况下,其权利义务的承继按照法律规定理应由合并存续后的公司即 A 公司承继。

因此,在 B 公司已经注销的情况下,A 公司作为吸收合并后存续的公司按照《公司法》之相关规定,成为 B 公司权利义务的继受主体,享有请求 × × 县政府兑现招商引资优惠政策的权利。

(二)优惠政策适用的原则

优惠政策理解与适用应遵循不溯及既往原则,除非另有法律法规明确规定,否则行政行为的效力应当以行为当时的法律法规政策之规定为准,并遵循保障纳税人利益原则。

首先,复函 1 和复函 2 合法有效,具有行政法上的拘束力。× × 县政府依据当时合法有效的文件精神作出复函 1、复函 2,明确在矿业权价款、土地出让金、增值税、企业所得税、资源税等方面给予相应的税收优惠,同时承诺给予 × × 万元的专项奖励。复函 1、复函 2 的作出是根据 A 公司的两次请示,依据的是当时合法有效的招商引资政策,因此复函 1、复函 2 是对 A 公司请示(要约)之复函(承诺),双方之间的此种权利义务设定基于真实合意,是合法有效并且对双方均具有拘束力的。

其次,政府行政行为应具有公信力。政府作出的行政行为相较于社会上的其他主体而言具有更高的权威性、更高的公信力,政策的调整或变更不是政府推翻当初行政行为的法定理由,也不是政府违背承诺和约定的借口。根据《国务院关于税收等优惠政策相关事项的通知》(国发〔2015〕25 号)的规定,各地区、各部门已经出台的优惠政策,有规定期限的,按规定期限执行;各地与企业已签订合同中的优惠政策,继续有效。否定复函 1、复函 2 的法律效力的行为违反国发〔2015〕25 号文的政策性规定,也会对政府公信力造成严重的不利影响。

(三)如何理解政策中涉及的“上市”概念

上市事项约定不明导致双方各有解读,但没有特别指出必须是首次公开募股(IPO),且因为××县政府承诺并答复给予招商引资的优惠政策,B公司才作出迁址行为,对当地的矿产资源进行优化整合,为当地的经济发展作出巨大贡献。

首先,定增也属于上市安排。资本运作是企业实现扩张的重要手段,IPO是企业进入资本市场的常见途径之一,但并非唯一的途径。企业选择进入资本市场的目的在于拓宽融资渠道,使其能够在资本市场上进行自由交易,因此能够实现这一目的的各种途径都应属于上市的范围。当然,为促进企业改制上市,当地省人民政府办公厅亦发布文件,根据该文件精神,引导企业根据自身实际和发展战略,选择相应的上市融资渠道,通过资本市场做大做强。鼓励有实力但暂不具备独立上市的企业通过重组、联合等方式,实现优势互补、借壳上市或重组上市。由此,双方虽然对企业上市有过约定,但是并未明确约定必须是IPO,因此企业有权依据自身的经营状况,作出合理的进入资本市场的上市安排。

其次,根据定增交易安排披露的上市报告书,本次定向发行新增股份的性质为有限售条件流通股,上市日为××××年××月××日。根据本次交易对方承诺的锁定期,本次发行对象认购的股份上市流通时间为××××年××月××日。也就是说,通过本次交易,实现了新增股份上市流通交易的目的,即××政府在招商引资条款中所要求的上市条件已然达成。若××县政府认为本案属于上市不成功行为,根据其当年作出的复函,即使无法按照一事一议论的方式享受定向奖励,也应按照一般性优惠政策给予企业对应的奖励,而非一概否认,认为企业无法获得任何优惠政策奖励。

再次,矿业公司通过定增,注入上市主体C公司,虽然C公司的注册地址并非在××政府辖区,但是矿业公司工商注册地址、税款缴纳地点均未发生变更,依旧在当地,且至今矿业公司依旧在从事生产经营活动。也就是说,××政府当地的财政收入并未有显著的减少或其他不利影响,相反,通过将当地企业注入上市公司的安排,拓宽了融资渠道,亦带动了当地的经济发展。因此,××政府以上市公司主体不在本地辖区为由,拒绝兑现当年的招商引资优惠政策,缺乏合理依据。

最后,招商引资政策直接导致迁址安排、整合矿产资源等行为的发生。正是因为××县政府承诺并答复给予优惠,B公司才迁址到当地,而迁址后又确实为当地提供了高额税收收入。试想,假如招商引资政策可以不兑现,那么B公司不可能迁址至当地，并作为数家矿业企业的集团公司，从而将主要税收贡献调整到××县政府的辖区。因此，××县政府不可援引各种不合理的理由，以拒绝兑现其承诺给予的优惠政策。

三、启示与思考

（一）行政案件受案范围的界定

行政诉讼受案范围直接关系到权利人能否得到权利救济的诉权，因此办理行政案件时，首先需要对受案范围进行清楚明晰的界定，这也是行政诉讼区别于其他诉讼的一个重要标志。

首先，行政诉讼受案范围，是指行政机关作出的具体行政行为，行政相对人不服时向人民法院起诉，人民法院予以受理的行政案件范围。我国的行政诉讼受案范围立法模式采用的是“概括＋肯定列举＋否定排除”的混合式。《行政诉讼法》第12条采取正向列举的方式，明确了属于行政诉讼受案范围的情形，而《行政诉讼法》第13条以及《最高人民法院关于适用〈中华人民共和国行政诉讼法〉的解释》（法释〔2018〕1号）第1条采取反向列举的方式，明确了不属于行政诉讼受案范围的情形。

其次，可诉行政行为包括以下类型：具体行政行为；行政事实行为；行政协议；法律、法规规定可以提起诉讼的其他行政案件。不可诉的行政行为则分为以下几种：行政机关内部行为一般不可诉；不对行政相对人的权利义务产生实际影响的行政行为（不产生外部法律效力的行为）不可诉；程序性/过程性行政行为不具有可诉性；法律规定的其他不可诉情形。

由此，根据《最高人民法院印发〈关于行政案件案由的暂行规定〉的通知》（法发〔2020〕44号）的规定，行政允诺属于具体行政行为，属于行政案件案由的范围。所谓行政允诺，一般是指行政主体为实现特定的行政管理目的（如招商引资、税收优惠等目的）而作出允诺为自身设定义务，从而达到指引或者激励相对人为一定行为的目的，即行政主体向行政相对人作出的当行政相对人达到一定的条件时即给予其利益回报的意思表示行为。换言之，允诺行为本身是一种抽象行政行为，当相对人出现时，该行为向具体行政行为转变且具有可诉性。因此，结合本案案情，××政府承诺给予招商引资奖励优惠政策，构成行政允诺，属于具体行政行为，自然属于受案范围。

(二)"法不溯及既往"原则的理解与适用

法具有指引作用，无论是确定的指引还是不确定的指引，都是为人们提供一个既定的行为模式，引导人们依法实施自己的行为，"法不溯及既往"是一项基本法治原则，其表现在不能通过现在的法律来规治以往的行为，其目的在于维护社会秩序的稳定性，保护人们期待的信赖利益。

首先，基于信赖利益保护原则，即行政相对人基于对现存有效的法律法规的信任，得以妥善地安排自身的生产、经营活动，不能够因为法律法规的制定或者修改，从而使其遭受不能够预见的损失，因此禁止法律溯及既往，以此维持法律生活的安定有序，保障行政相对人的既得利益，同时实现维护法律的尊严及权威性之目的。也就是说，法的安定性原则要求不溯及既往，要求法规政策适用的连续性、稳定性，即行政相对人基于信赖该法律状态所产生之法律上的地位应当予以保护。具体到本案中，××政府已经承诺给予招商引资优惠政策，即应贯彻执行，不能够以现行的政策来规治甚至否认以前行为的效力，即不能够否认当时政府行为的合法有效性。

其次，招商引资具有促进地方经济发展、增加就业机会、提高产业管理水平等优势。因此，当地政府或者行政机关为实现引进资金、带动地方经济发展、增加地方财税收入的行政管理目的，往往会采取给予企业优惠政策的方式，吸引企业项目的落地投资。具体到本案中，双方达成招商引资优惠政策，系真实意思表示，且不违反法律强制性规定，亦未超越当地政府的职权范围，理应属于有效，当地政府即应积极履行其兑现招商引资优惠政策的义务，而非找寻各种借口以规避自身的义务。

最后，我国的法治政府建设是一个循序渐进的过程，但政府作出的每一项承诺都具有高度公信力，除非作出承诺时已明确违反法律强制性规定，否则不能因政府换届、领导人调整或意志变化而随时变动。在当前处理历史遗留的地方政府的涉及税收优惠政策事项时，宜按照《国务院关于税收等优惠政策相关事项的通知》(国发〔2015〕25号)的精神处理，已经承诺的部分不能随意调整。

附录1:相关法律法规政策规定(略)

附录2:相关法律及涉税文书

附件1:××中级人民法院行政判决书

××中级人民法院
行政判决书

××号

原告:A公司
委托代理人:××
委托代理人:××
被告:××县政府
委托代理人:××

原告A公司因要求被告××县政府履行招商引资奖励义务,于2020年×月×日向本院提起行政诉讼。本院于同日立案后,于2020年×月×日向被告送达了起诉状副本及应诉通知书。本院依法组成合议庭,于2020年×月×日公开开庭审理了本案。原告A公司的委托代理人,被告××县政府副县长及委托代理人××到庭参加诉讼。本案现已审理终结。

B公司(2019年×月×日注销,被原告A公司吸收合并)于2019年×月×日向被告××县政府提出××号《请求兑现招商引资优惠政策的函》,请求被告××县政府按照《××市招商引资优惠办法》返还原告奖励税款××元。被告××县政府于2019年×月×日作出《××政府关于〈请求兑现招商引资优惠政策的函〉的复函》,主要内容:C公司注册登记机关为××省工商局,C公司注册地、工商、税务、统计等关系均不在××县范围内,不属于××市拟上市重点培育企业资源库备案管理,不能享受企业上市奖励。

原告A公司诉称:B公司原名××矿业投资有限公司,2007年经过整合成为b1公司、b2公司、b3公司的全资控股股东。2012年,在被告承诺并答复给予招商引资优惠政策的前提下，××股东会决议将“××矿业投资有限公司”名称变更为“××矿业集团有限公司”，注册地址迁至××县，住所地为××。2012年以来，B公司及其三家全资子公司为××县的经济社会发展繁荣作出重大贡献。2011年×月×日，原告A公司（系B公司股东）向被告上报《关于××投资××铅锌矿并上市申请财政扶持的请示》。2011年×月×日，被告作出《关于扶持××矿业上市暨招商引资给予优惠政策的复函》（×府函〔××〕×号），同意并予以支持。2012年×月×日，A公司向被告上报《关于××集团迁建××享受优惠政策的请示》，申请将B公司及资产纳入×府函〔××〕×号文件的招商奖励范围。2012年×月×日，被告作出《关于对××矿业集团迁建××享受优惠政策请示的复函》（×府函〔××〕×号），同意将B公司及资产纳入招商奖励范围。2017年×月×日，B公司向被告发出《请求兑现招商引资优惠政策的函》（×集〔××〕××号），申请被告兑现2013年×月×日至2016年×月×日应返还的人民币××元奖励税款。2019年×月×日，B公司向被告发出《请求兑现招商引资优惠政策的函》（×集〔××〕××号），申请被告兑现2017年×月×日至2018年×月×日应返还的××元奖励税款。2019年×月×日，被告作出《××政府关于〈请求兑现招商引资优惠政策的函〉的复函》，明确拒绝兑现招商引资优惠政策。经核算，被告应返还的奖励税款总额为人民币××元。后B公司被A公司吸收合并，B公司于2019年×月×日注销，其权利依法由A公司（原告）承继。被告应依法给予原告招商引资政策奖励款，理由如下：一、原告作为权利义务的继受主体，依然可以享受相应的招商引资优惠政策，被告以企业已于2019年×月×日注销为由，拒绝兑现招商引资优惠政策于法无据；二、行政行为的效力应以行为当时的法律法规政策之规定为准，即使2014年×月×日《××市招商引资优惠办法》（×府办发〔2014〕××号）第十一条规定废止2011年印发的《××市招商引资优惠办法（试行）》（×府办发〔2011〕××号），也无法影响依据当时的法律法规政策作出复函的法律效力；三、上市事项约定不明导致双方各有解读，但没有特别指出必须是IPO，且因为被告承诺并答复给予招商引资的优惠政策才导致迁址情况的发生，并且在迁址后为××县的经济发展作出巨大贡献。被告以上市公司为C公司为由，认为C公司的注册地址在××省而非××县，拒绝兑现招商引资优惠政策，于理不合，于法无据。综上所述，原告认为，被告于2019年×月×日作出的《××政府关于〈请求兑现招商引资优惠政策的函〉的复函》这一行政行为违反了此前给A公司的答复和约定，侵害了原告的合法权益，损害了政府政策实施的权威性、稳定性和公信力。请求：1.撤销被告于2019年×月×日作出的《××政府关于〈请求兑现招商引资优惠政策的函〉的复函》；2.判令被告按照招商引资优惠政策以及相关法律法规政策之规定给予奖励款项，合计人民币××元。

原告A公司向本院提交以下证据：1.（×）登记内销字〔××〕第××号《准予注销登记通知书》，证明B公司因吸收合并依法注销，A公司为其权利义务承继主体；2.登记内变字〔2019〕第××号《准予变更登记通知书》，证明A公司吸收合并B公司；3.《关于××投资××铅锌矿并上市申请财政扶持的请示》，证明A公司与××县政府对招商引资优惠政策进行磋商；4.×府函〔××〕××号《关于扶持泛华集团普定矿业上市暨招商引资给予优惠政策的复函》，证明××县政府同意给予B公司优惠政策奖励；5.《关于××集团迁建普定享受优惠政策的请示》、×府函××号《关于××集团迁建××享受优惠政策请示的复函》，证明A公司向××县政府就B公司及资产是否纳入×府函〔××〕××号文件的招商奖励范围的请示，被告同意将B公司及资产纳入×府函××号文件的招商引资奖励范围；6.××集××号《请求兑现招商引资优惠政策的函》、××集××号《请求兑现招商引资优惠政策的函》，证明××县人民政府申请兑现奖励税款；7.《关于〈请求兑现招商引资优惠政策的函〉的复函》，证明××县政府拒绝兑现奖励税款；8.税款缴纳证明及明细表，证明××县政府应兑现奖励税款合计××元；9.×市行复驳字××号《驳回行政复议决定书》，证明××市人民政府驳回××申请××政府兑现招商引资优惠政策的行政复议申请；10.证监许可××号《关于核准××股份有限公司向××发行股份购买资产的批复》，证明中国证券监督管理委员会同意××股份有限公司向××有限公司发行股份购买其资产；证监许可××号《关于核准××公告××股份有限公司收购报告书并豁免其要约收购义务的批复》，证明中国证券监督管理委员会对××公告××股份有限公司收购报告书表示无异议……12.《关于发行股份购买资产暨重大资产重组之资产过户完成的公告》，证明××股份有限公司通过发行股份购买××资产，即××矿业、××矿业100%股权，自2013年×月×日起已经合法持有该标的资产100%股权；13.《××股份有限公司关于完成注册资本工商变更登记的公告》，证明××股份有限公司发行购买资产暨重大资产重组的股本总额变更，已于2013年完成工商变更登记；14.《发行股份购买资产实施情况暨新增股份上市报告书》，证明××股份有限公司发行股票购买新增的股份于2013年×月×日首日上市；15. ××矿业土地出让金、契税支付凭证（包括××市政府非税收入一般缴款书三份、电子转账凭证二份、中国建设银行网上银行电子回单一份、税收通用缴款书一份），证明××矿业已支付土地出让金××元以及契税××元；16. ××矿业的矿业权价款支付凭证（一般缴款书二份），证明××矿业已支付矿业权价款××元；17. ××矿业资源税、增值税、企业所得税支付凭证（国家税务总局××县税务局第二税务分局出具的证明六份，税收完税证明五份），证明××矿业已支付资源税、增值税、企业所得税××元；18. ××矿业土地出让金、契税支付凭证（××市政府非税收入一般缴款书二份、电子转账凭证二份税收通用缴款书一份），证明××矿业已支付土地出让金计××元、契税××元；19. ××矿业矿业权价款支付凭证（一般缴款书二份），证明××矿业已支付矿业权价款××元；20. ××矿业资源税、增值税、企业所得税支付凭证（国家税务总局××县税务局第二税务分局出具的证明五份，税收完税证明五份），证明××矿业已支付资源税、增值税、企业所得税××元；21. ××矿业土地出让金支付凭证（××市政府非税收入一般缴款书二份、电子转账凭证二份、××省政府非税收入一般缴款书二份），证明普定县××矿业有限公司已支付土地出让金××元；22. ××矿业矿业权价款支付凭证（一般缴款书一份），证明××矿业已支付矿业权价款××元；23. ××矿业资源税、增值税、企业所得税支付凭证（国家税务总局××县税务局第二税务分局出具的证明三份，税收完税证明六份），证明××矿业已支付资源税、增值税、企业所得税××元；24. ××增值税、企业所得税支付凭证（国家税务总局××县税务局第二税务分局出具的证明二份），证明××已支付增值税、企业所得税××元；25. ×税函××号《关于××退税的函》，证明原告应按照上市情况获得优惠政策的奖励；26. 退税的电汇凭证，证明原告的税费缴纳凭证；27. ×府办发××号《关于加快推进企业改制上市工作的意见》、《××市招商引资优惠办法（试行）》、×府办发××号《××市人民政府办公室关于印发〈××市招商引资优惠办法〉的通知》、《国家统计局关于修订〈三次产业划分规定的通知》，证明××省人民政府的意见书明确了拓宽上市渠道中的重组上市的正常理解和指导性理解，原告可以享受相应的优惠政策；28. 国有建设用地使用权出让合同（编号：××）及国有建设用地交地确认书、国有建

设用地使用权出让合同（编号：××）及国有建设用地交地确认书、国有建设用地使用权出让合同（编号：××）及国有建设用地交地确认书、国有建设用地使用权出让合同（编号：××），证明被告应对原告履行奖励款项的计算依据；29. ××矿业（2015～2019年）审计报告一本、××矿业（2014～2019年）审计报告一本、××矿业（2014～2019年）审计报告一本、××2016年审计报告一本、××2017年审计报告一本、××矿业固定资产清单三本（2013年前清单、2017～2019年清单、2014～2017年清单各一本）、××矿业固定资产清单二本（2012～2017年清单、2018～2020年清单各一本）、××矿业在建工程清单一本、××矿业在建工程清单一本、××矿业固定资产清单一本，证明原告固定资产投资情况。

被告××县政府辩称：一、原告曲解×府办发××号《关于加快推进企业改制上市工作的意见》和×府函××号《关于扶持××矿业上市暨招商引资给予优惠政策的复函》，该意见第二条第六款虽然有"借壳上市或重组上市"的说法，但该意见的本意是推进省内企业作为上市主体上市，在没有特别约定的情况下，不能认定被告同意采取"借壳上市或重组上市"。正因如此，在×府函××号《关于扶持××矿业上市暨招商引资给予优惠政策的复函》及×府函××号《关于对××集团迁建××享受优惠政策请示的复函》中均强调"尽快推动我县首家企业上市"，说明上市的主体是"××县县域企业"，原告采取注入上市公司的方式，显然不符合"××县县域企业"上市的条件。故原告请求按照上市公司的奖励政策获得奖励没有事实根据。二、关于其他奖励。因被告作出×府函××号《关于扶持××矿业上市暨招商引资给予优惠政策的复函》时，×府办发××号《关于印发〈××市招商引资优惠办法（试行）〉的通知》尚未出台，在被告未与原告在该文件出台后就招商引资优惠政策重新达成合意的情况下，被告没有按照该文件对原告进行奖励的义务。综上，奖励是按双方达成的合意进行的，并非政府法定义务，因原告申请的奖励，部分未满足双方合意，部分没有达成合意，不应予以支持。请求依法驳回原告的诉讼请求。

被告××县政府向本院提交以下证据：1. ×府函××号《关于扶持××矿业上市暨招商引资给予优惠政策的复函》，证明被告已针对××有限公司对招商引资的上市情况作出税费奖励的内容，但该函第二条说明上市公司的主体必须是××，即必须以××的企业名义上市；2. ×府函××号《关于对××集团迁建××享受优惠政策请示的复函》，证明该份复函重点强调了必须是××县当地的企业上市，并非其他地区企业进行上市；3.《××政府关于〈请求兑现招商引资优惠政策的函〉的复函》，证明获得优惠政策的前提是上市公司主体是××县的企业，而非其他地区的企业；4. ×府办发××号《关于印发〈××市招商引资优惠办法（试行）〉的通知》、×府办发××号《××市人民政府办公室关于印发〈××市招商引资优惠办法〉的通知》，证明××市招商引资优惠政策的相关规定；5. 国家税务总局××县税务局出具的××、××矿业、向荣矿业、××矿业企业年份及税种统计表，×府专议××号《关于××公司等九宗国有土地使用权出让成本核算的会议纪要》，××县国有土地使用权出让收入（土地承办拨款）审批表三份（××矿业、××矿业、××矿业各一份），证明案涉企业在每一年度的缴税情况以及国有土地出让的净收益情况。

本院依职权调取××矿业、××矿业、××矿业、××集团的企业登记信息，证明××矿业于2007年7月26日成立，××矿业于2001年8月27日成立，××矿业于2006年6月9日成立，××于2012年7月24日成立。

经庭审质证，原告××对被告××县政府提交的证据1～4的真实性无异议，但认为不能达到证明目的；对证据5中的企业年份及税种统计表，认为具体缴纳税款的数额应以原告提交的为准；对证据5中的×府专议××号《关于××等九宗国有土地使用权出让成本核算的会议纪要》及××县国有土地使用权出让收入（土地承办拨款）审批表，认为按照××县政府的承诺是返还土地出让金，而非土地出让净收益，与本案无关联。

被告××县政府对原告提交的证据1～3、5、7、9无异议；对证据4的真实性无异议，但认为不能达到证明目的；对证据6中的×集××号《请求兑现招商引资优惠政策的函》，因被告从未收到，真实性有异议；对证据6中的××集××号《请求兑现招商引资优惠政策的函》无异议；对证据8的真实性无异议，但认为原告主张按照上市公司奖励缺乏依据；对证据10～26的真实性无异议，但认为不能达到证明目的，原、被告双方达成的协议是××以××企业进行上市，并非与××有限公司重组，原告以资产重组方式上市并未对××的经济带来发展；对证据27的真实性无异议，但认为不能达到证明目的；对证据28、29，认为2014年的招商引资政策不应被适用，该证据与本案无关联，不能达到证明目的。原告××及被告××县政府对本院调取的证据均无异议。

本院对上述证据认证如下：对原告提交的××集××号《请求兑现招商引

资优惠政策的函》,因被告陈述未收到,原告亦未提交被告收到该函的证据,故不予采信;对国家税务总局××县税务局第二税务分局于2020年×月×日出具的××矿业2014年1月1日至2014年12月31日、2015年1月1日至2015年12月31日、2016年1月1日至2016年12月31日、2017年1月1日至2017年12月31日缴纳增值税、企业所得税的证明各一份共四份,××矿业2014年1月1日至2014年12月31日、2015年1月1日至2015年12月31日、2016年1月1日至2016年12月31日、2017年1月1日至2017年12月31日缴纳增值税、企业所得税的证明各一份共四份,××矿业2014~2018年税收完税证明共五份、××矿业2014~2018年税收完税证明共五份,因自2013年10月24日起,××矿业、××矿业100%的股权已变更登记至××股份有限公司,故××矿业、德荣矿业于2014年后缴纳的税款与本案无关联,不予采信;对×市行复驳字××号《××市人民政府驳回行政复议决定书》,因针对该行政复议决定,原告已另案提起诉讼,且原告针对原复函已向本院提起本案诉讼,基于行政诉讼及行政复议程序只能二选一的原则,该驳回行政复议决定与本案无关联,不予采信;对××矿业2018年、2019年、2020年税收完税证明各一份,××矿业固定资产2018~2020年清单一本、××矿业在建工程清单中2014年以后的部分,××2014~2019年审计报告中2018年以后的部分,因××于2017年2月将××矿业注入××股份有限公司,自2017年2月起,××股份有限公司为××矿业的股东,故××矿业于2017年2月后缴纳的税款、产生的固定资产投资情况及审计报告与本案无关联,不予采信;对××矿业固定资产2014~2017年清单、2017~2019年清单、××矿业2014~2019年审计报告,××矿业在建工程清单及固定资产清单中的2014年后的部分、××矿业2014~2019年审计报告,因自2013年10月起,××矿业、××矿业100%的股权已变更登记至××股份有限公司,故××矿业、××矿业于2014年后的固定资产投资情况及审计报告与本案无关联,不予采信。对被告提交的国家税务总局××县税务局企业年份和税种统计表,因该表与原告提交的纳税证明等证据部分内容不一致,且对于原告提交的纳税证明被告对真实性无异议,对于原告纳税情况应以原告提交的纳税证明为主,不予采信。对原告及被告提交的其余证据以及本院依职权调取的证据,因与本案有关联,来源合法,客观真实,均予以采信。

经审理查明:2007年,原××有限公司经过整合成为××矿业、××矿业、

××矿业三家公司的全资控股股东。2011年10月16日，原告××向被告××县人民政府上报《关于××投资××铅锌矿并上市申请财政扶持的请示》，向被告××县政府申请根据贵州省、市、县三级政府招商引资及省政府对企业上市扶持的相关优惠政策给予扶持，即对上市过程中需要补缴税费的财政支持以及公司开始生产经营后的优惠政策扶持。2011年11月9日，被告××县政府作出×府函××号《关于扶持××矿业上市暨招商引资给予优惠政策的复函》，主要内容：为大力支持企业上市前各项工件，尽快推动我县首家企业上市，决定：一、同意对××矿业控股矿业公司（××矿业、××矿业、××矿业、××矿业有限责任公司）在上市改制规范工作中缴纳的税金及各项费用中属县级地方财政收入部分予以等额奖励；二、根据《××省人民政府办公厅关于加快推进企业改制上市工作的意见》（×府办发××号）和《××市招商引资优惠办法》（×府办发××号）文件精神，对××矿业实行一事一议、一企一策的办法支持××矿业上市。（一）在2012年上市成功，到2016年止，在增值税、企业所得税、资源税上县级地方分成部分给予企业100%的奖励，2017～2018年给予企业50%的奖励。同时，县政府给予企业500万元的专项奖励。（二）在2013年上市成功，到2016年止，在增值税、企业所得税、资源税上县级地方分成部分给予企业100%的奖励；2017～2018年，根据企业申请，给予企业50%的奖励。（三）至2013年仍未上市成功，按照《××市招商引资优惠办法》第四条第一款表四所列第二项产业园区外一般工业企业予以奖励。2012年7月16日，原告××向被告××县人民政府上报《××关于××迁建××享受优惠政策的请示》，称为了上市的需要，集团公司已将矿业资产重组，并决定将××投资有限公司迁往××注册，请示将××有限公司及××资产纳入×府函××号《关于扶持××矿业上市暨招商引资给予优惠政策的复函》中招商奖励范围。2012年×月×日，原××迁往贵州省安顺市普定县注册，名称为××有限公司。2012年×月×日，××政府作出×府函××号《关于对××迁建××享受优惠政策请示的复函》，主要内容：为大力支持企业上市前各项工作，尽快推动我县首家企业上市，经县人民政府研究，作出如下决定：一、同意××公司迁往××注册，集团名称以工商部门核准的为准；二、原则同意将××公司及××资产纳入×府函××号文件的招商奖励范围。2013年×月×日，中国证券监督管理委员会作出证监许可××号《关于核准××股份有限公司向××有限公司发行股份购买资产的批复》，批复核准×

××股份有限公司向××发行××股股份购买相关资产。同日,中国证券监督管理委员会作出证监许可××号《关于核准××有限公司公告××股份有限公司收购报告书并豁免其要约收购义务的批复》,批复核准豁免××因非公开发行股份而持有××股份有限公司××股股份,约占该公司总股本的32.37%而应履行的要约收购义务。2013年×月×日,××股份有限公司作出《关于发行股份购买资产暨重大资产重组之资产过户完成的公告》,称2013年×月×日,本次发行股份购买资产之标的资产××矿业和××矿业100%股权已完成工商变更登记手续,××持有的××矿业和××矿业100%股权已经变更登记至本公司名下,本公司已合法拥有××矿业和××矿业100%股权。2017年×月,××将××矿业注入××股份有限公司。现××矿业、××矿业、××矿业的股东均为××股份有限公司。2019年×月×日,××向被告××县政府提出×集××号《请求兑现招商引资优惠政策的函》,要求被告××县政府返还奖励税款××元。2019年×月×日,因××合并为××,××被注销。2019年×月×日,被告××政府作出《关于〈请求兑现招商引资优惠政策的函〉的复函》,主要内容为:××股份有限公司注册登记机关为××省工商局,××股份有限公司注册地、工商、税务、统计等关系均不在××县范围内,不属于××市拟上市重点培育企业资源库备案管理,不能享受企业上市奖励。原告××作为××的权利义务承继方,不服被告××县政府作出的《关于〈请求兑现招商引资优惠政策的函〉的复函》,向本院提起诉讼,提出如上诉请。

另查明,××集团2013年缴纳增值税××元。××矿业2013年缴纳增值税××元,缴纳企业所得税××元。××矿业2015年缴纳增值税××元;2016年缴纳增值税××元,缴纳企业所得税××元;2017年缴纳增值税××元,缴纳企业所得税××元。××集团2016年缴纳增值税××元,缴纳企业所得税××元;2017年缴纳增值税××元,缴纳企业所得税××元。2011~2012年,××矿业支付××035号、036号、040号、041号、042号、044号、045号地块土地出让金××元,该地块政府土地出让净收益为0元;××矿业支付××043号地块土地出让金××元,该地块政府土地出让净收益为0元;××矿业支付××037号、038号、039号地块土地出让金××元,该地块政府土地出让净收益为0元。2015年,××矿业支付位于××面积为××平方米的土地出让金××元。2016年×月×日前增值税分成比例为县级15%,市级11%。2016年5月1日后增值税分成比例为县级29%，市级9.5%。企业所得税分成比例为县级24%，市级8%。

本院认为：本案的争议焦点如下：一、××是否属于重整上市；二、被告应否向原告支付招商引资奖励款项；三、如被告××政府应当支付招商引资奖励款项，应当支付多少奖励款项。

一、关于××是否属于重整上市的问题

企业重组上市是指将企业资产、业务和人员等要素进行重新组合，按照《中华人民共和国公司法》《中华人民共和国证券法》的要求设立股份有限公司并发行新股上市交易的活动。依据《上市公司重大资产重组管理办法》第二条的规定，重大资产重组是指上市公司及其控股或者控制的公司在日常经营活动之外购买、出售资产或者通过其他方式进行资产交易达到规定的比例，导致上市公司的主营业务、资产、收入发生重大变化的资产交易行为。本案中，××股份有限公司向××非公开发行股份收购××持有的××矿业、××矿业、××矿业100%股份的交易行为仅是××股份有限公司的重大资产重组行为。因××不能因该交易行为使其发行新股上市交易，××也不是××股份有限公司的实际控制人，故××股份有限公司向××非公开发行股份收购××持有的××矿业、××矿业、××矿业100%股份的交易行为对××而言，仅是出让××矿业、××矿业、××矿业获得××股份有限公司相应股份的交易行为，并非××本身的重组上市。故原告主张××属于企业重组上市的理由不能成立，本院不予支持。

二、关于被告应否向原告支付招商引资款项的问题

虽然本案中原告与被告未签订招商引资协议，但是从《关于××投资××铅锌矿并上市申请财政扶持的请示》、×府函××号《关于扶持××矿业上市暨招商引资给予优惠政策的复函》、《关于××迁建××享受优惠政策的请示》、×府函××号《关于对××迁建××享受优惠政策请示的复函》中能够确定原告属于被告招商引资的企业，且双方招商引资权利义务确定前，××市人民政府已作出×府办发××号《关于印发〈××市招商引资优惠办法(试行)〉的通知》，结合被告×府函××号《关于扶持××上市暨招商引资给予优惠政策的复函》中关于原告至2013年仍未上市成功，按照《××市招商引资优惠办法》第四条第一款表四所列第二项产业园区外一般工业企业予以奖励的内容，原告应以产业园区外一般工业企业按照×府办发××号《关于印发〈××市招商引资优惠办

法(试行)〉的通知》的规定享受相应的招商引资奖励。被告辩称原告未成功上市,其没有按照招商引资政策对原告进行奖励义务的理由不能成立,本院不予支持。

三、关于原告应获得的具体奖励款项问题

根据×府办发××号《关于印发〈××市招商引资优惠办法(试行)〉的通知》的规定,对于原告应享受的奖励款项分为土地出让奖励(用地优惠)和企业所得税、增值税、城市土地使用税的税收奖励。

(一)对于土地出让奖励。×府办发××号《关于印发〈××市招商引资优惠办法(试行)〉的通知》第三条第一款规定,投资工业项目用地采取招、拍、挂方式,按国家规定最低出让价出让,并根据项目投资规模、科技含量、社会效益以及是否进入产业园区等因素划分项目类别,确定国有土地出让净收益的不同比例,由受益财政等额列支奖励给企业,用于支持项目建设,产业园区外一般工业项目固定投资额度1000万元至5000万元返还50%,5000万元以上返还80%。因××矿业××035号、036号、040号、041号、042号、044号、045号地块,××矿业××043号地块,××矿业××037号、038号、039号地块的土地出让净收益为0,故对××矿业、××矿业、××矿业支付的上述土地出让金不应予以返还奖励。对于××矿业2015年支付位于××面积为××平方米土地出让金××元是否应当返还的问题。因被告××县人民政府未提交证据证明该土地出让的净收益,应承担举证不能的法律后果,故对该地块的土地出让净收益应认定为××元。因××股份有限公司于2017年×月享有××矿业100%股权,自2017年×月起,××矿业不再是××的全资子公司,故对于××矿业的固定资产投资情况应计算至2017年×月,结合原告提交的××矿业固定资产投资情况表,××矿业自2012年至2017年×月的固定资产投资额为××元,故被告应将该地块土地出让金的50%即××元作为土地出让奖励支付给原告。对于原告主张的土地出让金契税的返还问题,因没有法律及其他规范性文件的依据,本院不予支持。综上,被告应向原告支付土地出让奖励××元。原告要求被告返还土地出让金及契税××元没有事实根据及法律依据,本院不予支持。被告主张土地出让金不应予以返还的理由不能成立,本院不予支持。

(二)关于企业所得税、增值税、城市土地使用税的税收奖励。×府办发××号《关于印发〈××市招商引资优惠办法(试行)〉的通知》第四条第一款规定,新建工业生产性项目、产业园区标准化厂房项目，从纳税年度起五年内，企业所得税、增值税、城镇土地使用税市及县区留成部分按相应比例由受益财政等额列支奖励给企业，用于支持项目建设，其中产业园区外一般工业项目第一年100%、第二年100%、第三年50%、第四年50%、第五年50%。纳税年度是指对纳税人满12个月的生产经营所得计征所得税所确定使用的一种年度，即企业的第一个纳税年度是以其实际经营开始计算的。因原告未提供证据证明其实际缴纳税款年度就是其实际经营年度，故对于原告主张第一个纳税年度应以××矿业、××矿业、××矿业以及××实际缴纳税款的起始年度予以确定没有事实根据及法律依据，本院不予支持。因原、被告双方系于2011年确定招商引资权利义务关系，且从原告提交的采矿权收据中能够看出，××矿业、××矿业、××矿业支付的采矿权相应价款均是在2013年前，被告亦认可纳税年度应从2013年起算，故对于第一个纳税年度的起算时间应确定为2013年。因自2013年×月×日起，××股份有限公司已收购××矿业、××矿业100%的股权，故原告无权主张××矿业、××矿业2014年及以后的税收奖励。因自2017年2月起，××股份有限公司已收购××矿业100%的股权，故原告无权主张××矿业2017年及以后的税收奖励。因××属于整合型企业，没有具体的经营项目，其缴纳的税款是不明其意××矿业以及其他股份所得的企业所得税和增值税，故××所缴税收不应享受税收奖励。综上，原告应享受的税收奖励：1. ××矿业：按照××矿业2013年缴纳增值税税款市、县级财政留存部分计算100%返还奖励，即××元。2. ××矿业：按照××矿业2013年缴纳增值税、企业所得税税款市、县级财政留存部分计算100%返还奖励，即××。3. ××矿业：按照××矿业2016年、2017年缴纳的增值税及企业所得税税款市、县级财政留存部分50%返还奖励，且因自2016年×月×日起，增值税的地方分成比例进行调整，且原告提交的证据仅是××矿业2016年×月×日至2016年×月×日缴纳增值税的情况证明，不能区分2016年×月×日前应缴税额和2016年×月×日后应缴税额，故本院酌情按照所占月份比例进行确定，即××矿业税收奖励为××元。原告应享受的税收奖励共计××元。

综上所述，被告××县政府应向原告××支付土地出让奖励××元，税收奖励××元。被告××县政府于2019年×月×日作出的《×县人民政府关于〈请求兑现招商引资优惠政策的函〉的复函》主要证据不足，明显不当，依法应予撤销。原告的诉讼请求理由成立的部分,本院予以支持。被告辩称的理由不能成立,本院不予支持。据此,依照《中华人民共和国行政诉讼法》第六十九条、第七十条第(一)项、第七十三条的规定,判决如下。

一、撤销被告××县政府于2019年×月×日作出的《××政府关于〈请求兑现招商引资优惠政策的函〉的复函》。

二、被告××县政府于本判决生效之日起三十日内向原告××支付土地出让奖励××元。

三、被告××县政府于本判决生效之日起三十日内向原告××支付税收奖励××元。

四、驳回原告其他诉讼请求。

案件受理费50元,由被告××县政府负担。

如不服本判决,可以在判决书送达之日起十五日内向本院递交上诉状,并按对方当事人的人数提出副本,上诉于××省高级人民法院。

××市中级人民法院

××××年××月××日

附件2:××高级人民法院行政判决书××号

××高级人民法院

行政判决书

××号

上诉人(一审原告):××

法定代表人:××

委托诉讼代理人:××

委托诉讼代理人:××

被上诉人(一审被告):××

法定代表人:××

上诉人××有限公司(以下简称××)因诉被上诉人××县人民政府履行招商引资奖励义务一案不服××省××市中级人民法院××号行政判决,向本院提起上诉。本院受理后,依法组成合议庭审理了本案,现已审理终结。

一审经审理查明:2007年,原××有限公司经过整合成为××矿业、××矿业、××矿业三家公司的全资控股股东。2011年×月×日,原告××向被告××县人民政府上报《关于××投资××铅锌矿并上市申请财政扶持的请示》,向被告××县人民政府申请根据××省、市、县三级政府招商引资及省政府对企业上市扶持的相关优惠政策给予扶持,即对上市过程中需要补缴税费的财政支持以及公司开始生产经营后的优惠政策扶持。2011年×月×日,被告××县人民政府作出×府函××号《关于扶持××矿业上市暨招商引资给予优惠政策的复函》,主要内容:为大力支持企业上市前各项工作,尽快推动我县首家企业上市,决定:一、同意对××矿业控股矿业公司(××矿业、××矿业、××矿业、××有限责任公司)在上市改制规范工作中缴纳的税金及各项费用中属县级地方财政收入部分予以等额奖励。二、根据《××省人民政府办公厅关于加快推进企业改制上市工作的意见》(×府办发××号)和《××市招商引资优惠办法》(×府办发××号)文件精神,对××矿业实行一事一议、一企一策的办法支持××矿业上市。(一)在2012年上市成功,到2016年止,在增值税、企业所得税、资源税上县级地方分成部分给予企业100%的奖励,2017~2018年给予企业50%的奖励。同时,县政府给予企业500万元的专项奖励。(二)在2013年上市成功,到2016年止,在增值税、企业所得税、资源税上县级地方分成部分给予企业100%的奖励;2017年至2018年,根据企业申请,给予企业50%的奖励。(三)至2013年仍未上市成功,按照《××市招商引资优惠办法》第四条第一款表四所列第二项产业园区外一般工业企业予以奖励。2012年×月×日,原告××向被告××县人民政府上报《××关于××迁建××享受优惠政策的请示》,称为了上市的需要,集团公司已将矿业资产重组,并决定将××矿业投资有限公司迁往××注册,请示将××投资有限公司及××资产纳入×府函××号《关于扶持矿业上市暨招商引资给予优惠政策的复函》中招商奖励范围。2012年×月×日,原××投资有限公司迁往××省××市××县注册,名称为××矿业集团有限公司。2012年×月×日,××县人民政府作出×府函××号《关于对××集团迁建××享受优惠政策请示的复函》,主要内容为:为大力支持企业上市前各项工作,尽快推动我县首家企业上市,经县人民政府研究,作出如下决定:一、同意××有限公司迁往××注册,集团名称以工商部门核准的为准。二、原则同意将

××矿业投资有限公司及××资产纳入×府函××号文件的招商奖励范围。2013年×月×日,中国证券监督管理委员会作出证监许可××号《关于核准××股份有限公司向××集团有限公司发行股份购买资产的批复》,批复核准××股份有限公司向××集团发行××股股份购买相关资产。同日,中国证券监督管理委员会作出证监许可××《关于核准××矿业集团有限公司公告××股份有限公司收购报告书并豁免其要约收购义务的批复》,批复核准豁免××集团因非公开发行股份而持有××股份有限公司××股股份,约占该公司总股本的32.37%而应履行的要约收购义务。2013年×月×日,××股份有限公司作出《关于发行股份购买资产暨重大资产重组之资产过户完成的公告》,称2013年×月×日,本次发行股份购买资产之标的资产××矿业和××矿业100%股权已完成工商变更登记手续,××持有的××矿业和××矿业100%股权已经变更登记至本公司名下,本公司已合法拥有××矿业和××矿业100%股权。2017年×月,××集团将××矿业注入××股份有限公司。现××矿业、××矿业、××矿业的股东均为××股份有限公司。2019年×月×日,××集团向被告××县人民政府提出××集××号《请求兑现招商引资优惠政策的函》,要求被告××县人民政府返还奖励税款××元。2019年×月×日,因××合并为××,故××集团被注销。

2019年×月×日,被告××县人民政府作出《关于〈请求兑现招商引资优惠政策的函〉的复函》,主要内容:××股份有限公司注册登记机关为××省工商局,××股份有限公司注册地、工商、税务、统计等关系均不在××县范围内,不属于××市拟上市重点培育企业资源库备案管理,不能享受企业上市奖励。原告××作为××集团的权利义务承继方,不服被告××县人民政府作出的《关于〈请求兑现招商引资优惠政策的函〉的复函》,向一审法院提起诉讼,请求:1.撤销被告于2019年×月×日作出的《××县人民政府关于〈请求兑现招商引资优惠政策的函〉的复函》;2.判令被告按照招商引资优惠政策以及相关法律法规政策之规定给予奖励款项,合计人民币××元。

另查明,××集团2013年缴纳增值税××元。××矿业2013年缴纳增值税××元,缴纳企业所得税××元。××矿业2015年缴纳增值税××元;2016年缴纳增值税××元,缴纳企业所得税××元;2017年缴纳增值税××元,缴纳企业所得税××元。××集团2016年缴纳增值税××元,缴纳企业所得税××

元;2017年缴纳增值税××元,缴纳企业所得税××元。2011~2012年,××矿业支付××035、036、040、041、042、044、045地块土地出让金××元,该地块政府土地出让净收益为0元;××矿业支付××043号地块土地出让金××元,该地块政府土地出让净收益为0元;××矿业支付××037、038、039号地块土地出让金××元,该地块政府土地出让净收益为××元。2015年,××矿业支付位于××面积为××平方米的土地出让金××元。2016年×月×日前增值税分成比例为县级15%,市级11%。2016年5月1日后增值税分成比例为县级29%,市级9.5%。企业所得税分成比为县级24%,市级8%。

一审法院认为,本案的争议焦点是:一、××集团是否属于重整上市;二、被告应否向原告支付招商引资奖励款项;三、如被告××县人民政府应当支付招商引资奖励款项,应当支付多少奖励款项。

一、关于××集团是否属于重整上市的问题

企业重组上市是指将企业资产、业务和人员等要素进行重新组合,按照《中华人民共和国公司法》《中华人民共和国证券法》的要求设立股份有限公司并发行新股上市交易的活动。依据《上市公司重大资产重组管理办法》第二条的规定,重大资产重组是指上市公司及其控股或者控制的公司在日常经营活动之外购买、出售资产或者通过其他方式进行资产交易达到规定的比例,导致上市公司的主营业务、资产、收入发生重大变化的资产交易行为。本案中,××股份有限公司向××集团非公开发行股份收购贵州泛华集团持有的××矿业、××矿业、××矿业100%股份的交易行为仅是××股份有限公司的重大资产重组行为。因××集团不能因该交易行为使其发行新股上市交易,××集团也不是××股份有限公司的实际控制人,故××股份有限公司向××集团非公开发行股份收购××集团持有的××矿业、××矿业、××矿业100%股份的交易行为对××集团而言,仅是出让××矿业、××矿业、××矿业获得××股份有限公司相应股份的交易行为,并非××集团本身的重组上市。故原告主张××集团属于企业重组上市的理由不能成立,一审法院不予支持。

二、关于被告应否向原告支付招商引资款项的问题

虽然本案中原告与被告未签订招商引资协议,但是从《关于××投资××铅锌矿并上市申请财政扶持的请示》、×府函××号《关于扶持××上市暨招商引资给予优惠政策的复函》、《关于××集团迁建××享受优惠政策的请示》、×

府函××号《关于对××矿业集团迁建××享受优惠政策请示的复函》中能够确定原告属于被告招商引资的企业,且双方招商引资权利义务确定前,××市人民政府已作出×府办发××号《关于印发〈××市招商引资优惠办法(试行)〉的通知》,结合被告×府函××号《关于扶持××矿业上市暨招商引资给予优惠政策的复函》中关于原告至2013年仍未上市成功,按照《××市招商引资优惠办法》第四条第一款表四所列第二项产业园区外一般工业企业予以奖励的内容,原告应以产业园区外一般工业企业按照×府办发××号《关于印发〈××市招商引资优惠办法(试行)〉的通知》的规定享受相应的招商引资奖励。被告辩称原告未成功上市,其没有按照招商引资政策对原告进行奖励义务的理由不能成立,一审法院不予支持。

三、关于原告应获得的具体奖励款项问题

根据×府办发××号《关于印发〈××市招商引资优惠办法(试行)〉的通知》的规定,对于原告应享受的奖励款项分为土地出让奖励(用地优惠)和企业所得税、增值税、城市土地使用税的税收奖励。

(一)对于土地出让奖励。×府办发××号《关于印发〈××市招商引资优惠办法(试行)〉的通知》第三条第一款规定,投资工业项目用地采取招、拍、挂方式,按国家规定最低出让价出让,并根据项目投资规模、科技含量、社会效益以及是否进入产业园区等因素划分项目类别,确定国有土地出让净收益的不同比例,由受益财政等额列支奖励给企业,用于支持项目建设,产业园区外一般工业项目固定投资额度1000万元至5000万元返还50%,5000万元以上返还80%。因××矿业××035、036、040、041、042、044、045号地块,××矿业××043号地块,××矿业××037、038、039号地块的土地出让净收益0,故对××矿业、××矿业、××矿业支付的上述土地出让金不应予以返还奖励。对于××矿业2015年支付位于××面积为××平方米土地出让金××元是否应当返还的问题。因被告××县人民政府未提交证据证明该土地出让的净收益,应承担举证不能的法律后果,故对于该地块的土地出让净收益应认定为××元。因××股份有限公司于2017年×月享有××矿业100%股权,自2017年×月起,××矿业不再是××集团的全资子公司,故对于××矿业的固定资产投资情况应计算至2017年×月,结合原告提交的××矿业固定资产投资情况表,××矿业自2012年至2017年×月的固定资产投资额为××元,故被告应将该地块土地出让金的50%

即××元作为土地出让奖励支付给原告。对于原告主张的土地出让金契税的返还问题,因没有法律及其他规范性文件的依据,一审法院不予支持。综上,被告应向原告支付土地出让奖励××元。原告要求被告返还土地出让金及契税××元没有事实根据及法律依据,一审法院不予支持。被告主张土地出让金不应予以返还的理由不能成立,一审法院不予支持。

(二)关于企业所得税、增值税、城市土地使用税的税收奖励。×府办发××号《关于印发〈××市招商引资优惠办法(试行)〉的通知》第四条第一款规定,新建工业生产性项目、产业园区标准化厂房项目,从纳税年度起五年内,企业所得税、增值税、城镇土地使用税市及县区留成部分按相应比例由受益财政等额列支奖励给企业,用于支持项目建设,其中产业园区外一般工业项目第一年100%、第二年100%、第三年50%、第四年50%、第五年50%。纳税年度是指对纳税人满12个月的生产经营所得计征所得税所确定使用的一种年度,即企业的第一个纳税年度是以其实际经营开始计算的。因原告未提供证据证明其实际缴纳税款年度就是其实际经营年度,故对于原告主张第一个纳税年度应以××矿业、××矿业、××矿业以及××集团实际缴纳税款的起始年度予以确定没有事实根据及法律依据,一审法院不予支持。因原、被告双方系于2011年确定招商引资权利义务关系,且从原告提交的采矿权收据中能够看出,××矿业、××矿业、××矿业支付的采矿权相应价款均是在2013年前,被告亦认可纳税年度应从2013年起算,故对于第一个纳税年度的起算时间应确定为2013年。因自2013年×月×日起××股份有限公司已收购××矿业、××矿业100%的股权,故原告无权主张××矿业、××矿业2014年及以后的税收奖励。因自2017年×月起,××股份有限公司已收购××矿业100%的股权,故原告无权主张××矿业2017年及以后的税收奖励。因××集团属于整合型企业,没有具体的经营项目,其缴纳的税款是因其出让××矿业以及其他股份所得的企业所得税和增值税,故××集团所缴税收不应享受税收奖励。综上,原告应享受的税收奖励:1.××矿业:按照××矿业2013年缴纳增值税税款市、县级财政留存部分计算100%返还奖励,即××元;2.××矿业:按照××矿业2013年缴纳增值税、企业所得税税款市、县级财政留存部分计算100%返还奖励,即××元;3.××矿业:按照××矿业2016年、2017年缴纳的增值税及企业所得税税款市、县级财政留存部分50%返还奖励,且因自2016年×月×日起,增值税的地方分成比例进行调整，且原告提交的证据仅是××矿业2016年×月×日至2016年×月×日缴纳增值税的情况证明，不能区分2016年×月×日前应缴税额和2016年×月×日后应缴税额，故一审法院酌情按照所占月份比例进行确定，即××矿业税收奖励为××元。原告应享受的税收奖励共计××元。

综上所述，被告××县人民政府应向原告××支付土地出让奖励××元，税收奖励××元。被告××县人民政府于2019年×月×日作出的《××县人民政府关于〈请求兑现招商引资优惠政策的函〉的复函》主要证据不足，明显不当，依法应予撤销。原告的诉讼请求理由成立的部分，一审法院予以支持。被告辩称的理由不能成立，一审法院不予支持。据此，依照《中华人民共和国行政诉讼法》第六十九条、第七十条第（一）项、第七十三条的规定，一审法院判决："一、撤销被告××县人民政府于2019年×月×日作出的《××县人民政府关于〈请求兑现招商引资优惠政策的函〉的复函》；二、被告××县人民政府于本判决生效之日起三十日内向原告××有限公司支付土地出让奖励××元；三、被告××县人民政府于本判决生效之日起三十日内向原告××有限公司支付税收奖励××元；四、驳回原告××有限公司其他诉讼请求。案件受理费50元，由被告××县人民政府负担。"

××不服一审判决，向本院提起上诉请求：1. 撤销一审判决第二项、第三项、第四项；2. 判决被上诉人按照招商引资优惠政策以及相关法律法规政策之规定给予上诉人奖励款项，合计人民币××元；3. 被上诉人承担本案的诉讼费用。

事实和理由：一、原审法院认为，"××股份有限公司向××集团非公开发行股份收购××集团持有的××矿业、××矿业、××矿业100%股份的交易行为对于××集团而言，仅是获得××股份有限公司相应股份的交易行为，并非××集团本身的重组上市"。该认定缺乏合理的理据支撑。1. 根据《××股份有限公司发行股份购买资产实施情况暨新增股份上市报告书》（证券代码：××；证券简称：××；公告编号：××）第一页重要提示："本次定向发行新增股份的性质为有限售条件流通股，上市日期为2013年×月×日。"由此可见，本案中××股份有限公司新增的股份已有上市交易的行为，而原审法院认为××集团"不能因该交易行为使其发行新股上市交易"，该认定与客观事实不符，属于事实认定错误。2. 资本运作是企业实现扩张的重要手段，IPO是企业进入资本市场的常见途径之一，但并非唯一的途径。企业选择进入资本市场的目的在于拓宽融资渠道,使其能够在资本市场上进行自由交易,因此能够实现这一目的的各种途径都应该属于上市的范围。第一,××省人民政府办公厅《关于加快推进企业改制上市工作的意见》(×府办发××号)第二条第六款对“上市”概念有着明确的规定,“引导企业根据自身实际和发展战略,选择相应的上市融资渠道,通过资本市场做大做强。鼓励有实力但暂不具备独立上市的企业通过重组、联合等方式,实现优势互补、借壳上市或重组上市”。据此,虽然上诉人与被上诉人对企业上市有过约定,但是并未明确规定必须是IPO,因此企业有权依据自身的经营状况,作出合理的进入资本市场的上市安排。第二,《××股份有限公司发行股份购买资产实施情况暨新增股份上市报告书》第十四页表明:“本次向××集团有限公司定向发行新增股份的性质为有限售条件流通股,上市日为2013年×月×日。根据本次交易对方承诺的锁定期,本次发行对象认购的股份上市流通时间为2016年×月×日。”由此可见,××集团通过与××的交易,实现了新增股份上市流通交易的目的,达到被上诉人在招商引资条款中对上诉人所要求的上市条件,换言之,上诉人要求被上诉人兑现奖励款项的条件已然成就。

二、原审法院虽然判定被上诉人应该向上诉人支付招商引资款项,但是在计算具体款项数额时未依据上诉人实际缴纳的款项,以至于在具体的数额计算方面存在明显的偏差。1.在土地出让金、契税奖励层面,原审法院认为应当按照土地净收益的标准给予企业对应的奖励,该认定与被上诉人作出的若干复函的内容不相符。第一,2011年×月8日,被上诉人作出《关于扶持××矿业上市暨招商引资给予优惠政策的复函》(×府函××号),其中第一条第二款明确规定,被上诉人同意在以下范围给予上诉人奖励,“其控股公司受让土地缴纳的土地出让金、契税、耕地使用税”,即被上诉人承诺给予的奖励范围是土地出让金以及契税,而非原审法院认定的土地净收益。第二,根据《复函》的规定,土地出让金以及契税款项的兑现并不以企业实现上市为前置条件,即使判定本案上市不成功,被上诉人亦应该按照《复函》的规定,向上诉人兑现土地出让金、契税的奖励款项。第三,虽然《××市招商引资优惠办法(试行)》(×府办发××号)第三条在用地优惠层面规定,确定国有土地出让净收益的不同比例,由受益财政等额列支奖励给企业。但是,该办法是面对一般市场经营主体所制定的通用的招商引资优惠政策,而被上诉人是在权限范围内与上诉人另行制定了招商引资优惠政策,理应优先使用。由此可知,计算土地出让金以及契税数额的依据应该是《复函》,原审法院依据《××办法》所确定的土地净收益标准来计算土地出让金及契税部分的具体数额,属于适用依据错误。2. 在企业所得税、增值税、矿业权价款层面,原审法院认为,"企业的第一个纳税年度是以其实际经营开始计算的"以及"××矿业、××矿业、××矿业无法主张被收购之后的税收奖励",该判定于理不合、于法无据。第一,若认为本案上市不成功,亦应该按照《××办法》的相关规定计算奖励款项。《××办法》第四条第一款规定:"新建工业生产性项目、产业园区标准化厂房项目,从纳税年度起五年内,企业所得税、增值税、城镇土地使用税市及县留成部分按相应比例由收益财政等额列支奖励给企业。"第二,纳税义务随着企业生产经营活动的发展而产生,纳税义务的产生导致企业缴纳税款情形的发生,由此企业实际缴纳税款即表明企业实际处于生产经营的运作中。因此,原审法院认为,"原告未提供证据证明其实际缴纳税款进度就是其实际经营年度,故对于原告主张的第一个纳税年度应以实际缴纳税款的起始年度予以确定没有事实根据及法律依据"。该认定与客观事实不符。《××办法》规定,从纳税年度起,企业可以享受企业所得税、增值税、城镇土地使用税等税收奖励。××矿业从2015年开始纳税,并提交相应的完税凭证,被上诉人在庭审中也已经确认,故××矿业应从2015年起计算税收奖励,而不是原审法院认定的从2013年开始计算税收奖励。此外,根据《复函》第一条第四款的规定,被上诉人同意在以下范围给予上诉人奖励:"更换采矿权许可证需要补交的矿业权价款。"因此,只要上诉人支付了相应的矿业权价款,被上诉人即应该兑现相应的部分。第三,虽然××收购了矿业公司,但是矿业公司的工商注册地址、税款缴纳地点均未发生变更,依旧在××县。也就是说,对××县人民政府的财政收入并未产生不利影响,换言之,××县人民政府的财政收入并未显著减少。因具体的矿业公司现今依然在××县从事生产经营活动,主要税收依然缴纳在被告辖区。另外,将注册在××县的公司注入××,同样是拓宽了融资渠道,亦带动了当地的经济发展。因此,原审法院认为"××矿业、××矿业、××矿业无法主张被收购之后的税收奖励",该认定不当地限制了《××办法》第四条第一款的适用范围,对上诉人的权利造成了不当影响。第四,××集团的投资经营行为会使其缴纳相应的税款,而《××办法》第四条第一款的适用条件并未限定企业的行业类型,因而××集团亦应该享受相应的奖励款项。而原审法院认定"××集团属于整合型企业,没有具体的经营项目……故××集团所缴纳税收不应享受税收奖励”,该认定于法无据。综上,原审事实认定不清,适用法律错误。

被上诉人××县人民政府辩称,一、××集团并非上市公司。虽然公司上市有多种形式,但在×府函××号《关于支持××矿业上市暨招商引资给予优惠政策的复函》中开宗明义地界定了是“××县首家企业上市”,这足以表明,上市的主体是××的矿业企业,但上诉人的整个操作程序与××矿业毫无关系,这完全背离了××县人民政府复函所确定的目的。原判认定××集团未成功上市,认定事实清楚,适用法律正确。二、关于奖励范围。1.关于土地出让金和契税奖励。土地出让金和契税奖励是在成功上市后才有的,因××集团未成功上市,该两项奖励是不能按照成功上市的标准来主张的。2.关于企业所得税、增值税、矿业权价款奖励。首先,矿业权价款的奖励是针对上市过程中更换证照产生的,而××集团自始至终就没有按照“推动××矿业上市”的原则来操作,而是曲解公司上市的性质,将向上市公司出售资产理解为等同于自己公司上市,故该矿业权价款不在奖励范围。其次,奖励年度的起算,从常理上讲,生产行为必然产生应税行为,在上诉人提供××公司在2012年就有投资的情况下,将纳税年度界定为2013年并无不当。最后,因××集团是将子公司100%股权出让,出让后的公司已经不在××县人民政府招商引资的企业范围内,不应当给予奖励。综上,原判认定事实清楚,适用法律正确,应当予以维持。

本院经审理查明的事实与一审判决认定的事实一致,对一审判决认定事实本院予以确认。

本院认为,结合双方当事人在二审期间的诉辩意见和案件事实,本案的争议焦点为:一、××集团的行为是否完成了被上诉人招商引资奖励条件所限定的重整上市?二、××县人民政府应当支付多少招商引资奖励款?

关于××集团行为是否完成了被上诉人招商引资奖励条件所限定的重整上市的问题。推进企业改制上市,是企业拓宽融资渠道、利用资本市场发展壮大、增强市场竞争力的有效途径,是推进企业制度创新、技术创新、管理创新的重要手段,是调整经济结构、优化资源配置、促进科学发展的现实需要。××省人民政府亦出台相关政策文件鼓励有实力的企业积极上市,对有实力但暂不具备独立上市条件的企业通过重组、联合等方式,实现优势互补、借壳上市或重组上市。《上市公司重大资产重组管理办法》第二条规定,重大资产重组是指上市公司及其控股或者控制的公司在日常经营活动之外购买、出售资产或者通过其他方式进行资产交易达到规定的比例，导致上市公司的主营业务、资产、收入发生重大变化的资产交易行为。本案中，××股份有限公司向××集团非公开发行股份收购××集团持有的××矿业、××矿业、××矿业100%股份的交易行为仅是××股份有限公司的重大资产重组行为，对××集团而言系出售资产行为，既不是借××股份有限公司之名上市，亦不是与××股份有限公司进行资产重组，以自己名义上市。《关于扶持××上市暨招商引资给予优惠政策的复函》（×府函××号）明确要求，为大力支持企业上市前各项工作，尽快推动我县首家企业上市，对××实行一事一议、一企一策的办法，支持××矿业上市，这表明上市的主体应是××县的企业。上诉人主张，《××股份有限公司发行股份购买资产实施情况暨新增股份上市报告书》第一页重要提示："本次定向发行新增股份的性质为有限售条件流通股，上市日期为2013年×月×日。"由此可见，本案中××股份有限公司新增的股份已有上市交易的行为。本院认为，该行为只是××股份有限公司的上市交易行为，与上诉人以××县企业的名义上市无关联性。上诉人在本案中将××矿业、××矿业、××矿业的资产全部出售给××股份有限公司，获得相应的股份，该行为并非上诉人进行重组上市，亦明显与《关于扶持××上市暨招商引资给予优惠政策的复函》（×府函×号）文件精神相悖。上诉人主张一审认定其行为不属于重组上市，××县人民政府应当按照已满足上市条件的要求兑现奖励款的上诉理由不成立，本院不予支持。

关于××县人民政府应当支付多少招商引资奖励款的问题。首先，根据《关于扶持××上市暨招商引资给予优惠政策的复函》（×府函××号）文件精神，因上诉人至2013年仍未上市成功，在该复函中关于土地出让金、契税的奖励因条件不成就而不再适用，因此只能按照《××市招商引资优惠办法》第四条第一款表四所列第二项产业园区外一般工业企业予以奖励。上诉人主张应当对契税予以奖励没有事实和法律依据，本院不予支持。其次，关于土地出让奖励。《关于印发〈××市招商引资优惠办法（试行）〉的通知》（×府办发××号）第三条第一款规定，投资工业项目用地采取招、拍、挂方式，按国家规定最低出让价出让，并根据项目投资规模、科技含量、社会效益以及是否进入产业园区等因素划分项目类别，确定国有土地出让净收益的不同比例，由受益财政等额列支奖励给企业，用于支持项目建设，产业园区外一般工业项目固定投资额度1千万元至5千万元返还50%，5千万元以上返还80%。因××矿业××035号、036号、040

号、041号、042号、044号、045号地块，××矿业××043号地块，××矿业××037号、038号、039号地块的土地出让净收益为0元，一审对××矿业、××矿业、××矿业支付的上述土地出让金奖励不予返还并无不当。对于××矿业2015年支付位于××面积为××平方米土地出让金××元是否应当返还的问题。一审按照举证规则和土地出让金的50%予以支持亦无不当。最后，关于企业所得税、增值税、城市土地使用税的税收奖励问题。《关于印发〈××市招商引资优惠办法(试行)〉的通知》(×府办发××号)第四条财政扶持的对象是新建工业生产性项目、产业园区标准化厂房项目，××集团属于整合型企业，没有具体的生产经营项目，其缴纳税款是因其出让××矿业以及其他股份所得的企业所得税和增值税，一审对××集团所缴税收不应享受税收奖励不予支持并无不当。对××矿业、××矿业、××矿业应享受的税收奖励，一审依照查明事实已作了充分的论述，本院不再赘述。故上诉人关于一审法院在计算具体款项数额时未依据上诉人实际缴纳的款项，以至于在具体的数额计算方面存在明显的偏差的上诉理由不成立，本院不予支持。

综上，一审判决认定事实清楚，适用法律正确，审判程序合法，应予维持，依照《中华人民共和国行政诉讼法》第八十九条第一款第(一)项的规定，判决如下：

驳回上诉，维持原判。

二审案件受理费50元，由××有限公司承担。本判决为终审判决。

××省高级人民法院

××××年××月××日

个人所得税争议篇

010

双重雇主之个税法律关系识别及其追征期间确定*

——某韩资企业百万级个人所得税税务稽查案

摘要:随着外资的大量引入,部分外资企业基于商业目的会将员工薪资构成分割为国内企业薪金、国外企业薪金两个部分,即员工存在双重雇主。国内企业对其员工的工资薪金负有代扣代缴义务,如何界定该部分工资薪金的范围则是确定个税应缴额、代扣代缴义务范围的关键问题。通过对本典型案例中某韩资企业的分析,明晰双重雇主下国内企业的代扣代缴义务及未代扣代缴后的追征时限问题。

一、案情简介

A 公司是 B 公司的全资子公司,B 公司注册于韩国,A 公司与 B 公司业务各自独立,有各自独立的工厂及生产线,均生产汽车发动机检测设备。

甲于 2010 年 11 月开始在 A 公司工作,担任产品销售,至 2013 年 10 月正式离职。2010 年 10 月 20 日,A 公司及 B 公司共同与甲签订了补充协议,其中约定,甲月薪每月 11,500 美元。在后续的实际操作中,由 B 公司支付 8500 美元,A 公司支付人民币 13,100 元。A 公司就其支付的每月 13,100 元工资为甲代扣代缴了个人所得税。

---

* 类似于本案的外资企业在华经营也遇到很多法律和税务问题,特别是对重视合规的中小外资企业而言,他们对于税务稽查的相关规定和程序安排了解较模糊,需要依托外部专业税务律师的协助。本案是离职员工与公司发生较为严重的纠纷后举报发生的税务稽查案件。对于检举人实名举报和提供初步证明材料的举报案件,税务机关原则上都需要立案检查,并按照规定答复检举人。

补充协议中还约定,“甲方同意增加乙方的销售奖金,以资鼓励其为公司争取更多业务。在原协议合同总计0.6%(税后)的基础上,再增加5%(税后),乙方不承担任何税费”。

甲在职期间及离职后为A公司以及B公司销售产品取得佣金,但未代扣代缴个人所得税的共涉及5个项目,其中项目一由A公司和B公司共同供货,A公司的时任总经理个人向甲发放佣金人民币53.3万元,A公司向甲发放佣金人民币30.5万元;项目二由A公司供货,B公司向甲发放佣金10万美元;项目三、四、五均由B公司供货,B公司向甲发放佣金合计约27万美元。

甲离职后,因与A公司发生纠纷,于2021年向A公司所在地税务机关举报A公司未代扣代缴其个人所得税,包括B公司支付的工资30.6万美元及佣金83.8万元人民币和37万美元,按6.1汇率折算合计人民币496.16万元。

2021年,A公司所在地税务机关对A公司进行了税务检查。

经检查及与税务机关沟通,税务机关认可A公司仅对上述每月人民币13,100元工资及项目二中向甲发放的佣金负有代扣代缴个人所得税的义务,项目二佣金涉及的个人所得税因已经超过追征期限,不再追征。此外,税务机关在检查过程中因发现A公司存在向境外主体支付咨询费未代扣代缴增值税的情形,故补征增值税及滞纳金共计约12万元。

二、法律分析

(一)A公司对哪部分工资及佣金负有代扣代缴义务

根据《个人所得税法》、《个人所得税法实施条例》以及《税收征收管理法》的相关规定,在中国境内有住所,或者无住所而一个纳税年度内在中国境内居住满183天的个人,从中国境内和境外取得的所得,应当缴纳个人所得税,所得人是纳税义务人,支付所得的单位或个人为扣缴义务人。

A公司作为外商投资企业,在甲任职期间,应当适用《国家税务总局关于外商投资企业和外国企业对境外企业支付其雇员的工资薪金代扣代缴个人所得税问题的通知》(国税发〔1999〕241号,已被财政部、税务总局公告2019年第35号文件废止)的规定,即“个人在中国境内外商投资企业中任职、受雇应取得的工资、薪金,应由该外商投资企业支付。凡由于该外商投资企业与境外企业存在关联关系，上述本应由外商投资企业支付的工资、薪金中部分或全部由境外关联企业支付的，对该部分由境外关联企业支付的工资、薪金，境内外商投资企业仍应依照《中华人民共和国个人所得税法》的规定，据实汇集申报有关资料，负责代扣代缴个人所得税”。

因此，A 公司对哪部分工资及佣金负有代扣代缴义务这一争议焦点的核心在于甲取得的工资及佣金中“本应由 A 公司支付的工资、薪金”，即甲所提供的劳动及服务产生的经济利益归于何方。

首先，就工资而言，A 公司及 B 公司分别有各自的客户及业务，是两家独立的公司，甲在从事销售业务的过程中，既为 A 公司提供劳动，也为 B 公司提供劳动，应当认定甲与 A 公司及 B 公司分别存在劳动或雇佣关系。因此，由 A 公司及 B 公司分别向甲支付工资是合理的，不能认定 B 公司是代 A 公司支付本应由 A 公司支付的工资。

其次，针对甲任职期间收受的佣金而言，根据相关民事判决中的认定，甲据以收到奖金的补充协议本质上是三方协议，由 B 公司、A 公司与甲共同签署，B 公司、A 公司均同意且负有义务向甲发放其所促成交易金额的 5% 作为奖金。B 公司根据补充协议负有支付奖金的义务，而非仅作为 A 公司的关联方代为支付甲的奖金。

就项目一而言，该项目由 A 公司和 B 公司共同供货，销售佣金由 A 公司当时的总经理个人账户支付，这一支付方式存在不规范之处，且当时未代扣代缴甲的个人所得税，A 公司应当负责代扣代缴甲该笔奖金的个人所得税。

就项目二而言，A 公司与项目二公司的交易中，甲撮合了 A 公司与项目二公司的交易，相应的经济利益由 A 公司享有，因此销售奖金应当由 A 公司支付。但在该笔销售奖金的发放中，B 公司代 A 公司发放了甲的销售奖金，因此该笔收入应由 A 公司负责代扣代缴甲的个人所得税。

就项目三、四、五而言，甲促成 B 公司与项目三公司、项目四公司以及项目五公司的交易后，B 公司作为买卖合同的实际签署方，享有相应的经济利益，应当向甲支付相应的奖金。因此，应当认定 B 公司就项目三公司、项目四公司以及项目五公司向甲支付的销售佣金本就应由 B 公司支付，不属于“本应由 A 公司支付的工资、薪金”，不应当由 A 公司负责代扣代缴个人所得税。

综上所述，根据相关交易的经济实质，对于甲与 B 公司之间成立的实质雇佣或服务关系，其所得是基于为韩国的公司提供劳务而产生的，B 公司并非代发工资，而是基于实际的雇佣关系支付工资，A 公司不应承担扣缴义务。“本应由 A 公司支付的工资、薪金”仅包括甲促成 A 公司及 B 公司与项目一公司的交易后，A 公司时任总经理通过个人账户支付的销售佣金人民币 83.8 万元，以及甲促成 A 公司与项目二公司的交易后，B 公司代 A 公司支付的销售佣金 10 万美元，A 公司仅应当对部分销售奖金负责代扣代缴个人所得税。

（二）A 公司未代扣代缴的个人所得税是否应当继续追征

从相关的法律规定上看，《税收征收管理法》第 52 条规定：“因税务机关的责任，致使纳税人、扣缴义务人未缴或者少缴税款的，税务机关在三年内可以要求纳税人、扣缴义务人补缴税款，但是不得加收滞纳金。因纳税人、扣缴义务人计算错误等失误，未缴或者少缴税款的，税务机关在三年内可以追征税款、滞纳金；有特殊情况的，追征期可以延长到五年。对偷税、抗税、骗税的，税务机关追征其未缴或者少缴的税款、滞纳金或者所骗取的税款，不受前款规定期限的限制。”《国家税务总局关于未申报税款追缴期限问题的批复》（国税函〔2009〕326 号）规定：“税收征管法第五十二条规定：对偷税、抗税、骗税的，税务机关可以无限期追征其未缴或者少缴的税款、滞纳金或者所骗取的税款。税收征管法第六十四条第二款规定的纳税人不进行纳税申报造成不缴或少缴应纳税款的情形不属于偷税、抗税、骗税，其追征期按照税收征管法第五十二条规定的精神，一般为三年，特殊情况可以延长至五年。”

因此，根据《税收征收管理法》第 52 条的规定，只有对偷税、抗税、骗税的，税务机关才可以无限期地追征其未缴或者少缴的税款、滞纳金或者所骗取的税款。

故 A 公司未代扣代缴的个人所得税是否应当继续追征这一争议焦点的核心问题在于 A 公司是否构成偷税，如果 A 公司不构成偷税，A 公司虽对上述总计 10 万美元及人民币 53.3 万元的奖金负有扣缴义务，但是上述奖金的支付时间均在 2014 年及以前，距本案发生已经远超 5 年限制。对超过 5 年时限的税款，并无相关法律、法规明确税务机关可以对 A 公司进行追缴。

“偷税”是指纳税人伪造、变造、隐匿、擅自销毁账簿、记账凭证，或者在账簿上多列支出或者不列、少列收入，或者经税务机关通知申报而拒不申报或者进行虚假的纳税申报，不缴或者少缴应纳税款的行为。而扣缴义务人伪造、变造、隐匿、擅自销毁账簿、记账凭证，或者在账簿上多列支出或者不列、少列收入，或者经税务机关通知申报而拒不申报或者进行虚假的纳税申报，不缴或者少缴应纳税款的，《税收征收管理法》第63条并未将其定义为"偷税"，仅规定该种情况下扣缴义务人不缴或者少缴已扣、已收税款的，由税务机关追缴扣缴义务人不缴或者少缴的税款、滞纳金，并处不缴或者少缴的税款50%以上5倍以下的罚款；构成犯罪的，依法追究刑事责任。

首先，本案中，A公司不存在伪造、变造、隐匿、擅自销毁账簿、记账凭证，或者在账簿上多列支出或者不列、少列收入，或者经税务机关通知申报而拒不申报或者进行虚假的纳税申报，不缴或者少缴应纳税款的情形，因此A公司不构成偷税。

其次，即使A公司存在可能构成偷税的行为，但是根据对于《税收征收管理法》相关规定的分析，《税收征收管理法》所定义的偷税仅指纳税人的特定行为，并未明确规定扣缴义务人的伪造、变造、隐匿、擅自销毁账簿、记账凭证，或者在账簿上多列支出或者不列、少列收入或者经税务机关通知申报而拒不申报或者进行虚假的纳税申报，不缴或者少缴应纳税款的行为属于偷税。本案中，甲是个人所得税纳税人，A公司是扣缴义务人，作为扣缴义务人的A公司在行为主体层面就不符合偷税的构成要件，因此不能认定A公司构成偷税。

最后，纳税人甲作为自然人，无法设立账簿也无须记账凭证，因此纳税人不可能存在伪造、变造、隐匿、擅自销毁账簿、记账凭证，或在账簿上多列支出或者不列、少列收入的行为。而税务机关尚未通知纳税人申报，故纳税人不存在经税务机关通知拒不申报或者进行虚假的纳税申报的行为，因此纳税人也不存在偷税的行为。

综上所述，A公司不存在伪造、变造、隐匿、擅自销毁账簿、记账凭证，或者在账簿上多列支出或者不列、少列收入，或者经税务机关通知申报而拒不申报或者进行虚假的纳税申报，不缴或者少缴应纳税款的情形，A公司的行为不构成偷税，且A公司负有扣缴义务的工资及奖金发放时间均在2014年及以前，相关税款的追缴时效已经超过，故不应当继续追征A公司未代扣代缴的个人所得税。

三、启示与思考

检视该案，不难发现在双重雇主的情形下，需要根据相关交易的经济实质分别对雇员的不同收入的来源和类型进行识别，不能仅通过资金形式上的来源确认收入类型和来源，需要针对雇员的实质服务和资金实质来源进行确认，从而在“代发工资”等情形下正确地确认应纳税额。与此同时，在代扣代缴义务人不存在伪造账簿、虚假税务申报等具有主观恶意的偷税行为时，未代扣代缴的数额经过追缴时效后不应当追征，从而更好地保护纳税人、代扣代缴义务人的合法权益以及税收征管秩序。

附录1：相关法律法规政策规定

第十条　检举人检举税收违法行为应当提供被检举人的名称（姓名）、地址（住所）和税收违法行为线索；尽可能提供被检举人统一社会信用代码（身份证件号码），法定代表人、实际控制人信息和其他相关证明资料。

鼓励检举人提供书面检举材料。

第二十条　检举事项受理后，应当分级分类，按照以下方式处理：

（一）检举内容详细、税收违法行为线索清楚、证明资料充分的，由稽查局立案检查。

（二）检举内容与线索较明确但缺少必要证明资料，有可能存在税收违法行为的，由稽查局调查核实。发现存在税收违法行为的，立案检查；未发现的，作查结处理。

（三）检举对象明确，但其他检举事项不完整或者内容不清、线索不明的，可以暂存待查，待检举人将情况补充完整以后，再进行处理。

（四）已经受理尚未查结的检举事项，再次检举的，可以合并处理。

（五）本办法第三条规定以外的检举事项，转交有处理权的单位或者部门。

第三十条　实名检举人可以要求答复检举事项的处理情况与查处结果。

实名检举人要求答复处理情况时，应当配合核对身份；要求答复查处结果时，应当出示检举时所提供的有效身份证件。

举报中心可以视具体情况采取口头或者书面方式答复实名检举人。

第三十一条 实名检举事项的处理情况,由作出处理行为的税务机关的举报中心答复。

将检举事项督办、交办、提交或者转交的,应当告知去向;暂存待查的,应当建议检举人补充资料。

第三十二条 实名检举事项的查处结果,由负责查处的税务机关的举报中心答复。

实名检举人要求答复检举事项查处结果的,检举事项查结以后,举报中心可以将与检举线索有关的查处结果简要告知检举人,但不得告知其检举线索以外的税收违法行为的查处情况,不得提供执法文书及有关案情资料。

——《税收违法行为检举管理办法》

(国家税务总局令第49号,2019年11月26日公布)

附录2:相关法律及涉税文书

附件1:《检查通知》

国家税务总局×市税务局第××税务所税务检查通知书

A公司:

根据《中华人民共和国税收征收管理法》第五十四条规定,决定派乙、丙等人,自2021年×月×日起,对你(单位)2010年1月1日至2020年12月31日期间(如检查发现此期间以外明显的税收违法嫌疑或线索不受此限)涉税情况进行检查。届时请依法接受检查,如实反应情况,提供有关资料。

2021年×月×日

国家税务总局×市税务局第××税务所

附件 2:《企业自查说明》

A 公司关于公司前员工甲的情况说明

国家税务总局×市税务局第××税务所:

我公司是 A 公司。我公司于 2021 年×月×日收到贵所下发的《税务检查通知书》,要求对我公司 2010 年 1 月 1 日至 2020 年 12 月 31 日涉税情况进行检查。

在贵所指导下,我公司进行了自查,并于 2021 年×月×日向贵局提交了自查情况说明及相关材料。对于其中我公司前员工甲的情况,我公司补充说明如下。

1. 我公司的基本销售及业务情况如下所述:

我公司是位于韩国的 B 公司的子公司。我公司与 B 公司的业务各自独立,有各自独立的工厂及生产线,生产汽车发动机检测设备。

我公司或 B 公司与第三方咨询公司(或第三方个人)签订咨询合同,约定由咨询公司为我公司或 B 公司提供商业机会、撮合交易、协助商业谈判等。经过我公司或 B 公司所派驻的销售人员及咨询公司的共同工作,我公司或 B 公司与客户形成订单,最终与客户签订购销合同的主体由客户根据其自身的实际需求决定。签订购销合同后,我公司或 B 公司按照咨询合同约定的比例及购销合同的金额向咨询公司支付咨询费用。

2. 前员工甲的工资及销售奖金的发放共涉及两次诉讼,情况如下:

(1)关于项目一的奖金:判决书一及判决书二。

该两份判决书是针对前员工甲为项目一提供咨询服务并收取咨询费的纠纷。2013 年 10 月,前员工甲从我公司离职后,为使其能继续参与项目一的谈判与推进工作,2013 年 12 月 10 日,我公司及 B 公司共同作为甲方与前员工甲签订了两份协议书,该两份协议书分别约定在该项目正式签订购销合同后,我公司或 B 公司向作为第三方提供咨询服务的前员工甲支付咨询费购销合同总价的 5%及 5 万美元。后项目一公司与 B 公司签订了设备采购合同,合同标的额为 174.8 万美元。

2013 年 11 月 19 日,由我公司当时的总经理向前员工甲指定账号转账汇款人民币61,000元(1万美元)。2014年11月4日,由我公司当时的总经理向前员工甲指定账号转账汇款人民币47.2万元。

2014年2月,因前员工甲实际仍参与项目一的销售工作,我公司及B公司分别向前员工甲支付了当月的销售工资人民币15,500元及8000美元。

最终经判决,我公司及B公司在判决书生效之日起10日内支付前员工甲佣金人民币305,000元、违约金人民币91,500元、律师费人民币10,000元。

(2)前员工甲工作期间工资及其他4个项目的奖金:判决书三以及判决书四。

该两份判决书是针对前员工甲工作期间对除项目一之外的另外4个销售项目进行销售,并收取工资及销售奖金的纠纷。

前员工甲于2010年11月开始在我公司工作,至2013年10月正式离职,在此期间,我公司向前员工甲支付了每月人民币13,100元的工资并为其缴纳了个人所得税。

根据上述两份民事判决书,在认定前员工甲在诉讼过程中所提供《补充协议》为真实的前提下,前员工甲应当收到的工资及销售奖金情况如下:

前员工甲月薪每月11,500美元,由B公司支付8500美元,我公司支付人民币13,100元。

佣金支付时间	所撮合的交易		佣金支付方	佣金支付金额
	卖方	买方		
2011年11月	A公司	项目二公司	B公司	10万美元
2011年5月	B公司	项目三公司	B公司	22,960美元
2012年3月				32,000美元
2011年6月	B公司	项目四公司	B公司	33,250美元
2011年7月				66,500美元
2011年7月				62,016美元
2012年3月				34,440美元
2013年3月	B公司	项目五公司	B公司	2万美元

需要补充说明的是,在诉讼过程中我公司曾多次提出前员工甲所提供的《补充协议》真实性存疑。我公司仍在搜集相关证据,但未有明确证据推翻相关

认定之前,我公司尊重人民法院司法裁量的结果,但是仍希望贵局考虑这一情况,基于民法与税法的领域区别,酌情进行后续处理。

A 公司

附件 3:《法律意见书》

关于 A 公司涉税事项之法律意见书

要点:

1. 应当对前员工甲的收入来源进行区分,从而明确其个人所得税的扣缴义务人,不应认为前员工甲的全部工资奖金均应由 A 公司负责代扣代缴。前员工甲与 B 公司之间存在实质的雇佣或服务关系,前员工甲为 B 公司提供了劳动,B 公司向前员工甲支付的工资及销售奖金是基于前员工甲实际为其提供的劳动,不属于为 A 公司代发工资或奖金,A 公司不应承担扣缴义务。

2. A 公司的行为不构成偷税,且相关税款的追缴时效已经超过,因此贵局不应继续追缴。A 公司不存在伪造、变造、隐匿、擅自销毁账簿、记账凭证,或者在账簿上多列支出或者不列、少列收入,或者经税务机关通知申报而拒不申报或者进行虚假的纳税申报,不缴或者少缴应纳税款的情形,且 A 公司负有扣缴义务的工资及奖金发放时间均在 2014 年及以前,已经超过追缴时效,贵局不应继续追缴。

3. A 公司负有扣缴义务的工资及奖金发放时间均在 2014 年及以前,距今已经超过 5 年。即使认为 A 公司存在税收违法行为,但相关行为的处罚时效已经超过,因此贵局不应对 A 公司处以行政处罚。

针对 A 公司与前员工甲个人所得税问题的相关争议以及税务机关针对其宜采取的税务处理举措的问题,根据 A 公司提供的相关材料和论述的有关事实,现提供以下法律意见供参考。

一、应当对前员工甲的收入来源进行区分,从而明确其个人所得税的扣缴义务人,不应认为前员工甲的全部工资奖金均应由 A 公司负责代扣代缴

《中华人民共和国个人所得税法》(2011 修正)第一条第一款规定:“在中国境内有住所,或者无住所而在境内居住满一年的个人,从中国境内和境外取得的

所得,依照本法规定缴纳个人所得税。”第二条规定:“下列各项个人所得,应纳个人所得税:一、工资、薪金所得……”第八条规定:“个人所得税,以所得人为纳税义务人,以支付所得的单位或者个人为扣缴义务人……”

《中华人民共和国个人所得税法实施条例》(2011 修订)第四条规定:“税法第一条第一款、第二款所说的从中国境内取得的所得,是指来源于中国境内的所得;所说的从中国境外取得的所得,是指来源于中国境外的所得。”

《中华人民共和国税收征收管理法》(2015 修正)第四条第二款规定:“法律、行政法规规定负有代扣代缴、代收代缴税款义务的单位和个人为扣缴义务人。”第三十条第一款规定:“扣缴义务人依照法律、行政法规的规定履行代扣、代收税款的义务。对法律、行政法规没有规定负有代扣、代收税款义务的单位和个人,税务机关不得要求其履行代扣、代收税款义务。”

《国家税务总局关于外商投资企业和外国企业对境外企业支付其雇员的工资薪金代扣代缴个人所得税问题的通知》(国税发〔1999〕241 号,已被财政部、税务总局公告 2019 年第 35 号文件废止,以下简称 241 号文)规定:“一、个人在中国境内外商投资企业中任职、受雇应取得的工资、薪金,应由该外商投资企业支付。凡由于该外商投资企业与境外企业存在关联关系,上述本应由外商投资企业支付的工资、薪金中部分或全部由境外关联企业支付的,对该部分由境外关联企业支付的工资、薪金,境内外商投资企业仍应依照《中华人民共和国个人所得税法》的规定,据实汇集申报有关资料,负责代扣代缴个人所得税。”

《财政部、税务总局关于非居民个人和无住所居民个人有关个人所得税政策的公告》(财政部、税务总局公告 2019 年第 35 号,以下简称 35 号公告)规定:“(二)关于无住所个人境内雇主报告境外关联方支付工资薪金所得的规定。无住所个人在境内任职、受雇取得来源于境内的工资薪金所得,凡境内雇主与境外单位或者个人存在关联关系,将本应由境内雇主支付的工资薪金所得,部分或者全部由境外关联方支付的,无住所个人可以自行申报缴纳税款,也可以委托境内雇主代为缴纳税款。无住所个人未委托境内雇主代为缴纳税款的,境内雇主应当在相关所得支付当月终了后 15 天内向主管税务机关报告相关信息,包括境内雇主与境外关联方对无住所个人的工作安排、境外支付情况以及无住所个人的联系方式等信息。”“六、本公告自 2019 年 1 月 1 日起施行,非居民个人 2019 年 1 月 1 日后取得所得,按原有规定多缴纳税款的,可以依法申请办理退税。下列文件或者文件条款于2019年1月1日废止……（八）《国家税务总局关于外商投资企业和外国企业对境外企业支付其雇员的工资薪金代扣代缴个人所得税问题的通知》（国税发〔1999〕241号）……”

A公司是B公司的全资子公司。前员工甲于2010年11月开始在A公司工作，至2013年10月正式离职。

根据判决一、判决二、判决三以及判决四所认定的事实，以及A公司的陈述，可以归纳前员工甲个人的工资及销售奖金收入如下：

1.2010年10月20日，A公司及B公司共同作为甲方与乙方前员工甲签订了《补充协议》。其中约定，前员工甲月薪每月11,500美元。在后续的实际操作中，由B公司支付8500美元，A公司支付人民币13,100元。

相关判决并未对除《补充协议》以外，A公司及B公司与前员工甲之间的劳动关系进行认定。在实际的销售过程中，前员工甲与A公司及B公司实际均存在劳动关系，前员工甲所促成的交易既包括客户与A公司的交易，也包括客户与B公司的交易。前员工甲与A公司存在劳动关系不能证明前员工甲与B公司不存在劳动关系，亦不能证明B公司是代A公司支付前员工甲的工资。反之，《补充协议》的甲方为A公司及B公司，这恰恰证明了A公司及B公司均与前员工甲存在劳动关系。

因此应当区分前员工甲的工资及奖金的收入来源，并明确其中的经济实质，对于前员工甲与B公司之间成立的实质雇佣或服务关系，其所得是基于为韩国的公司提供劳务产生的，B公司并非代发工资，而是基于实际的雇佣关系支付工资，A公司不应承担扣缴义务。

针对A公司向前员工甲支付的每月人民币13,100元的工资，A公司已经为其缴纳了个人所得税。

2.同理，针对前员工甲任职期间所取得的销售奖金，也应当区分相应交易的经济利益归属以明确扣缴义务人。对于前员工甲任职期间因收取销售奖金与B公司产生的争议，根据判决三以及判决四，前员工甲任职期间取得的销售奖金情况如下：

佣金支付时间	所撮合的交易		佣金支付方	佣金支付金额
	卖方	买方		
2011年11月3日	A公司	项目二公司	B公司	10万美元
2011年5月4日	B公司	项目三公司	B公司	22,960美元
2012年3月2日				32,000美元
2011年6月28日	B公司	项目四公司	B公司	33,250美元
2011年7月5日				66,500美元
2011年7月5日				62,016美元
2012年3月2日				34,440美元
2013年3月28日	B公司	项目五公司	B公司	2万美元

3.前员工甲离职后,因是否应当收取相关项目的销售奖金与A公司及B公司产生争议,并经判决一、判决二确认的已支付销售奖金支付情况如下:

佣金支付时间	所撮合的交易		佣金支付方	佣金支付金额
	卖方	买方		
2013年11月19日	B公司	项目一公司	时任公司总经理个人账户	人民币61,000元
2014年11月4日			时任公司总经理个人账户	人民币30万元
2014年11月4日			时任公司总经理个人账户	人民币172,000元

判决一、判决二确认的待支付款项情况如下:

A公司及B公司需向前员工甲支付佣金人民币305,000元、违约金人民币91,500元、律师费人民币10,000元。

上述工资及销售奖金的支付发生在2010~2014年,根据当时有效的241号文的要求,前员工甲取得的在A公司任职取得的工资、薪金,由于A公司与B公司存在关联关系,本应由A公司支付的工资、薪金中部分或全部由B公司支付的,对该部分由B公司支付的工资、薪金,A公司仍应依照当时有效的《中华人民共和国个人所得税法》负责代扣代缴个人所得税。

综上,争议的焦点为如何认定上述工资奖金中"本应由A公司支付的工资、薪金",即前员工甲所提供的劳动及服务产生的经济利益归于何方。

首先,就工资而言,A公司及B公司分别有各自的客户及业务,是两家独立的公司，前员工甲在从事销售业务的过程中，既为A公司提供劳动，也为B公司提供劳动，应当认定前员工甲与A公司及B公司分别存在劳动或雇佣关系。因此，由A公司及B公司分别向前员工甲支付工资是合理的，不能认定B公司是代A公司支付本应由A公司支付的工资。

其次，针对前员工甲任职期间的销售奖金而言，判决四认定，B公司、A公司"与前员工甲在2010年10月20日签订的《补充协议》中明确约定，再增加5%作为前员工甲的销售奖金（税后）"。由此可知，前员工甲据以收到奖金的《补充协议》本质上是三方协议，由B公司、A公司与前员工甲共同签署，B公司、A公司均同意且负有义务向前员工甲发放其所促成交易金额的5%作为奖金。B公司根据《补充协议》负有支付奖金的义务，而非仅作为A公司的关联方代为支付前员工甲的奖金。

前员工甲促成B公司与项目三公司、项目四公司以及项目五公司的交易后，B公司作为合同的实际签署方，享有相应的经济利益，应当向前员工甲支付相应的奖金。因此，应当认定B公司就项目三公司、项目四公司以及项目五公司向前员工甲支付的约27万美元奖金不属于"本应由A公司支付的工资、薪金"，不应当由A公司负责代扣代缴个人所得税。

在A公司与项目二公司的交易中，前员工甲撮合了A公司与项目二公司的交易，相应的经济利益由A公司享有，因此销售奖金应当由A公司支付，在该笔销售奖金的发放中，B公司代A公司发放了前员工甲的销售奖金，因此仍应由A公司负责代扣代缴前员工甲的个人所得税。

最后，针对前员工甲离职后的销售奖金而言，判决书二认定，2013年12月10日，前员工甲与A公司及B公司签订了两份协议书，约定A公司及B公司就项目一向前员工甲支付合同总价的5%（实际金额为人民币53.3万元）加5万美元的销售奖金。该笔销售奖金由A公司当时的总经理个人账户支付，但当时未代扣代缴前员工甲的个人所得税，A公司应当负责代扣代缴前员工甲该笔奖金的个人所得税。

综上所述，根据相关交易的经济实质，对于前员工甲与B公司之间成立的实质雇佣或服务关系，其所得是基于为韩国的公司提供劳务产生的，B公司并非代发工资，而是基于实际的雇佣关系支付工资，A公司不应承担扣缴义务。"本应由A公司支付的工资、薪金"仅包括2011年11月3日B公司因前员工甲促成A公司与项目二公司的交易所支付的10万美元以及前员工甲促成B公司与项目一公司所支付的人民币53.3万元,A公司仅应当对给部分销售奖金负责代扣代缴个人所得税。

二、A公司的行为不构成偷税,且相关税款的追缴时效已经超过,因此贵局不应继续追缴

(一)A公司的行为不构成偷税

《中华人民共和国税收征收管理法》(2015修正)第六十三条规定:“纳税人伪造、变造、隐匿、擅自销毁帐簿、记帐凭证,或者在帐簿上多列支出或者不列、少列收入,或者经税务机关通知申报而拒不申报或者进行虚假的纳税申报,不缴或者少缴应纳税款的,是偷税。对纳税人偷税的,由税务机关追缴其不缴或者少缴的税款、滞纳金,并处不缴或者少缴的税款百分之五十以上五倍以下的罚款;构成犯罪的,依法追究刑事责任。扣缴义务人采取前款所列手段,不缴或者少缴已扣、已收税款,由税务机关追缴其不缴或者少缴的税款、滞纳金,并处不缴或者少缴的税款百分之五十以上五倍以下的罚款;构成犯罪的,依法追究刑事责任。”

第六十四条规定:“纳税人、扣缴义务人编造虚假计税依据的,由税务机关责令限期改正,并处五万元以下的罚款。纳税人不进行纳税申报,不缴或者少缴应纳税款的,由税务机关追缴其不缴或者少缴的税款、滞纳金,并处不缴或者少缴的税款百分之五十以上五倍以下的罚款。”

根据上述规定,“偷税”是指纳税人伪造、变造、隐匿、擅自销毁账簿、记账凭证,或者在账簿上多列支出或者不列、少列收入,或者经税务机关通知申报而拒不申报或者进行虚假的纳税申报,不缴或者少缴应纳税款的行为。而扣缴义务人伪造、变造、隐匿、擅自销毁账簿、记账凭证,或者在账簿上多列支出或者不列、少列收入或者经税务机关通知申报而拒不申报或者进行虚假的纳税申报,不缴或者少缴应纳税款的,《中华人民共和国税收征收管理法》第六十三条并未将其定义为“偷税”,仅规定该种情况下扣缴义务人不缴或者少缴已扣、已收税款的,由税务机关追缴扣缴义务人不缴或者少缴的税款、滞纳金,并处不缴或者少缴的税款50%以上5倍以下的罚款;构成犯罪的,依法追究刑事责任。

首先在本案中,A公司不存在伪造、变造、隐匿、擅自销毁账簿、记账凭证,或者在账簿上多列支出或者不列、少列收入,或者经税务机关通知申报而拒不申报或者进行虚假的纳税申报,不缴或者少缴应纳税款的情形,因此A公司不构成

偷税。

其次,即使A公司存在可能构成偷税的行为,但是根据对于《中华人民共和国税收征收管理法》的分析,《中华人民共和国税收征收管理法》所定义的偷税仅指纳税人的特定行为,并未明确规定扣缴义务人的伪造、变造、隐匿、擅自销毁账簿、记账凭证,或者在账簿上多列支出或者不列、少列收入或者经税务机关通知申报而拒不申报或者进行虚假的纳税申报,不缴或者少缴应纳税款的行为属于偷税。本案中,前员工甲是个人所得税纳税人,A公司是扣缴义务人,作为扣缴义务人的A公司在行为主体层面就不符合偷税的构成要件,因此不能认定A公司构成偷税。

最后,纳税人前员工甲作为自然人,无法设立账簿也无须记账凭证,因此纳税人不可能存在伪造、变造、隐匿、擅自销毁账簿、记账凭证,或在账簿上多列支出或者不列、少列收入的行为。而税务机关尚未通知纳税人申报,故纳税人不存在经税务机关通知拒不申报或者进行虚假的纳税申报的行为,因此纳税人也不存在偷税的行为。

(二)相关税款的追缴时效已经超过,因此贵局不应继续追缴

《中华人民共和国税收征收管理法》(2015修正)第五十二条规定:"因税务机关的责任,致使纳税人、扣缴义务人未缴或者少缴税款的,税务机关在三年内可以要求纳税人、扣缴义务人补缴税款,但是不得加收滞纳金。因纳税人、扣缴义务人计算错误等失误,未缴或者少缴税款的,税务机关在三年内可以追征税款、滞纳金;有特殊情况的,追征期可以延长到五年。对偷税、抗税、骗税的,税务机关追征其未缴或者少缴的税款、滞纳金或者所骗取的税款,不受前款规定期限的限制。"

《国家税务总局关于未申报税款追缴期限问题的批复》(国税函〔2009〕326号)规定:"税收征管法第五十二条规定:对偷税、抗税、骗税的,税务机关可以无限期追征其未缴或者少缴的税款、滞纳金或者所骗取的税款。税收征管法第六十四条第二款规定的纳税人不进行纳税申报造成不缴或少缴应纳税款的情形不属于偷税、抗税、骗税,其追征期按照税收征管法第五十二条规定的精神,一般为三年,特殊情况可以延长至五年。"

根据《中华人民共和国税收征收管理法》(2015修正)第五十二条的规定,只有对偷税、抗税、骗税的,税务机关才可以无限期地追征其未缴或者少缴的税

款、滞纳金或者所骗取的税款。在A公司不构成偷税的前提下,A公司虽对上述总计10万美元及人民币53.3万元的奖金负有扣缴义务,但是上述奖金的支付时间均在2014年及以前,距今已经远超5年限制。对超过5年时限的税款,并无相关法律、法规明确税务机关可以对A公司进行追缴。

因此,A公司虽然对上述总计10万美元及人民币53.3万元的奖金负有为前员工甲代扣代缴个人所得税的义务,但是贵局不应继续追缴。

三、即使认为A公司存在税收违法行为,但相关行为的处罚时效已经超过,因此贵局不应对A公司处以行政处罚

《中华人民共和国行政处罚法》(2017修正)第二十九条第一款规定:“违法行为在二年内未被发现的,不再给予行政处罚。法律另有规定的除外。”

《中华人民共和国税收征收管理法》(2015修正)第八十六条规定:“违反税收法律、行政法规应当给予行政处罚的行为,在五年内未被发现的,不再给予行政处罚。”

根据上述规定,税收违法行为在5年内未被发现的,不应受到行政处罚。

A公司向前员工甲支付工资及销售奖金而未代扣代缴个人所得税的行为均发生在2014年及之前,距今至少7年。虽然(2016)沪01民终11389号民事判决书及上海市第一中级人民法院(2019)沪01民终486号民事判决书分别于2016年及2019年最终作出并生效,但这仅是司法机关对B公司、A公司及前员工甲之间三方法律关系的确认,并不意味着税收违法行为在2016年及2019年发生。因此,上述行为在5年内未被税务机关发现,税务机关不应因上述行为对A公司施加行政处罚。

综上所述,即使认为A公司存在税收违法行为,但相关行为的处罚时效已经超过,因此贵局不应对A公司处以行政处罚。

北京盈科(上海)律师事务所

王桦宇律师、施润霖律师

××××年××月××日

011

论未履行个人所得税扣缴义务的法律责任*

——对《税收征收管理法》第六十九条的思考

摘要：在教育培训行业内，教培公司财务管理制度不健全且未与培训教师约定课时费属于税前还是税后导致未履行其扣缴义务而被税务机关稽查的现象较多。校办企业还存在财务通过学校渠道完成的情况，导致个税扣缴义务人及法律责任人出现模糊，同时，结合教育培训行业特征，税务机关客观上又无法全面向纳税人追缴所欠税款，因此教培公司势必面临严重的税务风险。故教培公司应当做好税务合规，当前法律下，仍需要更明确的税务扣缴义务人主体责任规定，完善个人所得税代扣代缴制度，更好地引导和规范扣缴义务人的扣缴义务及相关法律责任。

一、案情简介

某高校校办企业 A 公司（以下简称 A 公司）长期从事继续教育培训及咨询服务。A 公司根据其制定的《师资管理办法》按月结算支付给授课老师课时费，但未明确约定课时费是税前还是税后，并且未与授课老师签署劳务合同。A 公司 2014～2016 年支付课时费共计 2000 余万元，仅代扣代缴并申报个人所得税 100 余万元。在 A 公司的财务账目中，以实际支付的课时费为实际成本列支金额，并以实际支付金额为企业所得税税前扣除金额。2016 年 12 月后，A 公司开

---

* 本案系纪委监委系统转办案件，涉及高校继续教育培训中授课教师个税扣缴及相关主体责任追究的问题，同时涉及其他成本冲抵时企业所得税扣除合规性问题。本文原载于《税务研究》2018 年第 7 期，文章纳入本书时，部分内容有所调整。

始规范外聘教师课时费的发放和个人所得税代扣代缴管理工作。

2017年5月,税务机关对A公司进行税务检查时,发现该公司2014~2016年的纳税申报表、代扣代缴个人所得税申报表等存在疑点,于是要求其财务人员提供代扣代缴工资薪金明细资料和个人工资薪金发放明细表。经查,A公司在2014~2016年支付授课教师课时费而未代扣代缴的个人所得税额约382万元,举办某赛事活动的奖金礼品、劳务费而未履行代扣代缴义务的个人所得税额约5万元。税务稽查部门根据劳务报酬所得税率计算,2014~2016年,A公司合计未代扣代缴个人所得税额共计约387万元。因此税务机关认为A公司未履行扣缴义务,应当按照《税收征收管理法》第69条予以追责,拟定税务处理决定是责成A公司限期补扣补缴税款,并处以应扣未扣税款的1倍罚款。

A公司在检查过程中向税务机关提交了其2014~2016年的授课费用支付情况、相关劳务费清单、发票凭证及附件等资料,同时提交了情况说明。A公司在情况说明中表述,A公司财务经办人员对课酬标准理解不准,在支付外聘教师课时费时以实际支付金额记账并列支成本,2014~2016年,A公司未履行代扣代缴个人所得税义务,也因此未将该部分费用列支成本并转化为公司利润总额,并按规定缴纳了企业所得税约96万元,因此,A公司主观上不存在侵占国家税款的动机。同时,一部分授课老师为本校教师,由A公司统计其授课报酬后统一报送学校财务部门进行校内转账,2014~2016年共支付410万元该项未缴税课酬,因此A公司认为该部分课酬的代扣代缴主体不应当是A公司。A公司向税务机关说明上述情况,表明愿意承担行政处罚,并希望税务机关能从轻处理。

二、法律分析

(一)争议焦点

1. 对代扣代缴义务的法律主体存在分歧

税务机关认为A公司未履行个人所得税代扣代缴义务的主要理由在于:A公司虽然是某高校校办企业,但是作为办理了税务登记证的独立经营主体,A公司对未签订劳动合同的授课教师的课时费应当按照“劳务报酬所得”依法代扣代缴个人所得税。2014~2016年,A公司在支付劳务报酬时既未履行扣除劳务报酬税款的“代扣”义务,亦未履行申报纳税之“代缴”义务,故A公司违反《税收征收管理法》第 69 条的规定。另外,本校教师课时费的校内转账支付方式实际是一种委托关系,不能由此混淆实际支付者的代扣代缴主体资格,因此 A 公司是本案中未缴纳税款的扣缴义务人。

A 公司认为,由于校办教育培训企业具有充足的授课教师资源,所以未与授课老师签订劳动合同或劳务合同,而是实行按时计酬、按月发放,也未明确约定是税前还是税后。若为税前收入,则纳税主体应当是获取报酬的授课教师并由其补缴;若为税后收入,则需要有行业惯例和明确证据支撑,此时实际税负承受主体应当是扣缴义务单位,并由其补缴。也正是因为培训行业中并无统一的税前税后判定规则,其财务人员才未能及时代扣代缴个人所得税。此外,A 公司一部分授课老师为本校教师,该部分老师由 A 公司统计其授课报酬后统一报送学校财务部门,将课时费委托学校财务校内转账支付。因此,A 公司并不是全部未缴税款的扣缴义务人。

2. 对未履行代扣代缴义务的法律责任存在分歧

在 A 公司未履行代扣代缴义务的结论之下,税务机关认为,A 公司对发放课时劳务报酬所得时“应扣未扣税款”理应承担法定责任。根据《税收征收管理法》第 69 条以及《国家税务总局关于贯彻〈中华人民共和国税收征收管理法〉及其实施细则若干具体问题的通知》(国税发〔2003〕47 号)第 2 条关于扣缴义务人扣缴税款问题的规定,以及参照《税务行政处罚裁量基准适用办法》(国家税务总局公告 2016 年第 78 号)中扣缴义务人法定责任裁量标准,责成 A 公司限期补扣补缴所欠税款,并处以应扣未扣税款的 1 倍罚款。

A 公司认为,即使 A 公司是全部未缴税款的代扣代缴义务人,税务机关在适用法律上也存在错误,理由如下:《税收征收管理法》第 69 条所对应的法律责任主体应当包括纳税人以及扣缴义务人,即税务机关责令纳税人缴纳的同时应当对扣缴义务人予以行政处罚。其内在逻辑在于遵循个人所得税征管的实质正义和经济效率原则,而本案中税务机关将其追缴义务转嫁给 A 公司,加重其个人所得税代扣代缴义务,违反了税法公平负担原则,属于法律适用错误。在行政处罚裁量基准上,A 公司涉案税款金额并不属于“情节严重情形”,并且其在发现存在问题后及时纠正财务管理漏洞,主动向税务机关说明情况并配合检查,因此其违法行为轻微并及时纠正,税务机关对其处以应扣未扣税款的 1 倍的处罚过于严苛。

(二)法理分析

1. 代扣代缴义务构成要件分析

个人所得税以个人取得所得为基础,因此个人所得税的实际负担者应当是最终得到收益的人。在税收契约理论基础下,纳税人自行申报个人所得税是原则,以扣缴义务人代扣代缴个人所得税为补充。[①] 但是我国个人所得税实行代扣代缴和自行申报纳税并重的征管模式,源于我国税法文化淡薄、纳税人遵从度普遍较低,从税收源头上由支出者代扣代缴个人所得税具有十分重要的意义。

扣缴义务主体是支付应税所得的单位或个人,因此,只有与纳税人之间有支付和收入关系的单位和个人才能充当扣缴义务人。扣缴义务的内容主要包括"代扣代缴"和"代收代缴"两种,具体可拓展为扣留收取义务、申报义务、缴纳义务以及填发义务。从理论上看,扣缴义务是一种公法上的行为义务,与纳税人的纳税义务并行不悖。个人所得税的征收方式强调收入公平并兼顾征收效率,因此付款单位的代扣代缴义务不仅要求"代扣",还包括代扣之后的"代缴",不过是以"先扣后缴"为基础的。故而,从违反法定扣缴义务角度来看,支付劳务报酬的单位有两种违法行为:一是代扣之后不缴,二是未代扣也未代缴。相比之下,代扣之后不缴具有主观恶意,属于"不缴或者少缴应缴的税款",因此广义上未履行代扣代缴义务包括前述两种情形,狭义上仅指未代扣也未代缴的行为。

从狭义角度认定用人单位未代扣代缴个人所得税,首先要依法认定主体适格,即该用人单位负有代扣代缴义务而未履行;其次要根据个案具体情形分析扣缴义务人的动机(究竟是故意还是过失),抑或因为客观外部因素(双方关于税负承担约定不明、应税行为分散等);最后是行为后果,即造成相应代扣代缴税款的迟滞或损失。满足上述三个要件才能认定扣缴义务人未履行扣缴个人所得税义务。

本案中,A 公司虽然将部分教师的课时费委托所属高校发放,但并未改变其实际支付劳务报酬的事实。A 公司作为用工单位按照其《师资管理办法》按月向临时聘用教师发放课时费,因此属于税法上的扣缴义务人。根据税务部门的调查,2014～2016 年,A 公司未代扣代缴劳务报酬个人所得税款共计约 387 万

---

① 在征收个人所得税时,通过扩大纳税义务承担主体的范围以有效抑制偷税行为的发生,法学界也将其称为"他人责任的理论"。参见叶姗:《论个人所得税扣缴义务人的还付责任》,载《当代法学》2004 年第 5 期。

元,而其主观上并无故意逃避税法义务的动机(至于是否构成过失或无过错再作分析),因此可认定A公司未履行其扣缴义务,对于该事实其应当承担相应法律责任。

2. 扣缴义务人未代扣代缴的法律责任

对扣缴义务人未按照规定代扣代缴的,税法规定了相应的法律责任,根据违法程度分为行政责任和刑事责任。针对本案涉及的未代扣代缴劳务报酬个人所得税的具体情形及其法律责任,我们作如下分析:

首先,关于扣缴义务人代扣之后未缴的情形,《税收征收管理法》第32条、第63条、第68条分别作了规定,由轻到重依次是加收滞纳金、追缴不缴或少缴的税款滞纳金、罚款以及税收强制执行措施、追究刑事责任等,其目的在于通过国家强制力使扣缴义务人及时解缴税款,惩罚与教育相结合,提高扣缴义务人的税收遵从度。原因在于,代扣后未缴在主观上具有侵占国家税款的动机,故其法定责任较重。由于A公司属于未扣情形,所以税务机关无权适用该条款要求其限期缴纳(解缴)税款。

其次,扣缴义务人未代扣也未代缴的情形产生有两种原因:一种是纳税人拒绝扣缴税款,则扣缴义务人有及时报告义务;另一种是扣缴义务人(自身原因)应扣未扣税款,则属于《税收征收管理法》第69条规定的情形。该条规定了扣缴义务人未履行扣缴义务应承担的法定责任,扣缴义务人应扣未扣税款的,由税务机关向纳税人追缴税款,对扣缴义务人处应扣未扣税款50%以上3倍以下的罚款。《税收征收管理法实施细则》第94条规定,纳税人拒绝代扣、代收税款的,扣缴义务人应当向税务机关报告,由税务机关直接向纳税人追缴税款、滞纳金。该规定被视为扣缴义务人未履行扣缴义务的免责规定,即纳税人拒绝代扣代缴时,扣缴义务人仅负有报告义务,最终由税务机关向纳税人追缴相应税款及滞纳金。因此,未履行代扣代缴义务规定的法律责任主体包括纳税人与扣缴义务人。

那么,税务机关应如何确定扣缴义务人应承担的法律责任?对此,有观点认为本案属于校办教育培训企业与临时聘用师资的民事关系,大部分的劳务关系中没有就税前、税后报酬进行约定,因此从实现国家税收债权角度出发,税务机关只需要求扣缴义务人承担税款即可,而对双方约定“税前还是税后”再说不论。其法律依据是《国家税务总局关于贯彻〈中华人民共和国税收征收管理法〉

及其实施细则若干具体问题的通知》(国税发〔2003〕47 号)第 2 条第 3 款:"扣缴义务人违反征管法及其实施细则规定应扣未扣、应收未收税款的,税务机关除按征管法及其实施细则的有关规定对其给予处罚外,应当责成扣缴义务人限期将应扣未扣、应收未收的税款补扣或补收。"无论劳务报酬是税前还是税后,所欠税款都必须由扣缴义务人先行补缴,以免超过税务机关规定之期限而导致新的税务行政处罚。

我们认为上述观点有失公允。一方面,按照税收法定原则,税务机关的税款征收须具有确定性,需要明确某项劳务报酬所得是税前还是税后,如此方能准确判定和计算应当缴纳的税款,"税前税后再说不论"的说法是不妥当的,特别是在扣缴义务人追扣缴过程中还可能引发与纳税人关于税负承担的民事争议,对税款补扣补缴必然有所阻碍。另一方面,从立法意图上看,让用人单位承担欠缴个人所得税责任是一种税收债务补充责任(或称为税收债务连带责任),不符合个人所得税法的本旨。扣缴义务人未履行相应法定义务造成国家税款的损失,其补救措施应当是由税务机关向纳税人追缴税款以实现税收债权,同时对未履行相应义务的扣缴义务人作出行政处罚。[①] 但是,税务机关一旦责令由扣缴义务人补扣补缴税款,倘若扣缴义务人客观上无法或不便向纳税人扣缴,就会使扣缴义务人与纳税人税收债务形成一种不真正连带关系(补扣补缴变成实际承担),从而加重了个人所得税扣缴义务人的法律义务。

因此,应当严格按照《税收征收管理法》第 69 条的归责机制,分别明确纳税人和扣缴义务人应负的责任:扣缴义务人应扣未扣、应收而未收税款的,由税务机关向纳税人追缴税款,同时扣缴义务人未履行扣缴义务的应当承担未缴税款 50% 至 3 倍的行政处罚。此时,税务机关在比例原则下作出责罚相当的裁量就显得尤为重要。

3. 比例原则下税务行政处罚裁量的法律适用

按照税法规定,税务机关可对扣缴义务人依法作出行政处罚,但未履行代扣代缴义务的行政处罚类型仅有"罚款"一类。因此,税务行政处罚的裁量要以行政比例原则为指导,在法定的处罚幅度内,依据个案情节在裁量范围、幅度、时

---

① 违反扣缴义务的法律责任不应与逃避税款的法律责任混同,因此扣缴义务人的法律性质在于协助行政机关扣缴税款,而对其违反扣缴义务的法律责任处罚不应以未缴税款额为基准。参见葛克昌:《税捐行政法——纳税人基本权视野下之税捐稽征法》,厦门大学出版社 2016 年版,第 488 ~489 页。

限、方式上作出处罚决定,既体现税务行政效率,又能提高纳税人及扣缴义务人的税法遵从度。

一直以来,“裁量适当”是税务行政处罚的难题。《国家税务总局关于规范税务行政裁量权工作的指导意见》(国税发〔2012〕65 号)、《国家税务总局关于发布〈税务行政处罚裁量权行使规则〉的公告》(国家税务总局公告 2016 年第 78 号)是从防范执法风险、保障纳税人及扣缴义务人合法权益的角度对税收行政执法权中的自由裁量权予以统一的。北京、上海、深圳、江苏、海南、湖南、河南、吉林、安徽等省市税务部门则根据自身实际制定了有关税务行政处罚裁量权及处罚裁量基准的地方规范性文件。但是,从权力渊源上看,税收法律、行政法规及规章才是税务行政处罚裁量权的渊源,而裁量基准是对行政裁量权按照一定标准进行细化、量化的重要参考指标,并非执法依据。因此,地方性税务行政处罚裁量基准是税务机关处理具体案件的参照依据,对纳税人及扣缴义务人并无法定拘束力,但据此作出的税务行政处罚决定有可能因违反行政比例原则而违法。①

以扣缴义务人未履行扣缴义务的行政处罚裁量基准为例,我们比较了上海、江苏、海南、湖南和吉林等省市税务部门的行政处罚裁量权执行基准,对于扣缴义务人未履行扣缴义务承担法定责任,虽然多数省市根据情节严重程度将 50% 至 3 倍罚款划分为三档(也可认为是四档,主要增加了情节“轻微”免于处罚的情形),也明确指出扣缴义务人应当补扣补缴税款。但是在违法情形认定、扣缴义务人法定义务上有所不同:北京、江苏、海南、吉林增加了扣缴义务人的协助或配合义务;上海、深圳、安徽以扣缴义务人是否履行补扣补缴义务的主观过错为依据。湖南从国家税款流失角度对扣缴义务人责任进行划分,而海南从违法次数及扣缴义务人的配合程度考虑予以处罚。从处罚裁量临界点上看,北京、湖南以补扣补缴应扣未扣税款 50% 为分界点;吉林以补扣补缴应扣未扣税款 30% 为分界点;上海、深圳、安徽以扣缴义务人是否实际履行补扣补缴义务为分界点。另外,深圳设置了重叠式的罚款基准。

因此,税务机关针对扣缴义务人未履行扣缴义务的税务行政处罚自由裁量

① 比例原则在税务行政处罚实体裁量中是一种平衡工具(规则性原则)。参见杨登峰、李晴:《行政处罚中比例原则与过罚相当原则的关系之辨》,载《交大法学》2017 年第 4 期。

空间较大，各个地方性裁量基准中的归责情形不一致，也容易导致纳税人及扣缴义务人对基层税务部门执法裁量权的客观性、公平性产生疑问。回归到本案，扣缴义务人属于过失（或者是无过错）造成税收欠缴，这与故意不缴、少缴税款有本质区别，我们认为，A 公司如果积极配合税务机关主动消除或者减轻违法行为危害后果，应当依法从轻或者减轻处罚。因此在本案中，A 公司未能履行代扣代缴义务，税务机关要求其承担未扣缴税款 1 倍罚款的处理较为妥当。

三、启示与思考

本案中，A 公司是个人劳务报酬所得的扣缴义务人，应当在发放课时费、奖金礼品、劳务费时依法代扣代缴应纳税额，但由于其财务管理制度不健全，与培训教师未约定课时费属于税前还是税后，导致未履行其扣缴义务而被税务机关稽查。同时，结合教育培训行业特征，税务机关客观上又无法全面向纳税人追缴所欠税款，因此 A 公司势必面临严重的税务风险。本案有以下两点启示以供思考：

第一，明确税务扣缴义务人主体责任，完善个人所得税代扣代缴制度，降低税务风险。扣缴义务人代扣代缴税款制度对于加强我国个人所得税的征管有积极意义，但在实际执行过程中，劳务所得的个人所得税征管和代扣代缴制度不健全、不合理，特别是对扣缴义务人要求在其无法或不愿履行代扣代缴义务时，仍需要承担未缴税款的不真正连带责任，这使扣缴个人所得税的义务人转变成为税款的实际负担人。因此，建议将来《税收征收管理法》修订时进一步明确代扣代缴单位及其主要负责人的义务及应承担的法律责任，确保扣缴义务人能够如实代扣代缴个人所得税，从而维护国家税法的尊严。① 代扣代缴义务人需要重视财务管理，避免因未履行扣缴义务而受到税务稽查和行政处罚。

第二，税务机关应当统一个人所得税扣缴义务人责任条款的适用准则，畅通税务救济程序，通过个案实现税收法定。由于税务行政处罚条款在适用中需要面对纷繁复杂的个案情形，保留适度的自由裁量空间具有合理性。在诸多案例

① 在个人所得税法治化征管中，强调企业代扣代缴义务只会弱化纳税人的税法遵从意识，并且在征管中无法有效掌控税源，导致个人所得税征管功能失衡。未来需要通过制度配套强化纳税主体的申报纳税意识。参见张霄、王志伟：《论我国个人所得税的法治化征管》，载《税务研究》2017 年第 3 期。

中,税务机关认定扣缴义务人违反法定义务并予以行政处罚时是以法律、行政法规为依据的,但在具体责任裁量上参照规范性文件往往会扩张或限缩上位法规定的权利义务内容,导致扣缴义务人责任无端加重。因此,有必要在《税收征收管理法》中明确扣缴义务人未能或没有履行扣缴义务的,可以由纳税人自行向税务机关申报缴税,并对违反扣缴义务的处罚上限适当减轻。同时,应及时修改或废止《国家税务总局关于贯彻〈中华人民共和国税收征收管理法〉及其实施细则若干具体问题的通知》第 2 条第 3 款的“补扣补缴”规定,制定统一的个人所得税扣缴义务人法律责任的适用准则。

结合本案处理过程,还有一点需要引起重视:对于与纳税争议相关的权利救济,不仅需要从程序上保障征纳双方地位平等,还要从制度构建上保障纳税人合法权益。[①]《税收征收管理法》第 88 条规定,对于不履行个人所得税代扣代缴义务而产生的税务争议,仍需要先缴纳争议税款及滞纳金或提供相应担保,然后方可申请行政复议,并经过复议才能诉讼救济。上述程序性和实体性规定虽然有税务纠纷专业性、程序性的考量,但在客观上给扣缴义务人增加了维权成本和难度,因此还需要从保障扣缴义务人权利救济的角度重新审视我国税务纠纷的救济制度,以期在个案中彰显公平正义,构建更加和谐的税收征纳关系。

附录 1:相关法律法规政策规定

省市	扣缴义务人违反其扣缴义务法律责任裁量基准
北京	扣缴义务人协助税务机关足额追回税款或者在限期内足额补扣、补收了税款的,处应扣未扣、应收未收税款 50% 的罚款; 扣缴义务人协助税务机关追回的税款或者在限期内补扣、补收的税款占应扣未扣、应收未收税款 50% 以上的,处应扣未扣、应收未收税款 50% 以上 1 倍以下的罚款; 扣缴义务人协助税务机关追回的税款或者在限期内补扣、补收的税款占应扣未扣、应收未收税款不满 50% 的,或者扣缴义务人在税务机关追缴税款过程中有不予配合情形的,处应扣未扣、应收未收税款 1 倍以上 3 倍以下的罚款

① 我国《税收征收管理法》中有所谓“双重前置程序”,即对纳税争议应行政复议前置和缴纳税款(或提供担保)前置,有违纳税人“诚实推定权”之嫌。参见刘剑文:《税收征管制度的一般经验与中国问题——兼论〈税收征收管理法〉的修改》,载《行政法学研究》2014 年第 1 期。

续表

省市	扣缴义务人违反其扣缴义务法律责任裁量基准
上海	扣缴义务人能够按规定补扣补缴税款的,处以50%以上1倍以下的罚款; 扣缴义务人确实无法补扣补缴税款的,处以1倍以上2倍以下罚款; 扣缴义务人拒绝补扣补缴税款的,处以应扣未扣、应收未收税款2倍以上3倍以下的罚款
深圳	扣缴义务人补扣或补收税款的,处应扣未扣、应收未收税款50%以上1倍以下罚款; 扣缴义务人无法补扣或补收的,处应扣未扣、应收未收税款60%以上2倍以下罚款; 情节严重的,处应扣未扣、应收未收税款70%以上3倍以下罚款
江苏	扣缴义务人应扣未扣、应收而不收税款的,由税务机关向纳税人追缴税款,对扣缴义务人处应扣未扣、应收未收税款50%以上3倍以下的罚款(国税适用); 扣缴义务人在税务检查过程中积极协助税务机关追回税款的,处应扣未扣、应收未收税款50%的罚款;扣缴义务人在税务机关追回税款过程中不予配合的,处应扣未扣、应收未收税款50%以上(不含)1.5倍以下的罚款;造成应扣未扣、应收未收税款无法追缴的,处应扣未扣、应收未收税款1.5倍以上3倍以下的罚款(地税适用)
海南	与《税收征收管理法》第64条第2款纳税人违反其纳税义务不缴或者少缴应纳税款的裁量情形相同,将违法程度共划分为4个档次,即轻微、较轻、一般、严重,分别对应不同的罚款执行标准。 轻微:首次发生且在税务机关实施检查前积极自查并在召开审理委员会前补缴自查税款和滞纳金; 较轻:首次发生且积极配合税务机关检查并在召开审理委员会前补缴不缴或少缴税款和滞纳金,50%罚款; 一般:首次发生且积极配合税务机关检查但未按期补缴不缴或少缴税款和滞纳金或二次发生,50%至1倍罚款; 严重:未积极配合税务机关检查或发生3次以上,1倍至3倍罚款
湖南	在税务机关规定期限内补扣(收)补缴税款,未造成税款流失的,不予处罚; 不能补扣(收)补缴造成税款流失在50%以下的,处应扣未扣、应收未收税款1倍以上2倍以下的罚款; 不能补扣(收)补缴造成税款流失在50%以上的,处应扣未扣、应收未收税款2倍以上3倍以下的罚款

续表

省市	扣缴义务人违反其扣缴义务法律责任裁量基准
吉林	扣缴义务人积极配合税务机关检查,且应扣未扣、应收未收税款占应扣、应收税款30%以下的,处应扣未扣、应收未收税款50%的罚款; 扣缴义务人配合税务机关检查,且应扣未扣、应收未收税款占应扣、应收税款30%以上的,处应扣未扣、应收未收税款50%以上1倍以下的罚款; 扣缴义务人阻碍税务机关正常纳税检查,违法行为情节严重或者造成严重社会影响的,处应扣未扣、应收未收税款1倍以上3倍以下的罚款
安徽	扣缴义务人在限期内补扣或补收税款的,处应扣未扣、应收未收税款50%以上(含本数)1倍以下的罚款; 扣缴义务人无法补扣或补收税款的,处应扣未扣、应收未收税款1倍以上2倍以下的罚款; 5年内有2次以上该行为的,或有其他严重情节的,处应扣未扣、应收未收税款2倍以上3倍以下的罚款

附录2:相关法律及涉税文书(略)

012

论资本公积转增股本中个人所得税扣缴义务人的法律责任*

——以某拟新三板上市公司资本公积转增股本案为例

摘要:资本公积转增股本中个人所得税扣缴义务人的法律责任一直是涉税业务中的重点问题之一,公司在资本公积转增过程中,作为代扣代缴义务人需要对股东未履行个人所得税扣缴义务承担相应的法律责任。但由于当前法律层面并未对该问题进行明确的界定,相关的法律责任尚不明晰,所以在无法证明公司存在过错的情况下不应当处以行政处罚。该问题需要从税法层面明确界定扣缴义务人的法律责任,注重实质性化解税务争议,重视过错的认定和比例原则。

一、案情简介

A有限责任公司成立于2012年,拟新三板上市并启动股改计划。该公司于2015年9月以整体变更设立的方式变更为A股份有限公司(以下简称A公司)。整体变更后A公司拥有甲、乙两名自然人股东。2015年11月30日,A公司召开了股东大会并通过决议,同意A公司增加股份及股本,由新增股东B公司及C公司以现金形式认购总股本的5%,股份面值金额的部分记入资本公积。同日,A公司还通过决议,针对上述增值事项形成的资本公积-股本溢价约

---

* 本案涉及拟新三板上市公司改制后因举报产生的资本公积转增股本应否缴纳个人所得税以及扣缴义务人的法律地位的问题,同时涉及行政诉讼过程中对规范性文件提起附带性审查事项,本案最终以行政调解的方式结案,从结果上看,亦属于人民法院实质性化解行政争议的范例。本文原载于《税务研究》2022年第7期,文章纳入本书时,部分内容有所调整。

1100万元向全体股东转增股本共计约1100万股(每股面值为1元),转增后A公司总股本及注册资本相应增加。2015年12月,A公司完成了上述增资事宜的工商变更。在转增股本期间,A公司称曾以申请纳税辅导的形式将相关情况告知了税务机关并获得了非正式答复,相关辅导人员告知自然人股东暂时无须缴纳个人所得税。

2017年9月,税务机关收到税收违法检举材料,反映A公司存在以资本公积向自然人股东转增股本未代扣代缴个人所得税的税收违法行为。税务机关遂向A公司送达了税务检查通知书,要求对A公司自2016年1月1日起的涉税情况进行检查。

在税务机关对A公司及其股东甲、乙进行调查及询问并经过相应听证程序后,税务机关于2019年4月向A公司送达了税务处理决定书及税务行政处罚决定书,并依据《个人所得税法》及《国家税务总局关于进一步加强高收入者个人所得税征收管理的通知》(国税发〔2010〕54号)、《国家税务总局关于原城市信用社在转制为城市合作银行过程中个人股增值所得应纳个人所得税的批复》(国税函〔1998〕289号)、《财政部、国家税务总局关于将国家自主创新示范区有关税收试点政策推广到全国范围实施的通知》(财税〔2015〕116号)、《国家税务总局关于贯彻〈中华人民共和国税收征收管理法〉及其实施细则若干具体问题的通知》(国税发〔2003〕47号)确认A公司未在向自然人股东甲、乙转增股本时代扣代缴个人所得税,要求A公司在补扣补收股东个人所得税后将160万元税款缴纳入库,并对A公司处以应扣未扣税款50%的罚款80万元。A公司认为自然人股东甲、乙纳税义务不能成立且A公司不存在补扣补收税款的义务,不服上述决定,遂于2020年7月向上级税务机关提起行政复议。上级税务机关维持了原处理决定。2020年10月,A公司因不服上述税务处理决定及税务行政处罚决定,向有管辖权的法院提起了行政诉讼,要求税务机关撤销税务处理决定及税务行政处罚决定,并主张确认相关规范性文件①违法。2021年3月,经法院

① 具体指国税发〔2003〕47号文件。该文件第2条第3款规定:“扣缴义务人违反征管法及其实施细则规定应扣未扣、应收未收税款的,税务机关除按征管法及其实施细则的有关规定对其给予处罚外,应当责成扣缴义务人限期将应扣未扣、应收未收的税款补扣或补收。”A公司认为该文件关于“责成扣缴义务人补扣补收”的规定没有上位法依据,且与《税收征收管理法》第69条有关“扣缴义务人应扣未扣、应收而不收税款的,由税务机关向纳税人追缴税款”的规定相冲突。

合议庭开庭审理及行政争议协调化解程序，法院作出行政调解书，确认A公司与税务机关达成一致：A公司协助补收两名自然人股东个人所得税税款160万元并缴纳入库，税务机关撤销对A公司的行政处罚决定，A公司就税务处理决定和税务行政处罚决定撤回起诉。

二、法律分析

（一）争议焦点

1. A公司甲、乙股东的个人所得税纳税义务是否成立

税务机关认为，A公司股东甲、乙的个人所得税纳税义务成立。因为《个人所得税法》第2条规定了自然人应当就“利息、股息、红利所得”缴纳个人所得税。虽然《国家税务总局关于股份制企业转增股本和派发红股征免个人所得税的通知》（国税发〔1997〕198号）规定：“股份制企业用资本公积金转增股本不属于股息、红利性质的分配，对个人取得的转增股本数额，不作为个人所得，不征收个人所得税。”但国税函〔1998〕289号文件将国税发〔1997〕198号文件中的“资本公积金”限制在“股份制企业股票溢价发行收入所形成的资本公积金”中。此外，国税发〔2010〕54号文件也规定：“……对以未分配利润、盈余公积和除股票溢价发行外的其他资本公积转增注册资本和股本的，要按照‘利息、股息、红利所得’项目，依据现行政策规定计征个人所得税。”为此，税务机关依据以上文件认为A公司股东甲、乙的个人所得税纳税义务成立。

A公司认为，国税函〔1998〕289号文件的成文时间较早，且在《企业会计准则》实施后，资本公积科目仅保留资本公积和其他资本公积，对于除股本溢价发行收入之外形成的资本公积金转作股本，国税函〔1998〕289号文件对自然人股东是否需要缴纳个人所得税没有明确规定。而国税发〔2010〕54号文件对“股票溢价发行”“其他”等概念的界定及其应予征税的税法法理并无展开，特别是作为税政决策参与者的财政部并未参与联合发文，故这一文件也不能作为甲、乙纳税义务成立的依据。即便是业界普遍认为财税〔2015〕116号文件发布后资本公积转增股本的政策问题得到了确认，企业转增股本的时点也在该规范性文件相

应政策生效(2016 年 1 月 1 日)前,不适用该新政策的相关规定。①

2. A 公司作为税务处理的行政相对人是否成立

税务机关认为,根据《个人所得税法》及其实施条例,有价证券或其他形式的支付属于税法规定中支付应税款项的行为,而扣缴义务人向个人支付应税款项时,应当按照税法规定代扣代缴个人所得税。A 公司以资本公积向个人转增股本属于以有价证券或其他形式向个人支付应税款项,因此 A 公司应当就上述支付相应为甲、乙两名自然人股东代扣代缴个人所得税。而 A 公司未代扣代缴两名股东的个人所得税,根据国税发〔2003〕47 号文件的相关规定,存在违反《税收征收管理法》及其实施细则规定的应扣未扣、应收未收税款的事实,因此,税务机关有权责成扣缴义务人限期将应扣未扣、应收未收的税款补扣或补收并缴纳入库。

A 公司认为,《税收征收管理法》第 69 条规定了税务处理作出的行政相对人应当是纳税人而非扣缴义务人,且该法第 68 条规定只有在已经代收代扣但未解缴时(通常扣缴行为分为代扣代收和代/解缴两种行为;依据该条规定,扣缴义务人"在规定期限内不缴或者少缴……应解缴的税款",前提是已经完成"代扣代收")才能责令扣缴义务人限期缴纳,本案中不存在已经代收代扣的情形,因此税务机关追缴个人所得税的对象应当是甲、乙两名自然人股东,而非扣缴义务人 A 公司。国税发〔2003〕47 号文件的规定没有上位法依据且与《税收征收管理法》第 69 条的规定相冲突,不应加以适用。而且,即便是需要 A 公司完成扣缴义务,因甲、乙两名自然人股东的所得形式为相对虚拟化的"权益"类别,无法如同现金方式进行相应代扣,只能对纳税人进行代收,在自然人纳税人不认可其对收到转增的股本负有个人所得税纳税义务时,在实际操作上增加了难度。此外,A 公司还在行政诉讼中主张国税发〔2003〕47 号文件没有上位法依据且与《税收征收管理法》第 69 条的规定相冲突,请求法院对国税发〔2003〕47 号文件进行审查并确认该文件无效。

---

① A 公司认为,财税〔2015〕116 号文件实际上是通过规定税收优惠政策的方式间接明确了资本公积转增股本应予缴纳个人所得税的政策(此前业界关于资本公积转增股本是否应缴纳个人所得税存在争议,特别是根据当时企业上市披露的信息看,一些税务机关也并未确认不缴税款行为系违法)。该政策自 2016 年 1 月 1 日起施行,所以 A 公司认为其于 2015 年 11 月 30 日所进行的资本公积转增股本事项不能适用财税〔2015〕116 号文件的相关规定。

3. 对A公司的行政处罚是否具备合理性

税务机关认为,根据前述国税函〔1998〕289号、国税发〔2010〕54号、财税〔2015〕116号等相关规范性文件,本案中A公司股东甲、乙的个人所得税纳税义务成立,因此A公司作为扣缴义务人,有义务为甲、乙两名自然人股东代扣代缴个人所得税。但A公司没有为甲、乙两名自然人股东代扣代缴个人所得税,违反了2018年修正前的《个人所得税法》第2条第7项、第3条第5项、第9条等相关规定。[①] 根据《税收征收管理法》第69条,税务机关应当对应扣未扣、应收而未收税款的A公司作出行政处罚。所以,根据相关的《税务行政处罚裁量基准使用办法》,税务机关对A公司处应扣未扣税款50%的处罚是合理的。

A公司认为,无论是就主观角度还是客观角度而言,税务机关都不应对A公司处行政处罚。就主观角度而言,A公司不存在主观过错,在自然人股东纳税义务不明确的前提下,A公司曾向主管税务机关申请纳税辅导并获暂不用缴税的相关答复。就客观角度而言,由于甲、乙两名自然人股东的纳税义务是否存在并不明确,所以不能认定A公司存在未按规定履行扣缴义务的所谓"违法事实"。且在资本公积向自然人股东转增股本过程中,并无实际现金发生,无法实施"代扣",其"所得"只是一种"虚拟"且尚未变现的权益,因此,A公司实际上无法直接在"扣除"应纳税款后再支付所得,而只能在支付所得后向其主要股东"收取"税款,对公司而言难度较大,"代扣代缴"义务在客观上难以完成。A公司还提出,根据《行政处罚法》的规定,无过错情形下也不应被行政处罚。[②]

(二)法理分析

1. 资本公积转增股本中自然人股东的纳税义务分析

就资本公积转增股本中自然人股东的纳税义务而言,相关税收法律法规、规

---

① 该资本公积转增股本的时点发生在2018年《个人所得税法》修正前,适用修正前的《个人所得税法》相关规定。《个人所得税法》(2011修正)第2条规定:"下列各项个人所得,应纳个人所得税:……七、利息、股息、红利所得……"第3条规定:"个人所得税的税率:……五、特许权使用费所得,利息、股息、红利所得,财产租赁所得,财产转让所得,偶然所得和其他所得,适用比例税率,税率为百分之二十。"第9条规定:"扣缴义务人每月所扣的税款,自行申报纳税人每月应纳的税款,都应当在次月十五日内缴入国库,并向税务机关报送纳税申报表……"

② 《行政处罚法》第33条规定:"违法行为轻微并及时改正,没有造成危害后果的,不予行政处罚。初次违法且危害后果轻微并及时改正的,可以不予行政处罚。当事人有证据足以证明没有主观过错的,不予行政处罚。法律、行政法规另有规定的,从其规定。对当事人的违法行为依法不予行政处罚的,行政机关应当对当事人进行教育。"

章、规范性文件及征管实践曾一度存在不一致、不明确的情况。国税发〔1997〕198 号文件规定:“股份制企业用资本公积金转增股本不属于股息、红利性质的分配,对个人取得的转增股本数额,不作为个人所得,不征收个人所得税。”该文件发布一年后,国家税务总局又发布了国税函〔1998〕289 号文件,将国税发〔1997〕198 号文件中所指的“资本公积金”限制在“股份制企业股票溢价发行收入所形成的资本公积金”中。这两个文件发布时,其中所涉及的“资本公积金”“股份制企业”“股票溢价发行”等概念及内涵应分别依据当时生效的《企业会计准则》、《股份制企业试点办法》以及《公司法》的相关规定进行理解。但自 1998 年后,《企业会计准则》《股份制企业试点办法》《公司法》等均经历多次修订、修正乃至废止,其中“资本公积金”“股份制企业”“股票溢价发行”等概念均发生变化或不再使用,而国税发〔1997〕198 号文件以及国税函〔1998〕289 号文件对上述法律法规修订或修正后如何理解与适用并未作出相应的调整或进一步解释,因此对这两个文件的条款究竟该如何理解存在一定的不明确之处。

国税发〔1997〕198 号文件以及国税函〔1998〕289 号文件的制定依据发生变化导致资本公积转增股本是否需要承担纳税义务政策的不明确。国税发〔2010〕54 号文件发布后该问题似乎得到了初步解决。国税发〔2010〕54 号文件规定了以资本公积转增股本的,除资本公积以未分配利润、盈余公积和除股票溢价发行形成的以外,需要按照“利息、股息、红利所得”项目缴纳个人所得税,但是国税发〔2010〕54 号文件对以未分配利润、盈余公积和除股票溢价发行形成的资本公积转增股本的情况未作明确规定,且该规范性文件就性质上而言是一个关于征管事项的程序性文件,原则上从该文件导出明确的税收政策依据的理解是较不充分的。在这一背景下,各地税务机关对相关市场主体尤其对拟上市企业存在允许资本公积、盈余公积、未分配利润转增股本部分均作出暂不征收个人所得税的处理。①

直到 2015 年 10 月 23 日,在财政部、国家税务总局联合发布了财税〔2015〕116 号文件后,上述问题才基本得到了解决。财税〔2015〕116 号文件明确:“自 2016 年 1 月 1 日起,全国范围内的中小高新技术企业以未分配利润、盈余公积、

---

① 根据彼时在深、沪两市上市的多个公司的招股说明书披露情况,基于鼓励本地企业上市的考虑,少数主管税务机关对资本公积转增股本是否征收个人所得税采取了相对模糊的做法,如告知“暂无须缴纳个人所得税”或在“出具承诺函”后放行,但也未明确确定此种情况无须缴纳个人所得税。

资本公积向个人股东转增股本时，个人股东一次缴纳个人所得税确有困难的，可根据实际情况自行制定分期缴税计划，在不超过5个公历年度内（含）分期缴纳，并将有关资料报主管税务机关备案。”对此，业界普遍理解为该文件以间接确认的方式明确了以未分配利润、盈余公积、资本公积向个人股东转增股本时自然人股东负有缴纳个人所得税的义务。

在本案中，税务机关认为A公司以资本公积向自然人股东甲、乙转增股本时，自然人股东甲、乙负有缴纳个人所得税的义务，并无明确不当之处。尽管如此，对于A公司提出的相关税法依据不足及其转增行为发生在2016年1月1日前应区别对待的意见，亦有其相应的合理性支撑。

2. 资本公积转增股本中扣缴义务人的扣缴义务分析

就扣缴义务人的扣缴义务而言，《个人所得税法》《税收征收管理法》及其实施细则规定了我国个人所得税的征收方式以源泉扣缴为原则，即以取得所得的个人为纳税义务人，以支付所得的单位或者个人为扣缴义务人。扣缴义务人在向纳税人支付所得时，扣缴义务人负有代扣代缴、代收代缴税款的义务。《税收征收管理法》第68条、第69条规定了扣缴义务人已经代扣或代收税款但在规定期限内不缴或者少缴应解缴税款的，税务机关可以责令扣缴义务人限期缴纳，逾期仍不缴纳的，税务机关可以强制执行并处以罚款；扣缴义务人应扣未扣、应收未收税款导致在规定期限内不缴或者少缴应解缴税款的，税务机关可以向纳税人追缴税款并对扣缴义务人处以罚款。针对纳税人众多而税务机关无法一一对纳税人进行追缴或不便追缴的情况，国家税务总局在2003年4月23日发布了国税发〔2003〕47号文件对上述规定进行了补充，即扣缴义务人应扣未扣、应收未收税款导致的在规定期限内不缴或者少缴应解缴税款的，税务机关也可以责令扣缴义务人补扣补收后限期缴纳。国税发〔2003〕47号文件发布时，也有部分观点认为由扣缴义务人补扣或补收税款法律依据不足。但客观来讲，由税务机关直接向纳税人追缴税款的可行性确实较低，纳税人众多、纳税人身在国外等情况均会导致税务机关无法直接向纳税人追缴税款。因此，为了便于实际操作，降低征税成本，方便纳税人，并防止出现扣缴义务人故意不履行扣缴义务而应扣不扣、应收不收的情况，国税发〔2003〕47号文件明确税务机关可以责成扣缴义务人补扣或补收税款有其合理因素。

在本案中，税务机关依据国税发〔2003〕47号文件的规定，在自然人股东甲、乙纳税义务成立的前提下，主张A公司应当在转增股本时即为其代扣代缴个人所得税，亦有相关规范性文件为依据，并无明确不当之处。不过，对于A公司提出的国税发〔2003〕47号文件是否具有上位法依据以及是否与《税收征收管理法》第69条关于"扣缴义务人应收未收时应向纳税人追缴"的疑问而言，在特别注重"法无授权不可为"的法治政府理念和不断优化营商环境建设的当下，亦有其主张的合理性。

3. 资本公积转增股本中扣缴义务人的法律责任分析

在行政法学理上，对于行政处罚是否应当以主观过错为要件存在一定争议，反对者认为以主观过错为行政处罚的要件存在逻辑问题，且可能导致行政效率的过度降低，因此行政处罚不应当以主观过错为要件。《行政处罚法》第33条第2款规定："当事人有证据足以证明没有主观过错的，不予行政处罚……"该法明确了"无过错不处罚"的立法导向，主张行政处罚应识别主观因素，具有主观过错虽然不直接成为行政处罚成立的要件，但是不存在主观过错可以在合理性上适当或全部阻却行政处罚。尽管前述条款在该案发生后方才生效，但这一通过立法方式确定的、对行政相对人有利的指导原则对税务行政处罚的政策掌握亦有一定的指引作用。

就税务行政处罚的具体适用而言，不能认为只要纳税人存在纳税义务而未缴纳税款或扣缴义务人存在代扣代缴义务而未代扣代缴即应当处以行政处罚，而需要确认其满足税法上处罚构成要件的该当性、违法性和有责性原则。① 一方面，对于违法行为及危害后果的程度判定需要结合税收政策是否存在明显争议以及过往的税务合规记录、相关行为频次、相关额度的综合占比、类似行为其他税务机关的处理口径等综合考虑，不能拘泥于"一个数额定乾坤"；另一方面，要考虑纳税人或扣缴义务人是否能提供一定的证据证明其主观不存在过错，从而阻却行政处罚，否则无法体现行政处罚的合理性原则。

本案中，A公司主张其在计划实施股改并将资本公积转增股本前，以申请纳税辅导的形式将相关情况告知了税务机关并获得了税务机关有关股东暂时不需要缴纳个人所得税的回复意见，如果这一情况属实，可以证明A公司并无主观过错。因A公司并非通过正式途径进行问询，故未能提供具有公信力的税务机

---

① 参见陈清秀：《税法总论》，法律出版社2019年版，第635～647页。

关的正式回复。但结合当时税收政策仍存在一定争议,税收实践与税收政策存在一定差异等因素,A公司的主观过错较小。此外,在纳税人未对税收政策予以确认的情况下,补收税款存在一定的困难,特别是A公司在诉讼进行过程中愿意及时补扣补收税款并缴纳入库,结合《行政处罚法》的指导精神,税务机关可以不对A公司进行行政处罚。

三、启示与思考

(一)创新行政执法方式并注重实质性化解税务争议

《中共中央办公厅、国务院办公厅关于进一步深化税收征管改革的意见》指出,要"创新行政执法方式,有效运用说服教育、约谈警示等非强制性执法方式,让执法既有力度又有温度,做到宽严相济、法理相融","完善纳税人缴费人权利救济和税费争议解决机制,畅通诉求有效收集、快速响应和及时反馈渠道"。在本案中,纳税人曾主动向税务机关咨询过相关税收政策,说明其存在一定的合规意识,针对可能存在理解争议的税收政策,税务机关可以在出具相关税务文书时加大对纳税人的释法说服工作,争取纳税人自主自愿缴纳税款。纳税人在提起行政诉讼前曾就税务行政处罚告知书申请听证,并在收到税务行政处理决定书和税务行政处罚决定书后申请行政复议。在这两个阶段,税务机关也可以通过充分有效的准备与沟通,在听证和行政复议阶段,通过自行检视行政处罚的必要性,在国家税款征收不受影响的情况下,根据实际情况酌定行政处罚的裁量空间,这样可以提前实质性化解税务争议,避免案件进一步延伸到行政诉讼环节。

(二)适时拓展资本公积转增股本的税收优惠政策

以资本公积转增股本是企业经营、融资及资本市场运作中常见的行为,但是对这一行为的税收征管政策几经变迁,已存在一定的不明确之处,加之征管实践与征管政策间的不一致之处共同导致本案所涉争议的发生。对于确实已经过时、不能指导当前税收征管工作的规范性文件,税务部门需要进行系统、及时、有效的清理,对其中效力层级较低、可能存在彼此矛盾或随着我国税收法治体系的完善已经不再有上位法依据的文件应进行修改、合并或废止,避免出现对于某一项事实存在多个彼此差异的规定的情况。在目前智慧税务建设和数字化征管能力迅速提升的大背景下,更多的非上市公司和中小企业的类似转股行为将更多地“浮上前台”,适时扩大资本公积转增股本的税收优惠特别是递延纳税的适用范围,可以让更多的市场主体享受到优惠政策,减轻纳税人在生产经营和增资扩股过程中的相关税收负担,同时有利于提升市场主体的纳税遵从度。

(三)在税法层面明确界定扣缴义务人的法律责任

国税发〔2003〕47 号文件是从税务机关在追缴税款过程中的实际困难出发,基于当时的科技水平及征管条件而采取的便利化的规定,在当时有其合理性和正当性的一面。但是,随着近年来税收法定原则的贯彻落实和“法无授权不可为”行政理念的不断推进,此种以“效率优先”的征管规定可能会陷入“于法无据”的尴尬局面。《税收征收管理法》第 69 条规定之“扣缴义务人应扣未扣、应收而不收税款的,由税务机关向纳税人追缴税款”条款内容应得到充分尊重,在相关条款未修订前,税务机关不区分具体情况而一律按照国税发〔2003〕47 号文件的规定要求扣缴义务人补扣补收税款在合理性上存在一定问题,此时应区分相关扣缴行为在技术上的可能性予以妥善安排,以符合行政妥适性原则的要求。

扣缴义务人作为协助税务机关征收个人所得税的税法主体,在税法制度上需要为其构建相对严谨、完整和妥适的权利、义务和责任体系。结合部分发达国家和地区的学理与实践,可将“技术必要性”和“过错严重性”作为其“是否需要继续履行扣缴义务”及“应予补缴”的判断依据。① 如果扣缴义务人已经明确向税务机关披露纳税人信息且自行扣缴存在困难,则税务机关需要向纳税人追缴税款;否则仍以督促扣缴义务人履行相关义务更为适宜,特别是在扣缴义务人作业强度不会超过其正常依照税法规定承担工作量之情形时,此时之规则设计具有合理性。至于是否需要补缴税款,则需要秉承“过错严重性”原则,对于存在故意或重大过失导致嗣后税款无法正常追缴的,可以在遵循严格审查标准的基础上,要求扣缴义务人适当承担补缴责任。

(四)税务行政处罚需在“过错识别”的基础上合理裁量

业界对于税务违法行为的可受行政处罚性一般无异议,但对于是否需要及如何裁量行政处罚的程度存在诸多不同的理解。《行政处罚法》第 33 条第 2 款明确规定,当事人有证据足以证明没有主观过错的,不予行政处罚,确立了“无过错不处罚”的立法原则。对于在个案中确实存在因税法政策模糊、扣缴技术

① 参见钟典晏:《扣缴义务问题研析》,北京大学出版社 2005 年版,第 138 ~142 页。

障碍及其他非故意或重大过失造成没有扣缴之事实且未导致后续税款损失的，不应一律科以行政处罚，而应根据具体情况具体分析，妥适、合理地作出相应判断和处理。[①] 近年来，国家税务总局先后出台了《税务行政处罚裁量权行使规则》《税务行政处罚"首违不罚"事项清单》等规范性文件，对税务行政处罚的裁量基准、规则适用等进行了明确指导，部分省级税务机关还制定了具体细则，对规范税务行政处罚裁量权起到了很好的规范作用。需要说明的是，虽然现行《税收征收管理法》并未明确规定"行政处罚"的"减轻"事项，但这并不影响按照《行政处罚法》的相关规定进行减轻处罚。

附录1：相关法律法规政策规定

第九条　个人所得税以所得人为纳税人，以支付所得的单位或者个人为扣缴义务人。

纳税人有中国公民身份号码的，以中国公民身份号码为纳税人识别号；纳税人没有中国公民身份号码的，由税务机关赋予其纳税人识别号。扣缴义务人扣缴税款时，纳税人应当向扣缴义务人提供纳税人识别号。

——《个人所得税法》

（二）加强利息、股息、红利所得征收管理

1. 加强股息、红利所得征收管理。重点加强股份有限公司分配股息、红利时的扣缴税款管理，对在境外上市公司分配股息红利，要严格执行现行有关征免个人所得税的规定。加强企业转增注册资本和股本管理，对以未分配利润、盈余公积和除股票溢价发行外的其他资本公积转增注册资本和股本的，要按照"利息、股息、红利所得"项目，依据现行政策规定计征个人所得税。

——《国家税务总局关于进一步加强高收入者个人所得税征收管理的通知》（国税发〔2010〕54号）

---

① 2021年3月，中共中央办公厅、国务院办公厅印发了《关于进一步深化税收征管改革的意见》，指出要"创新行政执法方式，有效运用说服教育、约谈警示等非强制性执法方式，让执法既有力度又有温度，做到宽严相济、法理相融。坚决防止粗放式、选择性、'一刀切'执法"。

重庆市地方税务局：

你局《重庆市地方税务总局关于重庆市信用社在转制为重庆城市合作银行过程中个人股增值所得应纳个人所得税问题的请示》(渝地税发〔1998〕88号)收悉。经研究，现批复如下：

一、在城市信用社改制为城市合作银行过程中，个人以现金或股份及其他形式取得的资产评估增值数额，应当按“利息、股息、红利所得”项目计征个人所得税，税款由城市合作银行负责代扣代缴。

二、《国家税务总局关于股份制企业转增股本和派发红股征免个人所得税的通知》(国税发〔1997〕198号)中所表述的“资本公积金”是指股份制企业股票溢价发行收入所形成的资本公积金。将此转增股本由个人取得的数额不作为应税所得征收个人所得税。而与此不相符合的其他资本公积金分配个人所得部分，应当依法征收个人所得税。

——《国家税务总局关于原城市信用社在转制为城市合作银行过程中个人股增值所得应纳个人所得税的批复》(国税函〔1998〕289号)

三、关于企业转增股本个人所得税政策

1. 自2016年1月1日起，全国范围内的中小高新技术企业以未分配利润、盈余公积、资本公积向个人股东转增股本时，个人股东一次缴纳个人所得税确有困难的，可根据实际情况自行制定分期缴税计划，在不超过5个公历年度内(含)分期缴纳，并将有关资料报主管税务机关备案。

2. 个人股东获得转增的股本，应按照“利息、股息、红利所得”项目，适用20%税率征收个人所得税。

3. 股东转让股权并取得现金收入的，该现金收入应优先用于缴纳尚未缴清的税款。

4. 在股东转让该部分股权之前，企业依法宣告破产，股东进行相关权益处置后没有取得收益或收益小于初始投资额的，主管税务机关对其尚未缴纳的个人所得税可不予追征。

5. 本通知所称中小高新技术企业，是指注册在中国境内实行查账征收的、经认定取得高新技术企业资格，且年销售额和资产总额均不超过2亿元、从业人数不超过500人的企业。

6. 上市中小高新技术企业或在全国中小企业股份转让系统挂牌的中小高新技术企业向个人股东转增股本，股东应纳的个人所得税，继续按照现行有关股息红利差别化个人所得税政策执行，不适用本通知规定的分期纳税政策。

——《财政部、国家税务总局关于将国家自主创新示范区有关税收试点政策推广到全国范围实施的通知》（财税〔2015〕116号）

第六十八条 纳税人、扣缴义务人在规定期限内不缴或者少缴应纳或者应解缴的税款，经税务机关责令限期缴纳，逾期仍未缴纳的，税务机关除依照本法第四十条的规定采取强制执行措施追缴其不缴或者少缴的税款外，可以处不缴或者少缴的税款百分之五十以上五倍以下的罚款。

第六十九条 扣缴义务人应扣未扣、应收而不收税款的，由税务机关向纳税人追缴税款，对扣缴义务人处应扣未扣、应收未收税款百分之五十以上三倍以下的罚款。

——《税收征收管理法》

二、关于扣缴义务人扣缴税款问题

负有代扣代缴义务的单位和个人，在支付款项时应按照征管法及其实施细则的规定，将取得款项的纳税人应缴纳的税款代为扣缴，对纳税人拒绝扣缴税款的，扣缴义务人应暂停支付相当于纳税人应纳税款的款项，并在一日之内报告主管税务机关。

负有代收代缴义务的单位和个人，在收取款项时应按照征管法及其实施细则的规定，将支付款项的纳税人应缴纳的税款代为收缴，对纳税人拒绝给付的，扣缴义务人应在一日之内报告主管税务机关。

扣缴义务人违反征管法及其实施细则规定应扣未扣、应收未收税款的，税务机关除按征管法及其实施细则的有关规定对其给予处罚外，应当责成扣缴义务人限期将应扣未扣、应收未收的税款补扣或补收。

——《国家税务总局关于贯彻〈中华人民共和国税收征收管理法〉及其实施细则若干具体问题的通知》（国税发〔2003〕47号）

第七条 公民、法人或者其他组织对行政机关所给予的行政处罚，享有陈述权、申辩权;对行政处罚不服的,有权依法申请行政复议或者提起行政诉讼。

公民、法人或者其他组织因行政机关违法给予行政处罚受到损害的,有权依法提出赔偿要求。

第三十二条 当事人有下列情形之一,应当从轻或者减轻行政处罚:

(一)主动消除或者减轻违法行为危害后果的;

(二)受他人胁迫或者诱骗实施违法行为的;

(三)主动供述行政机关尚未掌握的违法行为的;

(四)配合行政机关查处违法行为有立功表现的;

(五)法律、法规、规章规定其他应当从轻或者减轻行政处罚的。

第三十三条 违法行为轻微并及时改正,没有造成危害后果的,不予行政处罚。初次违法且危害后果轻微并及时改正的,可以不予行政处罚。

当事人有证据足以证明没有主观过错的,不予行政处罚。法律、行政法规另有规定的,从其规定。

对当事人的违法行为依法不予行政处罚的,行政机关应当对当事人进行教育。

——《行政处罚法》

附录2:相关法律及涉税文书

附件:行政调解书

××铁路运输法院

行政调解书

(2020)×7101行初×××号

原告××××网络科技股份有限公司,住所地××市××区×××路×××号×××室。

法定代表人×××,××××网络科技股份有限公司董事长。

委托代理人×××,北京盈科(上海)律师事务所律师。

委托代理人×××,北京盈科(上海)律师事务所律师。

被告国家税务总局××市徐汇区税务局，住所地××市××区××路×××号。

法定代表人×××，国家税务总局××市××区税务局局长。

出庭应诉行政机关负责人×××，国家税务总局××市徐汇区税务局副局长。

委托代理人××，国家税务总局××市××区税务局工作人员。

委托代理人××，××市××律师事务所××分所律师。

原告××××网络科技股份有限公司不服被告国家税务总局××市××区税务局（以下简称××税务局）行政处罚一案，向本院提起诉讼。本院于2020年10月22日立案，并依法向被告送达起诉状副本及应诉通知书等。本院依法组成合议庭，于2021年2月2日公开开庭审理了本案。原告××××网络科技股份有限公司的委托代理人×××、×××，被告××税务局的行政机关负责人×××副局长及委托代理人××、××到庭参加诉讼。

本案现已审理终结。

经审理查明，被告于2019年4月25日向原告作出××税罚〔2019〕×号税务行政处罚决定，认定原告于2015年6月10日召开股东会，通过决议，整体变更为股份有限公司，公司于2015年11月30日召开2015年第一次临时股东大会，会议通过将公司股本由原10,000,000股增加至11,111,111股，新发行股份由两家新公司分别现金出资人民币650万元（以下币种均为人民币），共计1300万元认购，超出股份面值金额11,888,889.00元向全体股东转增股本共计11,888,889股（每股面值1元）；原告于2015年12月10日向个人股东甲、乙转增股本分别为7,623,750.00元、401,250.00元，原告未按规定代扣代缴股东的个人所得税，违反了《中华人民共和国个人所得税法》（中华人民共和国主席令第九号）第二条第（六）项、第三条第（三）项、第九条的规定；根据《中华人民共和国税收征收管理法》第六十九条，国家税务总局××市税务局《××市税务行政处罚裁量基准适用办法》〔2018〕×号公告的规定，拟对原告处应扣未扣税款50%的处罚，决定处以802,500元罚款。原告不服，向本院提起行政诉讼，请求撤销上述行政处罚决定。

另查明，被告于2019年4月25日向原告作出××税处〔2019〕209号税务处理决定，认定原告2015年11月30日召开股东大会，会议通过将增资形成的资本公积金－股本溢价11,888,889.00元向全体股东转增股本共计11,888,889股(每股面值1元);原告于2015年12月10日向个人股东甲、乙转增股本分别为7,623,750.00元、401,250.00元,原告未按规定代扣代缴股东的个人所得税,违反了《中华人民共和国个人所得税法》(中华人民共和国主席令第九号)第二条第(六)项、第三条第(三)项、第九条的规定;根据该法第二条第(六)项、第三条第(三)项、第九条及《国家税务总局关于进一步加强高收入者个人所得税征收管理的通知》(国税发〔2010〕54号)第二条第(二)项、《国家税务总局关于原城市信用社在转制为城市合作银行过程中个人股增值所得应纳个人所得税的批复》(国税函〔1998〕289号)、《财政部、国家税务总局关于将国家自主创新示范区有关税收试点政策推广到全国范围实施的通知》(财税〔2015〕116号)第三点第2项、《国家税务总局关于贯彻〈中华人民共和国税收征收管理法〉及其实施细则若干具体问题的通知》(国税发〔2003〕47号)第二条等规定,限原告自收到该通知书之日起15日内将未按"利息、股息、红利所得"代扣代缴股东个人所得税1,605,000.00元补扣或补收后到被告处将上述税款缴纳入库,并按规定进行相关账务调整。原告对该处理决定不服,提起行政复议。复议机关国家税务总局××市税务局于2020年8月28日作出×税复决字〔2020〕××号行政复议决定,对上述处理决定予以维持。原告不服,向本院提起(2020)×710行初×××号行政诉讼。

在本案审理过程中,原告提出调解请求称,其愿意及时足额补扣、补收税款,希望被告××税务局能够减轻或者免除处罚。被告××税务局认为,原告在主观上无放任税收违法行为发生的故意,且现在愿意补扣、补收税款;为了优化营商环境、和谐征纳关系、促进纳税人自觉履行税收义务,同意撤销上述行政处罚决定,且不再公示该行政处罚决定。

根据《中华人民共和国行政诉讼法》第六十条之规定,经本院主持调解,原告××××网络科技股份有限公司与被告××税务局自愿达成如下协议:

一、原告××××网络科技股份有限公司于2021年3月31日前将××税处〔2019〕×××号税务处理决定所涉未按"利息、股息、红利所得"代扣代缴股东个人所得税人民币1,605,000.00元补扣或补收后,按照税收法定程序至国家税务总局××市××区税务局进行申报,并将上述税款缴纳入库,再按照规定进行相关账务调整。

二、被告国家税务总局××市××区税务局撤销××税罚〔2019〕×号税务行政处罚决定。

三、案件受理费人民币50元，减半收取人民币25元，由原告××××网络科技股份有限公司自愿负担。

四、双方履行调解协议后就××税处〔2019〕×××号税务处理决定、×税复决字〔2020〕××号行政复议决定及××税罚〔2019〕×号税务行政处罚决定再无其他争议。

上述协议，符合有关法律规定，本院予以确认。

当事人一致同意本调解协议自双方于2021年3月23日在调解笔录上签字后即具有法律效力。

审　判　长　×××
审　判　员　×××
人民陪审员　×××
书　记　员　×××
二零二一年三月××日

税务争讼救济篇

013

认定税法主体的实质标准与避税判定界限*

——以东部某县中型超市税务稽查争议案为例

摘要:在较复杂的商业安排和交易形态中,税法主体的认定容易引起争议。在税法上,税法主体的认定一般按照市场主体登记的内容或者投资经营协议、章程及商业合同的约定,但在无法辨识相关基础交易关系或者对基础交易关系存在争议时则往往采取实质重于形式的原则。在极其特殊的案例中,实质交易关系的判定有时也会存在争议,此时则需要遵循商业惯例、推定纳税人诚信和适用举证责任等原则来综合判定。对于虚开发票和代开发票的区别,则需要准确理解虚开和代开的法律界限,结合目的、行为和结果三方面来综合考察,并在实务中根据具体情况做妥适判定。

一、案情简介——代开票行为是否构成偷逃税

(一)案件基本情况

2002 年,刘先生和 8 位亲戚一起合作成立 A 个体工商户。后因经营规模的持续扩大、需要更大数量地采购香烟等诸多原因,刘先生在当地税务顾问的建议下于 2009 年成立 B 超市有限责任公司(以下简称 B 公司,主要股东刘先生为 B 公司法定代表人),并由 8 位亲戚分别注册成立 8 家个体工商户(注册名称均为

---

* 本案系长三角地区某县发生的一起税务稽查案件,本案的特殊性在于纳税人的销售对象均为普通消费者,对如何识别相关交易的对应性在举证和调查上都面临相当大的难度。对于代开发票,税务机关认为可能存在被认定为虚开的风险甚至会被追究刑事责任,经过团队与税务机关的多轮沟通,本案最终以不再要求大额补税和缴纳滞纳金,而是以相对较小额度的税务行政处罚结案。

“××经营部”,且均书面委托刘先生代为经营,年终再行结算,以总利润按比例分成),共同取代原A个体工商户的经营事项。其中,刘先生的公司主要经营香烟和非香烟(超市经营的其他类别)的商品,8家个体工商户按照其注册的文具、小家电、茶叶、副食品等品类分柜经营,并享受核定征收的政策。B公司和8家个体工商户在财务、人事管理上比较混乱,进货、销售等日常经营管理由刘先生总体负责,8家个体工商户也参与经营,既作为共同经营者,又以员工身份从事B公司相关的经营事项。

在B公司与8家个体工商户由刘先生实际经营的过程中,存在B公司和8家个体工商户发票混开的现象,主要是8家个体工商户销售的部分商品由B公司开具发票。据B公司陈述,其中的原因主要是部分消费者希望开具发票的抬头是正规公司而非“××经营部”,以便报销,同时,由于B公司财务人员对发票开具和税法知识掌握存在欠缺,只要是消费者希望开具公司抬头的发票则均予以开具。B公司开具的发票很多为文具、小家电、食品等,且均为手工发票,和8家个体工商户经营范围一致。这些B公司开具的相关发票金额,在日期上也比较自然、均匀,与日常商品销售情况大体一致。与此同时,该相关发票金额连同8家个体工商户自行开具的发票金额,仍在8家个体工商户核定税额对应的经营收入之内。

(二)当事人与税务局争议焦点

2016年7月,甲县国家税务局稽查局(以下简称甲县稽查局)就B公司2010年1月1日至2016年12月31日的涉税情况进行检查,发现B公司在上述期间存在诸多未进行申报的发票,认定B公司开具的发票类别实际应为香烟,存在将香烟开具为文具、小家电、食品等商品的行为,且未及时进行申报属于偷税行为,要求B公司补缴税款、缴纳滞纳金,并拟按照50%的标准处以行政处罚。

而当事人B公司则主张,甲县国家税务局所主张的800万元偷税金额实为B公司的发票代另8家个体工商户开具了发票。B公司的理由与依据是,B公司成立之初即是为了获取烟草经营资质,公司除香烟外并未实际经营其他商品,B公司2012年至2016年所有入账项目只有香烟,且进货方仅有烟草公司。其他商品均由其他8家个体工商户分别负责经营,如食品、乳制品、酒类等均由专门的柜台负责经营,与B公司的实际经营无关。B公司仅存在为8家个体工商户代开发票的违规行为，而无偷税的行为或故意。

（三）案件代理过程及最终结果

B 公司委托律师参与行政处罚听证，主张相关发票开具系属代为 8 家个体工商户开具，并承认开具发票存在违反规定的情形，愿意接受相关行政处罚，但不认为自己存在偷税行为，认为认定偷税行为的证据并不充分，适用税法存在错误。2018 年 1 月，甲县稽查局以 B 公司存在偷税等税收违法行为作出《税务处理决定书》和《税务行政处罚决定书》，决定对 B 公司因少申报开票收入造成的少缴税款 140 万元处以 50% 的罚款，即 70 万元。

B 公司不服上述《税务处理决定书》和《税务行政处罚决定书》的决定，并向甲县国家税务局的上级部门市国家税务局就《税务处理决定书》和《税务行政处罚决定书》申请行政复议，2018 年 4 月，甲县稽查局撤销《税务处理决定书》和《税务行政处罚决定书》。2019 年 1 月，甲县稽查局根据 B 公司略轻微的其他税务违法事实再次作出《税务处理决定书》和《税务行政处罚决定书》，B 公司表示接受新的两份税务文书的相关内容并补缴税款、缴纳滞纳金和罚款，[①]本案结案。

二、法律分析

经济社会生活往往更复杂，在较复杂的商业安排和交易形态中，税法主体的认定容易引起争议。在税法上，税法主体的认定一般按照市场主体登记的内容或者投资经营协议、章程及商业合同的约定，但在无法辨识相关基础交易关系或者对基础交易关系存在争议时则往往采取实质重于形式的原则。在极其特殊的案例中，实质交易关系的判定有时也会存在争议，此时则需要遵循商业惯例、推定纳税人诚信和适用举证责任等原则来综合判定。

（一）B 公司是否构成“偷税”

《税收征收管理法》第 63 条第 1 款规定，纳税人伪造、变造、隐匿、擅自销毁

---

① 最终作出的《税务处理决定书》中，有“根据《中华人民共和国发票管理办法》第三十七条、《关于公安机关管辖的刑事案件立案追诉标准的规定（二）的补充规定》的有关规定，移送公安机关进一步查处”的表述，而事实上，在税务机关与当地公安机关沟通的过程中，公安机关并未认同该案属于可以作为刑事或治安案件的范围，该表述仅有文字上的意义。

账簿、记账凭证,或者在账簿上多列支出或者不列、少列收入,或者经税务机关通知申报而拒不申报或者进行虚假的纳税申报,不缴或者少缴应纳税款的,是偷税。对于纳税人偷税的行为,由税务机关追缴其不缴或者少缴的税款、滞纳金,并处不缴或者少缴的税款50%以上5倍以下的罚款;构成犯罪的,依法追究刑事责任。可以看出,税务机关若要将一涉税行为定性为"偷税",至少需要有证据证明纳税人具备以下几点:其一,需要有证据证明纳税人存在偷税的主观故意;其二,需要有证据证明纳税人存在偷税的客观手段;其三,需要有证据证明纳税人存在逃避国家税款的行为后果。[①] 本案中,税务机关的一个重要认定逻辑是:因为B公司是涉案增值税普通发票的开具方,所以涉案发票所对应的实际经营者就是B公司,进而认定B公司存在账外收入,构成"偷税"。本案中,税务机关已有证据尚不足以认定B公司构成"偷税"。

1. B公司并非涉案发票所对应的实际经营者

首先,开具发票并不必然证明收入产生。开票是否意味着收入产生?税务机关仅凭B公司是涉案发票的开具方就认定涉案发票所对应的实际经营者就是B公司,该认定过于草率。倘若按照此推定,甚至不存在税法上对代开、虚开发票的界定。因为在此逻辑下,只要开具发票就一定证明公司存在相关经营情况。合理的逻辑应该是,会计账簿上没有体现而实际开具了的发票,需要根据实事求是的原则,分析以下两种情况的可能性:一是存在相关收入未入账的情形;二是该涉案发票为代开或虚开。目前,税务机关并不能直接举证证明,而是以后者可能涉"刑事"[②]而按照"有利于纳税人"的原则作了前一种认定,而实际上前者的处理处罚可能对纳税人更不利。

其次,营业执照上的经营品类与实际经营品类可能存在差异。是否营业执照上的品类即应为实际经营品类?税务机关以B公司营业执照上的经营品类判断B公司的实际经营情况,亦属草率。虽然B公司营业执照上的经营品类包括香烟以及其他诸多品类的商品,但在实际经营过程中,B公司仅经营香烟。B

① 从税法学理上讲,偷税(Steuerhinterziehung)实质是对满足课税要件之事实,全部或部分予以隐匿的行为,也即逃税以虚伪或其他不正当行为为构成要件,这与《税收征收管理法》第63条的规定一致。参见陈清秀:《税法总论》,法律出版社2019年版,第216~217页。

② 《刑法》第205条之一:虚开本法第205条规定以外的其他发票,情节严重的,处2年以下有期徒刑、拘役或管制,并处罚金;情节特别严重的,处2年以上7年以下有期徒刑并处罚金。单位犯前款罪的,对单位判处罚金,并对其直接负责的主管人员和其他直接责任人员,依照前款的规定处罚。

公司营业执照上的经营品类是指其可以经营的品类范围，并非据此可以推论其一定事实上经营了上述品类。

最后，B 公司与 8 家个体工商户为同一经营地址并不意味着没有合理商业目的。地址相同是税务机关否认个体工商户真实存在的依据。是否同一地址经营即认定 B 公司业务涵盖全部超市业务？税务机关以 B 公司营业地址与 8 家个体工商户处于同一地址为由，认定该 8 家个体工商户为“挂名”税法实体，此种观点过于勉强。当下的县级市大中型超市业态，都涉及内部柜台出租、委托、承包等经营形式，在同一地址上经营显属正常。该 8 家个体工商户本身经过主管税务机关实地核查、核准税务登记并准予核定税款，该 8 人也都在超市负责相关业务，该 8 家个体工商户在税法上的主体地位并无问题。

2. B 公司不存在账外收入

代为收付款可能导致对公账户与会计账簿上记载不一致。代为收付款是否意味着所涉超市往来款项均为 B 公司业务款项？税务机关认为，B 公司的对公账户与会计账簿上的记载不一致，所以多出的部分应视为未入账的收入。这种推论没有考虑到“1 + 8”模式的特殊性，超市本身就是利润不高的行业，8 家个体户除现金自行收付外，银行款项委托 B 公司代为收付，一是为了减少不必要的财务成本，二是与供应商结算时体现一体意识。代为收付款并不意味着这些款项都是 B 公司自身的经营收入。认定业务款项的依据应当是具体可证的业务交易，而非简单认定对公账户上的款项。对于前者，税务机关直到作出税务处理决定之日，也没有直接的证据加以证明。

综上所述，从财务和税法常识上讲，了解一个实体的经营情况，主要是查阅其作日常经营记录的账簿，在此基础上了解行业经营的具体情况并加以核实。目前的情况是，B 公司账簿中记载的经营品类仅有香烟，也自述只经营香烟。同时，需要区分作为空间集合概念的超市（包含 B 公司和 8 家个体工商户）和作为其中一部分经营实体的 B 公司，否则，就直接忽视了经营不同品类的个体工商户的存在。事实上，这些个体工商户的核定征收方式和核定税款是经税务机关正当程序认定的，同时在日常经营中也按其品类正常营业并开具发票。

（二）B 公司是否构成“虚开”发票

在会计账簿上没有体现而实际开具了的发票，需要根据实事求是的原则，分析以下两种情况的可能性：一是存在相关收入未入账的情形，二是该涉案发票为代开或虚开。税务机关目前是在没有证据材料的佐证下,推定B公司属于相关收入未入账的情形,进而认定B公司构成"偷税"。而经过上文分析,税务机关的此种推定显然过于草率,那在此时,必然会产生一个新的问题即如何定性涉案发票?涉案发票属"代开发票"还是"虚开发票"?

根据《最高人民法院关于适用〈全国人民代表大会常务委员会关于惩治虚开、伪造和非法出售增值税专用发票犯罪的决定〉的若干问题的解释》第1条的规定,"具有下列行为之一的,属于'虚开增值税专用发票':(1)没有货物购销或者没有提供或接受应税劳务而为他人、为自己、让他人为自己、介绍他人开具增值税专用发票;(2)有货物购销或者提供或接受了应税劳务但为他人、为自己、让他人为自己、介绍他人开具数量或者金额不实的增值税专用发票;(3)进行了实际经营活动,但让他人为自己代开增值税专用发票"[①]。

本案所涉发票虽非增值税专用发票,但有关"虚开"的认定,可参考适用虚开增值税专用发票中"虚开"的认定。本案中,因B公司经营者对财务、税法知识的欠缺和认识错误等诸多原因,B公司根据这8家个体工商户的实际经营情况开具了与真实交易数量、金额相符的发票。显然,B公司的开票行为依据的是8家个体工商户真实的货物购销行为,并且开具发票与真实交易数量、金额相符,不符合关于"虚开"的认定。故而,本案所涉B公司的开票行为,存在客观真实且可印证的交易事实,不应认定为"虚开"发票,更宜认定为违反《发票管理办法》的"代开"发票的行为。[②]

(三)B公司的行为应如何定性

B公司代为开具涉案发票的行为虽有违相关规定,但税务机关根据《税收征收管理法》第63条第1款认定B公司构成"偷税",属适用和理解法律不当。其一,在主观要件上,B公司没有逃避税款征收的动机。如果有此动机,应该是在

---

① 虚开增值税专用发票罪,始见于1995年10月30日全国人大常委会通过的《关于惩治虚开、伪造和非法出售增值税专用发票犯罪的决定》。1997年修订后的《刑法》第205条吸收了《关于惩治虚开、伪造和非法出售增值税专用发票犯罪的决定》的基本内容,明确规定了"虚开增值税专用发票罪"。现行《刑法》第205条至第209条均为涉及增值税的犯罪规定。

② 实务中,有一种"所有代开都是虚开,所有代开都是违法"的观点,此种观点可能欠缺税法理论和实务上的支持。在税法理论上,"代开"和"虚开"重要的差异是"是否存在真实交易",有真实交易的发票开具,除非存在税法上的不当利益,一般不宜直接认定为虚开;在实践中,在纳税人的申请下税务机关亦能为因正当事由不能开具发票的纳税人代开发票,"代开"亦有合法的场景。

各个体工商户的税款核定范围外开具发票,这样可以总体上有效避税。其二,在客观要件上,B 公司也没有构成“偷税”的行为要件。《税收征收管理法》第 63 条第 1 款对偷税的认定前提是“……在帐簿上……或者不列、少列收入……”而本案中税务机关对是否存在“不列、少列收入”本身是推定的,因为超市的交易相对人为普通消费者,税务机关并未找到也无法找到交易相对人进行核实,而相关推定的逻辑又不充分。况且,如同刑法上的“无罪推定”原则,税法上也存在“诚信推定”原则。其三,在法益要件上,税务机关认定 B 公司构成偷税并进而作出相应税务处罚决定的基础应是 B 公司侵犯了国家税收管理秩序并且对国家税款造成了损失,但在本案中并无此种情形。一则涉案发票对应款项与这 8 家个体工商户经税务机关认定的核定征收额度内尚未使用的额度基本一致;二则因涉案发票是增值税普通发票,受票方并不能据此发票抵扣进项税额,并不会对国家税收利益造成损失,即 B 公司的行为并未对国家税款造成损失。

此外,涉案发票对应的金额本可由个体工商户在核定征收额度内开具对应的发票(此种做法下 B 公司根本不会出现未进行纳税申报的发票),但 B 公司却在未获任何经济利益的情况下按照实际交易的数量、金额代为开具增值税普通发票,进而还需承担被认定为构成偷税的风险,此行为是完全不合商业常识和逻辑的。如果没有合法工商注册登记并通过税务机关按照法定程序核定征收认定的 8 家个体工商户存在,或者这些个体工商户没有任何经营也没有开具任何发票,也许这种认定勉强可能成立。

三、启示与思考——认定税法主体的实质标准及避税界限

本案例涉及税法上的两个重要议题,一是税法主体依据何种原则进行确定,二是避税界限依据何种原则进行识别。前者涉及对交易经济实质的客观厘定和准确捕捉,后者涉及合理商业安排与反避税规则的平衡与协调。在较复杂的商业安排和交易形态中,税法主体的认定容易引起争议。首先,对于税法主体的确定。在税法上,税法主体的认定除一般按照市场主体登记的载明或者投资经营协议、章程及商业合同的约定进行认定以外,特殊情况下还可以采取实质重于形式的原则,或在极其特殊的案例中,综合考虑遵循商业惯例、推定纳税人诚信和适用举证责任等原则进行判定。其次,对于避税界限的识别。对于虚开发票和

代开发票的区别，则需要准确理解虚开和代开的法律界限，结合目的、行为和结果三方面来综合考察，并在实务中根据具体情况做妥适判定。

(一)实质重于形式：税法主体的识别

经济观察法(Die Wirtschaftliche Betrachtungsweise)，又称实质课税原则、实质课税法、实质课税主义等，是指税法上确立的应遵循纳税人经营活动的实质而非表面形式予以征税的准则。[1] 本案中，由于对有限公司和个体工商户采取了不同的税收征管模式，同时在不同主体认定下实际承担税负存在差异，税务机关对税法主体的识别采取了"主观主义""国库主义"立场而非"客观主义""有利于纳税人"原则，[2]未能准确识别税法上的实质纳税人或者"实际上应当作为纳税人的纳税人"。本案中，税务机关应结合B公司之会计账簿记载、实事求是进行调查后确认其实际经营情况。其中，需要掌握两个原则：一是客观上的商业真实原则，即按照正常合理的商业逻辑来检视此种业务安排，并从经济利益实质层面来观察其商业合理性；二是主观上的非避税目的原则，即此种业务安排是否完全可以被认定为、能够被充分识别为避税，并尽可能采取包容性的态度进行识别，除非明显不合理，否则应予以认定为非避税目的。如此，才能客观而有效地对税法主体进行合理认定。需要特别说明的是，"如果纳税人之法律形式安排与稽征机关法律见解不同，而有适当理由支持时，则纵然稽征机关引用实质课税原则重新调整补税，也应推定纳税人之诚实性，不应处罚，以免妨害法律秩序安定性。"[3]

(二)交易真实性：虚开与代开的区分

在本案中，在没有充分证据支撑及存在多种可能性的情形下，虽不能完全排除有账外收入的可能性，但也不能仅凭主观推论就得出对B公司极为不利的结论。本案中，纳税人主张涉案发票对应经营事项的实际经营者是8家个体工商户，提供了无证据加以反驳的相对合理的解释，并提供了相应证据加以证明。税务机关并无确凿证据证明B公司代为开具的发票是B公司自身发生的业务，都

---

① 经济观察法的相关理论，可参见陈清秀：《税法总论》，法律出版社2019年版，第190~214页；陈清秀：《税法总论》(第6版)，台北，元照出版有限公司2010年版，第198~223页；刘剑文、熊伟：《税法基础理论》，北京大学出版社2004年版，第147~168页；等等。

② 参见陈清秀：《税法总论》，法律出版社2019年版，第214页。

③ 参见陈清秀：《税法总论》，法律出版社2019年版，第214页。

是基于各种推论得出，而这些推论本身亦遭受相当的质疑。在税法学理上，税务机关和纳税人的举证责任有不同之处。[①] 税务机关需针对"符合课税事实"（针对税务处理）及"应受处罚性"（针对税务处罚）两个方面进行举证；纳税人则需承担一定的协力义务。在纳税人已然承担协力义务提供相关材料但相关课税及裁罚事实仍然真伪不明时，税务机关需承担举证责任。在税务征管和稽查实践中，对于纳税人自述的经营情况和自身认可的会计账簿，税务机关无法确认具体的交易情况又无有力证据反驳纳税人自述时，宜在纳税人可以合理解释的情形下予以认可，或者根据合理性原则进行核定。[②] 但毫无疑问，直接简单地采取"机械式"地认定为"偷税"并且在多种可能性中采取对纳税人最不利的认定，是没有说服力的，也是不可取的。

（三）小结：对商业惯例与税收规避的实质考察

从理论法源比较的角度看，"民法提供者系法律交易制度，重视当事人契约自由与交易安全；税法所欲掌握系其经济成果与量能负担"，"一般将此税法与民法认定基础不同，称之为实质课税原则或经济观察法"。[③] 所以，在税法上，判定构成税收规避行为的基础是明显违反合理商业逻辑，即相关业务安排需要"明显"违反，否则会对市场主体在商业环境下的适当自治权造成侵害。与此同时，当税务机关针对某一认定事项存在多种理解的时候，不宜直接按照"国库主义"立场，过于担忧税收执法风险，而采取对纳税人最不利的观点进行认定和研判，宜综合评估纳税人主客观情况，根据税法规定的具体条款和原则理念，积极、主动地尊重和保护纳税人合法正当权益，在实体税法和程序税法上合理、公平、准确地对违反税法规定的纳税人作出与其实际违法性相一致的较为妥适的事实认定和行政处罚。[④]

---

① See W. Jakob, *Abgabenordung*, 5 Aufl. 2009, Rn. 184. 转引自葛克昌：《协力义务与纳税人基本权》，载葛克昌主编：《纳税人协力义务与行政法院判决》，台北，翰芦图书出版有限公司 2011 年版。

② 关于虚开增值税专用发票中举证责任的相关案例分析，可参见王桦宇、董珊珊：《虚开增值税专用发票案件协查中的稽查风险与举证责任》，载熊伟主编：《税法解释与判例评注》（第 9 卷），法律出版社 2018 年版。

③ 参见葛克昌、贾绍华、吴德丰：《实质课税与纳税人权利保护》，台北，元照出版有限公司 2012 年版，第 6 ~7 页。

④ 关于程序事项对纳税人权利影响的案例分析，可参见王桦宇、董珊珊：《税务行政争讼的程序事项考量——以"北方某县选矿厂退伙个人所得税争议案"为例》，载熊伟主编：《税法解释与判例评注》（第 12 卷），法律出版社 2019 年版。

退一步说，即便是按照税务机关的推定B公司构成“偷税”，根据税法原理也不宜加收罚款。税务机关否认B公司的合理解释，且并无直接证据证明“偷税”之行为事实，仅采用“推知”方式得出B公司构成“偷税”的结论。此种“税收负担”本身就是一种“推知”和“核定”，本身就存在争议，不具有明确的证据予以佐证，在此基础上若再作出具有“加重”性质的罚款，不仅无合理性，更有任意扩大税收执法权限之嫌。对税务机关行使征税权的具体行为和过程采取合理限制并进行“谦抑性”引导是现代法治理念的必然要求，亦是处于日益复杂的市场交易环境中的纳税人权利的必要保障，更是新时期“放管服”改革在财税领域的生动实践。[①] 本案中，税务机关在撤销此前作出的关于偷税的税务处理决定和税务行政处罚决定后，通过再次梳理证据和核实材料，作出了数额显著减小的新的关于滞留票及凭证发票管理的税务处理和税务行政处罚，此时纳税人表示认可，本案最终以税企达成共识的方式结案。

附录1：相关法律法规政策规定（略）

附录2：相关法律及涉税文书

附件1：《税务行政处罚事项告知书》（偷税）

××县国家税务局稽查局
税务行政处罚事项告知书

××国税稽罚告〔2017〕××号

××有限责任公司：（纳税人识别号：××）

对你（单位）的税收违法行为拟于2017年12月6日之前作出行政处罚决定，根据《中华人民共和国税收征收管理法》第八条、《中华人民共和国行政处罚

① 关于放管服改革与税务机关裁量权争议的相关案例分析，可参见王桦宇：《税务事项事后备案的法律效力——以西部某县矿业公司税收优惠争议案为例》，载熊伟主编：《税法解释与判例评注》（第8卷），法律出版社2017年版。

法》第三十一条规定,现将有关事项告知如下:

一、税务行政处罚的事实依据、法律依据及拟作出的处罚决定。

(一)检查情况及发现问题

1. 你企业从开业以来一直使用的是手工版发票,2015 年以前开具的发票存根联根据企业经理××说放在仓库里被水淹了,只有 2016 年以后开具的发票存根联。经查,发票开具的内容有日用品、办公用品、劳保用品等,企业未进行财务核算,未进行纳税申报。

2. 经税收征管系统查询:(1)你企业自 2010 年经营以来至 2015 年 11 月 12 日共核销手工发票(千元版)××份,开具发票金额××元,手工发票(百元版)××份,开具发票金额××元,合计××元;(2)你企业 2016 年 1 月 12 日核销手工发票(千元版)××份,开票起始日期为 2015 年 12 月 1 日至 2015 年 12 月 31 日,开具发票金额××元;(3)经对你企业 2016 年 3 月 19 日至 2017 年 3 月 15 日纳税人验交发票开具情况进行逐份统计:2016 年 3 月 29 日核销手工发票(百元版)××份,开具发票金额××元;8 月 31 日核销手工发票(百元版)××份,开具发票金额××元,核销手工发票(千元版)××份,开具发票金额××元;10 月 24 日核销手工发票(百元版)××份,开具发票金额××元,核销手工发票(千元版)××份,开具发票金额××元;2017 年 3 月 15 日核销手工发票(百元版)××份,开具发票金额××元。合计开具金额××元。其中:2015 年开票金额××元;2016 年开票金额××元,其中:香烟开具金额××元;2017 年开票金额××元。综上,你企业 2010~2015 年开具销售发票金额××元,2016 年开具销售发票金额××元,总计××元。经查,你企业 2010~2016 年申报销售收入××元,销项税金××元,价税合计××元。你企业 2010~2016 年账外经营收入××元,经计算应补增值税××元。应补企业所得税××元。

你企业法定代表人××在税务稽查工作底稿(二)上签署陈述意见时表示,对 2010~2011 年征管系统中发票验票金额不予认可,这是由于无法找到"发票领购单"的原始资料,县局征收管理科和××分局均出具了说明材料。

(二)审理确认你企业 2010/2011 年销售收入时参照了税收征管系统中查询的发票核销的数据,该数据在没有企业签字确认的纸质《发票核销领购单》作为佐证的情况下,无法确保税务机关操作人员录入系统时数据没有差错。根据证据"三性"原则(客观性、合法性、关联性),结合上述年度你企业银行流水信息,对2010年、2011年销售收入的不予确认,将相应收入进行剔除。剔除后补缴增值税××元,企业所得税××元,根据《中华人民共和国税收征收管理法》第六十三条第一款规定,《中华人民共和国发票管理办法》第三十五条第(九)项[①]规定,《中华人民共和国税收征收管理法》第六十条第一款第(二)项规定,拟对你企业处少缴的增值税税款百分之五十的罚款,即××元;对未按规定保管发票行为处××元罚款;对未按规定设置账簿、凭证行为处××元罚款。

二、你(单位)有陈述、申辩的权利。请在我局(所)作出税务行政处罚决定之前,到我局(所)进行陈述、申辩或自行提供陈述、申辩材料;逾期不进行陈述、申辩的,视同放弃权利。

三、若拟对你单位罚款10,000元(含10,000元)以上,你(单位)有要求听证的权利。可自收到本告知书之日起3日内向本局提出听证申请;逾期不提出,视为放弃听证权利。

二〇一七年十一月三十日

(盖章)

附件2:《陈述、申辩意见书》之1(偷税)

关于××有限责任公司涉税事项之陈述、申辩意见书

要点如下:

1. 对××有限公司(以下简称××公司)有偷税行为的定性较为简单、过于注重形式特征,存在一些难以克服的逻辑矛盾;

2. 没有充分、足够的证据表明××公司存在偷税的主观故意、客观上的偷税行为和造成了不缴或少缴税款的事实;

3. 宜认定××公司违反了发票管理的有关规定,并按照有关规定加以处罚。

针对××县国家税务局稽查局2017年11月30日出具的《税务行政处罚事项告知书》(以下简称《告知书》)中就××公司拟作出的税务处罚决定,现提供

① 现行《发票管理办法》第33条第9项。

以下陈述、申辩意见以作回复。

一、对××公司有偷税行为的定性较为简单、过于注重形式特征，存在一些难以克服的逻辑矛盾

根据《告知书》的表述，拟作出的税务处罚决定的基础在于认定××公司存在偷税行为，而认定××公司存在偷税行为的依据在于发现××公司在2012年至2016年未对其开具的部分手工版发票进行纳税申报，但此种认定较为简单、过于注重形式特征，存在一些难以克服的逻辑矛盾，具体来说有以下几点：

1. 该推定结论与××公司的实际经营状况存在冲突，××公司实际仅经营香烟，未进行纳税申报的发票是根据8家个体工商户的实际经营代为开具的。

(1)虽然××公司营业执照上的经营品类包括香烟以及其他诸多品类的商品，但实际经营过程中，××公司仅经营香烟，其他8家个体工商户分别经营不同品类的商品，但因诸多原因(如消费者要求，××公司经营者对财务、税法知识的欠缺和认识错误)由××公司代为开具了与真实交易数量、金额相符的增值税普通发票。

(2)涉案发票对应的实际经营品类与8家个体工商户的经营状况吻合，可以佐证涉案发票所对应实际经营分别属于8家个体工商户；涉案发票对应款项与8家个体工商户核定征收额度内尚未使用的额度大体一致，可以证明税务机关核定税款比较合理客观，亦同时可以佐证涉案发票所对应实际经营分别属于8家个体工商户。

(3)××公司营业执照上的经营品类是指其可以经营的品类范围，并非据此可以推论其一定事实上经营了上述品类范围。从财务和税法常识上讲，了解一个实体的经营情况，主要是查阅其作为日常经营记录的账簿，而××公司账簿中记载的经营品类仅有香烟；同时，需要区分作为空间集合概念的××超市(包括××公司和8家个体工商户)和作为其中一部分经营实体的××公司。否则，就直接忽视了经营不同品类的个体工商户的存在。事实上，这些个体工商户的核定征收方式和核定税款是经由税务机关正当程序认定的，同时在日常经营中也按其品类正常营业并开具了发票。

2. 涉案发票对应的金额本可由个体工商户在核定征收额度内开具对应的发票(此种做法下××公司根本不会出现未进行纳税申报的发票)，但××公司却在未获任何经济利益的情况下按照实际交易的数量、金额代为开具增值税普通

发票,进而还需承担被认定为构成偷税的风险,此行为是完全不符合商业常识和逻辑的。

3.《告知书》中的一个重要推定思路是,因为××公司是增值税普通发票的开具方,所以涉案发票所对应的实际经营者就是××公司。按照此推定,甚至不存在税法上对“代开”发票与“虚开”发票的界定。因为在此逻辑下,开具发票就一定证明公司存在相关经营情况,即便是账簿上完全没有体现。其实,这个逻辑应该是,账簿上没有体现而实际开具了的发票,要评估该发票是否为“代开”或“虚开”。

二、没有充分、足够的证据表明××公司存在偷税的主观故意、客观上的偷税行为和造成了不缴或少缴税款的事实

1. 根据《税收征收管理法》第六十三条的规定,“纳税人伪造、变造、隐匿、擅自销毁帐簿、记帐凭证,或者在帐簿上多列支出或者不列、少列收入,或者经税务机关通知申报而拒不申报或者进行虚假的纳税申报,不缴或者少缴应纳税款的,是偷税。对纳税人偷税的,由税务机关追缴其不缴或者少缴的税款、滞纳金,并处不缴或者少缴的税款百分之五十以上五倍以下的罚款;构成犯罪的,依法追究刑事责任”。××公司客观上没有构成偷税的行为要件,主观上也没有偷逃税款的动机,不宜认定××公司构成偷税。如果没有合法工商注册登记并通过税务机关按照法定程序核定征收认定的8家个体工商户存在,或者这些个体工商户没有任何经营也没有开具任何发票,也许这种认定勉强可能成立。

2. 从根本上来说,税务机关认定纳税人构成偷税进而作出相应税务处罚决定的基础在于纳税人侵犯了国家税收管理秩序并且对国家税款造成了损失。在本案中,一则涉案发票对应款项与8家个体工商户经由税务机关认定的核定征收额度内尚未使用的额度是基本一致的,二则因为涉案发票是增值税普通发票,受票方并不能据此发票抵扣进项税额,对国家税收利益并未造成损失。

三、宜认定××公司违反了发票管理的有关规定,并按照有关规定加以处罚

1. 由于××公司的实际经营者有关税法、财务方面知识的欠缺,本应该由8家个体工商户分别开具的发票均由××公司代为开具,但××公司的此种代为开具发票的行为是以真实交易为基础的,相关责任人并未因此而牟利,亦没有实际损害国家税收利益,明显区别于《刑法》规定中虚开普通发票的行为,宜认定为违反了有关发票开具管理的行政法意义上的相关规定。

2. 根据《发票管理办法》第三十七条[①]的规定,“违反本办法第二十二条第二款的规定虚开发票的,由税务机关没收违法所得;虚开金额在1万元以下的,可以并处5万元以下的罚款;虚开金额超过1万元的,并处5万元以上50万元以下的罚款;构成犯罪的,依法追究刑事责任。非法代开发票的,依照前款规定处罚”。××公司代为开具发票的行为属于非法代开发票的范畴,可根据《发票管理办法》中有关非法代开发票的规定予以处罚。

另外,当税务机关针对某一认定事项存在多种理解的时候,不宜直接按照“国库主义”立场,过于考虑和担忧税收执法风险,而采取对纳税人最不利的观点进行认定和研判,而宜综合评估纳税人主客观情况,根据税法规定的具体条款和原则理念,积极、主动地尊重和保护纳税人合法正当权益,进一步优化税收营商环境,合理、公平、准确地对违反税法规定的纳税人作出与其实际违法性相一致的较为妥适的事实认定和行政处罚。

综合上述意见,对于《告知书》中涉及补缴增值税××元、企业所得税××元的税务处理意见及基于此拟作出的行政处罚××元罚款提出异议。

××有限责任公司(盖章)

二〇一七年十二月十四日

附件3:《陈述、申辩意见书》之2(偷税)

关于××有限责任公司涉税事项之陈述、申辩意见书(续)

要点:

1. 8家个体工商户与由××有限责任公司(以下简称××公司)各自独立,包括个体工商户和××公司在内的“××超市”统一管理模式不影响税法主体的各自地位;

2. 即便认为8家个体工商户与××公司在业务上存在部分混同,也不宜直接以此确认涉案发票是基于××公司本身的经营活动开具的。

---

① 现行《发票管理办法》第35条。

针对××县国家税务局稽查局(以下简称县稽查局)2017年11月30日出具的《税务行政处罚事项告知书》(以下简称《告知书》)中就××公司拟作出的税务处罚决定,××公司于2017年12月14日向县稽查局提供了《陈述、申辩意见书》。现补充提交陈述、申辩意见如下。

一、8家个体工商户与××公司各自独立,包括个体工商户和××公司在内的"××超市"统一管理模式不影响税法主体的各自地位

1."××超市"成立之初,工商登记为个体工商户(经营者姓名:刘××);后因经营规模的扩大以及实际经营状况的制约,故又申请工商登记为有限责任公司(法定代表人:刘××),仅经营香烟;另由8个自然人成立8家个体工商户,有8位个体经营者(以下简称该8人),分别经营原××超市经营品类中除香烟之外的其他品类。

2.该8人与刘××为亲属关系,故该8人与刘××经协商后达成一致意见:由刘××统筹管理8家个体工商户,年底再另行核算,相关经营所得扣除相关成本后进行分配。

3.因刘××是××公司的法定代表人和"××超市"的经营管理者,导致从表面上来看,8家个体工商户与××公司均由刘××经营管理,进而出现之前提供的说明文件中出现"形式上的个体法人""对内、对外都是一家店、一个店长""挂名的个体工商户,从未单独核算和经营"的表述;但从实质上来说,8家个体工商户与××公司在税法上地位仍然各自独立,8家个体工商户和××公司共同组成的"××超市"由刘××统筹管理。

二、即便认为8家个体工商户与××公司在业务上存在部分混同,也不宜直接以此确认涉案发票是基于××公司本身的经营活动开具的

1.因8家个体工商户与××公司从表面上看按照"××超市"统一管理模式进行经营管理,导致对于本案所涉未进行纳税申报的发票,究竟是否基于8家个体工商户开展的经营活动开具,似乎难以准确界定。但即便如此,8家个体工商户开展的经营活动与××公司本身的经营活动(账簿上只记载了香烟,开具发票不一定绝对能直接推知业务成立,工商登记的品类范围可经营可不经营亦不能绝对直接推知业务成立)仍有着本质区别,二者不能混为一谈。

2.本案所涉发票对应经营活动的确认,宜综合考虑发票品类、发票金额、8家个体工商户与××公司的实际经营状况、经营者税负安排的逻辑推断等各方

面因素后再行判断。经××公司核实确认,本案所涉发票确是××公司为8家个体工商户的经营活动代为开具的(详见《陈述、申辩意见书》所述)。

××有限责任公司(盖章)

二〇一八年一月十八日

附件4:《税务处理决定书》(偷税)

××县国家税务局稽查局
税务处理决定书

××国税稽处〔2018〕××号

××有限责任公司(纳税人识别号:××):

我局于2016年7月18日至2017年12月9日对你单位2010年1月1日至2016年12月31日的涉税情况进行了检查,违法事实及处理决定如下:

一、违法事实

(一)你单位只对"香烟类"进行了核算,但发票开具的内容有日用品、办公用品、劳保用品等,你单位并未进行财务核算,也未进行纳税申报。发票记账联未入账不能提供,销售收入的原始记账凭证为自制现金缴款单等。《中华人民共和国税收征收管理法》第十九条规定:"纳税人、扣缴义务人按照有关法律、行政法规和国务院财政、税务主管部门的规定设置帐簿,根据合法、有效凭证记帐,进行核算。"你单位只对上述"香烟类"进行财务核算,其他商品未进行财务核算,也未进行纳税申报的行为,违反了上述法律规定。

(二)你单位从开业以来一直使用的是手工版发票,据你单位经理××说开过的存根联"存放在仓库里,以前的找不到了"只有2016年以后开具的发票存根联。《中华人民共和国发票管理办法》(中华人民共和国国务院令2010第587号)第二十九条[①]规定:"开具发票的单位和个人应当按照税务机关的规定存放和保管发票,不得擅自损毁。已经开具的发票存根联和发票登记簿,应当保存5年。保存期满,报经税务机关查验后销毁。"你单位上述未按照规定存放和保管

① 现行《发票管理办法》第28条。

发票的行为，违反了该发票管理规定。

（三）截至目前，你单位2010～2015年开具发票的验旧金额为××元，2016年开具销售发票的存根联金额为××元，总计××元；你单位2010～2016年纳税申报的销售收入为××元，销项税金为××元，价税合计为××元（其中2010年1～11月××元、12月××元，2011年××元，2012年××元，2013年××元，2014年××元，2015年××元，2016年1月××元、2016年2月××元、2016年3月××元、2016年4月××元、2016年5月××元、2016年6月××元、2016年7月××元、2016年8月××元、2016年9月××元、2016年10月××元、2016年11月××元、2016年12月××元）经计算2010～2016年少申报的发票验旧金额为××元（不含税）。

因你单位发票记账联未入账、存根联找不到、2010～2011年发票领购单也暂未找到，根据证据"三性"原则（客观性、合法性、关联性），结合有利于纳税人的角度，对你单位2010年、2011年发票验旧金额大于申报收入的部分以及2010～2016年银行进账金额大于发票验旧金额的部分、8户个体工商户名下的核定收入暂不予确认为你单位的营业收入；由于2012～2015年无发票存根联、记账联，无法准确判断开票月份，同样本着有利于纳税人的角度，发票验旧金额超过申报金额的开票额暂并入每年12月份统计。

根据《中华人民共和国增值税暂行条例》（中华人民共和国国务院令2008第538号）[①]第二十二条"增值税纳税地点：（一）固定业户应当向其机构所在地的主管税务机关申报纳税。……"，《中华人民共和国企业所得税法》（中华人民共和国主席令2007第63号）[②]第五十条"除税收法律、行政法规另有规定外，居民企业以企业登记注册地为纳税地点；……"的规定，你单位的增值税、企业所得税相关涉税事宜由××县国家税务局征收管理。

根据《中华人民共和国增值税暂行条例》（中华人民共和国国务院令2008第538号）第一条"在中华人民共和国境内销售货物或者提供加工、修理修配劳务以及进口货物的单位和个人，为增值税的纳税人，应当依照本条例缴纳增值税"，第二条第一款第（一）项"纳税人销售或者进口货物，除本条第（二）项、第

① 2018年修正。

② 2018年修正。

(三)项规定外,税率为17%”,第三条“纳税人兼营不同税率的货物或者应税劳务,应当分别核算不同税率货物或者应税劳务的销售额;未分别核算销售额的,从高适用税率”,第十六条“纳税人兼营免税、减税项目的,应当分别核算免税、减税项目的销售额;未分别核算销售额的,不得免税、减税”,第十九条第一款第(一)项“销售货物或者应税劳务,为收讫销售款项或者取得索取销售款项凭据的当天;先开具发票的,为开具发票的当天”,第二十三条第二款“纳税人以1个月或者1个季度为1个纳税期的,自期满之日起15日内申报纳税”以及《中华人民共和国税收征收管理法实施细则》第一百零九条“税收征管法及本细则所规定期限的最后一日是法定休假日的,以休假日期满的次日为期限的最后一日,在期限内有连续3日以上法定休假日的,按休假日天数顺延”的规定,你单位2012~2016年开具的发票联不入账,不列、少列收入,少申报开票收入××元,计算应补缴2012~2016年增值税××元(2012年××元,2013年××元,2014年××元,2015年××元,2016年1月××元、2016年2月××元、2016年3月××元、2016年4月××元、2016年5月××元、2016年6月××元、2016年7月××元、2016年8月××元、2016年9月××元、2016年10月××元、2016年11月××元、2016年12月××元)。

《中华人民共和国税收征收管理法》第六十三条第一款规定:“纳税人伪造、变造、隐匿、擅自销毁帐簿、记帐凭证,或者在帐簿上多列支出或者不列、少列收入,或者经税务机关通知申报而拒不申报或者进行虚假的纳税申报,不缴或者少缴应纳税款的,是偷税。对纳税人偷税的,由税务机关追缴其不缴或者少缴的税款、滞纳金。”你单位开具的发票联不入账,不列、少列收入,少申报开票收入的行为,应当认定为偷税。

根据《中华人民共和国企业所得税法》(中华人民共和国主席令2007第63号,已被修正)第一条、第四条第一款、第六条、第五十四条“……企业应当自年度终了之日起五个月内,向税务机关报送年度企业所得税纳税申报表,并汇算清缴,结清应缴应退税款。……”,《中华人民共和国税收征收管理法》(中华人民共和国主席令2001第49号)第三十五条第一款第(四)项,《中华人民共和国税收征收管理法实施细则》第一百零九条,《国家税务总局关于印发〈企业所得税核定征收办法〉(试行)的通知》(国税发〔2008〕30号)第三条第一款第(四)项、第八条,《转发××省国家税务局关于调整核定征收企业所得税应税所得率的通知》(××国税发〔2008〕××号)的规定,计算核定补缴2012年度企业所得税××元、2013年企业所得税××元。

根据《中华人民共和国企业所得税法》(中华人民共和国主席令2007第63号,已被修正)第一条、第四条第一款、第六条、第五十四条,《中华人民共和国税收征收管理法》(中华人民共和国主席令2001第49号)第三十五条第一款第(四)项,《中华人民共和国税收征收管理法实施细则》第一百零九条,《国家税务总局关于印发〈企业所得税核定征收办法〉(试行)的通知》(国税发〔2008〕30号,已被修改)第三条第一款第(四)项、第八条,《转发××省国家税务局关于调整核定征收企业所得税应税所得率的通知》(××国税发〔2008〕××号),《国家税务总局关于扩大小型微利企业减半征收企业所得税范围有关问题的公告》(国家税务总局公告2014年第23号,已失效),《财政部、国家税务总局关于小型微利企业所得税优惠政策有关问题的通知》(财税〔2014〕34号,已失效)的规定,你单位2014年度企业所得减按50%计入应纳税所得额,按20%的税率计算缴纳企业所得税,经计算核定补缴2014年度企业所得税××元。

根据《中华人民共和国企业所得税法》(中华人民共和国主席令2007第63号,已被修正)第一条、第四条第一款、第六条、第五十四条,《中华人民共和国税收征收管理法》(中华人民共和国主席令2001第49号)第三十五条第一款第(四)项,《中华人民共和国税收征收管理法实施细则》第一百零九条,《国家税务总局关于印发〈企业所得税核定征收办法〉(试行)的通知》(国税发〔2008〕30号,已被修改)第三条第一款第(四)项、第八条,《转发××省国家税务局关于调整核定征收企业所得税应税所得率的通知》(××国税发〔2008〕××号),《国家税务总局公告2015年第17号——关于贯彻落实扩大小型微利企业减半征收所得税范围有关问题的公告》(国家税务总局公告2015年第17号,已失效),《财政部、国家税务总局关于小型微利企业所得税优惠政策有关问题的通知》(财税〔2014〕34号,已失效)的规定,你单位2015年度企业所得减按50%计入应纳税所得额,按20%的税率计算缴纳企业所得税,经计算核定补缴2015年度企业所得税××元。

以上事实主要由以下证据证明:1. 征管系统中的电子数据(2010~2016年度);2. 询问(调查)比例;3. 发票领购单复印件;4. 企业说明材料;5. 相关人员说明材料;6. 税务稽查工作底稿及附件;7. 记账凭证及附件复印件;8. 申报表及附

表复印件;9. 银行交易明细;10. 企业登记档案资料。

二、处理决定

(一)根据《中华人民共和国税收征收管理法》(中华人民共和国主席令2001第49号)第六十三条第一款,《中华人民共和国增值税暂行条例》(中华人民共和国国务院令2008第538号,已被修订)第一条、第二条第一款第(一)项、第三条、第十六条、第十九条第一款第(一)项,追缴你单位少缴的增值税××元。

(二)根据《中华人民共和国税收征收管理法》(中华人民共和国主席令2001第49号)第三十五条第一款第(四)项,《中华人民共和国企业所得税法》(中华人民共和国主席令2007第63号,已被修正)第一条、第四条第一款、第六条,《国家税务总局关于印发〈企业所得税核定征收办法〉(试行)的通知》(国税发〔2008〕30号,已被修改)第三条第一款第(四)项、第八条,《转发××省国家税务局关于调整核定征收企业所得税应税所得率的通知》(××国税发〔2008〕××号),《国家税务总局关于扩大小型微利企业减半征收企业所得税范围有关问题的公告》(国家税务总局公告2014年第23号,已失效),《国家税务总局公告2015年第17号——关于贯彻落实扩大小型微利企业减半征收企业所得税范围有关问题的公告》(国家税务总局公告2015年第17号,已失效),《财政部、国家税务总局关于小型微利企业所得税优惠政策有关问题的通知》(财税〔2014〕34号,已失效)的规定,追缴你单位少缴纳的2012年度企业所得税××元、2013年度企业所得税××元、2014年度企业所得税××元、2015年度企业所得税××元。

(三)根据《中华人民共和国税收征收管理法》第三十二条、《中华人民共和国税收征收管理法实施细则》第一百零九条、《中华人民共和国增值税暂行条例》第二十三条、《中华人民共和国企业所得税法》第五十四条的规定,对你单位少缴纳的上述增值税、企业所得税税款,从税款滞纳之日起,按日加收所滞纳税款万分之五的滞纳金。

限你单位自收到本决定书之日起15日内到××市国家税务局办税服务厅将上述税款缴纳入库,并按照规定进行相关账务调整。逾期未缴清的,将依照《中华人民共和国税收征收管理法》第四十条规定强制执行。

你单位若同我局在纳税上有争议,必须先依据本决定的期限缴纳税款及滞纳金或者提供相应的担保,然后可自上述款项缴清或者提供相应担保被税务机关确认之日起六十日内依法向××市国家税务局申请行政复议。

二〇一八年一月十七日

（盖章）

附件5:《税务行政处罚决定书》(偷税)

××县国家税务局稽查局
税务行政处罚决定书

××国税稽罚〔2018〕××号

××有限责任公司(纳税人识别号:××):

我局于2016年7月18日至2017年12月9日对你单位2010年1月1日至2016年12月31日的涉税情况进行了检查,你单位存在的违法事实及处罚决定如下:

一、违法事实及证据

(一)检查发现的问题

1.你单位只对"香烟类"进行了核算,但发票开具的内容有日用品、办公用品、劳保用品等,你单位并未对此进行财务核算,也未进行纳税申报。发票记账联未入账不能提供,销售收入的原始记账凭证为自制现金缴款单等。《中华人民共和国税收征收管理法》第十九条规定:"纳税人、扣缴义务人按照有关法律、行政法规和国务院财政、税务主管部门的规定设置帐簿,根据合法、有效凭证记帐,进行核算。"你单位只对上述"香烟类"进行财务核算,其他商品未进行财务核算,也未进行纳税申报的行为,违反了税收征收管理法。

2.你单位从开业以来一直使用的是手工版发票,据你单位经理××说开过的存根联"存放在仓库里,以前的找不到了"只有2016年以后开具的发票存根联。《中华人民共和国发票管理办法》(中华人民共和国国务院令2010第587号)第二十九条规定:"开具发票的单位和个人应当按照税务机关的规定存放和保管发票,不得擅自损毁。已经开具的发票存根联和发票登记簿,应当保存5年。保存期满,报经税务机关查验后销毁。"你单位上述未按照规定存放和保管发票的行为,违反了该发票管理规定。

3. 截至目前，你单位2010～2015年开具发票的验旧金额为××元，2016年开具销售发票的存根联金额为××元，2010～2016年发票验旧金额总计为××元；你单位2010～2016年纳税申报的销售收入为××元，销项税金为××元，价税合计为××元（其中2010年1～11月××元、12月××元，2011年××元，2012年××元，2013年××元，2014年××元，2015年××元，2016年1月××元、2016年2月××元、2016年3月××元、2016年4月××元、2016年5月××元、2016年6月××元、2016年7月××元、2016年8月××元、2016年9月××元、2016年10月××元、2016年11月××元、2016年12月××元），经计算2010～2016年少申报的发票验旧金额为××元（不含税）。

你单位发票记账联未入账、存根联找不到、2010～2011年发票领购单也暂未找到，根据证据"三性"原则（客观性、合法性、关联性），结合有利于纳税人的角度，对你单位2010年、2011年发票验旧金额大于申报收入的部分以及2010～2016年银行进账金额大于发票验旧金额的部分、8家个体工商户名下的核定收入暂不予确认为你单位的营业收入；由于2012～2015年无发票存根联、记账联，无法准确判断开票月份，同样本着有利于纳税人的角度，发票验旧金额超过申报金额的开票额暂并入每年12月份统计。

根据《中华人民共和国增值税暂行条例》（中华人民共和国国务院令2008第538号，已被修订）第二十二条"增值税纳税地点：（一）固定业户应当向其机构所在地的主管税务机关申报纳税。……"，《中华人民共和国企业所得税法》（中华人民共和国主席令2007第63号，已被修正）第五十条"除税收法律、行政法规另有规定外，居民企业以企业登记注册地为纳税地点；……"的规定，你单位的增值税、企业所得税相关涉税事宜由××县国家税务局征收管理。

根据《中华人民共和国增值税暂行条例》（中华人民共和国国务院令2008第538号，已被修订）第一条"在中华人民共和国境内销售货物或者提供加工、修理修配劳务以及进口货物的单位和个人，为增值税的纳税人，应当依照本条例缴纳增值税"，第二条第一款第（一）项"纳税人销售或者进口货物，除本条第（二）项、第（三）项规定外，税率为17%"，第三条"纳税人兼营不同税率的货物或者应税劳务，应当分别核算不同税率货物或者应税劳务的销售额；未分别核算销售额的，从高适用税率"，第十六条"纳税人兼营免税、减税项目的，应当分别核算免税、减税项目的销售额；未分别核算销售额的，不得免税、减税"，第十九条第一款第(一)项“销售货物或者应税劳务,为收讫销售款项或者取得索取销售款项凭据的当天;先开具发票的,为开具发票的当天”,第二十三条第二款“纳税人以1个月或者1个季度为1个纳税期的,自期满之日起15日内申报纳税”以及《中华人民共和国税收征收管理法实施细则》第一百零九条“税收征管法及本细则所规定期限的最后一日是法定休假日的,以休假日期满的次日为期限的最后一日,在期限内有连续3日以上法定休假日的,按休假日天数顺延”的规定,你单位2012~2016年开具的发票联不入账,不列、少列收入,少申报开票收入××元,计算应补缴2012~2016年增值税××元(2012年××元,2013年××元,2014年××元,2015年××元,2016年1月××元、2016年2月××元、2016年3月××元、2016年4月××元、2016年5月××元、2016年6月××元、2016年7月××元、2016年8月××元、2016年9月××元、2016年10月××元、2016年11月××元、2016年12月××元)。

你单位2012~2016年开具的发票联不入账,不列、少列收入,少申报开票收入××元,少缴增值税××元。根据《中华人民共和国税收征收管理法》第六十三条第一款规定:“纳税人伪造、变造、隐匿、擅自销毁帐簿、记帐凭证,或者在帐簿上多列支出或者不列、少列收入,或者经税务机关通知申报而拒不申报或者进行虚假的纳税申报,不缴或者少缴应纳税款的,是偷税。对纳税人偷税的,由税务机关追缴其不缴或者少缴的税款、滞纳金。”你单位开具的发票联不入账,不列、少列收入,少申报开票收入的行为,应当认定为偷税。

根据《中华人民共和国企业所得税法》(中华人民共和国主席令2007第63号,已被修正)第一条、第四条第一款、第六条、第五十四条“……企业应当自年度终了之日起五个月内,向税务机关报送年度企业所得税纳税申报表,并汇算清缴,结清应缴应退税款。……”,《中华人民共和国税收征收管理法》(中华人民共和国主席令2001第49号)第三十五条第一款第(四)项,《中华人民共和国税收征收管理法实施细则》第一百零九条,《国家税务总局关于印发〈企业所得税核定征收办法〉(试行)的通知》(国税发〔2008〕30号,已被修改)第三条第一款第(四)项、第八条,《转发××省国家税务局关于调整核定征收企业所得税应税所得率的通知》(××国税发〔2008〕××号),《国家税务总局关于扩大小型微利企业减半征收企业所得税范围有关问题的公告》(国家税务总局公告2014年第23号,已失效),《国家税务总局公告2015年第17号——关于贯彻落实扩大小型微利企业减半征收企业所得税范围有关问题的公告》(国家税务总局公告2015年第17号,已失效)的规定,计算核定你单位应补缴2012~2015年企业所得税××元(2012年××元、2013年××元、2014年××元、2015年××元)。

以上事实主要由以下证据证明:1.征管系统中的电子数据(2010~2016年度);2.询问(调查)比例;3.发票领购单复印件;4.企业说明材料;5.相关人员说明材料;6.税务稽查工作底稿及附件;7.记账凭证及附件复印件;8.申报表及附表复印件;9.银行交易明细;10.企业登记档案资料。

(二)当事人陈述申辩采信情况

针对上述违法事实及拟处罚情况,我局已于2017年11月30日派××、××向你单位送达了《税务行政处罚事项告知书》(××国税稽罚告〔2017〕××号),书面告知你单位作出行政处罚决定的事实、理由及依据,并告知你单位有进行陈述、申辩的权利和申请听证的权利。

你单位于2017年12月4日提出听证申请,2017年12月14日递交了《关于××有限责任公司涉税事项之陈述、申辩意见书》。我局于2017年12月15日依法组织听证。

你单位的主要陈述、申辩和听证意见如下:

1.对××有限责任公司有偷税行为的定性较为简单、过于注重形式特征,存在一些难以克服的逻辑矛盾;

2.没有充分、足够的证据证明××有限公司存在偷税的主观故意、客观上的偷税行为和造成了不缴或少缴税款的事实;

3.宜认定××有限责任公司违反了发票管理的有关规定,并按照有关规定加以处罚。

本案调查人员在听证会上提出的意见理由如下:

1.调查人员做了大量细致的工作,在税收征管系统中调取了相关的数据信息,调阅了银行进账信息、抽查了部分银行进账信息来源、对相关人员进行约谈等,我们认为证据充分、定性准确。

2.你单位开具发票不入账。银行进账金额远大于申报的销售收入、只用资质的现金缴款单入账而不以银行相关凭证入账等情况,表明你单位存在故意。由于少申报开票收入××元,造成少缴增值税××元及企业所得税××元。

3.目前暂无任何证据证明你单位开具的发票为代开。

对你单位陈述的事实和理由，我局进行了复核。复核意见认为有以下3点。

1. 你单位的书面说明材料、8家个体工商户的说明材料，以及你单位员工的说明材料都证实8家个体工商户没有实际经营行为，是由你单位统一经营。你单位的企业登记档案资料显示，超市的经营场地都登记为你单位的住所，你单位设立时的经营范围就不止香烟一项，且经营范围在不断增加。你单位的银行进账金额不仅大于申报的香烟销售金额，也大于开票金额。因此，你单位关于"××公司仅经营香烟，其他8家个体工商户分别经营不同品种的商品"的辩解不能成立。

2. 我局根据有利于纳税人的原则，暂未将个体工商户的开票金额计入偷税金额，并非认定8家个体工商户存在实际经营行为。从你单位的材料可以看出，你单位对8家个体工商户没有实际经营而是由你单位统一经营的事实是明知的，因此，你单位关于没有偷税的主观故意的辩解不能成立。

3. 你单位确实违反了发票管理的有关规定，但由于存在真实的交易，因此并非辩解所称的虚开发票或非法代开发票，而是未按照规定设置、保管账簿、保管记账凭证和有关资料；未按照规定存放和保管发票。

故维持原拟处罚意见。

二、处罚决定

你单位少缴增值税的违法事实，已构成偷税。《中华人民共和国税收征收管理法》（中华人民共和国主席令2001第49号）第六十三条第一款规定："对纳税人偷税的，由税务机关追缴其不缴或者少缴的税款、滞纳金，并处不缴或者少缴的税款百分之五十以上五倍以下的罚款；构成犯罪的，依法追究刑事责任。"鉴于你单位在检查过程中能够积极配合税务机关检查，积极补缴税款，认识态度好，符合《中华人民共和国行政处罚法》第二十七条第一款第（一）项[①]的主动消除或减轻违法行为危害后果的从轻处罚情节，决定从轻给予处罚。决定对你单位上述偷税行为造成少缴税款××元处以百分之五十的罚款计××元。

根据《中华人民共和国发票管理办法》（中华人民共和国国务院令2010第587号）第三十五条第（九）项[②]未按照规定存放和保管发票，由税务机关责令改正，可以处1万元以下的罚款的规定，决定对你单位未按规定存放、保管发票的

---

① 现行《行政处罚法》第32条第1项。

② 现行《发票管理办法》第33条第9项。

行为处××元罚款。

根据《中华人民共和国税收征收管理法》第六十条第一款第(二)项纳税人未按照规定设置、保管账簿或者保管记账凭证和有关资料的,可以处2000元以下的罚款;情节严重的,处2000元以上10,000元以下的罚款的规定,决定对你单位未按照规定设置、保管账簿或者保管记账凭证和有关资料的行为处××元罚款。

综上,决定对你单位的税收违法行为作如下处罚:

1. 对偷税行为造成少缴税款××元处百分之五十的罚款计××元;

2. 对未按规定存放、保管发票的行为处××元罚款;

3. 对未按规定设置、保管账簿或者保管记账凭证和有关资料的行为处××元罚款。

以上应缴款项共计××元。限你单位自本决定书送达之日起15日内到××县国家税务局缴纳入库。到期不缴纳罚款,依照《中华人民共和国行政处罚法》第五十一条第(一)项①规定,每日按罚款数额的百分之三加处罚款。

如对本决定不服,可以自收到本决定书之日起60日内依法向××市国家税务局申请行政复议,或者自收到本决定书之日起6个月内向人民法院起诉。如对处罚决定逾期不申请复议也不向人民法院起诉、又不履行的,我局将采取《中华人民共和国税收征收管理法》第四十条规定的强制执行措施,或者申请人民法院强制执行。

二〇一八年二月七日

(盖章)

附件6:《行政复议申请书》之1(偷税之税务处理)

行政复议申请书

申请人:××有限责任公司

统一社会信用代码:××

法定代表人:刘××

---

① 现行《行政处罚法》第72条第1款第1项。

住所：××

被申请人：××国家税务局稽查局

局长：××

联系地址：××

联系方式：××

申请人对被申请人作出《税务处理决定书》(××国税稽处〔2018〕××号)的具体行政行为不服，现提起行政复议。

行政复议请求

依法变更被申请人作出的《税务处理决定书》(××国税稽处〔2018〕××号)。

事实和理由

"××超市"成立之初，工商登记为个体工商户(经营者姓名：刘××)；后因经营规模的扩大以及实际经营状况的制约，又申请工商登记为××有限责任公司(法定代表人：刘××，即申请人)，仅经营香烟；另由8个自然人成立8家个体工商户(××乳品经营部、刘××、徐××土特产经营部、陶××食品经营部、刘×1酒业经营部、钱××、刘×2、刘×3)，有8位个体经营者(以下简称该8人)分别经营原××超市经营品类中除香烟之外的其他品类。后经该8人与刘××协商达成一致意见：由刘××统筹管理8家个体工商户，年底再另行核算，相关经营所得扣除相关成本后进行分配。

2012年至2016年，申请人因消费者要求、申请人经营者对财务、税法知识的欠缺和认识错误等诸多原因，根据8家个体工商户的实际经营情况代为开具了与真实交易数量、金额相符的增值税普通发票(以下简称涉案发票)。

被申请人于2018年1月17日作出《税务处理决定书》(××国税稽处〔2018〕××号)，认定申请人是基于自己的实际经营开具了涉案发票，因申请人未就涉案发票进行纳税申报认定申请人构成偷税，同时作出责令申请人限期缴纳增值税××元、企业所得税××元及加收万分之五滞纳金的处理决定。

一、被申请人在《税务处理决定书》中认定申请人是基于自己的实际经营开具了涉案发票，因申请人未就涉案发票进行纳税申报认定申请人构成偷税，申请人认为该事实认定错误

1. 申请人在实际经营过程中仅经营香烟

(1)被申请人仅凭申请人是涉案发票的开具方就认定涉案发票所对应实际

经营者就是申请人，该认定明显错误。按照此推定，甚至不存在税法上对“代开”发票与“虚开”发票的界定。因为在此逻辑下，开具发票就一定证明公司存在相关经营情况，合理的逻辑应该是，账簿上没有体现而实际开具了的发票，要评估该发票是否为“代开”或“虚开”。

(2)被申请人以申请人营业执照上的经营品类判断被申请人的实际经营情况，亦显属不当。虽然申请人营业执照上的经营品类包括香烟以及其他诸多品类的商品，但实际经营过程中，申请人仅经营香烟。申请人营业执照上的经营品类是指其可以经营的品类范围，并非据此可以推论其一定事实上经营了上述品类范围。

(3)被申请人应结合申请人之账簿确认其实际经营情况。从财务和税法常识上讲，了解一个实体的经营情况，主要是查阅其作日常经营记录的账簿，而申请人账簿中记载的经营品类仅有香烟。

2. 涉案发票对应经营事项的实际经营者是8家个体工商户

(1)8家个体工商户是独立的纳税主体。8家个体工商户的核定征收方式和核定税款是经由税务机关正当程序认定的，同时在日常经营中也按其品类正常营业并开具了发票，可以说明8家个体工商户是区别于申请人的存在。

(2)涉案发票对应款项与8家个体工商户核定征收额度内尚未使用的额度大体一致，可以佐证涉案发票对应经营事项的实际经营者是8家个体工商户。涉案发票对应的金额本可由8家个体工商户在核定征收额度内开具对应的发票，在此种作法下申请人根本不会出现未进行纳税申报的涉案发票。

另外，《税务处理决定书》中存在表述，“……结合有利于纳税人的角度……8户个体工商户名下的核定收入暂不予确认为你单位的营业收入……”亦可说明被申请人对申请人陈述的此点事实是认同的，但《税务处理决定书》后续所作的处理决定却又未将8家个体工商户名下的核定收入从被申请人认定的所谓“申请人的营业收入”中扣除，致使《税务处理决定书》本身的事实认定与处理决定存在一定的冲突性。

(3)涉案发票对应的实际经营品类与8家个体工商户的经营状况吻合(副食、土特产、酒业、办公等)，亦可以佐证涉案发票对应经营事项的实际经营者是8家个体工商户。

3. 申请人代为开具涉案发票的行为虽有违相关规定，但不构成偷税

(1)因申请人经营者对财务、税法知识的欠缺和认识错误等诸多原因，申请

人根据8家个体工商户的实际经营情况代为开具的与真实交易数量、金额相符的发票。

(2)申请人代为开具涉案发票的行为虽有违相关规定,但被申请人根据《中华人民共和国税收征收管理法》第六十三条第一款认定申请人构成偷税,属适用和理解法律不当。其一,申请人主观上没有偷逃税款的动机,客观上也没有构成偷税的行为要件;其二,从根本上来说,被申请人认定申请人构成偷税并进而作出相应税务处理决定的基础应是申请人侵犯了国家税收管理秩序并且对国家税款造成了损失。但在本案中,一则涉案发票对应款项与8家个体工商户经由税务机关认定的核定征收额度内尚未使用的额度基本一致,二则因涉案发票是增值税普通发票,受票方并不能据此发票抵扣进项税额,并不会对国家税收利益造成损失,即申请人的行为并未对国家税款造成损失,被申请人认定申请人构成偷税显属错误。

二、被申请人责令申请人限期缴纳增值税××元、企业所得税××元及加收万分之五滞纳金,申请人认为该处理决定不合理

基于前述理由,申请人意识到自身代为开具涉案发票的行为有违税法、财务方面的有关规定,也愿意按照有关规定接受处理。但申请人认为被申请人在《税务处理决定书》中的认定的事实错误,申请人并未有偷税的事实,被申请人责令申请人限期缴纳增值税××元、企业所得税××元及加收万分之五滞纳金的处理决定不合理。

综上所述,被申请人作出《税务处理决定书》(××国税稽处〔2018〕××号)的行为,侵害了申请人的合法权益,故申请人依据《中华人民共和国行政复议法》等相关法律法规的相关规定,向贵局提起行政复议。恳请贵处详细调查后,依法变更被申请人作出的《税务处理决定书》(××国税稽处〔2018〕××号),以维护申请人的合法权益。

此致

××市国家税务局

申请人:××有限责任公司(盖章)

二〇一八年一月二十二日

附件:

1. 申请书副本1份;

2. 申请人营业执照复印件 1 份；

3. ××县国家税务局稽查局《税务处理决定书》(××国税稽处〔2018〕××号)复印件 1 份。

附件 7:《行政复议申请书》之 2(偷税之税务行政处罚)

行政复议申请书

申请人:××有限责任公司

统一社会信用代码:××

法定代表人:刘××

住所:××

被申请人:××国家税务局稽查局

局长:××

联系地址:××

联系方式:××

申请人对被申请人作出《税务行政处罚决定书》(××国税稽罚〔2018〕××号)的具体行政行为不服,现提起行政复议。

行政复议请求

依法变更被申请人作出的《税务行政处罚决定书》(××国税稽罚〔2018〕××号)。

事实和理由

"××超市"是一个集合概念,包括在一处场地及其内部空间分别设立的××有限责任公司(以下简称申请人或××公司)和 8 家个体工商户(以下简称"1+8"模式)。其中,××公司虽然在申请营业执照时填写了全品类,但实际上只经营香烟,会计账簿上也据实体现;8 家个体工商户分别为××乳品经营部、刘××、徐××土特产经营部、陶××食品经营部、刘×1 酒业经营部、钱××、刘×2、刘×3(以下简称该 8 家个体户),由 8 位个体经营者(以下简称该 8 人)分别经营××超市除香烟之外的其他品类。××超市的经营模式为,出于超市整体经营的需要,由刘××统筹管理××公司和该 8 家个体户,相关经营所得在扣除相关成本后进行分配。

2012年至2016年，申请人因消费者要求、申请人经营者对财务、税法知识的欠缺和认识错误等诸多原因，根据该8家个体户的实际经营情况存在代为开具与真实交易数量、金额相符的增值税普通发票(以下简称涉案发票)的情形。

××县国家税务局稽查局(以下简称被申请人或县稽查局)于2018年2月7日作出《税务行政处罚决定书》(××国税稽罚〔2018〕××号)，认定申请人是基于自己的实际经营开具了涉案发票，因申请人未就涉案发票进行纳税申报认定申请人构成偷税，同时作出责令申请人限期缴纳因偷税造成少缴税款的罚款××元；限期缴纳未按规定存放、保管发票的罚款××元；限期缴纳未按规定设置、保管账簿或保管记账凭证和有关资料的罚款××元的处罚决定。

一、被申请人在《税务行政处罚决定书》中认定申请人是基于自己的实际经营开具了涉案发票，因申请人未就涉案发票进行纳税申报认定申请人构成偷税，申请人认为上述事实认定错误

1. 申请人在实际经营过程中仅经营香烟

在本案处理过程中，申请人与被申请人关于偷税的认定有过较多的沟通，这些沟通意见并未完全呈现在《税务行政处罚决定书》中，此处将相关争议焦点列示如下。

(1)开票是否即证明账外收入？被申请人仅凭申请人是涉案发票的开具方就认定涉案发票所对应实际经营者就是申请人，该认定过于草率。倘若按照此推定，甚至不存在税法上对代开、虚开发票的界定。因为在此逻辑下，只要开具发票就一定证明公司存在相关经营情况。合理的逻辑应该是，会计账簿上没有体现而实际开具了的发票，需要根据实事求是的原则，分析两种情况的可能性，一是存在相关收入未入账情形，二是该涉案发票为代开或虚开。目前，被申请人并不能直接举证证明，而是以后者可能涉“刑事”而按照“有利于纳税人”的原则作了前一种认定，而实际上前者的处理处罚可能对纳税人更为不利。

(2)是否营业执照上的品类即应为实际经营品类？被申请人以申请人营业执照上的经营品类判断被申请人的实际经营情况，亦显属不当。虽然申请人营业执照上的经营品类包括香烟以及其他诸多品类的商品，但实际经营过程中，申请人仅经营香烟。申请人营业执照上的经营品类是指其可以经营的品类范围，

并非据此可以推论其一定事实上经营了这些品类。

(3)是否同一地址经营即认定××公司业务涵盖全部超市业务?被申请人以申请人营业地址与该8家个体户处于同一地址为由,认定该8家个体户为"挂名"税法实体,此种观点过于勉强。当下的县级市大中型超市业态,都涉及内部柜台出租、委托、承包等经营形式,在同一地址上经营显属正常。该8家个体户本身经过主管税务机关实地核查、核准税务登记并准予核定税款,该8人也都在超市负责相关业务,该8家个体户在税法上的主体地位并无问题。至于此前申请人及部分个体户出具的所谓"挂名"的陈述,则是被申请人在办案时对申请人讲解代开、虚开发票执法司法政策时过于"刑事化",而导致其陷入错误认识所致。对于相关陈述事前事后表述不一致的情况,应本着实事求是原则审慎认定其效力。

(4)代为收付款是否意味着所涉超市往来款项均为××公司业务款项?被申请人认为,申请人的对公账户与会计账簿上的记载不一致,所以多出的部分应视为未入账的收入。这种推论没有考虑到"1+8"模式的特殊性,超市本身就是利润不高的行业,该8家个体户除现金自行收付外,银行款项委托申请人代为收付,一是为了减少不必要的财务成本,二是与供应商结算时体现一体意识。代为收付款并不意味着这些款项都是申请人自身的经营收入。认定业务款项的依据应当是具体可证的业务交易,而非简单认定对公账户上的款项。而对前者,被申请人到作出《税务行政处罚决定书》之日,也没有直接的证据加以证明。

(5)税务机关应结合申请人之会计账簿记载、实事求是进行调查以有利于纳税人的认定原则确认其实际经营情况。在财务和税法常识上,了解一个实体的经营情况,主要是查阅其作日常经营记录的账簿,在此基础上了解行业经营的具体情况并加以核实。目前的情况是,申请人账簿中记载的经营品类仅有香烟,也自述只经营香烟。在没有充分证据支撑及存在多种可能性的情形下,虽不能完全排除有账外收入的可能性,但也不能仅凭主观臆断而得出对申请人极为不利的结论。

综上,被申请人并无确凿证据证明申请人代为开具的发票是申请人自身发生的业务,都是基于各种推论得出,而这些推论本身亦遭受相当的质疑。征管和稽查实践中,对于纳税人自述的经营情况和自身认可的会计账簿,税务机关无法确认具体的交易情况又无有力证据反驳纳税人自述时,宜在纳税人可以合理解释的情形下予以认可，或者根据合理性原则进行核定。但毫无疑问，直接简单地采取“机械式”地认定为“偷税”并且在多种可能性中采取对纳税人最不利的认定，自然是没有说服力的，也是不可取的。

2. 涉案发票对应经营事项的实际经营者是该8家个体户

(1)该8家个体户是独立的纳税主体。该8家个体户的核定征收方式和核定税款是经由税务机关正当程序认定的，同时在日常经营中也按其品类正常营业并开具了发票，可以说明该8家个体户在税法上是区别于申请人的主体存在。

(2)涉案发票对应款项与该8家个体户核定征收额度内尚未使用的额度大体一致，可以佐证涉案发票对应经营事项的实际经营者是该8家个体户。涉案发票对应的金额本可由该8家个体户在核定征收额度内开具对应的发票，按照正常商业逻辑，在此种做法下申请人根本不会出现未进行纳税申报的涉案发票。

另外，《税务行政处罚决定书》中存在的表述“……结合有利于纳税人的角度……8户个体户名下的核定收入暂不予确认为你单位的营业收入……”亦可说明被申请人对申请人陈述的此点事实是认同的，但《税务行政处罚决定书》后续所作的处罚决定却又未将该8家个体户名下的核定收入从被申请人认定的所谓“申请人的营业收入”中扣除，致使《税务行政处罚决定书》本身的事实认定与处罚决定存在一定的冲突性。

(3)涉案发票对应的实际经营品类与该8家个体户的经营状况吻合(副食、土特产、酒业、办公用品等)，亦可以佐证涉案发票对应经营事项的实际经营者是该8家个体户。

3. 申请人代为开具涉案发票的行为虽有违相关规定，但不构成偷税

(1)因申请人经营者对财务、税法知识的欠缺和认识错误等诸多原因，申请人根据该8家个体户的实际经营情况代为开具了与真实交易数量、金额相符的发票。

(2)申请人代为开具涉案发票的行为虽有违相关规定，但被申请人根据《税收征收管理法》第六十三条第一款认定申请人构成偷税，属适用和理解法律不当。

其一，在主观上，申请人没有逃避税款征收的动机。如果有此动机，应该是在各个体工商户的税款核定范围外开具发票，这样可以总体上有效避税。

其二，在客观上，申请人也没有构成偷税的行为要件。该款对偷税的认定

前提是“……在账簿上……或者不列、少列收入……”而本案中被申请人对是否存在“不列、少列收入”本身就是推定的，因为超市的交易相对人为普通消费者，被申请人并未找到也无法找到交易相对人进行核实，而相关推定的逻辑又不充分。况且，如同刑法上的“无罪推定”原则，税法上也存在“诚信推定”原则。

其三，从根本上来说，税务机关认定申请人构成偷税并进而作出相应税务处理决定的基础应在于申请人侵犯了国家税收管理秩序并且对国家税款造成了损失，但在本案中并无此种情形。一则涉案发票对应款项与该8家个体户经由税务机关认定的核定征收额度内尚未使用的额度基本一致；二则因涉案发票是增值税普通发票，受票方并不能据此发票抵扣进项税额，并不会对国家税收利益造成损失，即申请人的行为并未对国家税款造成损失，被申请人认定申请人构成偷税显属错误。

二、被申请人责令申请人限期缴纳因偷税造成少缴税款的罚款××元，申请人认为该处罚决定不合法、不合理

1. 申请人不认可被申请人关于申请人构成“偷税”的认定，但承认违反《发票管理办法》并愿意接受相关处罚。基于前述理由，申请人意识到自身代为开具涉案发票的行为有违《发票管理办法》的有关规定，也愿意按照有关规定接受处理，包括接受《税务行政处罚决定书》中的其余两项处罚决定（限期缴纳未按规定存放、保管发票的罚款××元；限期缴纳未按规定设置、保管账簿或保管记账凭证和有关资料的罚款××元）。但申请人认为被申请人在《税务行政处罚决定书》中认定的事实错误，申请人并未有偷税的事实，被申请人责令申请人限期缴纳因偷税造成少缴税款的罚款××元的处罚决定不合法、不合理。

2. 在本案中，即便是按照被申请人关于申请人构成“偷税”的认定，根据税法原理也不应加收罚款。在税法学理上，税务机关和纳税人的举证责任有不同之处。税务机关需针对“符合课税事实”（针对税务处理）及“应受处罚性”（针对税务处罚）两个方面进行举证；在相关课税及裁罚事实真伪不明的情形下，税务机关需承担举证责任。本案中，被申请人否认申请人的合理解释，且并无直接证据证明“偷税”之行为事实，均采用“推知”方式得出。按照税法学理，“推计课税”需要从严适用，且适用“推计课税”方式也只能及于税款本身，因为此种“税收负担”本身就是一种“推知”和“核定”，本身就存在争议，更不用说涉及具有

"加重"性质的罚款了。

另外,被申请人在该《税务行政处罚决定书》中存在多处表述问题,如《税务行政处罚决定书》存在表述"你单位确实违反了发票管理的有关规定,但由于存在真实的交易,因此并非辩解所称的虚开发票或非法代开发票……"实际上,申请人在之前提交给被申请人的《陈述、申辩意见书》中明确表达的意思是"申请人的行为明显区别于虚开普通发票的行为",而非《税务行政处罚决定书》所称申请人辩称自己的行为属于"虚开发票"。

综上所述,被申请人作出《税务行政处罚决定书》(××国税稽罚〔2018〕××号)的行为,侵害了申请人的合法权益,故申请人依据《行政复议法》等相关法律法规的相关规定,向贵局提起行政复议。恳请贵处详细调查后,依法变更被申请人作出的《税务行政处罚决定书》(××国税稽罚〔2018〕××号),以维护申请人的合法权益。

此致

××市国家税务局

申请人:××有限责任公司

二〇一八年二月十二日

附件:

1. 申请书副本1份;

2. 申请人营业执照复印件1份;

3. ××县国家税务局稽查局《税务行政处罚决定书》(××国税稽罚〔2018〕××号)复印件1份。

附件8:《税务事项通知书》(撤销税务处理)

××县国家税务局稽查局

税务事项通知书

××国税稽通〔2018〕××号

××有限责任公司:(纳税人识别号:××)

事由:你公司对我局下达的《税务处理决定书》(××国税稽处〔2018〕第

××号）中认定的偷税事实提出异议，经我局审查，认为证据不够充分。

通知内容：撤销我局《税务处理决定书》（××国税稽处〔2018〕第××号）。

××县国家税务局稽查局
二〇一八年四月二十四日
（盖章）

附件9：《税务事项通知书》（撤销税务行政处罚）

××县国家税务局稽查局
税务事项通知书

××国税稽通〔2018〕××号

××有限责任公司：（纳税人识别号：××）

事由：你公司对我局下达的《税务行政处罚决定书》（××国税稽罚〔2018〕第××号）中认定的偷税事实提出异议，经我局审查，认为证据不够充分。

依据：《中华人民共和国行政处罚法》第五十四条第二款：公民、法人或者其他组织对行政机关作出的行政处罚，有权申诉或者检举；行政机关应当认真审查，发现行政处罚有错误的，应当主动改正。

通知内容：撤销我局《税务行政处罚决定书》（××国税稽罚〔2018〕第××号）。

××县国家税务局稽查局
二〇一八年四月二十四日
（盖章）

附件10:《税务行政处罚事项告知书》(凭证及发票管理)

国家税务总局××县税务局
税务行政处罚事项告知书

××税罚告〔2018〕×号

××有限责任公司:(纳税人识别号:××)

对你(单位)的税收违法行为拟于2018年11月19日之前作出行政处罚决定,根据《中华人民共和国税收征收管理法》第八条、《中华人民共和国行政处罚法》第三十一条规定,现将有关事项告知如下:

一、税务行政处罚的事实依据、法律依据及拟作出的处罚决定。根据《中华人民共和国税收征收管理法》第六十条纳税人未按照规定设置、保管账簿或者保管记账凭证和有关资料的,可以处2000元以下的罚款;情节严重的,处2000元以上1万元以下的罚款的规定,对你公司相关发票记账联未入账、销售收入的原始记账凭证为自制的现金缴款单等违规行为处××元罚款。

根据《中华人民共和国发票管理办法》第三十六条[①]之规定,"跨规定的使用区域携带、邮寄、运输空白发票,以及携带、邮寄或者运输空白发票出入境的,由税务机关责令改正,可以处1万元以下的罚款;情节严重的,处1万元以上3万元以下的罚款;有违法所得的予以没收。丢失发票或者擅自损毁发票的,依照前款规定处罚",你公司法定代表人刘××说已开具的发票存根联2016年前的因疏于管理,年代久远,存于仓库,历经了移动搬迁和大水等原因遗失了,2016年开具的发票存根联曾以为没用了,进行了遗弃处理。你公司将2016年发票存根联进行了遗弃处理,属于情节严重,对你公司丢失发票或者擅自损毁发票行为处以××元罚款。

二、你(单位)有陈述、申辩的权利。请在我局(所)作出税务行政处罚决定之前,到我局(所)进行陈述、申辩或自行提供陈述、申辩材料;逾期不进行陈述、申辩的,视同放弃权利。

---

① 现行《发票管理办法》第34条。

三、若拟对你单位罚款10,000元(含10,000元)以上,你(单位)有要求听证的权利。可自收到本告知书之日起3日内向本局书面提出听证申请;逾期不提出的,视为放弃听证权利。

国家税务总局××县税务局

二〇一八年十一月十六日

(盖章)

附件11:《税务处理决定书》(核定部分应税收入)

国家税务总局××县税务局

税务处理决定书

××税处〔2019〕×号

××有限责任公司:(纳税人识别号:××)

经我局(所)从2018年5月2日起对该公司2010年1月1日至2016年12月31日涉税情况重新进行检查补证,你单位存在的违法事实及处理决定如下。

一、违法事实

你公司自2010年12月1日认定为增值税一般纳税人至2016年12月31日,购进香烟共取得安徽省烟草××公司(税号××)香烟增票××份,金额××元、税额××元;而同期申报抵扣增票××份,金额××元、税额××元;未认证抵扣滞留增票××份,金额××元、税额××元,既没有入“库存商品”明细账,实现的收入也没有申报纳税。

你公司为8家个体工商户代开发票,2010年至2016年开具的发票,因年代久远、家族企业管理混乱已经丢失,相关开具品种、价格、金额等不太清晰,无法准确核算代开发票金额和份数。但从前期统计来看,仅2016年,为8家个体工商户代开普通发票金额××万元(含税),代开份数多、金额大。

二、处理决定

1. 根据《中华人民共和国增值税暂行条例实施细则》第四条第(八)项、《中华人民共和国税收征收管理法》第三十五条第一款第(四)项、《中华人民共和国税收征收管理法实施细则》第四十七条第一款第(二)项、《中华人民共和国增值税暂行条例实施细则》第十六条第一款第(一)项之规定,结合你公司相应年度的毛利率计算核定账外经营收入,追缴你单位少缴的增值税××元。

2. 根据《中华人民共和国企业所得税法》第二十八条第一款,《国家税务总局关于印发〈企业所得税核定征收办法〉(试行)的通知》(国税发〔2008〕30 号,已被修改)第三条第一款第(四)项、第八条,《国家税务总局关于扩大小型微利企业减半征收企业所得税范围有关问题的公告》(国家税务总局公告 2014 年第 23 号,已失效),《国家税务总局公告 2015 年第 17 号——关于贯彻落实扩大小型微利企业减半征收企业所得税范围有关问题的公告》(国家税务总局公告 2015 年第 17 号,已失效)以及《财政部、国家税务总局关于小型微利企业所得税优惠政策有关问题的通知》(财税〔2014〕34 号,已失效)的规定,按核定征收方式追缴你单位少缴的企业所得税××元。

3. 根据《中华人民共和国税收征收管理法》第三十二条,对你公司上述应补缴的增值税、企业所得税,从滞纳税款之日起,按日加收滞纳税款万分之五的滞纳金。

4. 根据《中华人民共和国发票管理办法》第三十七条、《关于公安机关管辖的刑事案件立案追诉标准的规定(二)的补充规定》(已失效)的有关规定,移送公安机关进一步查处。

限你(单位)自收到本决定书之日起 15 日内到××县国家税务局将上述税款及滞纳金缴纳入库,并按照规定进行相关账务调整。逾期未缴清的,将依照《中华人民共和国税收征收管理法》第四十条的规定强制执行。

你(单位)若同我局在纳税上有争议,必须先依照本决定的期限缴纳税款及滞纳金或者提供相应的担保,然后可自上述款项缴清或者提供相应担保被税务机关确认之日起60 日内依法向国家税务总局××市税务局申请行政复议。

国家税务总局××县税务局

二〇一九年一月四日

(盖章)

附件 12:《税务行政处罚决定书》(凭证及发票管理)

国家税务总局××县税务局
税务行政处罚决定书

××税罚〔2019〕××号

××有限责任公司:(纳税人识别号:××)

经我局(所)从 2018 年 5 月 2 日起对该公司 2010 年 1 月 1 日至 2016 年 12 月 31 日涉税情况重新进行检查补证,你单位存在的违法事实及处罚决定如下。

一、违法事实

1. 你公司相关发票记账联未入账、销售收入的原始记账凭证为自制的现金缴款单。

2. 你公司已开具的发票存根联 2016 年前的因疏于管理,年代久远,存于仓库,历经移动搬迁和大水等原因遗失了,2016 年开具的发票存根联进行了遗弃处理。

二、处罚决定

根据《中华人民共和国税收征收管理法》第六十条纳税人未按照规定设置、保管账簿或者保管记账凭证和有关资料的,可以处 2000 元以下的罚款;情节严重的,处 2000 元以上 1 万元以下的罚款的规定,对你公司相关发票记账联未入账、销售收入的原始记账凭证为自制的现金缴款单等违规行为责令限期改正并处××元罚款。

根据《中华人民共和国发票管理办法》第三十六条①之规定,“跨规定的使用区域携带、邮寄、运输空白发票,以及携带、邮寄或者运输空白发票出入境的,由税务机关责令改正,可以处 1 万元以下的罚款;情节严重的,处 1 万元以上 3 万元以下的罚款;有违法所得的予以没收。丢失发票或者擅自损毁发票的,依照前款规定处罚”,你公司法定代表人刘××说已开具的发票存根联 2016 年前的因疏于管理,年代久远,存于仓库,历经了移动搬迁和大水等原因遗失了,2016 年

---

① 现行《发票管理办法》第 34 条。

开具的发票存根联曾以为没用了，进行了遗弃处理。你公司将2016年发票存根联进行了遗弃处理，属于情节严重，对你公司丢失发票或者擅自损毁发票的行为责令改正并处以××元罚款。综上，决定对你单位的税收违法行为作如下处罚：

1. 对相关发票记账联未入账、销售收入的原始记账凭证为自制的现金缴款单等违规行为处××元罚款；

2. 对丢失发票或者擅自损毁发票行为处以××元罚款。

以上应缴款项共计××元。限你单位自本决定书送达之日起15日内到××县国家税务局缴纳入库。到期不缴纳罚款，我局（所）可依照《中华人民共和国行政处罚法》第五十一条第（一）项①规定，每日按罚款数额的百分之三加处罚款。

如对本决定不服，可以自收到本决定书之日起60日内依法向国家税务总局××市税务局申请行政复议，或者自收到本决定书之日起6个月内依法向××县人民法院起诉。如对处罚决定逾期不申请复议也不向人民法院起诉、又不履行的，我局（所）将采取《中华人民共和国税收征收管理法》第四十条规定的强制执行措施，或者申请人民法院强制执行。

国家税务总局××县税务局

二〇一九年一月四日

（盖章）

① 现行《行政处罚法》第72条第1款第1项。

014

税务行政争讼的程序事项考量*

——以北方某县选矿厂退伙个税争议案为例

摘要：鉴于我国司法体制以及司法实践的惯例，税务行政争讼的程序事项一直未能如实体事项一样引起重视，甚至程序事项往往处于被忽视的地位。虽然随着税收法治观念的持续普及，程序事项在税法上的重要性已经被逐渐认识，但由于长期以来的忽视以及具体实践中较为简单的"一刀切"式的对待，目前税务行政争讼中的程序事项仍存在诸多需进一步商榷的问题。通过一宗典型税案的分析，就该案件办理过程中出现的主要程序事项进行讨论和展开，并简要分析现今税务行政争讼过程中程序事项的若干有待完善之处。

一、案情简介——漫长程序事项的税务争讼过程

（一）案件基本情况

2003 年 1 月，甲、乙与其余合伙人共同合伙经营北方某省 C 选矿厂；2014 年 5 月 15 日，合伙人通过决议决定散伙，并进行内部拍卖；2014 年 9 月 2 日，合伙人内部拍卖后，甲、乙与另一位合伙人因未能在规定时间支付拍卖价款而各缴纳 3000 万元违约金，后另一合伙人以 5.75 亿元拍得，甲、乙共取得 7800 余万元。

---

* 本案是当地第一个涉税行政复议案件和第一个涉税行政诉讼案件，也是一个所涉案件文书和轮次较多的案件。其后，二审审理该案的中级人民法院的行政庭，也陆陆续续判出了一些涉税行政案件，其中不乏社会知名的有代表性的案件。上海市律师协会税法业务研究委员会曾就本案的争议焦点举办了专题研讨会，在此对参与此次研讨会并分享观点的上海律协税法委委员和律师同仁致谢。本文原载于熊伟主编：《税法解释与判例评注》（第 12 卷），法律出版社 2019 年版。文章纳入本书时，部分内容有所调整。

2014年11月4日,甲、乙分别被县地税局强行划扣400余万元和1000余万元;甲、乙不服,向市地税局申请行政复议;2015年2月13日,市地税局撤销县地税局的行政行为,责令其重做,并退还款项及利息。

2015年9月17日,县地税局作出《税务处理决定书》和《税务行政处罚事项告知书》。其中,《税务处理决定书》涉及的要点主要有三:第一,甲、乙合计欠缴个人所得税1000余万元;第二,如不服向省地税局申请行政复议;[①]第三,决定书加盖县地税局公章。2015年9月21日,县地税局以《税务处理决定书》和应由县地税局稽查局署名落款并加盖县地税局稽查局公章为由,作出《税务文书撤销决定书》。

甲、乙对《税务处理决定书》的内容不服,认为对于应税行为的定性有误,应予缴纳的税款过高;[②]同时对《税务文书撤销决定书》的内容亦不服,认为《税务处理决定书》已然生效,且县地税局署名落款并加盖县地税局公章并无不妥,虽然对《税务处理决定书》实体部分存疑,但不影响其复议或诉讼上的程序权利,而改由县地税局稽查局署名落款盖章后反而会对其程序权利造成影响,认为《税务文书撤销决定书》违法并应予撤销。

(二)当事人与税务局的争议焦点

2015年9月,受甲、乙委托,北京××(上海)律师事务所律师介入此案。承办律师认为:其一,稽查局专司偷逃抗骗税的处理,除"偷逃抗骗税"案的处理外,不具有独立的法律地位,本案所涉《税务处理决定书》本应加盖县地税局公章,而非加盖县地税局稽查局公章,县地税局以此为由作出《撤销税务处理决定书》的决定是错误的;其二,即便不论稽查局就本案所涉事项是否具有独立法律地位,《税务处理决定书》是否应加盖稽查局的公章,在《税务处理决定书》已经

---

① 本案《税务处理决定书》明确述明,如不服应向省地税局申请行政复议,原因在于本案处理结果系由省地税局组织相关业务处室负责人在市地税局开会研讨并由市地税局向县地税局下发针对该案处理口径的结果,据此县地税局在制作文书时按照"由谁决策、向谁复议"便如此行文。在本案推进过程中,尽管该《税务处理决定书》的相关表述与《行政复议法》规定并不一致,但综合考虑各种原因,承办律师曾去往省地税局提交行政复议申请,并与政策法规处沟通,后省地税局出具《行政复议告知书》,告知应依法向县政府或市地税局申请复议。

② 本案涉及实体上的税务处理、税务行政处罚和程序上税务文书及其撤销的法律效力两个部分。其中,程序上的部分(含市地税局应否受理确认撤销行为违法并应予撤销的行政复议申请)已经一审、二审发回重审、一审改判、二审裁定维持四次审理,已经终审判定,即本文所探讨的主要内容。实体上的部分应如何处理,税务局仍在研究,尚未作出新的针对实体部分的税务处理决定。

加盖县地税局公章且县地税局本有权作出《税务处理决定书》的情况下，以更换公章为由撤销已经生效的《税务处理决定书》显失妥适，且会影响到纳税人后续税务争讼的程序权利。县地税局则认为，其一，稽查局具有独立的法律地位；其二，县地税局出具《税务文书撤销决定书》撤销《税务处理决定书》，是对本身不当行政行为的纠正，是有法可依的。另外，甲、乙和市地税局还就县地税局撤销《税务处理决定书》的行为是否应予受理产生争议。

（三）案件代理过程及最终结果

2015 年 9 月，甲、乙向市地税局申请行政复议，包括县地税局撤销《税务处理决定书》以及县地税局出具《税务处理决定书》的两项行政行为（以下简称“撤销之复议”和“处理之复议”），[①]但市地税局对这两项复议申请均不予受理；甲、乙遂向县地税局所在地的基层人民法院提起诉讼，诉请市地税局受理甲、乙的两项行政复议申请；经过长达 2 年的行政复议与行政诉讼，一审驳回甲、乙两项诉请，市中院二审裁定发回重审，一审法院再次审理后作出改判，判决“撤销之复议”应予受理，但“处理之复议”可不予受理，后甲、乙和市地税局均提起上诉，市中院二审再次开庭审理后裁定维持原判。2017 年 7 月，市地税局最终受理了甲、乙有关确认《税务文书撤销决定书》违法并予以撤销的行政复议申请，但复议结果维持了原具体行政行为，即《税务文书撤销决定书》生效，《税务处理决定书》被撤销，案件暂时告一段落。

二、法律分析——税务行政争讼为何如此特别

（一）稽查局是否具有独立的法律地位

稽查局是否具有独立的执法主体资格的问题，在理论界和实务界一直存在争议。2001 年修订的《税收征收管理法》第 14 条及《税收征收管理法实施细则》第 9 条将省以下税务稽查局定性为税务机关，明确了稽查局的执法主体

① 此处提出两项诉请的逻辑在于，若法院最终判决县地税局撤销行为违法，则此前县地税局作出的税务处理仍有效，而因为该案审理时间过长，会导致针对该有效的税务处理行为的行政复议申请超过复议时效。是故，对两项行政行为皆申请行政复议。

地位。[①] 但相关规定对稽查局的定性并不完全符合传统行政主体理论,这导致稽查局与税务局的关系不清,并引发了一些理论难题。[②] 一直以来,司法审判实务中对稽查局的独立法律地位一般是持否定态度的,[③]但 2017 年最高人民法院作出的"德发案"再审判决书认为,"2001 年《税收征收管理法》修订后,最高人民法院在 1999 年作出的答复(行他〔1999〕25 号)因解释的对象发生变化,因而对审判实践不再具有指导性。德发公司以该答复意见主张广州税稽一局不具有独立执法资格,无权作出被诉税务处理决定的理由不能成立。"至此,最高人民法院确认了稽查局具有独立的执法主体资格,确认了稽查局的独立法律地位。[④]

与稽查局独立法律地位相关的问题还涉及稽查局的职责权限,稽查局是否仅能查处"偷逃抗骗税"案,其余案件应由税务局处理?《税收征收管理法实施细则》第 9 条除明确税务局所属稽查局的法律地位外,还对稽查局的职权范围作出了原则规定,即专司偷税、逃避追缴欠税、骗税、抗税案件的查处,同时授权国家税务总局明确划分税务局和稽查局的职责,避免职责交叉。《国家税务总局关于稽查局职责问题的通知》(国税函〔2003〕140 号)进一步规定,国家税务总局统一明确之前,各级稽查局现行职责不变,稽查局的现行职责包括进行账证检查或者调查取证,以及对其税收违法行为进行税务行政处理(处罚)的执

---

① 《税收征收管理法》第 14 条规定:"本法所称税务机关是指各级税务局、税务分局、税务所和按照国务院规定设立的并向社会公告的税务机构。"《税收征收管理法实施细则》第 9 条规定:"税收征管法第十四条所称按照国务院规定设立的并向社会公告的税务机构,是指省以下税务局的稽查局。稽查局专司偷税、逃避追缴欠税、骗税、抗税案件的查处。国家税务总局应当明确划分税务局和稽查局的职责,避免职责交叉。"

② 参见柳现青、刘琼、王伟域:《税务稽查局执法主体资格法理探析》,载《税务研究》2014 年第 11 期。

③ 1999 年 10 月 21 日,最高人民法院对福建省高级人民法院《关于福建省地方税务局稽查分局是否具有行政主体资格的请示报告》的答复意见(行他〔1999〕25 号)认为:"地方税务局稽查分局以自己的名义对外作出行政处理决定缺乏法律依据。"2005 年 7 月 5 日,贵州省纳雍县人民法院关于纳雍县勺窝乡向阳煤矿诉原纳雍县地方税务局税务行政处理一案的《行政判决书》中,明确否定了稽查局的执法主体资格。2005 年 10 月 13 日,贵州省毕节市中级人民法院维持了一审判决。

④ 参见袁森庚:《最高人民法院提审的德发公司案分析》,载《税务研究》2017 年第 6 期。

法活动。[①] 德发案再审判决书对此有进一步论述，“税务稽查局的职权范围不仅包括偷税、逃避追缴欠税、骗税、抗税案件的查处，还包括与查处税务违法行为密切关联的稽查管理、税务检查、调查和处理等延伸性职权”，即认可了稽查局的广义职权。

在本案中，更多的程序焦点指向了市地税局是否应予受理不服撤销《税务处理决定书》的复议申请，同时也涉及县地税局作出《税务处理决定书》是否适格。在市中院发回重审后，一审法院判决市地税局应予受理关于不服撤销《税务处理决定书》的复议申请，市中院二审予以维持。市地税局按照判决书要求受理行政复议后，认为应由稽查局出具税务处理决定书，县地税局撤销此前由县地税局作出的《税务处理决定书》并无不妥。细究起来，本案的行政复议决定、法院判决都未明确涉及稽查局的法律地位，但此问题却在审理过程中引起了主审法官的特别重视，并作为“撤销之复议”和“处理之复议”应否受理两项诉请中判断是否符合《行政复议法》第 6 条(2023 年版第 11 条)规定的受案范围和是否具有法律上利害关系的重要考虑因素。[②]

---

① 《国家税务总局关于稽查局职责问题的通知》(国税函〔2003〕140 号)规定："《中华人民共和国税收征管法实施细则》第九条第二款规定‘国家税务总局应当明确划分税务局和稽查局的职责，避免职责交叉。’为了切实贯彻这一规定，保证税收征管改革的深化与推进，科学合理地确定稽查局和其它税务机构的职责，国家税务总局正在调查论证具体方案。在国家税务总局统一明确之前，各级稽查局现行职责不变。稽查局的现行职责是指：稽查业务管理、税务检查和税收违法案件查处；凡需要对纳税人、扣缴义务人进行账证检查或者调查取证，并对其税收违法行为进行税务行政处理(处罚)的执法活动，仍由各级稽查局负责。"

② 《行政复议法》第 6 条(2023 年版第 11 条)规定："有下列情形之一的，公民、法人或者其他组织可以依照本法申请行政复议：(一)对行政机关作出的警告、罚款、没收违法所得、没收非法财物、责令停产停业、暂扣或者吊销许可证、暂扣或者吊销执照、行政拘留等行政处罚决定不服的；(二)对行政机关作出的限制人身自由或者查封、扣押、冻结财产等行政强制措施决定不服的；(三)对行政机关作出的有关许可证、执照、资质证、资格证等证书变更、中止、撤销的决定不服的；(四)对行政机关作出的关于确认土地、矿藏、水流、森林、山岭、草原、荒地、滩涂、海域等自然资源的所有权或者使用权的决定不服的；(五)认为行政机关侵犯合法的经营自主权的；(六)认为行政机关变更或者废止农业承包合同，侵犯其合法权益的；(七)认为行政机关违法集资、征收财物、摊派费用或者违法要求履行其他义务的；(八)认为符合法定条件，申请行政机关颁发许可证、执照、资质证、资格证等证书，或者申请行政机关审批、登记有关事项，行政机关没有依法办理的；(九)申请行政机关履行保护人身权利、财产权利、受教育权利的法定职责，行政机关没有依法履行的；(十)申请行政机关依法发放抚恤金、社会保险金或者最低生活保障费，行政机关没有依法发放的；(十一)认为行政机关的其他具体行政行为侵犯其合法权益的。"

(二)重大案件审理委员会参与是否对复议对象产生影响

按照《重大税务案件审理办法》(国家税务总局令第51号)第5条和第6条的规定,省以下各级税务局设立重大税务案件审理委员会,承担拟定本机关审理委员会工作规程、议事规则等制度,审理重大税务案件和指导监督下级税务局重大税务案件审理工作。[①]《重大税务案件审理办法》第35条第1款规定,"稽查局应当按照重大税务案件审理意见书制作税务处理处罚决定等相关文书,加盖稽查局印章后送达执行"。根据《税务行政复议规则》(中华人民共和国国家税务总局令第44号)第29条第2款的规定,"申请人对经重大税务案件审理程序作出的决定不服的,审理委员会所在税务机关为被申请人"。也就是说,按照两个规章的规定,经重大税务案件审理委员会审理的案件,如果纳税人对税务处理事项不服,稽查局所在的税务局作为被申请人。应当说,重大税务案件审理制度是在税务稽查执法程序中增设的一个内部集体审理程序,并有可能推动复议层级上移,能有效贯彻落实征税公权力制约和纳税人权利保护。

与此同时,《重大税务案件审理办法》第35条第1款和《税务行政复议规则》第29条第2款的规定又与现行《行政复议法》第28条的规定以及行政复议的基本法理存在冲突,[②]也与德发案确立的稽查局具有独立执法主体资格的司法理解相矛盾。按照《重大税务案件审理办法》第35条第1款的规定,稽查局是独立执法主体,对外署名落款盖章并制发税务文书,按照《行政复议法》第27条的规定,纳税人申请行政复议相对应的申请机关应为上一级主管机关,而按照

① 《重大税务案件审理办法》第11条第1款规定:"本办法所称重大税务案件包括:(一)重大税务行政处罚案件,具体标准由各省、自治区、直辖市和计划单列市税务局根据本地情况自行制定,报国家税务总局备案;(二)根据《重大税收违法案件督办管理暂行办法》督办的案件;(三)应监察、司法机关要求出具认定意见的案件;(四)拟移送公安机关处理的案件;(五)审理委员会成员单位认为案情重大、复杂,需要审理的案件;(六)其他需要审理委员会审理的案件。"

② 《行政复议法》第12条规定:"对县级以上地方各级人民政府工作部门的具体行政行为不服的,由申请人选择,可以向该部门的本级人民政府申请行政复议,也可以向上一级主管部门申请行政复议。对海关、金融、国税、外汇管理等实行垂直领导的行政机关和国家安全机关的具体行政行为不服的,向上一级主管部门申请行政复议。"2023年修改后分别为第27条、第28条,且两个版本相关规定差别较大。

《税务行政复议规则》第 17 条的规定,[①]纳税人申请行政复议相对应的申请机关应为所属税务局。但《税务行政复议规则》第 29 条第 2 款又作出规定,申请人对经重大税务案件审理程序作出的决定不服的,审理委员会所在税务机关为被申请人。这些相互倾轧的条款规定使得经过重大税务案件审理程序的案件在行政复议法理的层面理解出现混乱,尽管在税务系统执行层面可以进行看似清晰的操作:稽查局作出行政行为的,被申请人是该稽查局;经由重大税务案件审理委员会的,被申请人是其所属税务局。

在本案中,县地税局在答辩中称其正是基于《重大税务案件审理办法》第 35 条的规定,本案由县地税局重大税务案件审理委员会审理,故而决定撤销《税务处理决定书》,改为加盖稽查局公章。在行政复议法理上理解,作出行政行为的机关即为行政复议的被申请人,2015 年 12 月国家税务总局修订《税务行政复议规则》后,经由重大税务案件审委会审理的稽查案件的被申请人改为所属税务局。[②] 在本案中,纳税人在 2015 年 10 月提起两个行政复议及后续两个行政诉讼时,《税务行政复议规则》尚未进行修改,纳税人诉求的程序权利即包括复议及诉讼更高层级的管辖保障。在《税务行政复议规则》修订后,纳税人就稽查局经由重大税务案件审理程序做出的行政行为可以向上一级税务局申请复议,对复

---

① 《税务行政复议规则》第 19 条规定:“对下列税务机关的具体行政行为不服的,按照下列规定申请行政复议:(一)对计划单列市税务局的具体行政行为不服的,向省税务局申请行政复议。(二)对税务所(分局)、各级税务局的稽查局的具体行政行为不服的,向其所属税务局申请行政复议。(三)对两个以上税务机关共同作出的具体行政行为不服的,向共同上一级税务机关申请行政复议;对税务机关与其他行政机关共同作出的具体行政行为不服的,向其共同上一级行政机关申请行政复议。(四)对被撤销的税务机关在撤销以前所作出的具体行政行为不服的,向继续行使其职权的税务机关的上一级税务机关申请行政复议。(五)对税务机关作出逾期不缴纳罚款加处罚款的决定不服的,向作出行政处罚决定的税务机关申请行政复议。但是对已处罚款和加处罚款都不服的,一并向作出行政处罚决定的税务机关的上一级税务机关申请行政复议。”“有前款(二)、(三)、(四)、(五)项所列情形之一的,申请人也可以向具体行政行为发生地的县级地方人民政府提交行政复议申请,由接受申请的县级地方人民政府依法转送。”(2015 年修正的该规则第 19 条第 1 款第 2 项在 2018 年修正后为第 17 条。)

② 2015 年 12 月 17 日国家税务总局 2015 年度第 2 次局务会议审议通过《国家税务总局关于修改〈税务行政复议规则〉的决定》,并于 2015 年 12 月 28 日公布,自 2016 年 2 月 1 日起施行。国家税务总局对《税务行政复议规则》作了如下修改:“一、将第十九条第一款第一项修改为:‘(一)对计划单列市国家税务局的具体行政行为不服的,向国家税务总局申请行政复议;对计划单列市地方税务局的具体行政行为不服的,可以选择向省地方税务局或者本级人民政府申请行政复议。’二、将第五十二条修改为:‘行政复议证据包括以下类别:(一)书证;(二)物证;(三)视听资料;(四)电子数据;(五)证人证言;(六)当事人的陈述;(七)鉴定意见;(八)勘验笔录、现场笔录。’三、第八十六条增加一款,作为第二款:‘行政复议审理期限在和解、调解期间中止计算。’”

议结果不服的可以向上一级税务局所在地区的法院提起行政诉讼，也即县地税局重新依照此前程序作出《税务处理决定书》时，甲、乙两人可向市地税局提起行政复议。

（三）税务处理决定撤销后再次作出税务处理决定的，滞纳金如何计算

根据《税收征收管理法》第32条的规定，“纳税人未按照规定期限缴纳税款的，扣缴义务人未按照规定期限解缴税款的，税务机关除责令限期缴纳外，从滞纳税款之日起，按日加收滞纳税款万分之五的滞纳金”。根据该法第52条的规定，“因税务机关的责任，致使纳税人、扣缴义务人未缴或者少缴税款的，税务机关在三年内可以要求纳税人、扣缴义务人补缴税款，但是不得加收滞纳金。因纳税人、扣缴义务人计算错误等失误，未缴或者少缴税款的，税务机关在三年内可以追征税款、滞纳金；有特殊情况的，追征期可以延长到五年。对偷税、抗税、骗税的，税务机关追征其未缴或者少缴的税款、滞纳金或者所骗取的税款，不受前款规定期限的限制”。据此，税务机关加收税收滞纳金应当符合以下条件之一：（1）纳税人未按规定期限缴纳税款，但因税务机关的责任除外；（2）自身存在计算错误等失误；（3）故意偷税、抗税、骗税的。回到本案，对于县地税局撤销原税务处理决定后再次作出新的税务处理决定的，是否符合加收滞纳金的法定情形值得讨论。

正如德发案再审判决书所述，“根据依法行政的基本要求，没有法律法规和规章的规定，行政机关不得作出影响行政相对人合法权益或者增加行政相对人义务的决定；在法律规定存在多种解释时，应当首先考虑选择适用有利于行政相对人的解释”。加收滞纳金与追缴税款本身应属两个不同的问题，“税务机关应当在统筹兼顾保障国家税收、纳税人的信赖利益和税收征管法律关系的稳定等因素的基础上”，合理妥适确定滞纳金的加收期限。在税法学理上，加收滞纳金应当满足以下三个要件：（1）有应缴纳之税款或应付还之退税；（2）税款已经核定或申报；（3）税收债务已届满清偿期。[①] 在本案中，滞纳金的征收与否还应与应缴未缴税款的具体事实相关联。县地税局作出《税务文书撤销决定书》后，原本可以同时安排作出新的《税务处理决定书》，但由于担心执法风险的存在，县

① 参见黄茂荣：《论税捐之滞纳金》，载黄茂荣：《税法总论：税捐法律关系》（第3册），台北，植根法学丛书编辑室2008年版，第805～900页。

地税局重大税务案件审委会希望等到复议、诉讼程序结束后再行作出，其中争讼程序经过的时间不应归咎于纳税人的主观过错，不应作为滞纳金计算的期间。[①]

在本案中，对于税务机关撤销原税务处理决定后再次作出新的税务处理决定的行为，虽然经过行政复议、诉讼程序，但纳税人曾主动向县地税局申请纳税辅导，亦主动要求缴纳税款及提供纳税担保，征纳双方固然在如何理解应税所得及其计算方法上存在不同意见，但纳税义务人并不存在主观避税的故意。而在纳税人没有违反税法规定，且在县地税局可以作出新的《税务处理决定书》而未及时作出的情形下，县地税局可以参考《税收征收管理法》第 52 条第 1 款“因税务机关的责任，致使纳税人、扣缴义务人未缴或者少缴税款的，税务机关在三年内可以要求纳税人、扣缴义务人补缴税款，但是不得加收滞纳金”的规定，作出对纳税人有利的处理方式，也即税务机关撤销原税务处理决定后作出新的税务处理决定新确定的应纳税额，纳税义务应当自新的税务处理决定作出之日起算，或者至少确认税务处理决定撤销后再次作出税务处理决定的，复议、诉讼期间不予加收滞纳金。

三、启示与思考——“回到原点”的程序税法

（一）尊重程序：依法的税务行政

“在现代民主法治国家中，纳税之‘程序’须由民意代表以民主程序来形成纳税之制度设计，始符民主国原则之宪法意旨，亦让纳税制度取得正当性之基础。”[②]税收法治的意涵，不仅包括实体上的税收法定主义和纳税人权利保护，而且包括程序上税务机关和纳税义务人的平等均衡和稽征程序的公平正义。[③] 税务行政程序制度的完备，是税务行政实体制度的功效得以充分实现的保障。税务行政程序制度的不完善乃至冲突矛盾，必然会影响税务行政实体制度功效的发挥，甚至使实体制度被实质架空。本案中，市地税局和一审法院、市中院在案

---

① 本案中，市地税局作出《行政复议处理决定书》之时，已经是清算所得款项支付后的第 3 年。截至本文成稿之日，县地税局并未作出新的《税务行政处理决定书》。需要说明的是，该案件实体部分的争议，更为复杂，待案件有新的进展后，再作案例评析。

② 黄俊杰：《税捐正义之维护者》，载《台大法学论丛》第 32 卷第 6 期。

③ “行政程序法”与“税捐稽征法”之适用关系，参见林石猛、邱基峻：《行政程序法在税务争讼之运用》（第 2 版），台北，元照出版有限公司 2011 年版，第 19 ~28 页。

件审理过程中，与承办律师沟通交流最多的就是程序权利的功能与意义。在承办律师早期的代理意见中，曾有过如此一段表述，“如果原告的行政复议请求在有相关法律规定涵盖的情形下，未能依法得到受理，是在最基础的程序层面对原告救济权的克减，甚至是相关纳税事项进入实体审理阶段的可能性都被剥离，是对纳税人权利的忽略和漠视。”在“重实体、轻程序”的行政执法和司法实践中，尊重程序、依程序法行政的理念需要进一步强化。

（二）争讼焦点：从程序走向实体

当税收程序不能通过行政救济的方式得以妥善处理的情形下，税收司法作为最后定分止争的处理机制而对税收实体及程序事项作出最终的具有法律拘束力的判决和结论。[①] 税收司法的意义在于由独立的第三方国家机构——法院来介入，依据实体规范和程序规则来对征税的事实进行公平审理，并作出权威性的认定和裁判。本案中，在实体争议尚未处理时，程序部分的争讼就已持续近 3 年之久。而且，在程序部分司法处理结束时，税务处理似乎又重新回到原点，县地税局需要重新作出《税务处理通知书》。应当意识到，税务行政争讼中的程序性事项，虽看上去不似实体事项一般，直接对税务行政执法主体以及税务行政相对人产生影响，却于整个税务行政争讼中有着不可忽视的作用。税务行政争讼中程序事项的明晰连贯，最终将有益于税收法律关系的和谐稳定运行。但需要指出的是，目前各级法院受理的税务案件中，大部分是程序事项的争议，特别是在纳税人胜诉案件中尤其如此。税收司法的昌明及税收法治的完善，仍需要大量实体性的税务争议案件的实践。当然，对于理想化的税收司法图景而言，还需要国家司法权威重塑、税务法官专业性和独立性保障、税务律师空间上扬等体制性改革的渐次跟进和税收司法共同体的环境支持。[②]

（三）小结：程序权利的衡平方式

税收事项关乎纳税人的核心权利，涉及公共财产权与私人财产权之间的博弈和平衡，[③]需要遵循正当程序原则。正当程序原则的基本含义，是指行政机关

---

① 纳税人通过税捐权利救济机制经由公平审判程序而获得权利保障，实为现代法治国之要求。参见葛克昌：《行政程序与纳税人基本权》（第 3 版），台北，翰芦图书出版有限公司 2012 年版，第 765 ~784 页。

② 参见王桦宇：《税收司法、税收法治与和谐社会——本土化语境下的中国税收司法改革》，载上海市律师协会、财税法律研究委员会编著：《财税律师业务》，法律出版社 2008 年版，第 209 ~219 页。

③ 参见刘剑文、王桦宇：《公共财产权的概念及其法治逻辑》，载《中国社会科学》2014 年第 8 期。

作出影响行政相对人权益的行政行为,必须遵循正当法律程序,包括事先告知相对人,向相对人说明行为的根据和理由,听取相对人的陈述和申辩,事后为相对人提供相应的救济途径等。[①] 税法上的正当程序原则,还具有区别于其他行政行为的特殊性,即其所涉及的对象为纳税人的金钱给付义务。[②] "税捐系无对待给付之公法上金钱给付义务,较有补偿或对价之征收与都市更新其程序要求更为严谨,所涉及之公益,不论对市场经济之竞争秩序干预,或国家任务之达成,均远甚前述二者,其正当法律程序要求更为严格,此亦为现代法治先进国赋税人权与纳税者权利保护所重视之焦点。"[③]无论是程序税法,还是实体税法,从根本上来说,皆是以保障国家税收、保护行政相对人之合法权益、维护税收法律关系稳定为根本出发点,且现代以来的税法尤其凸显纳税人权利保护的价值关怀。程序税法的缺陷,进而导致的实体税法的虚化,最终亦会影响整个税收法律关系的和谐稳定。

附录 1:相关法律法规政策规定(略)

附录 2:相关法律及涉税文书

附件 1:税务处理决定书

××市地方税务局

税务处理决定书

×地税处〔2015〕001 号

×××:

我局于 2015 年 5 月 20 日至 2015 年 8 月 11 日对你(单位)2014 年 11 月纳

---

① 参见姜明安主编:《行政法与行政诉讼法》(第 4 版),北京大学出版社、高等教育出版社 2011 年版,第 75 ~77 页。

② 有关正当法律程序原则应用于税法之探讨,参见张进德:《从行政程序法论依法课税》,台北,元照出版有限公司 2013 年版,第 75 ~98 页。

③ 葛克昌:《纳税人权利保护法析论》,台北,元照出版有限公司 2018 年版,第 246 ~247 页。

税情况进行了检查,违法事实及处理决定如下。

一、违法事实

经检查核实,你少缴2014年11月财产转让个人所得税4,667,278.31元。具体情况如下。

在检查过程中,我们通过询问,到××市××××××进行调查核实以及通过××省地税征管系统查询,××市××××××2003~2014年12个年度分别缴纳个体工商户生产经营个人所得税90,370.04元、80,000元、40,000元、376,765.84元、266,406.82元、80,378.09元、144,469.08元、0元,12年共缴纳个人所得税1,419,043.29元。由于客观原因,无法准确计算出××市××××××2003年至2014年历年来应分未分的累计税后收益,市局税政法科请示省局,省局税收政策处答复:通过个人所得税计算方法倒求,分别计算出××市××××××2003~2014年12个年度的应纳税所得额,再用应纳税所得额扣除已纳的个人所得税,计算出税后收益,即应分未分的税后收益。通过此方法,计算出××市××××××2003~2014年12个年度应分未分的税后收益分别为187,115.79元、167,857.14元、93,571.43元、718,993.7元、90,451.3元、375,651.61元、158,517.76元、85,164.18元、521,660.14元、191,416.45元、310,442.58元、0元。累计应分未分的税后收益共计2,900,842.08元。根据你的投资比例13/316×100%=4.113924%计算,你2003年至2014年应分未分的累计税后收益应为2,900,842.08元×4.113924%=119,338.44元。2014年5月15日,××市××××××因合伙人之间发生纠纷,不适宜继续合伙经营,经合伙人会议通过,决定散伙,并通过全体股东(合伙人)会议决议。2014年9月2日,××市××××××北井竞价拍卖,拍卖价款575,000,000元。根据××市××××××散伙会议决议,2014年11月4日,你按投资比例取得竞标价款23,655,063元,未依法申报缴纳个人所得税。根据《中华人民共和国个人所得税法》(中华人民共和国主席令第48号,已被修改)、《中华人民共和国个人所得税法实施条例》(中华人民共和国国务院令第600号,已被修改)以及《××市地方税务局关于××市××××××北井拍卖征税问题的批复》(×地税函〔2015〕26号)的相关规定,少缴2014年11月财产转让个人所得税:(23,655,063元-130,000元-43,333元-26,000元-119,338.44元)×20%=4,667,278.31元。

二、处理意见

(一)对你未按照《××市地方税务局关于××市××××××北井拍卖征税问题的批复》(×地税函〔2015〕26号)文件要求按财产转让所得申报缴纳个人所得税,而是按照利息、股息、红利申报缴纳个人所得税,属于进行虚假纳税申报。根据《中华人民共和国税收征收管理法》第六十三条第一款、《××省地方税务局关于发布〈××省地方税务局税收行政处罚裁量权实施办法(修订)〉的公告》(××省地方税务局公告2015年第2号)的相关规定,对你进行虚假纳税申报,少缴2014年个人所得税4,667,278.31元的行为定性为偷税,责令该纳税人限期缴纳上述偷税款4,667,278.31元。

(二)根据《中华人民共和国税收征收管理法》第三十二条之规定,对上述少缴纳税款自滞纳税款之日起至缴纳税款之日止按日加收万分之五滞纳金。

以上税款合计××××××元。

限你(单位)自收到本决定书之日起15日内到××市地方税务征收分局将上述税款及滞纳金缴纳入库,并按照规定进行相关税务调整。逾期未缴的,将按照《中华人民共和国税收征收管理法》第四十条规定强制执行。

你(单位)若同我局(所)在纳税上有争议,必须先依照本决定的期限缴纳税款及滞纳金或者提供的相应的担保,然后自上述款项缴清或者提供的相应担保被税务机关确认之日起60日内依法向××省地方税务局申请行政复议。

××市地方税务局

2015年9月17日

附件2:税务文书撤销决定书

××市地方税务局

税务文书撤销决定书

×地税书撤字〔2015〕001号

×××:

本局于2015年9月17日依法向你(单位)送达了×地税处〔2015〕001号《税务处理决定书》、×地税罚告〔2015〕001号《税务行政处罚事项告知书》,对你(单位)做出了税务处理决定和税务行政处罚事项告知。2015年9月18日请示××市地方税务局法规处,依据《重大税务案件审理办法》(中华人民共和国国家税务总局第34号令,已被修改)的有关规定,做出如下决定:

撤销本局2015年9月17日向你(单位)送达的×地税处〔2015〕001号《税务处理决定书》、×地税罚告〔2015〕001号《税务行政处罚事项告知书》,由××市地方税务局稽查局重新制作相关文书并送达你(单位),被撤销文书下达至撤销期间不计征滞纳金。

××市地方税务局

2015年9月21日

附件3:行政复议申请书

行政复议申请书

申请人:×××,性别:男,出生年月:××××年×月

身份证号码:××××××

工作单位:个体经营者

住所:××省××市××××

邮政编码:××××,电话:××××××

被申请人:××省××市地方税务局,地址:××省××市××××

申请人对被申请人作出的《税务文书撤销决定书》(×地税书撤字〔2015〕001号)的具体行政行为不服,现提起行政复议。

行政复议请求

确认被申请人作出的《税务文书撤销决定书》(×地税书撤字〔2015〕001号)违法,并予以撤销。

事实和理由

2015年9月21日,被申请人作出《税务文书撤销决定书》(×地税书撤字〔2015〕001号,以下简称"撤字001号"),撤销被申请人于2015年9月17日送达的《税务处理决定书》(×地税处〔2015〕001号,以下简称"处001号")、《税务行政处罚事项告知书》(×地税罚告〔2015〕001号,以下简称"罚告001号")两

项税务文书。申请人认为该具体行政行为适用依据错误,应予确认违法并撤销。具体理由如下:

“撤字001号”在文中表述“依据《重大税务案件审理办法》(中华人民共和国国家税务总局第34号令)的有关规定,作出如下决定:……”但《重大税务案件审理办法》中并没有关于撤销税务处理决定和税务行政处罚事项告知的相关具体规定。根据具体行政行为依据明确性原则,作出具体行政行为应列示具体的法律法规依据。被申请人作出的“撤字001号”撤销“处001号”和“罚告001号”的具体行政行为适用依据错误,亦没有列示明确的法律法规依据。

被申请人作出的《税务文书撤销决定书》(×地税书撤字〔2015〕001号)的具体行政行为适用依据错误,应予确认违法并撤销。申请人为维护自身合法权益、纠正被申请人的违法行为,特根据《中华人民共和国行政复议法》《中华人民共和国行政复议法实施条例》之规定,向贵局申请行政复议,望支持申请人的复议请求。

此致

××省××市地方税务局(行政复议机关)

附件:

1. 申请书副本(略)
2. 申请人身份证明材料复印件(略)
3. 其他有关材料(略)

申请人:

2015年9月23日

附件4:行政复议不予受理决定书

××市地方税务局

行政复议不予受理决定书

××地税复不受〔2015〕10001号

×××:

你(单位)于2015年9月23日提出的行政复议申请收悉,经审查,本机关认为,申请人的行政复议事项不属于行政复议范围,根据国家税务总局《重大税务案件审理办法》(中华人民共和国国家税务总局令第34号)第三十四条第一款[①]“稽查局应当按照重大税务案件审理意见书制作税务处理处罚决定等相关文书,加盖稽查局印章后送达执行”的规定,本机关决定不予受理。

如申请人对本决定不服,可以根据《中华人民共和国行政复议法》第十九条[②]的规定,在收到本决定书之日起15日内向有管辖权的人民法院提起行政诉讼。

××市地方税务局公章

2015年9月29日

附件5:行政起诉状

行政起诉状

原告:×××,性别:男,出生年月:××××年×月

身份证号码:××××××

工作单位:个体经营者

住所:××省××市××××

邮政编码:××××

电话:××××××

被告:××市地方税务局

法定代表人:

地址:××市××区××××

邮政编码:××××

请求事项

判决被告依法受理原告于2015年9月23日向其提起的行政复议申请。

事实和理由

2015年9月21日,××市地方税务局作出《税务文书撤销决定书》(×地税

① 现行《重大税务案件审理办法》第35条第1款。

② 2023年修订后为该法第20条第3款,有改动。

书撤字〔2015〕001号），撤销被告于2015年9月17日送达的《税务处理决定书》（×地税处〔2015〕001号）、《税务行政处罚事项告知书》（×地税罚告〔2015〕001号）两项税务文书。原告认为该具体行政行为适用依据错误，应予确认违法并撤销，并于2015年9月23日向原告提起行政复议申请。2015年9月29日，××市地方税务局作出《行政复议不予受理决定书》（××地税复不受〔2015〕10001号），认为原告的行政复议事项不属于行政复议范围，依据国家税务总局《重大税务案件审理办法》第三十四条规定，决定不予受理。

原告认为，××市地方税务局作出《税务文书撤销决定书》没有具体明确的法律依据，且该具体行政行为侵犯了原告的合法权益。根据《行政复议法》第六条①和第十二条②等相关条款规定，原告有权向作为××市地方税务局上一级主管部门的被告申请行政复议，且被告应当依法予以受理。依法申请行政复议是《行政复议法》赋予纳税人的重要程序性权利，亦是行政相对人在行政法上的基本权利。

综上所述，原告认为，××市地方税务局不予受理原告的行政复议申请缺乏法律依据，该不予受理的具体行政行为影响到了纳税人在行政法层面上具有的基础性的程序性权利，而且会影响到行政相对人在税法上的实体性权利。依据《行政复议法》第三十四条③、《行政诉讼法》第十二条等相关条款之规定，原告依法提起行政诉讼，恳请法院判决被告依法受理原告于2015年9月23日向其提起的行政复议申请。

此致

××市××区人民法院

具状人：×××（签名或者盖章）

年 月 日

附件：

1. 起诉状副本1份；
2. 申请人身份证明材料复印件1份；
3. 《行政复议不予受理决定书》（××地税复不受〔2015〕10001号）复印件1份。

---

① 现行《行政复议法》第11条。

② 现行《行政复议法》第27条、第28条。

③ 现行《行政复议法》第80条，有改动。

附件6:行政判决书

××省××市××区人民法院
行政判决书

(2016)×0203行初419号

原告×××,男,××××年×月××日生,汉族,住××市××××,身份证号码××××××××。

委托代理人×××,北京××(上海)律师事务所律师。

被告××市地方税务局,住所地:××市××××。

法定代表人×××,男,职务:局长。

委托代理人×××,男,××市地方税务局副局长。

委托代理人×××,男,×××××律师事务所律师。

原告×××因认为被告××市地方税务局未履行受理行政复议申请的职责,于2015年10月15日向本院提起行政诉讼,本院于2015年10月15日立案,向被告送达了起诉状副本及应诉通知书。2016年3月17日作出(2015)×行初字第349号行政裁定书。原告不服该裁定,上诉于××省××市中级人民法院。××市中级人民法院作出(2016)×02行终391号行政裁定书,指令本院继续审理本案。本院依法组成合议庭,于2016年11月15日公开开庭审理了本案。原告×××、委托代理人×××、被告××市地方税务局委托代理人×××、×××到庭参加诉讼。本案现已审理终结。

原告×××于2015年9月23向被告××市地方税务局申请行政复议,申请确认××市地方税务局作出的×地税书撤字〔2015〕001号《税务文书撤销决定书》违法,并予以撤销,被告于2015年9月29日作出了××地税复不受〔2015〕10001号《行政复议不予受理决定书》,认为原告申请的事项不属于行政复议范围,决定不予受理。

原告×××诉称:2015年9月21日××市地方税务局作出×地税书撤字〔2015〕001号《税务文书撤销决定书》,撤销其于2015年9月17日向原告送达的《税务处理决定书》及《税务行政处罚事项告知书》。原告不服,于2015年9

月23日向被告提出行政复议申请。被告于2015年9月29日作出××地税复不受〔2015〕10001号《行政复议不予受理决定书》，认为原告申请的事项不属于行政复议范围，决定不予受理。原告认为上述《税务文书撤销决定书》无具体明确的法律依据，且侵犯了原告的合法权益。根据《中华人民共和国行政复议法》第六条①、第十二条②等相关规定，原告有权向被告申请行政复议，且被告应当依法予以受理。综上，被告不予受理原告行政复议的行为缺乏法律依据。故向法院提起行政诉讼，要求被告依法受理原告于2015年9月23日向其提出的行政复议申请。

被告××市地方税务局辩称：被告作出的××地税复不受〔2015〕10001号《行政复议不予受理决定书》，认定事实清楚，依据确实充分，程序合法。原告因不服××市地方税务局作出的《税务文书撤销决定书》，向被告申请行政复议。被告审查后认为，××市地方税务局在作出税务处理的具体行政行为之后，发现该行政行为有不当之处，遂在该具体行政行为实施前及时作出撤销该税务处理的行政行为，该行政行为符合法律规定，不存在侵犯原告合法权益的情形，是对其合法权益的保护。原告的诉讼请求已超过法律固定期限。被告于2015年9月29日以邮寄方式向原告送达上述《行政复议不予受理决定书》，原告于2015年9月30日签收，其在2015年10月15日提起行政诉讼已超过法律规定的“收到复议决定书之日起15日内向人民法院提起诉讼”。综上，请人民法院驳回原告的诉讼请求。

被告××市地方税务局向本院提交了以下证据：1.行政复议申请书；2.原告身份证；3.行政复议告知书；4.××地税复不受〔2015〕10001号《行政复议不予受理决定书》；5.快递回执；6.×地税处〔2015〕001号《税务处理决定书》及送达回证；7.×地税罚告〔2015〕001号《税务行政处罚事项告知书》及送达回证；8.×地税书撤字〔2015〕001号《税务文书撤销决定书》及送达回证，上述证据均证明：被告对原告的行政复议申请进行了审查、××市地方税务局作出的撤销决定情况及原告起诉超出了法定期限。

经庭审质证，原告对被告提交的证据发表质证意见，称对行政复议申请书、

---

① 现行《行政复议法》第11条。

② 现行《行政复议法》第27条、第28条。

原告身份证、××地税复不受〔2015〕10001号《行政复议不予受理决定书》及送达回证、×地税处〔2015〕001号《税务处理决定书》及送达回证、×地税罚告〔2015〕001号《税务行政处罚事项告知书》及送达回证、×地税书撤字〔2015〕001号《税务文书撤销决定书》及送达回证的真实性均无异议;税务行政复议工作会议记录真实性无法确认,且受理和实体审理驳回不同,被告应对实体进行审查,受理该行政复议;对快递送达回执的真实性无异议,但对证明目的有异议。被告寄快递的时间为2015年9月30日,原告签收时间为2015年9月30日,原告的起诉未超期。

本院对上述证据认定如下:本院对被告提供证据材料的真实性予以确认。

经审理查明,××市地方税务局于2015年9月17日作出×地税处〔2015〕001号《税务处理决定书》及×地税罚告〔2015〕001号《税务行政处罚事项告知书》,责令原告限期缴纳偷税款4,667,278.31元,并拟处个人所得税罚款2,333,639.16元,于当日向原告送达。2015年9月21日,其作出×地税书撤字〔2015〕001号《税务文书撤销决定书》,依据《重大税务案件审理办法》决定撤销上述《税务处理决定书》及《税务行政处罚事项告知书》,由××市地方税务局稽查局重新制作相关文书并送达。原告于2015年9月23日向被告申请行政复议,申请确认上述税务处理决定书违法,并予以撤销,被告于2015年9月29日作出××地税复不受〔2015〕10001号《行政复议不予受理决定书》,认为原告申请的事项不属于行政复议范围,决定不予受理,并于2015年9月30日向原告邮寄送达了该不予受理决定书。

本院认为,被告作出的××地税复不受〔2015〕10001号《行政复议不予受理决定书》,认为稽查局应当按照重大税务案件审理意见书制作税务处罚决定等相关文件,原告的行政复议事项不属于行政复议范围,决定不予受理,但原告针对××市地方税务局作出的行政行为申请行政复议,被告应依法予以受理并作出相应的复议决定。被告作出的××地税复不受〔2015〕10001号《行政复议不予受理决定书》适用法律错误,依照《中华人民共和国行政诉讼法》第七十条第(二)项之规定,判决如下:

一、撤销被告××市地方税务局作出的××地税复不受〔2015〕10001号《行政复议不予受理决定书》;

二、责令被告××市地方税务局受理原告的行政复议申请。

案件收费50元，由被告负担。

如不服本判决，可在判决书送达之日起15日内提出上诉，向本院递交上诉状，并按对方当事人的人数递交上诉状副本，上诉于××省××市中级人民法院。

审 判 长 ×××
代理审判员 ×××
人民陪审员 ×××
二〇一六年十一月十八日
书 记 员 ×××

附件7：税务行政复议决定书

税务行政复议决定书

××地税复决字(2017)第1号

申请人类别：01 公民个人 02 法人或其他组织

申请人(公民个人)：姓名××，性别×，年龄××，民族××

住所××省××市××乡××村

申请人委托代理人：姓名××，性别×，年龄××

工作单位××律师事务所

被申请人：名称××市地方税务局，地址××省××市××

申请人不服(被申请人)2015年9月21日作出的××地税书撤字〔2015〕001号《税务文书撤销决定书》，依法向本机关申请行政复议，我局于2017年6月6日依法已予受理。

复议请求：确认被申请人作出的《税务文书撤销决定书》(××地税书撤字〔2015〕001号)违法，并予以撤销。

主要事实理由：被申请人作出的《税务文书撤销决定书》(××地税书撤字〔2015〕001号)，撤销被申请人于2015年9月17日送达的《税务处理决定书》(××地税处〔2015〕001号)、《税务行政处罚事项告知书》(××地税罚告〔2015〕001号)两项文书。申请人认为该具体行政行为适用法律依据错误，应予确认违法并撤销。

被申请人答辩内容：被申请人案件属于稽查立案查处，××市地方税务局稽查局向被申请人提请重大税务案件审理，并取得被申请人的《重大税务案件受理通知书》。因此，该案的处理，适用国家税务总局《重大税务案件审理办法》(中华人民共和国国家税务总局令第34号)的相关规定。被申请人向申请人下达的《税务处理决定书》和《税务行政处罚事项告知书》，不符合国家税务总局《重大税务案件审理办法》(中华人民共和国国家税务总局令第34号)第三十四条第一款[①]："稽查局应当按照重大税务案件审理意见书制作税务处理处罚决定等相关文书，加盖稽查局印章后送达执行"，显然不妥。因此，被申请人向申请人下达税务文书以后，经过自行审查，随即向申请人下达了《税务文书撤销决定书》。被申请人撤销申请人税务文书的行为有法可依，根据《中华人民共和国行政处罚法》第五十四条[②]的规定："行政机关应当建立健全对行政处罚的监督制度。县级以上人民政府应当加强对行政处罚的监督检查。公民、法人或者其他组织对行政机关作出的行政处罚，有权申诉或者检举；行政机关应当认真审查，发现行政处罚有错误的，应当主动改正。"因此，被申请人经过审查发现，按照国家税务总局《重大税务案件审理办法》，向申请人下达的税务文书盖章不妥，才做出了撤销向申请人下达的税务文书的具体行政行为。

经查：被申请人将申请人的涉税案件作为重大税务案件审理，其2015年9月17日作出的《税务处理决定书》(××地税处〔2015〕001号)、《税务行政处罚事项告知书》(××地税罚告〔2015〕001号)，违反国家税务总局《重大税务案件审理办法》(中华人民共和国国家税务总局令第34号)的相关规定；后又于2015年9月21日作出《税务文书撤销决定书》(××地税书撤字〔2015〕001号)，撤销了被申请人之前作出的税务处理决定。

根据国家税务总局《重大税务案件审理办法》(中华人民共和国国家税务总局令第34号)第十一条、第三十四条[③]之规定，本案属于重大税务案件，稽查局应当按照重大税务案件审理意见书制作税务处理处罚决定等相关文书，加盖稽查局印章后送达执行。

---

① 现行《重大税务案件审理办法》第35条第1款。

② 现行《行政处罚法》第75条，但两者有差异。

③ 现行《重大税务案件审理办法》第35条。

本机关认为：被申请人对于重大税务案件作出处理决定错误，故在实施前及时作出了撤销该税务处理的行政行为。被申请人作出的撤销决定，是对之前不当行政行为的纠正，并无不妥。

根据《中华人民共和国行政复议法》第二十八条①、《税务行政复议规则》第七十五条的规定，本机关现作出以下决定：

1. 决定意见类型：(1)维持原具体行政行为；(2)责令履行法定职责；(3)重新作出具体行政行为；(4)撤销具体行政行为。

2. 决定意见内容：维持被申请人××市地方税务局于2015年9月21日作出的《税务文书撤销决定书》(××地税书撤字〔2015〕001号)。

申请人对本行政复议决定不服的，可以在收到本复议决定之日起15日内向人民法院提起行政诉讼。

行政复议机关(签章)

2017年7月28日

① 现行《行政复议法》第61条、第63条、第64条。

015

非交易过户证券交易印花税征收正当性检视与评估*

——以某上市公司吸收合并证券交易印花税复议案为例

摘要：本杰明·富兰克林曾言："税收和死亡是人生无法避免的两件事。"目前，我国采取的税制为复合型税制，涵盖18个税种，印花税按照税种类别划分属于行为税。但是，伴随着市场经济的发展，商业交易行为日益呈现复杂多变的特征，且由于税法的模糊性，有关印花税的税收征管实践出现争议，此时应援引税收法定原则予以处理。税收法定原则是现代社会中税收征纳双方所必须坚持的原则，按照税收法定原则的要求，税收要素要具体确定，同时税收征管机关在具体行使征税权时必须严格遵守税法规定，不能超越税法明确规定征收税款。

一、案情简介——对于吸收合并（法人资格丧失）的证券非交易过户行为应否缴纳印花税

（一）案件基本情况

2019年，A公司吸收合并B公司，2020年B公司持有C公司的股票（A股）办理证券非交易过户（法人资格丧失）到A公司名下。中国证券登记结算有限责任公司（以下简称中登结算公司）分别对前述几次证券非交易过户（法人资格

---

* 本案发生在《印花税法》立法之际，因此具有较强的代表性。在本案的复议听证环节结束以后，税务机关的经办人员与律师团队也有一定的交流，认为从税收法定原则的角度来看，印花税的征收依据确实存在一定的问题，但同时也要考虑到当时的税收法治环境。目前本案被暂停审理，在《印花税法》出台后亦未恢复审理。

丧失）环节代缴B公司印花税税款。A公司认为在前述法人资格丧失的情况下非交易过户无须缴纳印花税，作为A公司该税收事项之扣缴义务人的中登结算公司向国家税务总局××市税务局第×税务分局（以下简称主管税务局）提交了退（抵）税申请表，申请退还A公司印花税税款。需要说明的是，B公司因吸收合并已经办理工商注销，有关资产债权债务等事项均由A公司承接。

（二）当事人与税务局争议焦点

印花税征税范围应当如何确定？具体到本案中，当时有效的《印花税暂行条例》及相应税收法规政策对于法人资格丧失的情况下非交易过户的行为是否属于应当缴纳印花税的范围并无明文规定。

2020年6月，主管税务局向A公司作出《税务事项通知书》，通知："你单位提出的退抵税（费）申请收悉，经审核，不属于免征证券交易印花税的情形，退抵税（费）申请不予通过。"并同时告知若对此不服，则有权向上级税务机关申请行政复议。

A公司认为，法人资格丧失情况下非交易过户是否属于需要缴纳印花税的情形，现行税收法规政策并未有明确的规定，税务机关不应随意扩大印花税的征税范围，因此A公司针对主管税务机关作出的《税务事项通知书》提起行政复议。

（三）案件代理过程及处理结果

2020年6月，A公司提起行政复议申请。2020年7月复议机关作出《受理行政复议申请通知书》，通知："你单位复议申请收悉，经审查，决定予以受理复议申请。"

2020年8月，复议机关作出《行政复议延期审理通知书》，通知："经审理，本机关认为，本案情况复杂，不能在规定期限内作出行政复议决定。根据《中华人民共和国行政复议法》第31条第1款、《税务行政复议规则》第83条第1款的规定，行政复议决定延期。"

2020年9月，复议机关作出《行政复议听证通知书》，通知："由于案情重大、复杂，现根据《税务行政复议规则》第66条规定，举行听证会。"A公司委托律师如期参与本次听证会。

随后，复议机关作出《行政复议中止审理通知书》，通知："经审理，本机关认为该案涉及法律适用问题需要有权机关作出解释或者确认。本机关已将相关法律适用问题提请有权机关解释。根据《中华人民共和国行政复议法实施条例》第41条第1款第6项、《税务行政复议规则》第79条第1款第7项的规定，现决定自2020年9月起中止该行政复议案件的审理。待本机关收到有权审查机关的审查意见后，将恢复该行政复议案件的审理。”

二、法律分析

（一）印花税征税范围应该如何确定

根据《立法法》第11条规定，税种的设立、税率的确定和税收征收管理等税收基本制度只能制定法律。在案例中的争议发生时，规范印花税征税范围的法律依据主要为《印花税暂行条例》，通过综合《印花税暂行条例》及相关税收法律法规政策的条款规定，对于法人资格丧失情况下非交易过户是否需要缴纳印花税并未有明确的规定。依据税收法定原则，税务机关行使征税权的前提是有明确的法律规定，否则税务机关不应肆意扩大印花税的征税范围，在没有法律明确上述事项属于印花税征税范围的前提下，依然要求征收税款易给纳税人造成不利的税收负担。

（二）《税务事项通知书》中主管税务机关所援引的依据是否合理

本案中，主管税务机关援引的依据分别为《税收征收管理法》第51条、《税收征收管理法实施细则》第78条、《国家税务总局关于加强证券交易印花税征收管理工作的通知》（国税发〔1997〕129号）第1条、《财政部、国家税务总局关于证券交易印花税改为单边征收问题的通知》（财税明电〔2008〕2号）。

《税收征收管理法》第51条规定，“纳税人超过应纳税额缴纳的税款，税务机关发现后应当立即退还；纳税人自结算缴纳税款之日起三年内发现的，可以向税务机关要求退还多缴的税款并加算银行同期存款利息，税务机关及时查实后应当立即退还；涉及从国库中退库的，依照法律、行政法规有关国库管理的规定退还”。

《税收征收管理法实施细则》第78条规定，“税务机关发现纳税人多缴税款的，应当自发现之日起10日内办理退还手续；纳税人发现多缴税款，要求退还的，税务机关应当自接到纳税人退还申请之日起30日内查实并办理退还手续。税收征管法第五十一条规定的加算银行同期存款利息的多缴税款退税，不包括依法预缴税款形成的结算退税、出口退税和各种减免退税。退税利息按照税务机关办理退税手续当天中国人民银行规定的活期存款利率计算”。

根据《国家税务总局关于加强证券交易印花税征收管理工作的通知》（国税

发〔1997〕129 号）第 1 条规定，“鉴于非交易转让股票的印花税征管范围划分不够明确，上海、深圳两地做法不一的情况，现明确规定：凡是在上海、深圳证券登记公司集中托管的股票，在办理法人协议转让和个人继承、赠与等非交易转让时，其证券交易印花税统一由上海、深圳证券登记公司代扣代缴”。

《财政部、国家税务总局关于证券交易印花税改为单边征收问题的通知》（财税明电〔2008〕2 号）规定，“从 2008 年 9 月 19 日起，调整证券（股票）交易印花税征收方式，将现行的对买卖、继承、赠与所书立的 A 股、B 股股权转让书据按千分之一的税率对双方当事人征收证券（股票）交易印花税，调整为单边征税，即对买卖、继承、赠与所书立的 A 股、B 股股权转让书据的出让方按千分之一的税率征收证券（股票）交易印花税，对受让方不再征税”。

具体分析主管税务机关所引用的上述依据可以看出，《税收征收管理法》第 51 条、《税收征收管理法实施细则》第 78 条是对如何退税作出程序性的规定，国税发〔1997〕129 号文是明确在办理法人协议转让和个人继承、赠与等非交易转让时，印花税代扣代缴的主体是上海、深圳证券登记公司，而财税明电〔2008〕2 号文是对“买卖、继承、赠与”三种情形下涉及的股权转让书据的印花税征收方式调整为单边征收。据此，本案中主管税务机关所援引的四项依据均未明确规定法人资格丧失情况下非交易过户行为需要缴纳印花税，即并未涉及印花税征税范围如何确定的问题。根据前文所述，《印花税暂行条例》是规范印花税征税范围的法规依据，且其中对于法人资格丧失情况下非交易过户行为是否需要缴纳印花税并未有明确的规定。因此，主管税务机关在《税务事项通知书》中提出：经审核，不属于免征证券交易印花税的情形，退抵税（费）申请不予通过。该决定的作出缺乏合理法律法规依据支撑。

（三）税法规定模糊的情况下，税务机关能否征税

首先，税务机关行使征税权的前提是法律有明文规定，否则不应向行政相对人行使征税权。且基于有利于纳税人和行政相对人的原则，对于税法法律法规政策并无明文规定需要缴纳印花税的情况，税务机关不宜随意扩大征税范围，否则有损纳税人的合法权益。

其次，根据《财政部、国家税务总局关于企业改制过程中有关印花税政策的通知》（财税〔2003〕183 号）第 3 条的规定，“企业因改制签订的产权转移书据免予贴花”。企业改制与法人资格丧失情况下非交易过户两项行为在经济实质上

具有同质性，均是指非具有特定商业目的、被动式、衍生性的股权/股份变动，在表现形式上具有以下特点：没有交易对价、权属发生变化、属于重组范围。前述特征也是税收优惠政策制定之初的重要依据，因其没有外部商业交易目的及主观减少税负意图，并且符合国家鼓励改制重组的宏观政策。因此，本案中法人资格丧失情况下非交易过户情形是否需要缴纳印花税的问题可以参考企业改制免予贴花的处理方式。

三、启示与思考——税收法定原则的落实

（一）印花税立法进程

印花税是对经济活动和经济交往中订立、领受具有法律效力的凭证的行为所征收的一种税，因采用在应税凭证上粘贴印花税票作为完税的标志而得名，属行为税。1988 年 8 月 6 日，中华人民共和国国务院 11 号令发布《印花税暂行条例》（已失效），规定在全国统一开征印花税。

印花税立法是财税领域立法的新进展，有助于推动建立现代税制。2021 年 2 月 27 日，《印花税法（草案）》首次提请第十三届全国人民代表大会常务委员会第二十六次会议审议，并于 2021 年 6 月 10 日经第十三届全国人民代表大会常务委员会第二十九次会议通过，自 2022 年 7 月 1 日起《印花税法》正式施行，原《印花税暂行条例》正式废止，完成了由《印花税暂行条例》上升为《印花税法》的立法进程。

《印花税法》的施行不仅有利于确保税收的稳定性和权威性，也是全面落实税收法定原则的一项要求。印花税由暂行条例上升为法律，既要在形式上符合税收法定要素，又要在实质内容上符合税收法定要求。

（二）税收法定原则的核心要义

税收法定原则是税法基本原则的核心，是由立法者决定全部税收问题的税法基本原则。这就要求税法的各类构成要素必须且只能由法律予以明确，这意味着若没有相应法律作为前提，税收征管机关不能对相应事实或行为行使征税权，纳税人也没有相应的纳税义务，即税收主体必须依据且只能依据法律的规定征税，纳税主体必须依据且只能依据法律的规定纳税。

在案例中涉及的争议发生以及主管税务机关作出相应行政行为时，印花税

这一税种所依据的规则制度并未上升至法律位阶，但是根据 1985 年 4 月 10 日第六届全国人民代表大会第三次会议通过的《关于授权国务院在经济体制改革和对外开放方面可以制定暂行的规定或者条例的决定》的规定："授权国务院对于有关经济体制改革和对外开放方面的问题……制定暂行的规定或者条例，颁布实施，并报全国人民代表大会常务委员会备案。"国务院获得相应的授权制定了《印花税暂行条例》，并作为《印花税法》立法完成之前印花税征收的法律依据。

已失效的《印花税暂行条例》第 1 条规定，"在中华人民共和国境内书立、领受本条例所列举凭证的单位和个人，都是印花税的纳税义务人（以下简称纳税人），应当按照本条例规定缴纳印花税"。第 2 条规定，"下列凭证为应纳税凭证：（一）购销、加工承揽、建设工程承包、财产租赁、货物运输、仓储保管、借款、财产保险、技术合同或者具有合同性质的凭证；（二）产权转移书据；（三）营业账簿；（四）权利、许可证照；（五）经财政部确定征税的其他凭证"。也就是说，已失效的《印花税暂行条例》对于什么情况下应予以征收印花税具有明确的规定，针对本案中法人资格丧失情况下非交易过户情形是否缴纳印花税却并无明确规定，因此主管税务机关面对该情况不宜行使征税权。否则，有可能超越税法规定的征收范围或者扩大化理解税法的适用范围，违背税收法定原则。

附录 1：相关法律法规政策规定（略）

附录 2：相关法律及涉税文书

附件 1：《税务事项通知书》

国家税务总局 × × 市税务局第 × 税务分局

税务事项通知书

× 税 × 分局通〔2020〕× × 号

× × 有限责任公司 × × 分公司（纳税人识别号：× ×）

事由：退抵税（费）审批通知。

依据：《中华人民共和国税收征收管理法》《中华人民共和国税收征收管理

法实施细则》。

通知内容:你单位于2020年×月×日提出的退抵税(费)审批收悉,经审核,不符合要求,不予审批。

国家税务总局××市税务局第×税务分局

2020年×月××日

盖章

附件2:《行政复议决定书》

国家税务总局××市税务局

行政复议决定书

×税复决字〔2020〕××号

申请人:××××集团有限公司

统一社会信用代码:9×××××××××

法定代表人:×××

联系地址:××省××市××区××路

委托代理人:×××,联系地址:××市××路×××号

委托代理人:×××,联系地址:××省××市××区×××××

被申请人:国家税务总局××市税务局第×税务分局

联系地址:××省××市××区××街道××××××楼

主要负责人:××职务:局长

申请人对被申请人作出的《国家税务总局××市税务局第×税务分局税务事项通知书》(×税×分局通〔2020〕××号)不服,于2020年×月××日向本机关提出复议申请,本机关依法受理,现已审理终结。

申请人请求:依法变更被申请人作出的《国家税务总局××市税务局第×税务分局税务事项通知书》(×税×分局通〔2020〕××号),批准申请人的印花税退税申请。

申请人称:1. 2019年×月××日,申请人吸收合并贵州××矿业集团有限公司(以下简称贵州××公司);2020年贵州××公司持有云南×××××股份

有限公司股票(A股)办理证券非交易过户(法人资格丧失)到申请人名下。截至2020年×月××日,中国证券登记结算有限责任公司在前述证券非交易过户(法人资格丧失)环节代缴贵州××公司印花税共计321,006.01元。申请人认为在前述证券非交易过户(法人资格丧失)环节无须缴纳印花税,作为申请人该税收事项之扣缴义务人的中国证券登记结算有限公司××分公司(以下简称中登××分公司)向被申请人提交退(抵)税申请表,申请退还申请人(贵州××公司因吸收合并已办理工商注销,有关资产债权债务等事项均由申请人承接)印花税共计321,006.01元。

2.2020年×月××日,被申请人作出《国家税务总局××市税务局第×税务分局税务事项通知书》(×税×分局通〔2020〕××号,以下简称《税务事项通知书》),通知中登××分公司"你单位于2020年×月××日提出的退抵税(费)审批收悉,经审核,不符合要求,不予审批"。

3.申请人认为《税务事项通知书》中的通知依据适用错误,作出的通知内容亦错误。

(1)《税务事项通知书》的依据为《税收征收管理法》与《税收征收管理法实施细则》,但并没有明确指出所依据的法律法规条款,亦没有明确指出所依据的规章或规范性文件的相关规定。申请人所涉的退抵税(费)事项,事关纳税人的重大税收利益,根据税收法定原则的要求,政府征税权行使需要有明确的法律规定。证券非交易过户(法人资格丧失)环节是否需要缴纳印花税的问题,《税收征收管理法》与《税收征收管理法实施细则》都没有明确的规定。

(2)现行法律法规及相关政策文件,对证券非交易过户(法人资格丧失)环节是否需要缴纳印花税的问题,并无明确的规定。其一,《印花税暂行条例》《印花税暂行条例实施细则》《国家税务局关于印花税若干具体问题的解释和规定的通知》(国税发〔1991〕155号)等法规、规章和规范性文件,对前述问题,均无明确规定。其二,虽然《财政部、国家税务总局关于证券交易印花税改为单边征收问题的通知》(财税明电〔2008〕2号)规定,"经国务院批准,财政部、国家税务总局决定从2008年9月19日起,调整证券(股票)交易印花税征收方式,将现行的对买卖、继承、赠与所书立的A股、B股股权转让书据按千分之一的税率对双方当事人征收证券(股票)交易印花税,调整为单边征税,即对买卖、继承、赠与所书立的A股、B股股权转让书据的出让方按千分之一的税率征收证券(股票)

交易印花税,对受让方不再征税”。但申请人所涉申请事项,并非“买卖、继承、赠与所书立的A股股权转让书据”其中之一,税务机关亦不宜对此作扩大解释,将申请人所涉事项纳入此款适用的范围之中。

(3)申请人认为,基于有利于行政相对人的原则,对于税法并无明文规定需要缴纳税款的事项,税务机关不宜随意扩大征税范围,若随意扩大征税范围将严重损害纳税人的合法权益。在当前并无明确法律规定对非交易过户(法人资格丧失)环节需要缴纳印花税的情况下,亦不宜对此征收印花税。

4.《税务事项通知书》本身存在不严谨及疏漏之处。

(1)根据《国家税务总局关于印发全国统一税收执法文书式样的通知》(国税发〔2005〕179号,部分失效)及其附件1《全国统一税收执法文书式样》使用说明3之“(4)通知内容”的规定,“其他通知事项需要告知被通知人申请行政复议或者提起行政诉讼权利的,应告知被通知人:如对本通知不服,可自收到本通知之日起六十日内依法向税务机关申请行政复议,或者自收到本通知之日起三个月内依法向人民法院起诉。告知税务行政复议的,应写明税务复议机关名称”。

(2)被申请人未在“通知内容”中加注权利告知事项,未告知申请人在对该《税务事项通知书》不服时享有申请行政复议或者提起行政诉讼的权利,侵犯了申请人理应享有的知情权,并有可能导致影响此后可能产生的行政复议或诉讼的救济权。

综上所述,被申请人于2020年×月××日作出《国家税务总局××市税务局第×税务分局税务事项通知书》(×税×分局通〔2020〕××号)的行为,严重侵害了申请人的合法权益。《行政复议法》第9条规定,“公民、法人或者其他组织认为具体行政行为侵犯其合法权益的,可以自知道该具体行政行为之日起六十日内提出行政复议申请……”;第10条规定,“……有权申请行政复议的法人或者其他组织终止的,承受其权利的法人或者其他组织可以申请行政复议”。因此,申请人依据前述规定及《行政复议法》其他相关规定向贵局提起行政复议。恳请贵局详细调查后,依法变更被申请人作出的《国家税务总局××市税务局第×税务分局税务事项通知书》(×税×分局通〔2020〕××号),批准申请人的印花税退税申请,以维护申请人的合法权益。

被申请人答复称:

一、案件基本情况

贵州××公司因公司被申请人厦门××集团有限公司吸收合并丧失法人资格，向中登××分公司申请办理证券非交易过户，将其持有的证券代码为“0×××4××锌电”的无限售流通股转让给申请人。中登××分公司受理申请后，分别于2020年×月××日和2020年×月××日出具了《证券过户登记确认书》，确认已代扣代缴印花税共计321,006.01元。

2020年×月××日，中登××分公司向被申请人提交《退(抵)税申请表》和《证券过户登记确认书》，申请退还已代缴的印花税共计321,006.01元。同日，被申请人作出《税务事项通知书》(×税×分局通〔2020〕××号)，通知中登××分公司其提出的退抵税(费)申请经审核不符合要求，不予审批。

二、被申请人作出的《税务事项通知书》依据正确充分，程序合法，内容适当，复议机关应予以维持

(一)关于证券交易印花税征收对象的确定

依据《中华人民共和国印花税暂行条例》第一条①、第二条②的规定，在中华人民共和国境内书立、领受产权转移书据等应税凭证的单位和个人，是印花税的纳税义务人，应当按照条例规定缴纳印花税。依据《股份制试点企业有关税收问题的暂行规定》(国税发〔1992〕137号，部分失效)第九条③的规定，书立股权转让书据的当事人，是证券交易印花税的纳税义务人。

《财政部、国家税务总局关于证券交易印花税改为单边征收问题的通知》(财税明电〔2008〕2号)规定，“从2008年9月19日起，调整证券(股票)交易印花税征收方式，将现行的对买卖、继承、赠与所书立的A股、B股股权转让书据

---

① 《印花税暂行条例》第1条规定：“在中华人民共和国境内书立、领受本条例所列举凭证的单位和个人，都是印花税的纳税义务人(以下简称纳税人)，应当按照本条例规定缴纳印花税。”

② 《印花税暂行条例》第2条规定：“下列凭证为应纳税凭证：

(一)购销、加工承揽、建设工程承包、财产租赁、货物运输、仓储保管、借款、财产保险、技术合同或者具有合同性质的凭证；

(二)产权转移书据；

(三)营业账簿；

(四)权利、许可证照；

(五)经财政部确定征税的其他凭证。”

③ 《股份制试点企业有关税收问题的暂行规定》第9条第1款规定：“股份制试点企业向社会公开发行的股票，因购买、继承、赠与所书立的股权转让书据，均依书立时证券市场当日实际成交价格计算的金额，由立据双方当事人分别按千分之三的税率缴纳印花税。”

按千分之一的税率对双方当事人征收证券(股票)交易印花税,调整为单边征税,即对买卖、继承、赠与所书立的A股、B股股权转让书据的出让方按千分之一的税率征收证券(股票)交易印花税,对受让方不再征税。"自此,证券交易印花税改为单边征税。

印花税为"凭证税",证券交易印花税源于一般印花税,是对书立的"股权转让书据"进行征税。但在证券交易电子化的大背景下,公开发行、上市的股票交易通过电子交易手段实现,传统上的"应税凭证"不复存在。证券交易印花税事实上是对股份转让行为征税,交易双方于登记系统内发生的转让过户行为即视为书立股权转让书据。因此,在税收征管中,当事人执行证券过户登记行为,则判断转出方负有证券交易印花税的纳税义务。

(二)吸收合并导致的非交易过户登记是否属于证券交易印花税免税情形

非交易过户(非集中交易过户)是未通过交易系统成交的过户,参考中国证券登记结算有限责任公司对证券非交易过户的有关规定,[①]办理证券非交易过户登记的情形除了继承、捐赠,还包括股份协议转让、依法进行的财产分割、法人合并、分立或因解散、破产、被依法责令关闭等原因丧失法人资格等。

被申请人认为,在经济活动中,交易的原因、形式、对价是多样化的,难以一一穷尽。印花税在对应税凭证(应税行为)普遍征税的前提下,对特定交易的减税、免税均由具体政策文件予以明确。以一般印花税的免税为例,除符合《中华人民共和国印花税暂行条例》第四条[②]外,其余免税条件均由具体政策另行确

---

① 《证券登记规则》(中国结算发〔2023〕28号)第16条规定:"证券因以下原因发生转让的,可以办理非交易过户登记:

(一)股份协议转让;

(二)司法扣划;

(三)行政划拨;

(四)继承、捐赠、依法进行的财产分割;

(五)法人终止;

(六)上市或挂牌公司的收购;

(七)上市或挂牌公司回购股份;

(八)上市或挂牌公司实施股权激励计划;

(九)相关法律、行政法规、中国证监会规章及本公司业务规则规定的其他情形。"

② 《印花税暂行条例》第4条规定:"下列凭证免纳印花税:

(一)已缴纳印花税的凭证的副本或者抄本;

(二)财产所有人将财产赠给政府、社会福利单位、学校所立的书据;

(三)经财政部批准免税的其他凭证。"

认。如经县级以上人民政府及企业主管部门批准改制的企业,在改制过程中因改制签订的产权转移书据免予贴花,详见财税〔2003〕183 号文[①];中国联合网络通信集团有限公司吸收合并中国网络通信集团公司时,有财税〔2011〕13 号文[②]明确对各方在吸收合并过程中所签订的产权转移书据涉及的印花税予以免征。

就证券交易印花税而言,财税〔2001〕10 号[③]、财税〔2010〕7 号[④]、国税函〔2004〕941 号[⑤]对证券交易印花税的免税情形进行了规定。以上市公司国有股权无偿转让为例,国有股权依据行政指令无偿划拨明显不属于"买卖、继承、赠与"情形,但其免税依据及条件由《国家税务总局关于办理上市公司国有股权无偿转让暂不征收证券(股票)交易印花税有关审批事项的通知》规定。纳税义务人仅在符合上述免税条件的前提下,方可申请免税。为保证税收征管的完整性与一致性,发生证券过户登记时,转出行为均属于证券交易印花税的征税范围,在符合税法文件规定的免税情形下可免于征收。作为基层征管单位,被申请人无权扩大解释免征证券交易印花税的范围。

按照《国家税务总局关于加强证券交易印花税征收管理工作的通知》(国税发〔1997〕129 号,部分失效)的规定,在办理非交易转让过户时,证券登记公司必须代扣代缴证券交易印花税。贵州××公司向中登××分公司申请办理股票"0××××4××锌电"(×交所 A 股)的非集中交易过户业务,其应缴的证券交易印花税由中登××分公司统一代扣代缴。贵州××公司向申请人转让股票,发生证券过户行为,且不存在免纳印花税的法定情形,其有义务缴纳证券交易印花税。

(三)被申请人在法定期限内审核并回复了扣缴义务人的退税申请,依法履行了职责,程序合法正当

依据《中华人民共和国税收征收管理法实施细则》第七十八条的规定,"税

① 《财政部、国家税务总局关于企业改制过程中有关印花税政策的通知》。

② 《财政部、国家税务总局关于中国联合网络通信集团有限公司转让 CDMA 网及其用户资产企业合并资产整合过程中涉及的增值税营业税印花税和土地增值税政策问题的通知》,部分失效。

③ 《财政部、国家税务总局关于中国信达等 4 家金融资产管理公司税收政策问题的通知》。

④ 《财政部、国家税务总局关于以上市公司股权出资有关证券(股票)交易印花税政策问题的通知》。

⑤ 《国家税务总局关于办理上市公司国有股权无偿转让暂不征收证券(股票)交易印花税有关审批事项的通知》,已被修改。

务机关发现纳税人多缴税款的,应当自发现之日起10日内办理退还手续;纳税人发现多缴税款,要求退还的,税务机关应当自接到纳税人退还申请之日起30日内查实并办理退还手续”。本案中,被申请人在接到中登××分公司退税申请的当日即以《税务事项通知书》的形式回复了针对该退税申请的审查结果,并将《税务事项通知书》通过顺丰速运邮寄给了申请人,申请人于次日签收,符合法定期限要求。虽然《税务事项通知书》中未明确告知扣缴义务人申请行政复议的权利,但并未影响申请人正当行使行政复议的权利及进行权利救济,而申请人也已在法定期限内向复议机关提出了行政复议申请,故不应被认定为程序违法。

综上,被申请人作出的具体行政行为认定事实清楚,证据确凿,适用依据正确,程序合法,内容适当,请求复议机关维持被申请人作出的《税务事项通知书》。

本机关审理查明:申请人于2019年×月××日在××与厦门××工程有限公司、贵州××公司签署《吸收合并协议》并经××省××市开元公证处公证。2019年××月×日申请人与贵州××公司签订《吸收合并协议之补充协议》,约定贵州××公司将持有的××锌电(证券代码0××××4××锌电)60804827股股票采用非交易过户的方式过户给甲方。申请人于2020年×月×日、2020年×月××日分别向中登××分公司办理证券非交易过户,中登××分公司分别于2020年×月××日和2020年×月××日出具《证券过户登记确认书》,确认已代扣代缴印花税共计321,006.01元。

2020年×月××日,中登××分公司作为本案所涉证券交易印花税的代扣代缴方向被申请人提交退(抵)税申请表,经被申请人查询该笔税款所属期为1月,尚未征收入库,无法启动退税申请流程。2020年×月××日,中登××分公司与申请人两方的相关工作人员一起到被申请人工作场所进行现场咨询。考虑到申请人办公场所位于××,往返××、××交通成本较高,经申请人、被申请人、扣缴义务人(中登××分公司)协商一致,同意于2月税款入库后由中登××分公司正式提出退(抵)税申请并办理相应手续,由被申请人所属办税服务大厅按规定出具相关通知书后邮寄至××申请人处。

后因疫情影响,中登××分公司作为扣缴义务人按照前述约定于2020年×月××日正式向被申请人提交退(抵)税申请表,申请退还申请人证券交易印花税共计321,006.01元。同日,被如申请人作出《税务事项通知书》(×税×分局通〔2020〕××号),通知中登××分公司其提出的退抵税(费)申请经审核不符合要求,不予审批,并按前述约定通过顺丰速运将该《税务事项通知书》(×税×分局通〔2020〕××号)邮寄送达申请人,申请人于次日签收。

如申请人对该具体行政行为不服,于2020年×月××日向本机关提出行政复议申请,本机关依法予以受理。

本机关认为:

一、作出《税务事项通知书》(×税×分局通〔2020〕××号)的主体不适格。不予退税的决定依法应当由具有执法主体资格的行政机关作出,但本案《税务事项通知书》(×税×分局通〔2020〕××号)加盖的公章为"国家税务总局××市税务局第×税务分局办税服务厅",办税服务厅作为被申请人的内设机构,不具有执法主体资格。

二、涉案具体行政行为法律依据不足。被申请人作出的《税务事项通知书》(×税×分局通〔2020〕××号),未列明不予退税的实体性法律依据,仅列明《中华人民共和国税收征收管理法》和《中华人民共和国税收征收管理法实施细则》程序性法律依据,且未列明具体条款,法律依据不足。

三、被申请人作出的《税务事项通知书》(×税×分局通〔2020〕××号)未能严格按照《国家税务总局关于印发全国统一税收执法文书式样的通知》(国税发〔2005〕179号,部分失效)的要求,在"通知内容"中明确告知被通知人申请行政复议的权利,损害了被通知人寻求法律救济的知情权。

综上所述,现根据《中华人民共和国行政复议法》第二十八条第一款第(三)项、《中华人民共和国行政复议法实施条例》第四十五条、《税务行政复议规则》第七十五条第(三)项和第八十三条第二款的规定,本机关作出如下复议决定:撤销被申请人作出的《国家税务总局××市税务局第×税务分局税务事项通知书》(×税×分局通〔2020〕××号),并责令其在30日内重新作出具体行政行为。

申请人如不服本复议决定,可在收到本复议决定书之日起15日内,依法向××市××区人民法院提起行政诉讼。

国家税务总局××市税务局

2020年×月××日

盖章

附件3:《税务事项通知书》

国家税务总局××市税务局第×税务分局
税务事项通知书

×税×分局通〔2020〕××号

××有限责任公司××分公司:××

事由:退抵税(费)审批通知。

依据:《中华人民共和国税收征收管理法》第五十一条、《中华人民共和国税收征收管理法实施细则》第七十八条、《国家税务总局关于加强证券交易印花税征收管理工作的通知》(国税发〔1997〕129号)第一条、《财政部、国家税务总局关于证券交易印花税改为单边征收问题的通知》(财税明电〔2008〕2号)。

通知内容:你单位于2020年×月××日提出的退抵税(费)申请收悉,经审核,不属于免征证券交易印花税的情形,退抵税(费)申请不予通过。

如对本通知不服,可自收到本通知之日起六十日内依法向国家税务总局××市税务局申请行政复议。

国家税务总局××市税务局第×税务分局
2020年×月××日
盖章

附件4:《税务事项通知书》

国家税务总局××市税务局第×税务分局
税务事项通知书

×税×分局通〔2020〕××号

××有限责任公司××分公司:××

事由:退抵税(费)审批通知。

依据:《中华人民共和国税收征收管理法》第五十一条、《中华人民共和国税收征收管理法实施细则》第七十八条、《国家税务总局关于加强证券交易印花税征收管理工作的通知》(国税发〔1997〕129号)第一条、《财政部、国家税务总局关于证券交易印花税改为单边征收问题的通知》(财税明电〔2008〕2号)。

通知内容:你单位于2020年×月×日提出的退抵税(费)申请收悉,经审核,不属于免征证券交易印花税的情形,退抵税(费)申请不予通过。

如对本通知不服,可自收到本通知之日起六十日内依法向国家税务总局××市税务局申请行政复议。

国家税务总局××市税务局第×税务分局

2020年×月××日

盖章

附件5:《受理行政复议申请通知书》

国家税务总局××市税务局
受理行政复议申请通知书

×税复受字〔2020〕××号

××有限公司:

你单位不服国家税务总局××市税务局第×税务分局作出的《税务事项通知书》(×税×分局通〔2020〕××号)行为的复议申请收悉。经审查,决定予以受理复议申请。

国家税务总局××市税务局

2020年×月×日

盖章

附件 6:《受理行政复议申请通知书》

国家税务总局××市税务局
受理行政复议申请通知书

×税复受字〔2020〕×号

××有限公司:

你单位不服国家税务总局××市税务局第×税务分局作出的《税务事项通知书》(×税×分局通〔2020〕××号)行为的复议申请收悉。经审查,决定予以受理复议申请。

国家税务总局××市税务局
2020 年×月×日
盖章

附件 7:《行政复议延期审理通知书》

国家税务总局××市税务局
行政复议延期审理通知书

×税复延字〔2020〕××号

××有限公司:

你单位以国家税务总局××市税务局第×税务分局不予退税为由提出行政复议申请,本机关于 2020 年×月×日依法已予受理。经审理,本机关认为,本案情况复杂,不能在规定期限内作出行政复议决定。根据《中华人民共和国行政复议法》第三十一条第一款、《税务行政复议规则》第八十三条第一款的规定,行政复议决定延期至 2020 年××月×日之前作出。

特此通知。

国家税务总局××市税务局
2020年×月××日
盖章

附件8:《行政复议延期审理通知书》

国家税务总局××市税务局
行政复议延期审理通知书

×税复延字〔2020〕××号

××有限公司:

你单位以国家税务总局××市税务局第×税务分局不予退税为由提出行政复议申请,本机关于2020年×月×日依法已予受理。经审理,本机关认为,本案情况复杂,不能在规定期限内作出行政复议决定。根据《中华人民共和国行政复议法》第三十一条第一款、《税务行政复议规则》第八十三条第一款的规定,行政复议决定延期至2020年××月×日之前作出。

特此通知。

国家税务总局××市税务局
2020年×月××日
盖章

附件9:《行政复议听证通知书》

国家税务总局××市税务局
行政复议听证通知书

×税复听〔2020〕××号

××有限公司:

××有限公司对国家税务总局××市税务局第×税务分局作出的《税务事

项通知书》(×税×分局通〔2020〕××号)不服提出的行政复议申请,本机关依法已予受理。由于案情重大、复杂,现根据《税务行政复议规则》第六十六条规定,定于2020年×月××日×时××分在国家税务总局××市税务局举行听证会,请你单位携带有关证据材料准时出席。

本次听证会主持人:××

特此通知。

国家税务总局××市税务局

2020年×月×日

盖章

附件10:《行政复议听证通知书》

国家税务总局××市税务局

行政复议听证通知书

×税复听〔2020〕××号

××有限公司:

××有限公司对国家税务总局××市税务局第×税务分局作出的《税务事项通知书》(×税×分局通〔2020〕××号)不服提出的行政复议申请,本机关依法已予受理。由于案情重大、复杂,现根据《税务行政复议规则》第六十六条规定,定于2020年×月××日×时××分在国家税务总局××市税务局举行听证会,请你单位携带有关证据材料准时出席。

本次听证会主持人:××

特此通知。

国家税务总局××市税务局

2020年×月×日

盖章

附件 11:《行政复议中止审理通知书》

国家税务总局××市税务局
行政复议中止审理通知书

×税复中字〔2020〕××号

××有限公司:

你单位对国家税务总局××市税务局第×税务分局作出的《税务事项通知书》(×税×分局通〔2020〕××号)不服提出的行政复议申请,本机关依法已予受理。经审理,本机关认为该案涉及法律适用问题需要有权机关作出解释或者确认。本机关已于2020年×月××日将相关法律适用问题提请有权机关解释。根据《中华人民共和国行政复议法实施条例》第四十一条第一款第(六)项、《税务行政复议规则》第七十九条第一款第(七)项的规定,现决定自2020年×月××日起中止该行政复议案件的审理。待本机关收到有权机关的审查意见后,将恢复该行政复议案件的审理。

特此通知。

国家税务总局××市税务局
2020年×月××日
盖章

附件 12:《行政复议中止审理通知书》

国家税务总局××市税务局
行政复议中止审理通知书

×税复中字〔2020〕××号

××有限公司:

你单位对国家税务总局××市税务局第×税务分局作出的《税务事项通知

书》(×税×分局通〔2020〕××号)不服提出的行政复议申请,本机关依法已予受理。经审理,本机关认为该案涉及法律适用问题需要有权机关作出解释或者确认。本机关已于2020年×月××日将相关法律适用问题提请有权机关解释。根据《中华人民共和国行政复议法实施条例》第四十一条第一款第(六)项、《税务行政复议规则》第七十九条第一款第(七)项的规定,现决定自2020年×月××日起中止该行政复议案件的审理。待本机关收到有权机关的审查意见后,将恢复该行政复议案件的审理。

特此通知。

国家税务总局××市税务局

2020年×月××日

盖章

税务合规规划篇

016

价值链规划中的正当性边界的发现与识别*

——某量化私募基金关联交易架构设计及税务规划

摘要：在管理基金产品中，资产管理公司一般需要运用相应计算机软件确定及实施交易策略进行投资交易，与此同时也需要开拓市场，因此需要向子公司采购相应软件产品、采购相应市场推广服务。对此类公司，在税收筹划上应当以兼顾交易的合规性、定价的合理性同时在一定程度上控制企业所得税的整体税负率为目的，分析A公司向子公司交易时应当重视独立交易、合理价格等合规性原则，为此类情形提供法律服务时应当针对具体业务、根据不同发展阶段不断调整从而更好地保证合规性和较低税负的统一。

一、案情简介

A公司是一家具有私募基金管理人资格的资产管理公司，主要从事量化私募基金的运营管理。在管理基金产品的过程中，A公司采取量化投资的方式，需要运用相应计算机软件确定及实施交易策略进行投资交易，因此A公司向子公司采购了相应的软件产品；此外，A公司需要开拓市场，不断寻求新的投资人购买公司的基金产品，因此A公司向设立在各地的子公司采购了相应的市场推广

---

* 本案是团队承接的税务规划类专项法律服务，主要涉及关联交易中的合理定价问题。众所周知，关联公司的定价问题，一直是税务规划或税务争议中重点关注的问题，纳税人如果需要得到主管税务机关的认可，就需要在价格评估的标准客观性、样本参照性和方法规范性上提出具体的思路和演算方法，并结合本行业、相近行业以及关联行业的相关交易价格进行比对验核。在推进过程中，团队参考了境内外、上市与非上市、同行业、相近行业以及关联行业的相关数据，并秉承合理性和客观性原则，选择了妥适的方法进行测算，并辅导纳税人在合理价格基础上进行相应的商业安排。

服务。在上述交易中,A 公司希望兼顾交易的合规性、定价的合理性同时在一定程度上控制企业所得税的整体税负率。

二、法律分析

根据 A 公司的上述需求,其主要需要解决向子公司采购软件产品的合规性以及定价的合理性问题,因此在该案例中,有如下焦点问题值得关注。

(一)向子公司采购软件产品的合规性以及如何确定具有商业合理性的价格

根据《中华人民共和国企业所得税法》以及《中华人民共和国企业所得税法实施条例》的相关规定,企业与其关联方之间的业务往来,不符合独立交易原则而减少企业或者其关联方应纳税收入或者所得额的,税务机关有权按照合理方法进行调整。由此可见,独立交易原则是我国转让定价法规的核心原则。

独立交易原则是指没有关联关系的交易各方,按照公平成交价格和营业常规进行业务往来遵循的原则。税务机关按照合理方法进行转让定价调整的“合理方法”包括:(1)可比非受控价格法,是指按照没有关联关系的交易各方进行相同或者类似业务往来的价格进行定价的方法;(2)再销售价格法,是指按照从关联方购进商品再销售给没有关联关系的交易方的价格,减除相同或者类似业务的销售毛利进行定价的方法;(3)成本加成法,是指按照成本加合理的费用和利润进行定价的方法;(4)交易净利润法,是指按照没有关联关系的交易各方进行相同或者类似业务往来取得的净利润水平确定利润的方法;(5)利润分割法,是指将企业与其关联方的合并利润或者亏损在各方之间采用合理标准进行分配的方法;(6)其他符合独立交易原则的方法。

我国的转让定价法规并没有强调纳税人或税务机关在分析关联交易是否符合独立交易原则时选用定价方法的顺序。选择哪一种方法并不绝对,而是随着关联交易所处的经济环境和事实情况而定。可比性分析因素主要包括以下方面:交易资产或劳务特性;交易各方功能、风险和资产;合同条款;经济环境;经济策略。

《国家税务总局关于完善关联申报和同期资料管理有关事项的公告》(国家税务总局公告 2016 年第 42 号)以及《特别纳税调查调整及相互协商程序管理办法》(国家税务总局公告 2017 年第 6 号,部分失效)对上述转让定价方法作出了更详细的补充说明。

就A公司的情况而言,部分可比性分析的方法是难以适用的,如再销售价格法,再销售价格法一般适用于再销售者未对商品进行改变外形、性能、结构或者更换商标等实质性增值加工的简单加工或者单纯购销业务。A公司向关联企业采购相应的软件产品后,并不再将软件产品进行出售,而是自行使用,因此不能适用再销售价格法以进行可比性分析。

成本加成法一般适用于有形资产使用权或者所有权的转让、资金融通、劳务交易等关联交易,A公司与关联方之间的交易是无形资产的交易,因此,成本加成法不能适用。

利润分割法根据企业与其关联方对关联交易合并利润(实际或者预计)的贡献计算各自应当分配的利润额,利润分割法一般适用于企业及其关联方均对利润创造具有独特贡献,业务高度整合且难以单独评估各方交易结果的关联交易。A公司与关联方在软件开发业务中不存在业务高度整合且难以单独评估各方交易结果的情况,因此利润分割法也难以适用。

可以适用于A公司的可比性分析方法包括:(1)可比非受控价格法。可比非受控价格法可以适用于所有类型的关联交易。可比非受控价格法的可比性分析,应当按照不同的交易类型,特别考察关联交易与非关联交易中交易资产或者劳务的特性、合同条款、经济环境和经营策略上的差异。(2)交易净利润法。需要注意的是,交易净利润法以可比非关联交易的利润指标确定关联交易的利润,利润指标包括息税前利润率、完全成本加成率、资产收益率、贝里比率等,在适用过程中还需要找到与A公司具有可比性的外部公司。

(二)如何妥善地为此类情形提供法律服务

A公司主要需求在针对软件产品和市场服务的采购中,由于是和关联公司发生交易,因此要保证较高的合规程度,定价应当具有较高的合理性,此外还需要兼顾其作为私募基金管理人所受到的行业监管要求。

就法律服务的提供方而言,在此种情况下,可能能够提供的法律服务包括但不限于针对公司向其关联公司采购市场渠道服务的关联交易事项进行涉税法律分析、论证,出具相关方案或报告等非诉法律事务,具体而言包括:

(1)针对公司向其关联公司采购市场渠道服务的关联交易事项中涉及的税收法律政策提供咨询和解答;

(2)针对公司向其关联公司采购市场渠道服务的关联交易事项中可能产生的价格合理性进行合规性评估,包括对税法风险的评估等,并在综合考虑各方面因素后确认具体的交易价格或交易价格确定方式,为公司出具交易定价的实施方案,并在公司实施上述方案向关联公司采购软件产品的过程中就相关税收法律政策提供咨询和解答;

(3)在上述过程中根据公司业务的发展情况、定价方案的实施情况以及税收政策及征管实践的变化情况等,持续对方案的合规性及合理性进行评估,包括对税法风险的评估等,并及时调整上述方案的内容;

(4)在公司向其关联公司采购市场渠道服务的关联交易事项中草拟、审查、修改其涉及的交易文件文本模板;

(5)就公司与主管税务机关之间已经面临或者可能发生的检查、稽查或其他争议,提出解决方案、协助公司与主管税务机关沟通、交流,化解税务法律风险,达成税企涉税共识。

三、启示与思考

对于价值链规划中的涉税正当性的合规,关键在于做好关联主体在关联交易中的"独立交易"确认。主要是要做到微观上通过对交易环节文件及定价的合规,宏观上对整个公司的业务进行整体规划合规,并在公司发展、业务变更过程中不断地调整合规措施,从而更好地使合规方案与公司相适应。

附录1:相关法律法规政策规定(略)

附录2:相关法律及涉税文书(略)

017

基于合理商业逻辑的纳税环节优化*

——某集团电源公司消费税综合筹划方案

摘要：税务规划是指对纳税人、扣缴义务人的经营和投资活动提供符合税收法律法规及相关规定的纳税计划、纳税方案。就消费税而言，最常见的税务规划就是对销售、售后等环节进行有效的价值拆分，但这种拆分需要尊重合理的商业逻辑，相关价格的确认需要以合理的商业价值和利润为前提。税务规划需要秉承合理必要原则，体现与对应业务的匹配性和相称性，"过度"的税务规划不仅达不到相应的合规效果，相关行为反而有产生被认定为逃避税收征管的可能。

一、案情简介

西部某矿业集团下属一家电源公司，以矿业集团产生的矿资源副产品为原料，制造全系列的传统铅酸电池。国家在 2015 年增加了对电池、涂料征收消费税的规定，除无汞原电池等新能源电池免征外，包括铅蓄电池在内的电池都要征收 4% 的消费税。因为公司旗下的电池模块盈利本身比较微薄，如果再加上消费税负担，会让企业没有盈利甚至是亏损状态，所以电源公司希望结合目前的经营情况、人员情况等对公司涉及的电池消费税问题进行筹划，降低整体实际税负、提高公司盈利水平。

---

* 本案涉及集团的系列下游企业的税负优化方案中的一个分项规划。对于消费税的规划而言，主要是结合相关产品流通的商业逻辑对计税依据进行适当的安排，并参考同行业和相近行业的类似价值链优化流程，既在商业逻辑上具有很强的逻辑必要性，又在税负节省上起到应有的效果。

二、合规规划

根据《消费税暂行条例》的相关规定，消费税一般在应税消费品的生产、委托加工和进口环节缴纳（金银首饰、卷烟例外），其征税范围包括烟、酒、鞭炮、焰火、化妆品、成品油、贵重首饰及珠宝玉石、高尔夫球及球具、高档手表、游艇、木制一次性筷子、实木地板、摩托车、小汽车，电池、涂料等，计税公式：应税消费品的销售额 = 含增值税的销售额 ÷（1 + 增值税税率或征收率）。在各个缴纳消费税的行业，特别是“烟酒油车”四大领域，设立销售公司等价值链承载主体并在定价上进行必要规划是通用的做法。

（一）存在合理的商业逻辑是消费税筹划的基本前提

税务规划（taxing planning）成为当前的热门用语，①其主要是指企业按照合理的商业逻辑，在不违反税法规定的情况下进行的商业流程和财务管理安排。一方面，税务规划是纳税人的合法权利，在尽可能的范围内合规节税；另一方面，相关安排又不能触碰法律的“红线”导致税收违法行为。合理的税务规划与不当的避税安排存在的差异主要在于是否按照合理的商业逻辑来进行安排，而不是为了税务目的而脱离了行业的商业合理性进行机械地操作。即便要考虑到税务因素而适当“反向”进行合理商业目的的安排，也需要将这些商业安排的范围置放于不超过“明显的行业商业惯例”以内。

（二）价值形成的合理分割是消费税筹划的主要手段

在合法合规、业务真实的前提下，根据企业的经营进行合理规划，降低税负、提升企业盈利能力，是税务筹划的价值。结合公司目前的实际情况和商品价值形成过程，需要采取将电池从出厂到销售再到代理商或直接终端后的价值链条适当加以优化，尽可能在税负率较低的程度上实现。电池销售后，因为可能会有质量或衰减问题，需要进行一定频率的维修或质保，因此可以考虑将电池的销售和售后服务单独设立主体独立出来，在对外销售价格基础上减除合理的销售和

---

① 税务规划，也称税务筹划、税务策划。《涉税专业服务监管办法（试行）》（国家税务总局公告2019年第43号）第5条第1款第4项将此项涉税业务称为“税收策划”，并定义为“对纳税人、扣缴义务人的经营和投资活动提供符合税收法律法规及相关规定的纳税计划、纳税方案”。尽管如此，行业内仍称“税务规划”或“税务策划”者居多。

售后服务成本后作为电源公司的电池出厂价，这样相比之前合理减少了消费税的税基。

（三）要注意消费税筹划中相关衍生法律和税务问题

在本案中，消费税筹划可以采取包括但不限于以下方案中的一项或几项：一是拆分生产与销售环节；二是拆分生产与售后服务环节；三是合理测算及调整生产与销售环节的利润分配，使之在合理的商业逻辑之内。在拆分环节，可以“一拆二”或“一拆三”，前者是指在电源公司之外设立销售公司，同时销售公司负责售后服务，后者是指在电源公司之外设立销售公司和售后服务公司，分别负责各自的业务模块。最终，客户从必要性和现实性等角度，选择了“一拆二”的方案，即设立一家销售公司来负责销售和售后服务事项。在此安排中，又衍生出了销售和提供售后服务的混合销售问题，按照税法规定，一项销售行为如果既涉及货物又涉及非增值税应税劳务，为混合销售行为，原则上需要视同销售货物适用13%的税率，因此后续还涉及相应的流程优化和合同调整的问题，以尽可能在税法规定下实现税负最优。生产、销售、售后及价值形成流程如图1所示：

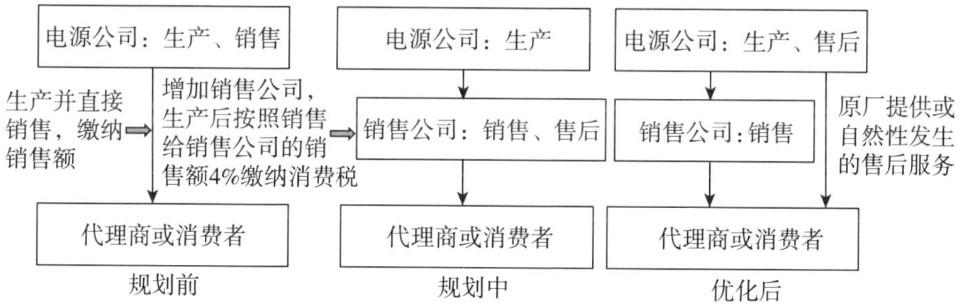

图1 生产、销售、售后及价值形成流程

三、具体实施

税务规划的“落地”非常关键，如果不能在实践中推行或得到实践的检验，那么再好的税务规划可能也是“空中楼阁”。在税务合规规划实践中，通常还需要及时跟进相关方案在实施后可能会出现的新的问题，并及时加以有效解决。

（一）准确了解公司的业务和财务情况

首先联系公司提供相关材料，包括但不限于：（1）电源公司近三年的财务情况,包括资产负债表、利润表、现金流量表等;(2)电源公司的运营情况,包括原料的进货价格、目前的产品类型及销售价格;(3)电源公司的组织结构及人员情况,包括公司目前所设置的部门、各部门的人数,特别是销售及售后部门的组织情况、人数、人员分工及薪酬情况,以便了解并形成相关成本、价格等要素分配的合理机制。

(二)测算合理的销售(含售后服务)环节的合理利润

根据《国家税务总局公告2015年第37号——关于白酒消费税最低计税价格核定问题的公告》(国家税务总局公告2015年第37号)的规定,纳税人将委托加工收回的白酒销售给销售单位,消费税计税价格低于销售单位对外销售价格的70%以下,需要核定消费税最低计税价格。以此为参考,电池产品在不低于成本价的前提下,电源公司向销售公司的供货价一般不宜低于对外销售价格的70%以下(70%是非同类行业参考,具体最低比例可根据情况合理酌定);考虑到电池产品的售后服务成本同样较高,若由销售公司承担相关售后服务成本,电源公司向销售公司的供货价可以在对外销售价格的70%的基础上再适度调低(具体比例根据情况合理酌定)。是否在销售公司外另设电池检测维修服务公司承担售后服务,需要在综合调研后视具体情况而定。

假如,2020年全年销售额为3亿元,按消费税税率4%计算,消费税税额为1200万元;设立销售公司后,若按现在售价的70%向销售公司销售电池,则电源公司销售额为2.1亿元,消费税税额为840万元,直接减少消费税税额360万元。

(三)设立整体和风险的合理实施工作进度跟进表

项目实施工作进度跟进表如表1所示:

表1 项目实施工作进度跟进

时间	进展
2021年12月~2022年1月	根据电源公司2021年的经营情况,对电源公司及新设的销售(含售后服务)公司间的利润分配情况进行测算
2022年1月~2022年2月	设立销售公司
2022年2月~2022年3月	与电源公司现有销售和售后服务部门员工重新签订劳动合同,转移劳动关系

续表

时间	进展
2022 年 3 月起	以新设立的销售公司为主体开始与电源公司签订采购合同,向消费者进行销售
2022 年 9 月 ~ 2022 年 10 月	初步对销售公司设立后半年内的节税情况进行评估,对利润分配情况进行调整

(四)对规划方案实施进程中的衍生问题进行处理

在本案操作过程中,业务模式为电源公司销售电池产品和售后服务给销售公司,销售公司销售电池产品和售后服务给最终客户。由于销售公司销售电池产品和售后服务仅开具一张发票、分列两项,主管税务机关认为可能构成混合销售。于是,提出了以下优化方案。

1. 电池产品仍保持现有销售模式,由电源公司销售给销售公司并开具税率为 13% 的发票,再由销售公司销售给最终客户同样开具税率为 13% 的发票。但售后服务不再通过销售公司提供,而是由电源公司直接向最终客户销售,并开具税率为 6% 的发票。

2. 如果最终客户不能接受按照上述方法签署两份合同,最终客户可以仅与销售公司签订合同且仅向销售公司付款,但在销售公司与客户的合同上须注明售后服务系原厂提供,由销售公司开具产品销售发票,若发生售后服务由电源公司开具服务费发票。电源公司与销售公司间构成代收款,销售公司在取得客户支付的款项后,将售后部分的相应金额支付给电源公司。并且,销售公司的人员构成目前确实以销售人员为主,售后服务是通过电源公司直接退换货完成,新的销售模式具有合理的商业逻辑,也符合真实的业务情况。

另外,对于关联的电铅公司将收购的废旧电池加工为电铅,以低于市场价的价格销售给电源公司以降低电源公司的成本,此方案有可行性,但是要注意在收购废旧电池一环可能难以取得增值税进项发票,要注意防范相关风险。

四、启示与思考

消费税的合规筹划问题,在很多教材和实务指导书中都有介绍和说明,这里面特别需要注意的就是,价值链的合理拆分问题,需要考虑到商业逻辑、交易真实性、各链条环节利润的合理性、工作人员与业务的匹配性等问题。至于本案中由原厂提供售后换货服务，是否也同样成立混合销售问题，也需要进一步研究。[①] 但毫无疑问的是，通过价值链的合理分拆，确实有效降低了消费税的税负，对企业纾困减负也有较好的帮助。

附录1：相关法律法规政策规定

第三条 纳税人兼营不同税率的应当缴纳消费税的消费品（以下简称应税消费品），应当分别核算不同税率应税消费品的销售额、销售数量；未分别核算销售额、销售数量，或者将不同税率的应税消费品组成成套消费品销售的，从高适用税率。

第四条 纳税人生产的应税消费品，于纳税人销售时纳税。纳税人自产自用的应税消费品，用于连续生产应税消费品的，不纳税；用于其他方面的，于移送使用时纳税。

委托加工的应税消费品，除受托方为个人外，由受托方在向委托方交货时代收代缴税款。委托加工的应税消费品，委托方用于连续生产应税消费品的，所纳税款准予按规定抵扣。

进口的应税消费品，于报关进口时纳税。

——《消费税暂行条例》（2008 年修订，现行有效）

第五条 一项销售行为如果既涉及货物又涉及非增值税应税劳务，为混合销售行为。除本细则第六条的规定外，从事货物的生产、批发或者零售的企业、企业性单位和个体工商户的混合销售行为，视为销售货物，应当缴纳增值税；其他单位和个人的混合销售行为，视为销售非增值税应税劳务，不缴纳增值税。

---

① 关于混合销售的问题，2023 年 8 月底召开的第十四届全国人民代表大会常务委员会第五次会议上就《增值税法（二审稿）》召开了讨论会，很多委员包括一些专家对混合销售规则的简化提出了诸多建议。

本条第一款所称非增值税应税劳务，是指属于应缴营业税的交通运输业、建筑业、金融保险业、邮电通信业、文化体育业、娱乐业、服务业税目征收范围的劳务。

本条第一款所称从事货物的生产、批发或者零售的企业、企业性单位和个体工商户，包括以从事货物的生产、批发或者零售为主，并兼营非增值税应税劳务的单位和个体工商户在内。

第六条　纳税人的下列混合销售行为，应当分别核算货物的销售额和非增值税应税劳务的营业额，并根据其销售货物的销售额计算缴纳增值税，非增值税应税劳务的营业额不缴纳增值税；未分别核算的，由主管税务机关核定其货物的销售额：

（一）销售自产货物并同时提供建筑业劳务的行为；

（二）财政部、国家税务总局规定的其他情形。

——《增值税暂行条例实施细则》（2011 年修订，现行有效）

各省、自治区、直辖市、计划单列市财政厅（局）、国家税务局、新疆生产建设兵团财务局：

为促进节能环保，经国务院批准，自 2015 年 2 月 1 日起对电池、涂料征收消费税。现将有关事项通知如下：

一、将电池、涂料列入消费税征收范围（具体税目注释见附件），在生产、委托加工和进口环节征收，适用税率均为 4%。

二、对无汞原电池、金属氢化物镍蓄电池（又称“氢镍蓄电池”或“镍氢蓄电池”）、锂原电池、锂离子蓄电池、太阳能电池、燃料电池和全钒液流电池免征消费税。

2015 年 12 月 31 日前对铅蓄电池缓征消费税；自 2016 年 1 月 1 日起，对铅蓄电池按 4% 税率征收消费税。

对施工状态下挥发性有机物（Volatile Organic Compounds，VOC）含量低于 420 克/升（含）的涂料免征消费税。

三、除上述规定外，电池、涂料消费税征收管理的其他事项依照《中华人民共和国消费税暂行条例》、《中华人民共和国消费税暂行条例实施细则》等相关规定执行。

附件:1. 电池税目征收范围注释(略)

附件:2. 涂料税目征收范围注释(略)

财政部国家税务总局

2015 年 1 月 26 日

——《财政部、国家税务总局关于对电池涂料征收消费税的通知》

(财税〔2015〕16 号,2015 年 2 月 1 日施行~现行有效)

附录 2:相关法律及涉税文书(略)

018

主播行业的商业逻辑与主播人员所得类型的匹配性*

——某直播平台运营架构、关联交易与税务规划

摘要：近年来随着直播行业的兴起，经纪公司、直播平台公司也逐渐涌现，但由于该类公司的经营涉税较广、绝大多数公司合规性较低，因此存在承担税负较重、税款缴纳不规范等不良情形。该类经纪公司和直播平台的合规重点在于代扣代缴、价款税额、主播个税等方面；税收筹划通过结转以往年度亏损、小微企业税收优惠等政策降低税收负担，并可以选择优化、调整业务模式与交易结构，在具备商业合理性的前提下适度控制企业所得税税负。

一、案情简介

该案例中涉及的一家经纪公司——A 公司及其名下的多名主播，其中主播 B 是一名自 2021 年左右开始在网络短视频平台快速积累了大量粉丝的新兴主播，其收入对比以往年度开始有了大幅的增长，但是取得收入和税款的缴纳都有不规范之处，与此同时，收入的增长也相应带来了税负的明显上涨。因此主播 B 及其经纪公司 A 都对税务合规及筹划有明显的需求。

---

* 对文娱行业提供常年税务法律服务以及申报类、稽查配合类专项税务法律服务是近年来涉税专业服务的重要类型。税务机关对包括网络主播在内的文娱行业及其从业人员进行大数据分析和针对性的税务检查，对文娱行业的涉税合规提出了新的要求。在提供专项服务过程中，团队的主要工作一是提炼和分析纳税人的交易情况和应税事项，并提出规划和合规建议；二是与税务机关保持良好的沟通，特别是在专项检查和稽查过程中，需要与税务机关经办人员保持常态化沟通，并获得基于专业经验的认同。

二、法律分析

针对 A 公司的情况,其主要涉及的主播合规与筹划问题包括以下几类。

其一,B 作为一名时尚美妆类的主播,A 公司协助 B 以 B 的名义成立了一个服装品牌并设立了 C 公司,C 公司的经营税务合规,该公司增值税及所得税风险基本可控,服装品牌员工的个人所得税已经正常代扣代缴,相应风险也基本可控。但在未来业务开展中需要进一步优化部分合同,包括价款是否含税等约定,以明确增值税税负的实际承受人。此外,还需要对合作方的选择、“视同销售”的处理、增值税的申报时间等方面稍加完善,达到较高的合规程度。近期可以运用结转以往年度亏损、小微企业税收优惠等政策降低税收负担;未来可以选择优化、调整业务模式与交易结构,在具备商业合理性的前提下适度控制企业所得税税负。

其二,A 公司及 B 主播个人的所得税涉税风险较高,由于 B 是一名新兴主播,其过去的发展经历了一定的“野蛮生长”的阶段,因此个人所得税处理存在一定的混乱或不合规之处,存在一定的涉税风险。未来需要逐步对以往的收入补缴个人所得税,并且一定程度上从签约主体、收付主体等方面优化现有交易结构,在合规的基础上,一定程度上控制主播的个人所得税税负。

(一)C 公司的经营涉税如何优化

C 公司成立于 2021 年,到 2021 年年末净利润达负 100 万元,C 公司是增值税一般纳税人,且符合《关于进一步实施小微企业“六税两费”减免政策的公告》(财政部、税务总局公告 2022 年第 10 号,已失效)中所称“小微企业”的标准,即 C 公司从事国家非限制和禁止行业,且同时符合年度应纳税所得额不超过 300 万元、从业人数不超过 300 人、资产总额不超过 5000 万元三个条件。

就业务层面而言,C 公司目前的主要业务为服装贸易,主要合同分为两类:一类是服装采购合同;另一类是与通过线上平台进行服装销售相关的合同,包括销售合同本身,以及接受电商平台提供的信息技术与宣传推广等服务的合同。

在上述业务中,C 公司存在如下可能的优化方向。

(1)部分合同中增值税税负承担不明确,需要优化合同条款的处理。该风险主要为商业层面的风险,部分合同中没有对价格是否含税进行明确约定,只能按照一般商业惯例处理,存在一定的需要承担额外的增值税税负的风险。

(2)C 公司发生的部分进项无法抵扣,需要规范相应的账务处理。外购货物用于职工福利、个人消费等支出的,相应进项不得从销项税额中抵扣。

(3)C 公司目前从事贸易业务较多,需要对进项发票及供应商给予特别的关注,以免供应商开具的发票出现异常,导致 C 公司不能正常抵扣或者需要转出进项。

(4)无偿赠送礼品需要视同销售,相应账务处理应当规范。典型的无偿赠送礼品的情况包括以促销目的向消费者赠送产品等,在公司的经营过程中是常见的促销、经营方式,此时需要注意,对于赠送的产品应当视同销售,并及时申报缴纳增值税。

(5)C 公司与 A 公司的实际控制人相通,两家企业间存在关联关系。如果此两家企业间发生交易或业务往来,应当注意交易定价需要符合独立交易原则,并按规定申报关联交易事项。

此外,C 公司现有员工 20 人,主要包括进行直播销售的场控、主播、电商客服、市场专员、商品专员、财务、行政等,C 公司为员工代扣代缴了个人所得税。

需要注意的是,C 公司员工目前工资均为 5000 元左右,在减除专项扣除后,仅有少量需要代扣代缴的个人所得税税款,此种情形需要特别关注员工工资的合理性,如果存在不通过公司账户发放工资,而是通过公司的财务或实际控制人的私人账户发放工资的情况,一旦遭遇员工举报等情况,不仅需要为员工补充代扣代缴,还有可能被处以罚款。

(二)B 主播的个人所得税如何合规

在艺人主播个人所得税征管实践中,其收入所得如何定性是关键。在讨论艺人主播的合规与筹划方案前,首先应当明确艺人主播的收入计算方式、收入类型以及适用的税率。

1. 主播个人的"所得"金额

根据 A 公司与主播的《演艺经纪合同》的相关规定:甲乙双方约定按照以下分配比例分享所有收益,甲乙双方签约,甲乙双方分配比例为,前 3 年,甲方 50% 乙方 50%;第 4 年至第 6 年,甲方 40% 乙方 60%;第 7 年至第 9 年(若续约),甲方 30% 乙方 70%。

需要明确的是,个人所得税中的"所得",核心是个人取得的经济利益,按照合同应当分配给甲方的部分对主播个人而言没有经济利益,因此不属于主播个人所得。举例而言,某平台通过线上广告模式与主播合作,合作完成后,支付给主播的个人账户20万元,其中仅有50%是属于主播个人的"所得",主播即对其中10万元有缴纳个人所得税的义务,其余10万元应当支付给A公司,作为A公司的营业收入,主播个人仅为代收代付的一方。

2. 工资、薪金所得与劳务所得的区别

工资、薪金所得与劳务所得均属于综合所得,适用3%～45%超额累进税率,详见表2。

表2 综合所得应纳税比例

级数	全年应纳税所得额	税率(%)
1	不超过36,000元的	3
2	超过36,000元至144,000元的部分	10
3	超过144,000元至300,000元的部分	20
4	超过300,000元至420,000元的部分	25
5	超过420,000元至660,000元的部分	30
6	超过660,000元至960,000元的部分	35
7	超过960,000元的部分	45

三者的区别主要在于劳务报酬所得以收入减除20%的费用后的余额为收入额,且劳务报酬所得以每次收入额为预扣预缴应纳税所得额,计算应预扣预缴税额。

3. 综合所得与经营所得的区别

经营所得,适用5%～35%的超额累进税率,详见表3。

表3 经营所得应纳税比例

级数	全年应纳税所得额	税率(%)
1	不超过30,000元的	5
2	超过30,000元至90,000元的部分	10
3	超过90,000元至300,000元的部分	20
4	超过300,000元至500,000元的部分	30
5	超过500,000元的部分	35

且以每一纳税年度的收入总额减除成本、费用以及损失后的余额，为应纳税所得额，可以减除的成本、费用以及损失包括生产、经营活动中发生的各项直接支出和分配计入成本的间接费用以及销售费用、管理费用、财务费用；所称损失，是指生产、经营活动中发生的固定资产和存货的盘亏、毁损、报废损失，转让财产损失，坏账损失，自然灾害等不可抗力因素造成的损失以及其他损失。

艺人主播收入所得涉及的收入类型主要为工资薪金所得、劳务报酬所得、经营所得。一方面，艺人主播与直播平台或经纪公司的合作方式并不唯一，存在多种合作方式；另一方面，艺人主播取得收入的类型多样。因此，艺人主播收入所得的税法定性，应当具体问题具体分析，不可一概而论。艺人主播的收入归入哪个税目及如何适用税率，则需要根据其业务模式、与网络平台公司签订的协议类型以及实际取得收入的实际情况来具体确定。

在 A 公司与 B 的经纪合同中，对双方的法律关系约定并不明确，因此 B 收入的类型也存在一定争议，有发生合规风险的可能。

就目前已经支付到主播个人账户的款项，由 A 公司为 B 代扣代缴个人所得税后支付给主播。从目前的经纪合同来看，B 主要从事演艺活动，A 公司与主播间没有劳动合同、没有缴纳社保，主播的独立性较强，因此可以倾向于认为 A 公司与主播间不存在雇佣关系，因此在计算及预扣缴主播的个人所得税时，可以适用劳务报酬所得的相应收入额确认的方式。

就目前已经支付到 A 公司的款项，A 公司可以与 B 就经纪合同签订补充协议，不以直接收入的金额作为分成基准，而以扣除相应合理的成本后的净收入作为分成基准，从而降低主播个人的所得额，再按照劳务报酬为主播代扣代缴个人所得税。且在后续的线上广告模式中，也以 A 公司作为签约主体，A 公司可以在综合考虑主播的个人税负情况的基础上，确定每次向主播支付并代扣代缴的具体时间。

按照此种方式处理，可以降低一定的经济成本，并且在合规角度不产生太多风险。

（三）A 公司如何构建更优的主播合作模式并做好自身合规

A 公司成立于 2013 年，到 2021 年 12 月净利润达 90 万元，符合《关于进一步实施小微企业"六税两费"减免政策的公告》（财政部、税务总局公告 2022 年第 10 号，已失效）中所称"小微企业"的标准。

就A公司本身的业务而言,其主要业务为艺人经纪业务,主要收入来源为广告收入,广告收入主要分为以下两种类型。

(1)线上广告:线上广告模式的签约与资金流,是由服务的采购方,通过采购平台下单采购广告服务,并将服务费用支付到采购平台由采购平台代为保管。A公司的主播部分以个人名义与采购平台签约,为采购方提供广告服务,广告内容交付后经采购方验收合格,平台方会将收到的服务费用支付给主播个人,主播个人再按照与A公司间的经纪合约的约定与A公司进行分成。

(2)线下广告与活动:线下广告与活动一般由A公司直接与需要广告服务的采购方签订合同,A公司会根据采购方的需求指派公司的主播去现场参加广告活动,由A公司作为收款方及开票方向采购方开具发票。

A公司的主要支出包括接受他人提供的推广服务。

就A公司本身的业务而言,其可能需要关注的事项包括。

(1)预收账款申报增值税不及时的风险。从A公司的资产负债表来看,A公司预收账款比例较高,对于预收账款,需要按照增值税申报的相关规定及时申报,不能以"尚未开票"等原因过度延迟收入确认的时间。

(2)需要特别避免虚开增值税发票的风险。在直播与经纪业务中,常见虚构交易内容、改变交易性质从而偷逃税款的违法行为,此类违法行为是这一行业税务检查、稽查的重点,且虚开增值税发票引起的法律后果较严重,因此需要特别关注。

(3)在发放员工工资薪金时,需要注意不能发生计提工资但不实际发放的情况,此种情况将造成多列费用从而不合规地减少了企业所得税的缴纳,如果被发现,将会被要求调增企业所得税应纳税额。

(4)业务招待费等项目在进行企业所得税税前扣除时,有一定的额度限制,因此在列支成本时应当注意费用项目列支的准确性,既不多列也不少列相应费用。

A公司可以通过结转以往年度亏损、小微企业税收优惠等政策降低税收负担,未来可以选择优化、调整业务模式与交易结构,在具备商业合理性的前提下适度控制企业所得税税负。

除此以外,A公司还需要解决的问题是,其账户上的大量现金需要与主播个人分成,在处理过程中需要兼顾处理的合规性与税负成本。

就目前已经支付到A公司的款项,由主播成立有限责任公司或个人工作室(个人独资企业、个体工商户等),由主播个人、主播公司(工作室)以及A公司三方分成:主播个人取得的部分作为劳务所得,由A公司在支付时代扣代缴;由公司(工作室)取得的部分作为经营所得,减除成本费用缴纳企业所得税或个人所得税。

三、启示与思考

直播行业所涉及的传统行业领域之多、收入类型之广决定了直播行业的公司在涉税合规方面有着更强的要求。近年来对于直播、电商行业的税务稽查案件数不胜数,也在警醒着直播行业的主播、平台、经纪公司等主体要对税务方面予以重视。

在数字化征管形势下,营业收入和其他流水都能以可视化的方式呈现、税务机关与其他主体之间信息互通,因此直播行业的经营者需要做好整体的规划,通过对个体和企业的不同收入进行识别,并保证规划符合"合理商业目的",防止因规划不当而被认定为变更收入类型、隐瞒收入,从而引发涉税处罚甚至刑事风险。

附录1:相关法律法规政策规定(略)

附录2:相关法律及涉税文书(略)

境内税收政策篇

019

快递收派服务免征增值税优惠政策的适用*

——某快递配送企业税收优惠政策适用专项法律服务

摘要：财政部、税务总局发布了《关于快递收派服务免征增值税政策的公告》(财政部、税务总局公告2022年第18号)，规定了“自2022年5月1日至2022年12月31日，对纳税人为居民提供必需生活物资快递收派服务取得的收入，免征增值税”。在适用该优惠政策时应当准确理解“为居民”和“快递收派服务”等定义，以及在适用上述优惠后，在部分地方的税务局没有表示明确认可，或有反对意见的情况下，需要清晰认识如何避免引起较为明显的不利后果和相关应对措施。

一、案情简介

2022年，财政部、税务总局发布《关于快递收派服务免征增值税政策的公告》(财政部、税务总局公告2022年第18号)，规定了“自2022年5月1日至2022年12月31日，对纳税人为居民提供必需生活物资快递收派服务取得的收入，免征增值税”。

某全国性快递配送企业在新冠疫情期间从事餐饮及生活物资配送，就餐饮

---

* “放管服”改革以后，为客户企业提供税收政策的专业解读，也开始成为涉税专业服务的重要一环。一些全国性的集团公司在遇到对同一税收政策各地税务机关各自不同的解读后，难以决定是否进行有利于自身的纳税申报，一方面担心税务合规风险并最终招致补税、滞纳金甚至是行政处罚的结果，另一方面又担心明明有政策而主动不享受丧失政策红利。在团队的精心辅导下，客户企业每次都能准确把握税收优惠政策，在不确定性中寻求主动，获得较小风险或无风险背景下的税收利益最大化。

及生活物资的配送业务能否享受上述优惠政策的问题，该企业发现各地税务机关存在不同理解以及不同的适用口径，由此寻求专业解答并协助与税务机关进行沟通。

二、法律分析

（一）在何种立场上准确理解税收优惠政策

如何理解财政部、税务总局《关于快递收派服务免征增值税政策的公告》？上述税收优惠政策是否适用于从事餐饮配送服务的公司？

《关于快递收派服务免征增值税政策的公告》中，对于税收优惠政策的执行时间“2022 年 5 月 1 日至 2022 年 12 月 31 日”以及“提供必需生活物资”的范围争议较小，主要可能的争议集中在“为居民”怎么理解以及餐饮配送是否属于“快递收派服务”。

首先，从语义上理解“为居民”一般应当理解为以居民作为接受快递收派服务的一方，但不限定委托进行快递收派的一方，也即在疫情期间的特殊状况下，存在由政府委托快递企业提供快递收派服务的情况，此种情况也应当属于享受税收优惠政策的一部分。部分地方的税务局将“为居民”理解为必须由居民委托并付费，而不能由其他主体，如政府或物资销售方，委托并付费。这一解释对条款做了不利于纳税人（政策受众）的限缩解释，且地方的税务局并非《关于快递收派服务免征增值税政策的公告》的制定发布方，其并无解释上述政策的权限。

其次，对于“快递收派服务”，《关于快递收派服务免征增值税政策的公告》中要求“快递收派服务”的具体范围按照《关于全面推开营业税改征增值税试点的通知》（财税〔2016〕36 号）中附件 1 执行，综合考虑《关于快递收派服务免征增值税政策的公告》的立法目的、阶段性安排以及《销售服务、无形资产、不动产法释》中对服务业的基本分类，《关于快递收派服务免征增值税政策的公告》中的增值税优惠政策应当可以适用于从事餐饮配送服务的公司。

（二）如何看待未获地方主管税务机关明确答复的税务辅导

如果适用上述优惠后，部分地方税务局没有表示明确认可，或有反对意见是否会引起较为明显的不利后果以及应当如何应对？

从原则上讲，对于财政部、国家税务总局制发的税收优惠政策，对其中一些条款的理解，地方各级税务机关一般不会做更加宽松的解释，并且，除非能找到明确的排除适用规定，一般也不能随意做限缩性解释。不过，地方主管税务机关考虑到税收任务达成、宽松解释可能造成的内部执法风险等，往往倾向于做更严的理解。

但是，当纳税人自主选择适用时，主管税务机关并不一定会作为案件处理。在涉及的相关税款数额较大时，通常可能会涉及相关的资料提供和问询事项。如果主管税务机关希望纳税人能按照其理解的意思操作的话，可能会先经由一个沟通程序，尽量由纳税人自主补税，以形成纳税人自愿缴纳的状态，从而避免自身的执法风险（被复议或诉讼的可能性）。不过，这并不是说不会有立案检查或稽查的可能，只是说这种概率相对较小，但同时可能受到宏观政策、营商环境政策、征管政策、税收任务进度压力等各种因素的影响。

具体到本案，就刑事风险而言，在业务真实且相关合同与交易合法合规的前提下，涉及虚开增值税发票等刑事犯罪的风险极低。

就税务行政处罚风险而言，行政处罚应当以行政相对人有主观过错为前提，在公司没有故意偷逃税款的前提下，因对税收政策存在不同理解导致少缴税款的，受到行政处罚的风险较低。

就税务行政处理风险而言，如部分地方税务局有反对意见且经后续沟通税务局坚持不采纳有利于纳税人的观点的，有一定可能性要求公司补缴相应税款并缴纳滞纳金。

三、启示与思考

对于上述的《关于快递收派服务免征增值税政策的公告》等新税收优惠政策，由于其无法对实施细则等内容进行全方面的规定，具体的实施情况主要还是依靠地方税务局对个案情况的认定，但一般来说地方税务局对此类情况都是比较谨慎的，偏向于对税收优惠的范围和方式等进行限缩解释，在不认定适用税收优惠的基础上可能会引发纳税人的涉税风险。基于涉税行政处罚一般都需要以当事人过错为要件，只要不存在偷逃税的恶意一般不会导致严重的涉税风险，但落实到个案，仍需要通过与税务局进行多次沟通协商、调整申报方式从而更好地规避风险、适用相关税收政策。

附录1:相关法律法规政策规定(略)

附录2:相关法律及涉税文书(略)

020

资产重组中企业所得税等优惠政策的适用*

——某房地产投资集团公司税收优惠政策申请案

摘要：企业重组，是指企业在日常经营活动以外发生的法律结构或经济结构重大改变的交易，包括企业法律形式改变、债务重组、股权收购、资产收购、合并、分立等。国家针对并购重组制定了一系列的财税优惠政策，但在实际执行这些政策的过程中，可能会涉及一些专用术语如何理解的问题。无论是增值税优惠政策中的"置换"一词，还是企业所得税、契税政策中的"划转"一词，都有"无对价转让"的核心意涵，理解总局不同司局制定的税收优惠政策，既要严格遵循政策规定，又要合理把握政策原意，使得税收优惠政策保质保量地注入到企业重组中来，也更有利于实现纳税人的正当税收利益。

一、案情简介

2015年1月，房地产企业J公司投资1.5亿元独资设立（100%股权）F酒店管理公司。F酒店为J公司名下资产，资产价值×××万元。根据企业战略发展和经营管理需要，J公司拟采取F酒店管理公司向J公司租赁并运营F酒店的方案，同时将J公司名下F酒店资产以及与其相关联的债权、负债和劳动力一并

* 在并购重组实务中，特殊性税务处理成为一个重要的规划事项。需要指出的是，尽管国家对并购重组事项设定了相应的税收优惠政策，但需要注重相关前提性事项是否满足，或者通过商业安排是否能达到税收政策适用的条件，这在团队辅导过程中尤其值得重视。与此同时，国家税务总局相关司局作为草拟税收政策的实际执行机构，可能对相同或近似事项规定了不同的语词表达或定义，这就需要在运用时抽象出同类项和公约数，以便于相关操作能够获得基层税务机关的理解和认可。

置换并划转到F酒店管理公司名下,以利于F酒店管理公司更好地对F酒店资产进行更为专业化的管理。J公司拟申请企业重组的相关政策,并向主管税务机关提交了《资产转让协议》,但主管税务机关认为,J公司目前的资产转让无法符合现行优惠政策的相关规定,在纳税辅导上税务机关未能同意J公司的意见。尽管"放管服"改革以来,税收优惠申请事项以备案为原则,但获得主管税务机关的认可会使纳税申报的风险更小。于是,J公司聘请税务律师团队,与主管税务机关沟通,并提交了专业税务法律意见。最终,税务机关内部研究并请示上级税务机关后,不再对J公司资产转让安排享受优惠政策提出反对意见。

二、法律分析

J公司将名下F酒店资产以及与其相关联的债权、负债和劳动力一并置换并划转到F酒店管理公司的税收政策适用事宜,在向主管税务机关咨询时,主要的反对意见是不符合税收优惠政策的适用条件。其中主要涉及增值税优惠政策中对"合并、分立、出售、置换等方式"中"置换"一词的理解以及企业所得税、契税等优惠政策中对"股权、资产划转"中"资产划转"一词的理解。尽管J公司在后续提交的材料中,已将《资产转让协议》更改为《资产重组协议》,并将"重组"界定为"资产的置换并划转",但主管税务机关内部在形式表述满足条件中是否符合实质要件时,无法形成统一的意见,但在听取税务律师的专业意见后,对相关优惠政策的原理及实质要件进行了研究,未再强调这些方案不属于应予享受相关优惠政策的情形。①

(一)此次资产重组的商业目的及具体方式

目前由J公司直接对F酒店进行管理的模式不符合企业战略发展及专业化经营管理的需要,按照"实际管理、属地管理和品牌管理"的原则,F酒店管理公司向J公司租赁F酒店资产并实际进行专业化的运营管理。一方面,将F酒店资产注入到F酒店管理公司,能有效保障资产所有权与资产经营权一致,并实际解决可能存在的关联交易事项;另一方面,F酒店管理公司在重组完成后可以利用经营性物业申请银行贷款,也有利于解决目前民营企业融资难、融资贵的

---

① 相关内容摘自王桦宇律师、董珊珊律师出具的法律意见书,部分内容有调整。

问题。

此次重组在技术上存在两种方式：一是先分立后合并，即先从J公司分立出F酒店资产以及与其相关联的债权、负债和劳动力，然后再与F酒店管理公司合并，但此种方式时间太长，程序太久，且房产要两次过户；二是进行资产置换并重组，也即将J公司名下F酒店资产以及与其相关联的债权、负债和劳动力一并置换并划转到F酒店管理公司，此种方式操作时间短，也可以适用国家关于资产重组的相关税收政策。J公司采取了第二种重组方式。

（二）此次资产重组的税收政策适用事项

此次资产重组涉及的主要税种是增值税、企业所得税和契税，并需要适用相应的税收优惠政策。由于增值税、企业所得税和契税中对资产重组可享受优惠政策的前提条件表述不一致，但实际指向的具体业务事项之间其实并无太大差异或者能予以涵盖，所以J公司在《资产重组协议》中的用词为“置换并划转”。

1. 关于“置换”与“划转”的语词比较

《现代汉语词典（第7版）》在第1693页解释“置换”有两个义项，一是化学上所称的单质替代化合物的转换，二是习惯上理解的替换；该词典在第563页解释“划转”时列示了唯一义项，即划拨转账。当然这只是一种常规和通常意义上的概念理解，但也对业务性质的实质做了较为明晰的概括，即强调“交换或变动”和“无须另付对价”。置换是指资产或权益的相互替换，划转是指资产或权属的相互变动。在相关资产和权益同时都归属特定主体时，置换和划转其实并无太大差异。

2. 增值税政策

根据《国家税务总局公告2011年第13号——关于纳税人资产重组有关增值税问题的公告》（国家税务总局公告2011年第13号）的规定，“纳税人在资产重组过程中，通过合并、分立、出售、置换等方式，将全部或者部分实物资产以及与其相关联的债权、负债和劳动力一并转让给其他单位和个人，不属于增值税的征税范围，其中涉及的货物转让，不征收增值税”。

根据《财政部、国家税务总局关于全面推开营业税改征增值税试点的通知》（财税〔2016〕36号，部分失效）之附件2《营业税改征增值税试点有关事项的规定》的规定，“（二）不征收增值税项目。……5. 在资产重组过程中，通过合并、分立、出售、置换等方式，将全部或者部分实物资产以及与其相关联的债权、负债和劳动力一并转让给其他单位和个人,其中涉及的不动产、土地使用权转让行为”。

在本次资产重组中,《资产重组协议》用词为“置换并划转”。考察其经济实质,J公司确系将实物资产以及与其相关联的债权、负债和劳动力一并转让至100%控股的子公司,置换取得的对价是长期股权投资××××万元,应予不征收增值税。

3. 企业所得税政策

根据《财政部、国家税务总局关于促进企业重组有关企业所得税处理问题的通知》(财税〔2014〕109号)的规定,“对100%直接控制的居民企业之间,以及受同一或相同多家居民企业100%直接控制的居民企业之间按账面净值划转股权或资产,凡具有合理商业目的、不以减少、免除或者推迟缴纳税款为主要目的,股权或资产划转后连续12个月内不改变被划转股权或资产原来实质性经营活动,且划出方企业和划入方企业均未在会计上确认损益的,可以选择按以下规定进行特殊性税务处理:1. 划出方企业和划入方企业均不确认所得。2. 划入方企业取得被划转股权或资产的计税基础,以被划转股权或资产的原账面净值确定。3. 划入方企业取得的被划转资产,应按其原账面净值计算折旧扣除”。

《国家税务总局公告2015年第40号——关于资产(股权)划转企业所得税征管问题的公告》(国家税务总局公告2015年第40号)规定,《财政部、国家税务总局关于促进企业重组有关企业所得税处理问题的通知》(财税〔2014〕109号)第3条所称“100%直接控制的居民企业之间,以及受同一或相同多家居民企业100%直接控制的居民企业之间按账面净值划转股权或资产”,限于以下情形:100%直接控制的母子公司之间,母公司向子公司按账面净值划转其持有的股权或资产,母公司获得子公司100%的股权支付。母公司按增加长期股权投资处理,子公司按接受投资(包括资本公积)处理。母公司获得子公司股权的计税基础以划转股权或资产的原计税基础确定。

在本次资产重组中,《资产重组协议》用词为“置换并划转”。考察其经济实质,J公司确系将实物资产及债权、负债和劳动力一并划转至100%控股的子公司,应不予征收企业所得税。

4. 契税政策

根据《财政部、税务总局关于继续支持企业事业单位改制重组有关契税政策的通知》(财税〔2018〕17号)的规定,对承受县级以上人民政府或国有资产管理部门按规定进行行政性调整、划转国有土地、房屋权属的单位，免征契税。同一投资主体内部所属企业之间土地、房屋权属的划转，包括母公司与其全资子公司之间，同一公司所属全资子公司之间，同一自然人与其设立的个人独资企业、一人有限公司之间土地、房屋权属的划转，免征契税。母公司以土地、房屋权属向其全资子公司增资，视同划转，免征契税。

在本次资产重组中，《资产重组协议》用词为"置换并划转"。考察其经济实质，J公司确系将实物资产及债权、负债和劳动力一并划转至100%控股的子公司，应予免征契税。

三、启示与思考

由于经济社会的高速发展，市场交易日趋复杂化和多元化，国家财税主管部门颁布的税收规范性文件往往不能涵盖市场交易和资产重组的全部表现形式和具体事项，在适用税收优惠政策时宜考察相关规范性文件的政策目的、相关语词的通用概念以及纳税人权利保护的综合立场，结合并深究相关市场交易的经济实质，得出较为妥适和合理的税收政策见解要点。

附录1：相关法律法规政策规定

纳税人在资产重组过程中，通过合并、分立、出售、置换等方式，将全部或者部分实物资产以及与其相关联的债权、负债和劳动力一并转让给其他单位和个人，不属于增值税的征税范围，其中涉及的货物转让，不征收增值税。

——《国家税务总局公告2011年第13号——关于纳税人资产重组有关增值税问题的公告》

（国家税务总局公告2011年第13号，2011年3月1日施行～现行有效）

（二）不征收增值税项目

……

5. 在资产重组过程中，通过合并、分立、出售、置换等方式，将全部或者部分实物资产以及与其相关联的债权、负债和劳动力一并转让给其他单位和个人，其中涉及的不动产、土地使用权转让行为。

——《财政部、国家税务总局关于全面推开营业税改征增值税试点的通知》

(财税〔2016〕36号之附件2,2016年5月1日施行~该条现行有效)

三、关于股权、资产划转

对100%直接控制的居民企业之间,以及受同一或相同多家居民企业100%直接控制的居民企业之间按账面净值划转股权或资产,凡具有合理商业目的、不以减少、免除或者推迟缴纳税款为主要目的,股权或资产划转后连续12个月内不改变被划转股权或资产原来实质性经营活动,且划出方企业和划入方企业均未在会计上确认损益的,可以选择按以下规定进行特殊性税务处理:

1. 划出方企业和划入方企业均不确认所得。

2. 划入方企业取得被划转股权或资产的计税基础,以被划转股权或资产的原账面净值确定。

3. 划入方企业取得的被划转资产,应按其原账面净值计算折旧扣除。

——《财政部、国家税务总局关于促进企业重组有关企业所得税处理问题的通知》(财税〔2014〕109号,2014年1月1日施行~现行有效)

《通知》①第三条所称"100%直接控制的居民企业之间,以及受同一或相同多家居民企业100%直接控制的居民企业之间按账面净值划转股权或资产",限于以下情形:

(一)100%直接控制的母子公司之间,母公司向子公司按账面净值划转其持有的股权或资产,母公司获得子公司100%的股权支付。母公司按增加长期股权投资处理,子公司按接受投资(包括资本公积,下同)处理。母公司获得子公司股权的计税基础以划转股权或资产的原计税基础确定。

——《国家税务总局公告2015年第40号——关于资产(股权)划转企业所得税征管问题的公告》

(国家税务总局公告2015年第40号,2015年5月27日施行~现行有效)

① 指财税〔2014〕109号。

六、资产划转

对承受县级以上人民政府或国有资产管理部门按规定进行行政性调整、划转国有土地、房屋权属的单位，免征契税。

同一投资主体内部所属企业之间土地、房屋权属的划转，包括母公司与其全资子公司之间，同一公司所属全资子公司之间，同一自然人与其设立的个人独资企业、一人有限公司之间土地、房屋权属的划转，免征契税。

母公司以土地、房屋权属向其全资子公司增资，视同划转，免征契税。

——《财政部、税务总局关于继续支持企业事业单位改制重组有关契税政策的通知》（财税〔2018〕17号，2018年1月1日施行～延期执行至2023年12月31日）

附录2：相关法律及涉税文书

附件：股东决定

股东决定

根据《公司法》及公司章程，J建设发展有限公司（以下简称J公司）股东F集团有限公司决定如下：

一、同意J公司将F酒店资产（具体层数：××～××）及相关的债权、债务、劳动力一并置换并划转到J公司的全资子公司F酒店管理有限公司（以下简称F酒店公司）。具体入账金额以置换并划转交割日账面净值为准。

二、J公司与F酒店公司按国家相关的法律、法规、政策办理相关资产、债权、债务、劳动力的过户手续。

股东：F集团有限公司

2020年×月××日

021

土地使用权转让合同纠纷终审后土地增值税转让价的确认*

——某房地产公司不动产权属涉税争议案

摘要：根据相关法律法规、规章和规范性文件的规定，结合民法、税法等相关法理和征管实践政策口径，本案中的“涉案地块”的土地增值税的纳税义务发生时间宜确定在相关主体签署对应协议(《合作开发协议书》)并通过相互发函的方式，明确对“涉案地块”进行权属变更的时间点。同时，按照《国家税务总局关于未申报税款追缴期限问题的批复》(国税函〔2009〕326号)的口径理解，该涉税情形已经不在追征期之内，与此相对应的税款、税收滞纳金也未被税法强制性规范所要求，亦不存在需予以行政处罚的情形。

一、案情简介

自1992年11月起，F公司、E公司、H公司三家公司分别签署房地产开发协议，后因纠纷诉诸法院。2000年××省高级人民法院作出民事判决书[案号为(1999)×法民终字第×××号]，其中载明，“本院认为，各方当事人依上诉无效合同所取得的财物均应互相返还”。

2000年12月2日，F公司与E公司签署《债权债务履行协议书》，双方达成合意：明确E公司欠F公司本息共计2900万元(计算至签订本协议时)，E公司

---

* 本案是一个延绵十余年的土地使用权争议案件。在最终进行土地权属变更时，土地增值税的争议使得变更事项遇到巨大不确定性。团队的税务法律意见书对本案中纳税义务发生时间的分析，对主管税务机关最终按照有利于纳税人的计算口径“放行”起到了重要的支撑作用。

以名下的土地作价抵偿给F公司。

2000年12月28日,F公司与E公司签署《合作开发协议书》。其中载明:E公司名下的土地,交由乙方指定的公司(A公司)承担开发经营中的一切责任、权利和义务;A公司负责偿还H公司和乙方的土地款等;除已销售的土地和诉讼以及抵押的资产外,其他土地及资产的过户时间,甲、乙方要按照A公司的要求办理。费用由A公司负责。

2001年6月18日至19日,F公司、E公司、W公司三家公司通过相互发函的方式,确认W公司即为A公司,承接《合作开发协议书》中的一切责任、权利和义务。

2004年1月6日,××省××市中级人民法院根据《债权债务履行协议书》作出民事裁定书[案号为(1997)×中法审执字第××~×号]。其中载明:"本院认为,申请执行人与被执行人在执行过程中为了履行生效法律文书所达成的执行和解协议,符合有关法律规定,应予准许。"同时法院作出裁定,"一、……×国用(2001)字第×××××号、×国用(2001)字第×××××号、×国用(2001)字第×××××号、×国用(2001)字第×××××号、×国用(2001)字第×××××号的地块……用于以物抵债给F公司,抵偿E公司欠F公司本息共2900万元的全部债务,应缴的土地使用权转让费由F公司负责。二、F公司已支付1407万元给H公司的全部债权债务履行完毕;E公司将上述土地用于抵偿所欠F公司2900万元的本息后,E公司与F公司的全部债权债务履行完毕。(1999)×法民终字第×××号民事判决书终结执行"。

E公司原法定代表人兼股东甲多年来,屡次主张《债权债务履行协议书》是虚假的,要求撤销(1997)×中法审执字第××~×号民事裁定书,但是,2017年12月11日,××省高级人民法院作出执行监督案件办理情况通知书[案号为(2017)×执监××号],驳回了甲的申诉请求。2018年7月27日,××省高级人民法院再作出两份执行裁定书,案号分别为(2018)×执复×××号、(2018)×执复×××号,裁定驳回甲的复议申请。

其后,W公司申请办理土地权属变更,因涉及土地增值税缴税前置问题,W公司向主管税务机关咨询缴税事宜。W公司主张按照2001年6月19日各方发函确认土地权属变更的时间点及相应价格作为土地增值税的转让所得计算土地增值税,但税务局认为价格偏低,应按照当前的房地产评估价格进行征收。W

公司聘请税务律师团队提供税务法律意见书给主管税务机关参考,税务机关经内部研究并请示后,同意纳税人暂按当时约定的相应价格作为计算依据申报缴纳土地增值税。

二、法律分析

土地增值税是房地产企业在日常税务管理中遇到的主要问题之一,由于土地增值税制度本身的规则抽象性、理解多元性、征管属地性等特征,主管税务机关和纳税人对土地增值税政策的理解多有不同,甚至是税务机关内部对同一案件办理的观点也存在差异。具体到本案中,涉及的几个主要争议问题如下:一是如何在前后若干司法文书中确定法律上认可的不动产转让时间;二是不动产权属变动依据是合同约定之日还是法院最终判决之日抑或不动产登记实际变更之日;三是《土地增值税暂行条例》的纳税义务发生事件如何理解;四是对此等土地增值税事项是否需要追征及产生行政处罚。[①]

(一)未办理物权登记不影响合同效力

根据《民法典》相关规定和民法原理,民事主体对不动产权属变动有相应约定的,自合意成立时生效,未办理物权登记的,不影响合同效力。

《民法典》第143条规定:“具备下列条件的民事法律行为有效:(一)行为人具有相应的民事行为能力;(二)意思表示真实;(三)不违反法律、行政法规的强制性规定,不违背公序良俗。”

《民法典》第215条规定:“当事人之间订立有关设立、变更、转让和消灭不动产物权的合同,除法律另有规定或者当事人另有约定外,自合同成立时生效;未办理物权登记的,不影响合同效力。”

适格民事主体基于诚实信用、意思自治原则签署的合同在不违反法律强制性规定以及不违背公序良俗的前提下应属有效,对于合同当事人亦具有约束力,各方均应按照约定的条款履行协议;民事主体作出的意思表示可以以明示或默示的方式,只要符合相应的条件即为有效的民事法律行为;民事主体对不动产权属作出相应约定的,自合同合意成立时生效,未办理物权登记的,不影响合同效力。

---

① 相关内容摘自王桦宇律师、姜程律师出具的税务法律意见书,部分内容有调整。

在本案中，F公司、E公司双方为履行(1999)×法民终字第×××号生效判决书确定的权利义务，选择通过以物抵债的方式达成执行和解，并于2000年12月2日签署《债权债务履行协议书》。××市中级人民法院作为彼时的管辖法院，依据当时合法有效的法律法规之规定，在2004年1月6日作出的(1997)×中法审执字第××～×号裁定书，明确包括“涉案地块”在内的位于××镇××村面积共401,758平方米的土地权属归F公司所有。

此后，F公司、E公司双方为妥善解决包括“涉案地块”在内的E公司名下所有土地的一系列事宜(包括土地权归属、后续开发、复工建设、职工偿债、贷款追偿等)，达成了“一揽子”解决方案，并于2000年12月28日签署《合作开发协议书》，明确增加A公司来承揽一切权利义务。此后，2001年6月18日至19日，F公司、E公司、W公司三家公司通过相互发函的方式，明确W公司即为A公司。根据《民法典》第134条有关意思表示的规定，三家公司已经通过明示的方式作出意思表示，明确W公司作为有权主体承接E公司名下的土地，包括“涉案地块”。

探求《合作开发协议书》的原意，应理解为通过“一揽子”解决方案，由W公司提供资金支持，即W公司替E公司代偿欠款，E公司将包括“涉案地块”在内的土地转让给W公司，由此W公司、E公司之间的债权债务纠纷可得到妥善解决，即三方实质上变更了《债权债务履行协议书》，而根据民事法律行为效力的判定规则，该等变更是合法有效的。

综上，2001年6月19日，三家公司达成了包括“涉案地块”在内的E公司名下的地块权属均转让给W公司的真实意思表示。2004年1月6日，××市中级人民法院作出(1997)×中法审执字××～×号裁定书，其依据是2000年12月2日签署的《债权债务履行协议书》，未能体现在变更后的《合作开发协议书》中三家公司达成的合意，但这并不影响对各方主体的法律关系和土地权属的判定。

(二)物权变动判断的依据是法律规定或当事人合意

通常而言，不动产物权变动中的登记行为本身不应当被直接视为物权变动的判断依据，物权变动的判断依据是法律规定或当事人合意。

《民法典》第502条第1款规定：“依法成立的合同，自成立时生效，但是法律另有规定或者当事人另有约定的除外。”

《民法典》第214条规定：“不动产物权的设立、变更、转让和消灭，依照法律规定应当登记的,自记载于不动产登记簿时发生效力。”

《民法典》第215条规定:“当事人之间订立有关设立、变更、转让和消灭不动产物权的合同,除法律另有规定或者当事人另有约定外,自合同成立时生效;未办理物权登记的,不影响合同效力。”

《民法典》第220条第1款规定:“权利人、利害关系人认为不动产登记簿记载的事项错误的,可以申请更正登记。不动产登记簿记载的权利人书面同意更正或者有证据证明登记确有错误的,登记机构应当予以更正。”

根据《民法典》相关规定和民法原理,以发生物权变动为目的的基础关系主要是合同,而合同的成立及生效应依据合同法来判断,即自合同合意成立时生效;不动产物权变动中的登记行为本身不应当被直接视为物权变动的判断依据,物权变动的判断依据是法律规定或当事人合意,在本案中具体表现为当事人合意,即三方达成《债权债务履行协议》之时。

在本案中,F公司、E公司、W公司三方已经作出明确的意思表示,即将“涉案地块”的权属转让给W公司,而民事法律行为以意思表示为构成要素,在民法理论和实践上也应当贯彻意思自治的原则。基于民事法律行为这一基本特征,物权变动也应当是当事人意思表示推动的结果,即不动产登记本身只是物权变动的结果表现。在目前时点,“涉案地块”的权属依旧登记在E公司名下,但是根据《民法典》第215条的规定,有关“涉案地块”权属转让的协议合法有效,即不动产物权变动的合意已经达成,W公司作为“涉案地块”的实际权利人,有权要求进行不动产变更以恢复到实际应有的权利状态。

(三)土地增值税纳税义务发生时间是指权属变更合意确认日

根据税法规定和税法原理,并结合民法制度,土地增值税纳税义务发生时间是指权属变更合意确认日,也即税法上所称“房地产转让合同签订当日”,其计税基础和计算方式以该日为基准日进行确认。

《土地增值税暂行条例》第10条规定:“纳税人应当自转让房地产合同签订之日起7日内向房地产所在地主管税务机关办理纳税申报,并在税务机关核定的期限内缴纳土地增值税。”

《土地增值税暂行条例》第12条规定:“纳税人未按照本条例缴纳土地增值税的,土地管理部门、房产管理部门不得办理有关的权属变更手续。”

《国家税务总局关于未办理土地使用权证转让土地有关税收问题的批复》

(国税函〔2007〕645 号,部分失效)规定,“土地使用者转让、抵押或置换土地,无论其是否取得了该土地的使用权属证书,无论其在转让、抵押或置换土地过程中是否与对方当事人办理了土地使用权属证书变更登记手续,只要土地使用者享有占有、使用、收益或处分该土地的权利,且有合同等证据表明其实质转让、抵押或置换了土地并取得了相应的经济利益,土地使用者及其对方当事人应当依照税法规定缴纳营业税、土地增值税和契税等相关税收”。

另外,《土地增值税法(征求意见稿)》第 13 条规定,“土地增值税纳税义务发生时间为房地产转移合同签订的当日”。该征求意见稿虽仅系立法过程稿,但体现了国务院财税主管部门对增值税纳税义务发生时间的再次确认。

根据《土地增值税暂行条例》等相关法规政策的规定,土地增值税是对转让国有土地使用权及其地上建筑物和附着物的行为课征税收,纳税义务发生时间是指权属变更合意确认日,也即税法上所称“房地产转让合同签订当日”,土地增值税的计税基础和计算方式以该日为基准日进行确认。同时,缴纳土地增值税系不动产登记部门办理权属变更手续的前置性程序,即确认应税事实并计算税款在不动产登记之前,不动产登记是依据法律规定或合同约定进行的法律效果,也是土地增值税纳税申报并缴纳方可进行的技术性程序。在技术逻辑上理解,依托是否登记判定的权属变更时点不可能成为增值税纳税义务发生时间。

在本案中,F 公司、E 公司、W 公司三方在 2001 年 6 月 19 日即对“涉案地块”权属变更达成合意,已满足土地增值税纳税义务发生时间的确认条件。若适当参考《土地增值税法(征求意见稿)》第 13 条的规定,则可更明确理解土地增值税的纳税义务时间即为房地产转移合同签订的当日。

在税收征管实践和涉税行政案件司法裁判中,人民法院对土地增值税纳税义务发生时间明确确认为“合同签订时间”的生效判决文书也较为常见。浏阳市浏阳湖酿酒厂、国家税务总局浏阳市税务局税务行政管理(税务)二审行政判决书[案号为(2020)湘 01 行终 791 号],该终审判决书在“本院认为”部分,依据《土地增值税暂行条例》第 10 条明确对土地增值税纳税义务发生时间进行了确认:“土地增值税的纳税义务发生时间与合同签订时间相关,与土地过户时间无关。”

综上,虽然截至本法律意见书出具之日,“涉案地块”的权属仍然登记在 E 公司的名下,但是针对相关地块的土地增值税的纳税义务时间宜确定在权属变更达成合意的时间,而非办理变更权属登记手续的时间。

(四)行政处罚原则上以存在过错为前提

根据《税收征收管理法》和《行政处罚法》的相关规定,对于非“偷抗骗”情形下税务机关的追征期在5年以内,税收滞纳金原则上与欠缴税款一并征收但一般以“有责性”为前提,行政处罚需以“存在过错”为前提。

《税收征收管理法》第32条规定:“纳税人未按照规定期限缴纳税款的,扣缴义务人未按照规定期限解缴税款的,税务机关除责令限期缴纳外,从滞纳税款之日起,按日加收滞纳税款万分之五的滞纳金。”

《税收征收管理法》第52条规定:“因税务机关的责任,致使纳税人、扣缴义务人未缴或者少缴税款的,税务机关在三年内可以要求纳税人、扣缴义务人补缴税款,但是不得加收滞纳金。因纳税人、扣缴义务人计算错误等失误,未缴或者少缴税款的,税务机关在三年内可以追征税款、滞纳金;有特殊情况的,追征期可以延长到五年。对偷税、抗税、骗税的,税务机关追征其未缴或者少缴的税款、滞纳金或者所骗取的税款,不受前款规定期限的限制。”

《税收征收管理法》第64条第2款规定:“纳税人不进行纳税申报,不缴或者少缴应纳税款的,由税务机关追缴其不缴或者少缴的税款、滞纳金,并处不缴或者少缴的税款百分之五十以上五倍以下的罚款。”

《税收征收管理法》第86条规定:“违反税收法律、行政法规应当给予行政处罚的行为,在五年内未被发现的,不再给予行政处罚。”

《行政处罚法》第33条第1款、第2款规定:“违法行为轻微并及时改正,没有造成危害后果的,不予行政处罚。初次违法且危害后果轻微并及时改正的,可以不予行政处罚。当事人有证据足以证明没有主观过错的,不予行政处罚。法律、行政法规另有规定的,从其规定。”

《国家税务总局关于未申报税款追缴期限问题的批复》(国税函〔2009〕326号)确认:“税收征管法第五十二条规定:对偷税、抗税、骗税的,税务机关可以无限期追征其未缴或者少缴的税款、滞纳金或者所骗取的税款。税收征管法第六十四条第二款规定的纳税人不进行纳税申报造成不缴或少缴应纳税款的情形不属于偷税、抗税、骗税,其追征期按照税收征管法第五十二条规定的精神,一般为三年,特殊情况可以延长至五年。”

在本案中,就“涉案地块”而言,W公司并非故意逃避申报缴纳土地增值税税款,实属多种客观因素的影响(土地被查封、相关自然人的投诉举报、法院诉讼及相关司法程序等原因)导致不动产权属未能最终得到裁判文书的定分止争,也无法确认是否应予以及何时申报缴纳土地增值税。

现行《税收征收管理法》对税务机关责任、纳税人计算错误、偷抗骗等情形的补缴税款及滞纳金的3年或5年追征期作了明确规定。国税函〔2009〕326号文则明确规定,不进行纳税申报造成不缴或少缴税款不属于偷抗骗情形,其追征期一般为3年,特殊情况可以延长至5年。在本案中,人民法院作出相应裁判文书,只是对此前民事法律关系效力的确认,而非成立或构建新的民事法律关系,税法上相对应的涉税行为、事实与纳税义务并未因此产生时间上的变化。W公司的纳税义务发生在合意转让不动产权属之时,其申报缴纳时间在合意达成之日起7日内,该时点截至本法律意见书作出之日起已明显超过5年,且不属于偷抗骗情形,按照国税函〔2009〕326号的口径理解,该涉税情形已经不在追征期之内。

就税收滞纳金而言,按照税法学理,税收滞纳金一般以“有责性”为前提,也即可归责于纳税人为前提,对于不可归责于纳税人的情形宜予以排除适用。现行《税收征收管理法》对税务机关责任、纳税人计算错误、偷抗骗等情形的补缴税款及滞纳金的3年或5年追征期作了明确规定。在本案中,所涉情形并不属于前述三种情形之一,按照行政机关执法须“明确有据”“法无授权不可为”并秉承纳税人权利保护的理念原则,结合前述税法原理,对于不可归责事由不应承担滞纳金义务。而且,按前段所述,该所涉情形已经超过追征期,如税款本身不受追究,则滞纳金追究也相应不成立。

就税务行政处罚而言,按照《税收征收管理法》《行政处罚法》等法律法规的规定,应以“存在过错”为前提,且适用5年的处罚时效,对不存在过错的涉税情形,不应予以行政处罚。在本案中,对于“不可归责”事由纳税人亦不应被予以行政处罚。而且,按前段所述,该所涉情形已经经过追征期,如税款本身不受追究,又经过行政处罚的时效,则税务行政处罚也相应不成立。

需要特别指出的是,考虑到税法上规定土地增值税纳税义务以权属流转为前提,即使“涉案地块”在本次权属移转中没有申报缴纳土地增值税,也会在下次不动产权属转移时产生,即该土地增值部分仍然会被课税。从中长期看,国家实体税收利益并未因此受到实际影响。至于纳税人自愿与主管税务机关沟通在税法规定的合理口径内补申报缴纳土地增值税税款以完成土地权属变更的前置手续,属于纳税人自行处理其涉税程序权利的行为,税法上亦予以认可。

三、启示与思考

首先,本案涉及民法与税法的关系。民法作为市民社会的基本法律,是市场主体从事民商事交往的基础规则,税法规则对交易事实的认定以及对法律规则的适用原则上都需要建立在民法基础上,并形成“民法在先、税法在后”的法律调整秩序。[①] 在德发案中,法院判词即秉承这一理念,即便是在特殊情况下税务机关仍独立于民法规则的税法上的纳税核定权,但从一般原则上来讲,法院还是认为,“如果没有法定机构依法认定拍卖行为无效或者违反拍卖法的禁止性规定,原则上税务机关应当尊重作为计税依据的拍卖成交价格,不能以拍卖价格明显偏低为由行使核定征收权”。[②] 在2001年《税收征收管理法》修订过程中,就引用了民法上的担保、撤销等概念,引申出税收代位权、税收撤销权等概念并写入法律条文中。[③]

其次,关于各税种纳税义务发生时间的理解。我国现代意义上的税法规则始于授权立法,[④]除《企业所得税法》、《个人所得税法》和《税收征收管理法》外,很长时间以来我国的税法都是以暂行条例这一授权立法形式来规定的,[⑤]而且一些税种的暂行条例关于税制要素的规定也比较简单,增值税等部分税种的暂

---

① 参见贾先川、米伊尔别克·赛力克:《论民法典时代税法对民法规范的适度承接》,载《税务研究》2021年第10期。

② 最高人民法院行政判决书,(2015)行提字第13号。

③ 《税收征收管理法》第50条规定:“欠缴税款的纳税人因怠于行使到期债权,或者放弃到期债权,或者无偿转让财产,或者以明显不合理的低价转让财产而受让人知道该情形,对国家税收造成损害的,税务机关可以依照合同法第七十三条、第七十四条的规定行使代位权、撤销权。税务机关依照前款规定行使代位权、撤销权的,不免除欠缴税款的纳税人尚未履行的纳税义务和应承担的法律责任。”

④ 一般认为,我国现代化意义上的税制体系建立始于1994年。1993年12月15日,国务院发布《关于实行分税制财政管理体制的决定》,自次年1月1日起实施,并建立以增值税为主体的流转税体系,统一企业所得税制,分设国地税“两套征收班子”。

⑤ 现在仍然存在税收授权立法,其主要依据是1984年全国人大常委会通过《关于授权国务院改革工商税制发布有关税收条例草案试行的决定》和1985年全国人大通过的《关于授权国务院在经济体制改革和对外开放方面可以制定暂行的规定或者条例的决定》。1984年的授权决定已经废止,1985年的授权决定因为还涉及税收立法之外的其他事项,暂时尚未废止。但按照《立法法》的规定和落实税收法定原则的要求,应在可能的范围内尽快废止,并进一步对授权立法加强规范。

行条例规定了明确的纳税义务发生时间的条款，也有部分税种如土地增值税等暂行条例没有直接具体地规定该税种纳税义务的发生时间，当然这并不影响其可以根据税法原理和相关条款来理解。结合《土地增值税暂行条例》第 10 条、《土地增值税法》第 13 条的规定以及国家税务总局相关批复的意见，再结合目前征管的实践，土地增值税纳税义务发生时间为房地产转移合同签订的当日。①

最后，对于如何理解相对不那么明确的税收政策，实际在征管实践中是一个绕不开的问题。② 社会经济纷繁复杂，交易模式层出不穷，法律关系混同交织，税法毕竟是先制定出来而后实施的法，这里面可能存在制定时忽略和没有考虑到的事项，也可能存在后面的涉税行为或事实出现后适用之前制定的规则会出现不公平的情形，还可能存在对立法原意站在不同角度有不同见解且皆有道理的情形。在征管实践中，税务机关基于规避渎职风险的考虑往往倾向于有利于税务机关的理解，但这样又可能衍生征税过度的执法风险。对纳税人而言，如果某个涉税事项存在不同理解，若按照有利纳税人的理解申报但后面又被认定理解错误，会产生补税及滞纳金甚至是行政处罚的风险；若不如此申报又可能会多缴税款。因此，需要建立科学、良善、便捷和法治化的涉税争议解决机制，特别是完善好税务听证、税务行政复议和行政诉讼及其相关配套制度。

附录 1：相关法律法规政策规定

第五十二条　因税务机关的责任，致使纳税人、扣缴义务人未缴或者少缴税款的，税务机关在三年内可以要求纳税人、扣缴义务人补缴税款，但是不得加收滞纳金。

因纳税人、扣缴义务人计算错误等失误，未缴或者少缴税款的，税务机关在

---

① 这里面还涉及签订当日和合同约定的使用权转让时间所在日不一致的情况，若按照各相关规定的文意理解，可能理解为签订当日；但是从税法原理和经济实质的角度，除非存在避税的故意，以合同约定的使用权转让时间更为妥适。

② 就法律解释而言，主要是探求和阐明法律的意旨，即法律文意的意旨，在学理依据上包括探求立法者原意的主观说和注重规则本身意涵的客观说，但总体上，相关税法解释应当符合情理，兼顾税收征收机构、纳税人、社会公众等多方利益和良善税收秩序的维护。参见陈清秀：《税法总论》，法律出版社 2019 年版，第 141～143 页。

三年内可以追征税款、滞纳金；有特殊情况的，追征期可以延长到五年。

对偷税、抗税、骗税的，税务机关追征其未缴或者少缴的税款、滞纳金或者所骗取的税款，不受前款规定期限的限制。

——《税收征收管理法》(2015 年修正，现行有效)

第八十二条 税收征管法第五十二条所称特殊情况，是指纳税人或者扣缴义务人因计算错误等失误，未缴或者少缴、未扣或者少扣、未收或者少收税款，累计数额在 10 万元以上的。

第八十三条 税收征管法第五十二条规定的补缴和追征税款、滞纳金的期限，自纳税人、扣缴义务人应缴未缴或者少缴税款之日起计算。

——《税收征收管理法实施细则》(2016 年修订，现行有效)

第二条 转让国有土地使用权、地上的建筑物及其附着物(以下简称转让房地产)并取得收入的单位和个人，为土地增值税的纳税义务人(以下简称纳税人)，应当依照本条例缴纳土地增值税。

第三条 土地增值税按照纳税人转让房地产所取得的增值额和本条例第七条规定的税率计算征收。

第四条 纳税人转让房地产所取得的收入减除本条例第六条规定扣除项目金额后的余额，为增值额。

第六条 计算增值额的扣除项目：

(一)取得土地使用权所支付的金额；

(二)开发土地的成本、费用；

(三)新建房及配套设施的成本、费用，或者旧房及建筑物的评估价格；

(四)与转让房地产有关的税金；

(五)财政部规定的其他扣除项目。

第七条 土地增值税实行四级超率累进税率：

增值额未超过扣除项目金额 50% 的部分，税率为 30%。

增值额超过扣除项目金额 50%、未超过扣除项目金额 100% 的部分，税率为 40%。

增值额超过扣除项目金额 100%、未超过扣除项目金额 200% 的部分，税率为50%。

增值额超过扣除项目金额200%的部分,税率为60%。

第十二条　纳税人未按照本条例缴纳土地增值税的,土地管理部门、房产管理部门不得办理有关的权属变更手续。

——《土地增值税暂行条例》(2011年修订,现行有效)

附录2:相关法律及涉税文书(略)

022

行政行为瑕疵导致的不动产变更登记应予免征土地增值税*

——某房地产集团不动产重新登记涉税专项法律服务

摘要：在企业存续分立过程中，常常涉及房地产等资产置换的问题，部分时候还会涉及与当地行政部门之间的土地使用权收回、转让等行政行为。一般认为，在存续分立方面根据特殊税务处理政策，无须缴纳增值税、企业所得税方面亦同。但在房地产权属转移且确认符合税法规定的条件下，企业可能需要承担土地增值税，税务机关目前倾向于征收土地增值税。若权属变更属于政府收回使用权等情形，则应当结合营改增的立法意图及相关政策，认定免征土地增值税。

一、案情简介

某房地产公司欲进行相关房产置换并将其划转到作为关联企业的旅游发展公司D公司，就不动产权证中存在的行政瑕疵与主管税务机关积极沟通，最终获认可适用土地增值税免征政策，并退回已缴契税约计300万元。

---

* 本案主要涉及房地产企业在因政府原因而重新登记产生的土地增值税事项，也同时涉及并购重组安排特别是关联方合并分立中相关政策的把握以及重组完成后的相关注意事项。需要指出的是，对于特殊性税务重组中相关约束性条件的把握，需要结合税法原理和政策规则，进行综合而妥适的把握。

二、法律分析

（一）B 集团有限公司与 B 信息咨询有限公司所涉股权转让事项

1. B 集团有限公司（以下简称 B 集团）与 B 信息咨询有限公司（以下简称 B 公司）作为 A 投资有限公司（以下简称 A 公司）的股东，在 A 公司存续分立 D 旅游公司（以下简称 D 公司）后连续 12 个月内转让所取得的股权可能会受到限制。

《财政部、国家税务总局关于企业重组业务企业所得税处理若干问题的通知》（财税〔2009〕59 号，已被修改）第 5 条规定，“企业重组同时符合下列条件的，适用特殊性税务处理规定：……（五）企业重组中取得股权支付的原主要股东，在重组后连续 12 个月内，不得转让所取得的股权”。

按照前述规定，A 公司的存续分立适用特殊性税务处理后，“取得股权支付的原主要股东，在重组后连续 12 个月内，不得转让所取得的股权”。B 集团与 B 公司作为 A 公司的股东，在 A 公司存续分立 D 公司后连续 12 个月内转让所取得的股权可能会因此受到限制。

2. 由于相关规范性文件表述的模糊性以及对特殊性税务重组税法原理适用存在不同理解，此次 B 集团和 B 公司的合并在税收征管实践中是否一定会被认定为属于限制性行为，仍有待商榷，需要与主管税务机关进行充分沟通。

根据《国家税务总局公告 2010 年第 4 号——关于发布〈企业重组业务企业所得税管理办法〉的公告》（国家税务总局公告 2010 年第 4 号，部分失效）第 20 条的规定，“《通知》第五条第（五）项规定的原主要股东，是指原持有转让企业或被收购企业 20% 以上股权的股东”。可以看出，财税〔2009〕59 号文第 5 条第 5 项所称“原主要股东”的认定存在两个条件：其一，需是转让企业或被收购企业的股东；其二，需是持有 20% 以上股权的股东。

根据《国家税务总局公告 2015 年第 48 号——关于企业重组业务企业所得税征收管理若干问题的公告》（国家税务总局公告 2015 年第 48 号，已被修改）第 1 条第 1 款的规定，“按照重组类型，企业重组的当事各方是指：（一）债务重组中当事各方，指债务人、债权人。（二）股权收购中当事各方，指收购方、转让方及被收购企业。（三）资产收购中当事各方，指收购方、转让方。（四）合并中当事各方,指合并企业、被合并企业及被合并企业股东。(五)分立中当事各方,指分立企业、被分立企业及被分立企业股东”。可以看出,仅在股权收购与资产收购中存在“转让方”,且仅在股权收购中存在“被收购企业”。

结合财税〔2009〕59 号文、国家税务总局公告 2010 年第 4 号、国家税务总局公告 2015 年第 48 号的内容和文字表述来看,财税〔2009〕59 号文第 5 条第 5 项所述可以理解为企业重组中取得股权支付的原持有转让企业或被收购企业 20% 以上股权的股东,在重组后连续 12 个月内,不得转让所取得的股权;而企业重组中取得股权支付的原持有被合并企业或分立企业 20% 以上股权的股东,在重组后连续 12 个月内,可以转让所取得的股权。

按照特殊性税务重组政策的相关法理,该项税务政策设立的基础和目的在于鼓励并购重组、符合量能负担原则和避免不合理的避税安排。相应地,在企业分立的特殊性税务重组规则中,设计了合理的商业目的、经营继续、权益连续等限制性条件。此次公司合并,是贯彻中央“民营企业做大做强”的经营决策,具有合理商业目的,相关业务经营继续且相关权益持续,符合适用特殊性税务重组政策的税法原理。

此次 B 集团和 B 公司的合并在税收征管实践中是否一定会被认定为属于限制性行为,仍有待商榷,需要与主管税务机关进行充分沟通。笔者倾向于认为,B 集团和 B 公司的合并,具有合理商业目的,也不违反相关税法法理,不属于财税〔2009〕59 号文中规定的限制性条件约束对象。

综上所述,B 集团与 B 公司作为 A 公司的股东,是否可以在 A 公司存续分立 D 公司后连续 12 个月内转让所取得的股权,在税务征管实践中具有一定程度上的争议,笔者倾向于认为不影响两家公司具有合理商业目的的合并安排。

(二)应准确理解 A 公司存续分立中的相关涉税政策

1. A 公司无须就存续分立 D 公司的事项缴纳增值税

2017 年新修订的《增值税暂行条例》第 1 条规定,在中华人民共和国境内销售货物或者加工、修理修配劳务,销售服务、无形资产、不动产以及进口货物的单位和个人,为增值税的纳税人,应当依照本条例缴纳增值税。

2011 年,国家税务总局分别出台了《国家税务总局公告 2011 年第 13 号——关于纳税人资产重组有关增值税问题的公告》(国家税务总局公告 2011 年第 13 号)和《国家税务总局公告 2011 年第 51 号——关于纳税人资产重组有关营业税问题的公告》(国家税务总局公告2011年第51号,已失效),分别从增值税和营业税的角度对资产重组中的相关税收政策进行了明确,“纳税人在资产重组过程中,通过合并、分立、出售、置换等方式,将全部或者部分实物资产以及与其相关联的债权、负债和劳动力一并转让给其他单位和个人”,“其中涉及的货物转让,不征收增值税”,“其中涉及的不动产、土地使用权转让,不征收营业税”。

全面营改增后,《财政部、国家税务总局关于全面推开营业税改征增值税试点的通知》(财税〔2016〕36号,部分失效)附件2《营业税改征增值税试点有关事项的规定》第一条延续了上述规定,该条规定“(二)不征收增值税项目……5.在资产重组过程中,通过合并、分立、出售、置换等方式,将全部或者部分实物资产以及与其相关联的债权、负债和劳动力一并转让给其他单位和个人,其中涉及的不动产、土地使用权转让行为”。

因此,A公司存续分立D公司的活动不属于增值税征税范围。

2.若涉及房地产权属转移且确认符合税法规定条件,A公司可能需要在存续分立过程中缴纳土地增值税,但该项认定在征管实践中存在争议

《土地增值税暂行条例》第2条规定,“转让国有土地使用权、地上的建筑物及其附着物(以下简称转让房地产)并取得收入的单位和个人,为土地增值税的纳税义务人(以下简称纳税人),应当依照本条例缴纳土地增值税”。

《土地增值税暂行条例实施细则》第2条规定,“条例第二条所称的转让国有土地使用权、地上的建筑物及其附着物并取得收入,是指以出售或者其他方式有偿转让房地产的行为,不包括以继承、赠与方式无偿转让房地产的行为”。

关于房地产开发企业分立并转移、变更国有土地、房屋权属的土地增值税政策,此前各地税务机关有不同见解,部分地方的税务局认为不征收土地增值税,也有部分地方的税务局认为应征收土地增值税。

《财政部、国家税务总局关于企业改制重组有关土地增值税政策的通知》(财税〔2015〕5号,已失效)第3条规定:“按照法律规定或者合同约定,企业分设为两个或两个以上与原企业投资主体相同的企业,对原企业将国有土地、房屋权属转移、变更到分立后的企业,暂不征土地增值税。”但第5条又规定:“上述改制重组有关土地增值税政策不适用于房地产开发企业。”

A公司存续分立D公司的过程中若涉及房地产权属变更(分立到D公司的

房地产)并取得收入,可能需要按照税法规定缴纳土地增值税。至于对"转让房地产"和"取得收入"的理解,业界有不同见解。有观点认为分立过程中的房地产权属变更不属于"转让",资产归入与股权支付过程中并未"取得收入",不宜征收土地增值税。通常而言,房地产企业分立涉及房地产权属变更的,税务机关目前倾向于征收土地增值税。

3. A公司、D公司可就存续分立中所涉企业所得税事项适用特殊性税务处理的规定

财税〔2009〕59号文第5条规定,"企业重组同时符合下列条件的,适用特殊性税务处理规定:(一)具有合理的商业目的,且不以减少、免除或者推迟缴纳税款为主要目的。(二)被收购、合并或分立部分的资产或股权比例符合本通知规定的比例。(三)企业重组后的连续12个月内不改变重组资产原来的实质性经营活动。(四)重组交易对价中涉及股权支付金额符合本通知规定比例。(五)企业重组中取得股权支付的原主要股东,在重组后连续12个月内,不得转让所取得的股权"。

财税〔2009〕59号文第6条规定,"企业重组符合本通知第五条规定条件的,交易各方对其交易中的股权支付部分,可以按以下规定进行特殊性税务处理:……(五)企业分立,被分立企业所有股东按原持股比例取得分立企业的股权,分立企业和被分立企业均不改变原来的实质经营活动,且被分立企业股东在该企业分立发生时取得的股权支付金额不低于其交易支付总额的85%,可以选择按以下规定处理:……"

A公司存续分立D公司事项具有如下特征:其一,A公司的股东均按原持股比例取得D公司的股权;其二,A公司与D公司均未改变原来的实质经营活动;其三,A公司的股东在分立活动发生时取得的股权支付金额符合相关比例规定。

针对A公司分立D公司过程中所涉企业所得税事项,可以适用特殊性税务处理的规定。

4. D公司无须就存续分立活动缴纳契税

《财政部、国家税务总局关于进一步支持企业事业单位改制重组有关契税政策的通知》(财税〔2015〕37号,已失效)第4条规定,"公司依照法律规定、合同约定分立为两个或两个以上与原公司投资主体相同的公司,对分立后公司承

受原公司土地、房屋权属,免征契税”。该文件同时规定,“本通知自2015年1月1日起至2017年12月31日执行”。

针对A公司存续分立D公司事项,D公司的股东与A公司的股东一致,故D公司无须就承受的房地产缴纳契税。

5. D公司需要按照税法规定就存续分立事项缴纳印花税

《财政部、国家税务总局关于企业改制过程中有关印花税政策的通知》(财税〔2003〕183号)第1条规定,“以合并或分立方式成立的新企业,其新启用的资金账簿记载的资金,凡原已贴花的部分可不再贴花,未贴花的部分和以后新增加的资金按规定贴花”。

针对A公司存续分立D公司的活动,D公司可能需要按照税法规定缴纳印花税。

综上所述,针对A公司存续分立D公司事项,A公司无须就分立活动缴纳增值税,但可能需要按照税法规定缴纳土地增值税;D公司无须就分立活动缴纳契税,但可能需要按照规定就分立活动缴纳印花税;同时A公司、D公司宜就分立活动中所涉企业所得税事项适用特殊性税务处理的规定。

(三)A公司无须缴纳土地补偿款增值税

综合评估,此前关于政府收回土地的营业税免征政策和营改增后新的增值税免征政策,在符合税法规定的条件下,A公司无须就取得的土地补偿款缴纳增值税。

在C县人民政府出具的《关于A公司××用地B地块调整以及C1地块用地分立的纪要》(〔2015〕21号,以下简称《关于A公司的纪要》)的指示下,A公司于2017年10月9日与××省C县国土资源局、C县×××旅游区管理委员会签订《国有建设用地使用权置换协议书》(以下简称《置换协议》)置换房地产,并在该置换房地产的过程中取得一笔土地补偿款。后C县人民政府于2017年11月6日出具了《C县人民政府关于依法处置××二期B1地块闲置土地的通知》(×××〔2017〕136号,以下简称《处置土地的通知》)。

1. 根据营改增前相关文件的规定,A公司无须就取得的土地补偿款缴纳营业税

《营业税税目注释(试行稿)》(国税发〔1993〕149号,已失效)第8条规定,土地所有者出让土地使用权和土地使用者将土地使用权归还给土地所有者的行

为，不征收营业税。

《国家税务总局关于单位和个人土地被国家征用取得土地及地上附着物补偿费有关营业税问题的批复》（国税函〔2007〕969 号）规定，“国家因公共利益或城市建设规划需要收回土地使用权，对于使用国有土地的单位和个人来说是将土地使用权归还土地所有者。根据《营业税税目注释（试行稿）》（国税发〔1993〕149 号）的规定，土地使用者将土地使用权归还给土地所有者的行为，不征收营业税。因此，对国家因公共利益或城市规划需要而收回单位和个人所拥有的土地使用权，并按照《中华人民共和国土地管理法》规定标准支付给单位和个人的土地及地上附着物（包括不动产）地补偿费，不征收营业税”。

《国家税务总局关于土地使用者将土地使用权归还给土地所有者行为营业税问题的通知》（国税函〔2008〕277 号，已失效）规定，“纳税人将土地使用权归还给土地所有者时，只要出具县级（含）以上地方人民政府收回土地使用权的正式文件，无论支付征地补偿费的资金来源是否为政府财政资金，该行为均属于土地使用者将土地使用权归还给土地所有者的行为，按照《国家税务总局关于印发〈营业税税目注释（试行稿）〉的通知》（国税发〔1993〕149 号）规定，不征收营业税”。《国家税务总局关于政府收回土地使用权及纳税人代垫拆迁补偿费有关营业税问题的通知》（国税函〔2009〕520 号，已失效）第 1 条规定，“《国家税务总局关于土地使用者将土地使用权归还给土地所有者行为营业税问题的通知》（国税函〔2008〕277 号）中关于县级以上（含）地方人民政府收回土地使用权的正式文件，包括县级以上（含）地方人民政府出具的收回土地使用权文件，以及土地管理部门报经县级以上（含）地方人民政府同意后由该土地管理部门出具的收回土地使用权文件”。

根据《关于 A 公司的纪要》①《处置土地的通知》②的表述，以及《置换协

① “……由于 B 地块从县政府 2007 年第一批次供地，属于异地供地，须进行纠正……”“……会议认为，做好……××用地 B 地块调整及 C1 地块用地分立，有利于妥善解决历史遗留问题，有利于加快企业项目建设步伐，提升马洋溪生态旅游区建设水平……”“……会议确定，(1) ×××旅游区负责牵头协调评估、协议收回原报批地块等工作，并做好 B 地块重新报批，力争于 2015 年底前供地……”

② “……有偿收回××二期 B1 地块的国有建设用地使用权……”

议》[①]的约定,可以看出:其一,××省C县国土资源局收回土地证号为"×国用〔××〕第××号"的国有建设用地使用权,属于因马洋溪生态旅游区建设需要依法收回的房地产,对于A公司来说是将土地使用权归还土地所有者,无须缴纳营业税;其二,C县人民政府出具的《处置土地的通知》属于县级人民政府出具的收回土地使用权的正式文件,A公司只要在将所涉土地归还C县国土资源局时出具该《处置土地的通知》,就属于将土地使用权归还给土地所有者,无须缴纳营业税。

2. 在理解营改增相关规范性文件时,宜结合营改增的相关改革精神和此前有关营业税的规定综合考虑,A公司无须就取得的土地补偿款缴纳增值税

《财政部、国家税务总局关于全面推开营业税改征增值税试点的通知》(财税〔2016〕36号,部分失效)附件3《营业税改征增值税试点过渡政策的规定》规定:"一、下列项目免征增值税……(三十七)土地所有者出让土地使用权和土地使用者将土地使用权归还给土地所有者。"但对于文件中"土地使用者将土地使用权归还给土地所有者"的界定,目前尚未有更进一步的解释文件出台。

国家税务总局全国推开营改增督促落实领导小组办公室编写的《全面推开营改增业务操作指引》中对上述条款有如下理解和表述:"在此次营业税改征增值税试点政策设计时,考虑土地所有者出让土地使用权和土地使用者将土地使用权归还给土地所有者的行为,满足征收增值税的各个征税要素,不应排除在征税范围之外。但同时考虑到上述土地转让行为的特殊性,给予了增值税免税政策。"[②]

在理解营改增相关规范性文件时,宜结合营改增的相关改革精神和此前有关营业税的规定综合考虑,即A公司将土地证号为"×国用〔××〕第××号"的国有建设用地使用权归还C县国土资源局的行为,属于"土地使用者将土地使用权归还给土地所有者",无须缴纳增值税。

---

① "二、甲方收回丙方土地证号为'泰国用〔2008〕第00605号'的国有建设用地使用权并给予相应补偿,补偿标准为丙方分三次缴纳的出让金额600万元、1000万元和1135万元,合计2735万元,以及利息1557万元(按月利率0.5%计算,计息周期为分别为117个月、114个月和112个月),总计4292万元。该收回的土地补偿款由乙方向丙方支付。"

② 国家税务总局全国推开营改增督促落实领导小组办公室编:《全面推开营改增业务操作指引》,中国税务出版社2016年版,第144～145页。

三、启示与思考

在公司内部商业行为与行政行为交叉的领域，时常会遇到本案中所提及的因行政行为瑕疵导致纳税人的行为在税务领域的认定产生变化，致使在税收优惠政策、收入类型及应纳税额等方面产生较大的争议的情况。在具体个案中应当分别与行政机关、税务机关进行沟通协商，准确认定纳税人行为的实质性质，并适用相关税收优惠政策，在保护国家税源的同时保护纳税人的合法权利。

附录1：相关法律法规政策规定（略）

附录2：相关法律及涉税文书（略）

境外税收政策篇

023

营业利润与受雇所得认定的妥适研判*

——简评 Fowler 先生诉英国税务海关总署案

摘要：营业利润和受雇所得既涉及所得性质的妥适认定问题，又涉及专有名词在税法和一般法律上的理解和参照问题，同时还涉及某一缔约国对于某项收入是否具有征税权的识别问题，且三者互为因果或补充关系，是国际税法上较为重要的关注点。在实务中，要妥适认定营业利润与受雇所得应当重视三个方面：一是在方法论上注重在解释法律条文时兼顾价值判断；二是在认识论上进行概念参照时需要考察税法规定的特殊性；三是在实践上需要注意维护国家利益和遵循普适规则的平衡。

一、案情简介

2018 年 11 月 15 日，英格兰及威尔士上诉法院就 Fowler 先生诉英国税务海关总署（Her Majesty's Revenue and Customs，HMRC）案宣布最后判决，允许上诉并恢复行政裁判程序中初级裁判所（First Tier Tribunal，FTT）的决定。[①] 本案上诉人 Fowler 先生为南非居民，是一名潜水员，在英国无常设机构（Permanent Establishment），在 2011/2012 年和 2012/2013 年两个纳税年度，他在英国大陆架水域进行潜水活动并取得收入。本案的争议焦点是英国和南非哪一方有权对

---

* 本文原载于《国际税收》2019 年第 2 期，文章纳入本书时，部分内容有所调整。该案是近年来较为典型的国际税法案例，对于营业利润与受雇所得认定的学理见解和裁判路径，不仅对于国际税法规则的妥适理解，而且对于国内税收执法的学理理解和方法遵循，都具有很强的指导和启发意义。

① Fowler v. HM Revenue and Customs，[2018] EWCA Civ 2544.

Fowler 先生在潜水活动中取得的收入征税。依据英国和南非签署的《双边税收协定》(Double Taxation Convention),如果 Fowler 先生是个体经营户(self-employed),且在英国没有常设机构,那么南非有权对其征税,但对于他实际上是否为个体经营户存在争议。另外,关于英国税法上如何理解 Fowler 先生在英国从事有收入的潜水活动的性质,对国际税法实务也产生较大影响。在上诉法院审理本案的三位法官中,Lewison 法官认为 Fowler 先生取得的收入属于《双边税收协定》中第 14 条受雇所得(Employment Income)条款所规定的情形;Henderson 法官和 Baker 法官则认为该收入属于第 7 条营业利润(Business Profits)条款所规定的情形。按照法院以多数意见作为最终裁判的原则,Fowler 先生从潜水活动中取得的收入最终被认定为营业利润,不应该在英国纳税。

二、法律分析

(一)关于营业利润和受雇所得认定的学理见解

1. 国际税法学理上的见解

国际税法上关于所得分类的理解,往往是基于特定的国际税法规则或《双边税收协定》而展开,并结合税收管辖权一起讨论。在讨论完国际税收管辖权后,才进一步涉及征税的具体方法。在国际税法上,其普适规则及其司法判例的形成往往尽力推动四个目标:一是各国在跨境交易中取得合理收入;二是促进各国税制公平;三是提高国内经济竞争力;四是确保各国资本输出和资本输入中性。就独立承包商或者个体经营户的国际税收管辖权而言,原则上先判断所取得的收入是属于营业所得,还是属于受雇所得。在多数国家,一般来讲雇员、独立承包商或者专业人士提供劳务取得的收入,被认定为来源劳务提供地所在国。在遵循 OECD 税收协定范本的税收协定中,独立承包商被认为取得营业所得时,除非其在来源国设有常设机构,否则对其免予征税。就营业所得而言,除某些特例外,营业所得只有在可以归属于一国的常设机构的情况下该国才可征税。常设机构规则不仅是征税的前提和条件,还是辨别应税所得的方法,欧洲国家基本都遵循此规则。[①] 概括意义上的通用规则是,若相关收入被确认为营业所得,除非被认定为在来源国设有常设机构,否则原则上不在来源国征税;若相关收入被确认为受雇所得,则原则上在来源国征税。

2. 相关先例与裁判

在英美法系国家,判决本身具有相当的拘束力。如果法院之前曾解决过类似争议,则法院就必须遵循先例的推理,即"遵循先例原则"或是"判例拘束原则"(The Doctrine of Stare Decisis)。在本案的裁判文书中,几位法官各自援引了一些已经形成的判例以支持自己的见解。[②] 具体包括以下 4 个。

(1)在裁判中适用国际条约的原则。该原则源于《维也纳条约法公约》第 31 条和第 32 条,并被 1990 年国内税收委员会诉德意志银行案(Inland Revenue Commissioners v. Commerzbank AG[1990]STC 285)和 2015 年 Anson 诉英国税务海关总署案(Anson v. Her Majesty's Revenue And Customs[2015]UKSC 44,[2015]STC 1777)等案件所适用。《维也纳条约法公约》第 31 条和第 32 条分别为"解释的通则"和"解释之补充资料",为如何理解国际条约作出了明确的规定和示范。在德意志银行案中,Scarman 勋爵认为,对于公约相关约定的解释需要基于合理性,且对条款表述的理解是基于自由裁量而非强制性的机械理解。

(2)适用于特定收入类别的条款优先于《双边税收协定》第 7 条。《经合组织示范条约》(OECD Model Tax Convention)的起草本意也包括在第 7 条第 6 款中,关于特定收入类别的特殊条款应该被优先适用。在 2009 年 Provost 汽车公司诉加拿大案(Provost Car Inc v. Canada[2009]FCA 57,[2010]2 FCR 65 at〔11〕)中,对"受益所有人"的理解存在不同标准时,上诉庭法官认为需要审慎掌握并从实质上理解特定法律概念的范围。

(3)相关条款的陈述可以作为解释法律的辅助手段。在 2002 年威斯敏斯特市议会诉国家庇护支援服务局案{R(Westminster City Council)v. National Asylum Support Service[2002]UKHL 38,[2002]1 WLR 2956}中,Steyn 勋爵认为,所有法律文本的语言都是根据使用环境来表达意义的,解释法律需要结合上

---

① 参见[美]Brian J. Arnold、Michael J. McIntyre:《国际税收基础》(第 2 版),张志勇等译,中国税务出版社 2005 年版,第 36 ~40 页。

② 王泽鉴:《英美法原理》,台北,元照出版有限公司 2010 年版,第 2 页。

下文和相关条款的陈述，不能机械地理解和适用法律用语的规定。

(4)解释和应用推定条款的规定应当被理解和遵循。在1952年伦敦东区住宅公司诉芬斯伯里区议会案(East End Dwellings Co Ltd v. Finsbury Borough Council[1952]AC 109 at 132 – 133.5)中判词认为，“如果你被要求将虚构的事态视为真实，你必须确定，除非被禁止这样做，也可以想象真实的后果和事件”，对假设情形下的推定原则作了范围限定。1993年马歇尔诉克尔案(Marshall v. Kerr[1993]67 TC 56)则进一步拓展了此规则，接受了法律虚构的后果必须被视为真实，但是未说明何时停止将后果视为真实的“规则”。

3.《双边税收协定》的相关规定

南非和英国在2002年签署了《双边税收协定》，《双边税收协定》在2010年进行了修订，新修订的股息条款于2012年生效。[①]《双边税收协定》第7条规定了营业利润事项，该条第1款规定，除在另一缔约国通过常设机构开展业务外，缔约国一方取得的营业收入只应在其所在缔约国纳税，即便是存在常设机构，另一缔约国因此征税也以该常设机构的利润为限；该条第2款对缔约国一方营业构成常设机构作了相应的要件归纳；该条第3款规定了常设机构项下利润计算可以扣除的相关费用和开支；该条第4、5、6款规定了营业利润的确认及计算方式。《双边税收协定》第14条规定了受雇所得相关事项，该条第1款规定，缔约国一方居民因受雇取得的工资或类似报酬，除在缔约国另一方受雇外，只在该缔约国纳税；该条第2款规定了在缔约国另一方居住停留及支付来源的例外情形处理，即在超过183天或者非由该方雇主支付的情形下，缔约国另一方具有管辖权；该条第3款规定了在船舶和航空器上受雇时的特殊情形处理。根据《双边税收协定》的约定，若缔约国一方营业不构成常设机构，征税权则按照收入的类型判定，若属于营业收入且不构成常设机构则由该缔约国一方征税，若属于受雇收入并符合相关规定可由缔约国另一方征税。

(二)本案裁判中的两难认定及法官审判思路探讨

在本案中，《双边税收协定》于2002年12月17日起开始生效，其以OECD避免双重征税协定范本为基础。无论是OECD税收协定范本还是UN税收协定

---

① *2002 South Africa-UK Double Taxation Convention as amended by the 2010 protocol*, GOV. UK(June 1,2015), https://www.gov.uk/government/publications/south-africa-tax-treaties.

范本,抑或南非和英国签署的《双边税收协定》,都规定了常设机构原则。在本案中,上诉的焦点问题是在这两个纳税年度中,在不存在常设机构的情况下,谁有权对 Fowler 先生的潜水活动所得征税。若更为简单地加以理解,英国的国内税收立法可能更倾向于将该收入认定为营业行为而导致英国无法向其征税,而作为执掌税制公平正义的法院需要很好地理解和适用该项政策。FTT 的 Brannan 法官采纳了对 Fowler 先生有利的观点,而高级裁判所(Upper Tribunal, UT)的 Smith 法官推翻了此决定,于是案件继续被提交至上诉法院。上诉法院的三位法官对该收入的类型判断也存在分歧,有两位法官支持对 Fowler 先生有利的观点,认为英国不具备征税权;而另一位法官认为英国具有征税权。按照上诉裁判规则,最终的多数意见是上诉成立,该项收入被认定为是基于潜水的经营行为而产生的营业利润。

1. 观点一:潜水收入作为受雇所得

作为少数派的 Lewison 法官认为,本案上诉的根本问题是谁有权对 Fowler 先生的潜水收入征税,而不是政府有权选择如何行使这一权利。针对谁有权征税的问题,则取决于对征税对象性质的认定,这是审理本案的主要思路。在《双边税收协定》中,具有争议性的两个主要条款是第 7 条和第 14 条。第 7 条适用于营业利润,第 1 款规定缔约国一方企业的利润应仅在该缔约国纳税,除非该企业通过设在该缔约国另一方的常设机构并在另一方国内开展业务。如果该企业按上述方式经营,则该企业所获利润可以在另一国征税,但只能归属该常设机构。《双边税收协定》将“缔约国一方企业”定义为缔约国一方居民经营的企业,且规定“企业”一词适用于进行任何业务的企业,并将“业务”的定义包括专业服务和其他独立活动。由于 Fowler 先生是南非居民,并且在英国没有常设机构,因此如果他是个体经营户,则由南非保留对其征税的权利。与此同时,《双边税收协定》第 7 条第 6 款规定了特殊条款例外的规定,如果第 14 条适用,则第 7 条不适用。

《双边税收协定》第 14 条第 1 款适用于受雇所得,且根据第 3 条第 2 款规定的“受雇”的定义优先适用于国内税法,因此,本案中 Fowler 先生潜水活动取得的收入是否符合英国国内税法“受雇”的定义,决定了英国对其是否有征税权。根据《双边税收协定》第 7 条第 6 款规定对利润的理解,“本公约其他条款另有约定的,该等条款的规定不受本条规定的影响”,Lewison 法官认为关于“利润”

含义界定的第 7 条第 6 款的规定是指特定收入类别的条款优于第 7 条,并进一步认为“受雇”的含义需要认真厘定。若对“受雇”的理解不能从《双边税收协定》中找到答案,那么就需要从其他相关法律探求“受雇”的含义。Lewison 法官援引了《2003 年所得税(收入和养老金)法案》[the Income Tax(Earnings and Pensions)Act 2003,the 2003 Act]第 4 条和第 6 条第 5 款的规定,指出 Fowler 先生所称的《2005 年所得税(收入和养老金)法案》[the Income Tax(Trading and Other Income)Act 2005, the 2005 Act]第 15 条只是一种计算规则而非该项收入的性质,此处需要认真探讨。Lewison 法官进一步论证并得出结论,Fowler 先生在相关纳税年度被雇用为潜水员(根据服务合同),英国(而非南非)有权对 Fowler 先生从该受雇中获得的收入征税,因为该项收入适用《双边税收协定》第 14 条受雇所得条款,而不是第 7 条营业利润条款。

2. 观点二:潜水收入作为营业利润

上诉法院审理本案的另外两位法官 Henderson 和 Baker 的观点基本一致,与 Lewison 法官观点相左。Henderson 法官认为,需要客观地理解 the 2005 Act 第 15 条第 2 款的规定,一个基本的事实是 Fowler 先生是受雇从事海底潜水活动的,他的收入相应就是 the 2003 Act 第 2 部分规定的受雇所得,但 the 2005 Act 第 15 条第 2 款指出“雇佣的履行在所得税上被视为在英国进行经营”。因此,无论是从逻辑上分析,还是基于先例的拘束,the 2005 Act 第 15 条第 2 款的规定取代了 the 2003 Act 的见解,其产生的明确结果是 Fowler 先生的潜水被视为进行了一项业务,进而在税法上将该行为认定为营业行为并予以课征税收。Henderson 法官表示,尽管 Lewison 法官关于征税对象和征税方式存在区别的相关见解值得特别尊重,但在所得税法原理上即便名义上看起来是“受雇”的受雇所得,在实际上仍需按照营业收入来进行认定和确定征税权,而且受雇所得和营业收入的认定是相互排斥的而非并立的。就本案而言,在受雇所得和营业所得的识别方面,营业所得的概念可能更为准确,因此 Henderson 法官最终支持了 Fowler 先生的上诉。

Baker 法官明确表示赞同 Henderson 法官的相关说理,特别是在 the 2005 Act 第 15 条第 2 款的理解上观点基本一致。Baker 法官也赞同 Lewison 法官所提出的 the 2005 Act 第 15 条第 2 款所述的酌定条文只在某人从事潜水工作时才会出现,但此种情况一旦出现,在所得税原理上也需要被理解为营业所得的性质。这既是从条文内涵上进行的分析和探讨,也是针对具体行为实质进行的解读和识别,所以需要掌握相关规定的具体指向。《双边税收协定》第 7 条规定适用于营业利润,而第 14 条规定适用于受雇所得,这是非常明确的;第 7 条第 6 款规定,该条约其他条款单独处理的具体收入项目不属于第 7 条的规定,此处的表述也需认真而准确地理解。"受雇"一词在《双边税收协定》中没有定义,根据第 3 条第 2 款的规定,它被赋予了英国税法的特定含义,Fowler 先生的海底潜水活动被定义为 the 2005 Act 第 15 条第 2 款规定的经营活动,其所得并非雇佣相关的报酬,不能适用第 14 条关于营业利润的相关规定,而需适用第 7 条关于受雇所得的相关规定。最终,Baker 法官也明确表示支持上诉,认定本案中的收入类型属于营业利润,且基于该所得的税收管辖权在南非而非英国。

3. 多数的意见:将潜水收入认定为营业利润更符合法律规则

英国和南非签署的《双边税收协定》在第 7 条和第 14 条分别对营业利润和受雇所得作了明确规定,其中,第 7 条适用于营业利润,而第 14 条适用于受雇所得。第 7 条第 6 款规定,在《双边税收协定》其他条款中单独处理的具体收入项目不属于第 7 条的规定。正如 Lewison 法官所说,这意味着如果适用第 14 条,《双边税收协定》中没有界定"受雇"一词,另外根据第 3 条第 2 款税法条款优先的规定,该条款优先适用英国国内税法所规定的含义。若英国国内税法没有相应的规定,则可以参考普通法的相关规定和商业常识进行判断。对于 the 2005 Act 第 15 条所界定的海底潜水活动需要准确理解,Fowler 先生的潜水行为不应视为受雇,而应视为经营。那么,就英国法律对"受雇"的定义,Fowler 先生的收入不属于劳动报酬和受雇所得,不适用《双边税收协定》第 14 条关于受雇所得的相关规定。因此,Fowler 先生从海底潜水活动中获得的收入属于第 7 条规定的营业利润范畴。

正如判词中所述,Lewison 法官对 Fowler 先生的代理人 Schwarz 先生的逻辑进行了归纳,认为其混淆了两个问题:一是何种情形是应当纳税的,二是在应当纳税的前提下应如何纳税。Lewison 法官坚持认为,潜水员的潜水行为所获报酬不应当是一种进行经营业务的利润,且此种类比的解释过于牵强,而应当是一种受雇所得,英国据此有权对该项收入征税。Henderson 和 Baker 两位法官则认为,第 15 条第 2 款的规定作为一种推定条款,是 the 2005 Act 对此种行为在税法上定性的新见解,亦是英国税法对该种经营活动的新判断,需要结合最新的立法原意和具体情况进行综合分析与评估。而最终的多数意见可以概括为，对于the 2005 Act 第15条所界定的海底潜水活动，Fowler 先生不是“受雇”，而是进行相关经营活动，其收入不属于受雇所得的范畴，因此不适用《双边税收协定》第14条，其海底潜水活动中获得的收入属于第7条规定的营业利润范畴。也正是基于此，上诉法院的最终结论支持了 Fowler 先生的诉求，英国对 Fowler 先生通过潜水活动取得的收入不享有征税权。

三、启示与思考

在本案中，营业利润和受雇所得既涉及所得性质的妥适认定问题，又涉及专有名词在税法和一般法律上的理解和参照问题，同时还涉及某一缔约国对于某项收入是否具有征税权的识别问题，且三者互为因果或补充关系，是国际税法上较为重要的关注点。从比较分析的角度来看，中国和英国签署的《双边税收协定》第7条和第15条分别规定了营业利润和受雇所得的相应条款，中国和南非签署的《双边税收协定》第7条和第15条也分别规定了营业利润和非独立个人劳务的相关条款，[①]这些和南非与英国签署的《双边税收协定》的规定基本类似，希望本案的评析能给中国税法实务上的相应识别和认定带来一定的思考。

结合中国国际税法实务，本案至少可以从三个方面带来启示与借鉴。一是在方法论上注重在解释法律条文时兼顾价值判断。在国际税法框架下，诸多的双边协定或多边规则都具有相通性和共识性，在对某一业务行为进行归类时需要深入了解规则本身及最新的税法规定是否有补充条款。若存在不同理解，需要结合相关条款和规定在特定时空背景下的原意。二是在认识论上进行概念参照时需要考察税法规定的特殊性。在界定税法相应术语按照通用常识进行理解时，宜考虑税法的特殊性。考察某项收入应归类于营业利润或受雇所得，除要梳理清楚相关通用性法律的概念要素外，还要注意税法更加注重经济实质和特定政策性的特点，并在掌握适用税法时加以考虑。三是在实践上需要注意维护国

---

① 两个《双边税收协定》的全称分别为《中华人民共和国政府和南非共和国政府关于对所得避免双重征税和防止偷漏税的协定》《中华人民共和国政府和大不列颠及北爱尔兰联合王国政府对所得和财产收益避免双重征税和防止偷漏税的协定》及其相关议定书，此处做了简化处理。

家利益和遵循国际通用规则的平衡。在处理国际税法业务时,无论是司法机关还是税务机关,在维护国家税收主权时需要熟练掌握税法学理和国际规则。在具体认定和处理涉及所得类型及征税权的事项时,需要在税法适用上充分说理和逻辑论证,体现对双边协定和国际规则的充分尊重。

附录1:相关法律法规政策规定(略)

附录2:相关法律及涉税文书(略)

024

境外派息的中国税法管辖适用*

——某境外上市公司派发股息征收个人所得税案

摘要:2018 年修正的《个人所得税法》开启了我国个人所得税反避税的框架性规定,弥补了我国个税反避税法律法规和规范性文件的缺失,并为后续的个人所得税反避税工作提供了行动指南。但实践中仍存在对自然人税收特别是跨境自然人税收征管经验不足的问题,导致税务机关在执法中难以有效开展反避税工作。本文希望通过以境外上市公司派发股息征缴个税为例,阐述 2018 年修正的《个人所得税法》反避税规定的适用与限制。

一、案情简介

H 家电公司(以下简称 H 公司)为中国港商独资经营企业,H 公司前身为一家批发站,后随着改革开放的不断放开,该批发站规模逐渐扩大。H 公司在上市前,通过一系列的股权重组,达到了香港联合交易所(以下简称香港联交所)上市的要求,最终于 2010 年 3 月在香港联交所正式挂牌,当前该企业的股权结构为董事主席甲为境内居民纳税人,在 BVI 注册成立了全资控股公司英属维尔京 D 投资发展公司(以下简称 D 公司),D 公司持有开曼 C 投资控股公司(以下简称 C 公司)24.59% 的股权,C 公司其余股东均为境外投资人。C 公司在香港联交所上市,持有香港 B 投资控股公司(以下简称 B 公司)100% 股权,B 公司持有 H 公司 100% 的股权,C 公司公告中明确,上市公司所有的经营活动由 H

---

* 本文为《月旦会计实务研究》的约稿,原载于《月旦会计实务研究》2019 年第 8 期(总第 20 期),台北,元照出版有限公司出版,李想对本文亦有贡献。文章纳入本书时,部分内容有所调整。

公司来执行。H 公司 2010 年业绩为盈利,为保证投资者的信心,于 2011 年决定每股分红人民币 1.7 分或 2 港仙。2011 年,H 公司对外支付分红 2200 万元人民币。

根据企业提供的证明材料与税务机关掌握的企业外围信息核对,消除了大部分风险点,唯独对 2200 万元人民币的分红情况,甲始终坚持分红资金已由 H 公司汇往上市公司 C 公司,C 公司按股权比例将款项分给了甲在 BVI 的 D 公司,一直放在 D 公司账户上,D 公司未再分红给其个人。当税务机关要求甲提供在 BVI 的 D 公司的资金往来等相关账簿时,其表示在 BVI 的 D 公司没有任何账册,也没有银行账户,只有一个香港股票账户,D 公司的分红放在该账户上。税务机关进一步要求其提供该账户的交易记录时,甲明确表示无法提供。如果甲不提供该账户,当时的税收政策又没有个人所得税方面的反避税条款,税务机关无法比照《特别纳税调整实施办法》(Controlled Foreign Corporation,CFC)通过经济实质来否定避税企业的存在,或者比照《企业所得税法》中受控境外企业利润不作分配的规定来要求甲就该部分分红缴纳个人所得税。税务机关只有通过确认该笔分红是否已分配,才能判断是否要课征个人所得税。而判断这些最快的方法是甲能提供 D 公司账户的交易记录,否则税务机关只能通过国际情报交换的方式了解这方面的信息,这无疑会影响税务机关的调查进度,至此调查再次陷入僵局。

调查小组专门开会讨论下一步工作如何开展。讨论决定,还是从甲政协委员的身份入手,其在当地有较大的知名度,比较注重个人信誉,以攻心为主,晓之以情,动之以理。这次调查组选择与其法律顾问进行了沟通:坦言当前确实没有足够证据就该部分分红对甲征税,但会对此进行跟踪管理,比如申请国家税务总局反避税立案调查、开展国际情报交换等,到时会将董事主席甲推上风口浪尖,对境外上市的大型企业、社会信誉、特别是董事主席的声誉会产生较大影响。当前情况下,税务机关还有为企业和甲个人提供服务的机会,一旦反避税立案或启动了情报交换,税务机关就无能为力了,故请甲三思而后行。经过多次协调,甲最终主动与税务机关沟通,通过自主申报,就 2200 万分红按股权比例分配给他的 486.88[2200×(1-10%)×24.59%]万元人民币部分缴纳了 97.38 万元个人所得税。

二、个人所得税反避税的立法缺失与实践检讨

在2018年《个人所得税法》修正之前，我国的反避税规定主要见于《企业所得税法》《企业所得税法实施条例》等企业所得税相关的法律法规和规范性文件中。2008年，我国实施内外资统一的《企业所得税法》，该法第六章规定了“特别纳税调整”。2009年，国家税务总局印发《特别纳税调整实施办法（试行）》（国税发〔2009〕2号，部分失效）对特别纳税调整作出细化规定，实质开启了我国的企业所得税反避税工作。但一直以来，我国缺少关于个人所得税的反避税法律法规和规范性文件，实践中对自然人税收特别是跨境自然人税收征管的经验相对欠缺，税务机关也因此长期受此种情形困扰并在执法中无法有效开展反避税工作。

（一）现状与问题：个人所得税避税的常见形式

1. 滥用税收协定或选择避税地

根据我国《个人所得税法》的相关规定，非居民纳税人比居民纳税人享有更多税收优惠。我国与其他国家或地区签订的税收双边协定，也往往对诸如利息、股息和特许权使用费等收入的税收给予一定的减免。一些纳税人往往通过税收协议中关于不同国家或地区的双边税收协定来对纳税义务进行移转，特别是充分利用双边税收协议中对低税率国家或地区避免双重征税的相关约定。随着经济全球化的深入发展，一些纳税人还会通过国籍和居民身份的变换，如持有他国国籍或特定身份来获得中国内地（大陆）公司的股份，来规避国内相对较重的税收负担。[①] 与此同时，随着我国对外开放的步伐持续迈进和“一带一路”倡议的稳步推进，大量的企业实体在境外投资经营并开展业务，一些企业通过设立离岸公司和基金的方式规避税收。在本案中，董事主席甲在BVI注册成立了全资控股公司D公司，虽然商业行为属于意思自治范畴，但在税法上通常将在没有具体经营性业务的低税率国家或地区设立投资类公司视为一种避税安排。

---

① 参见苏州工业园区地方税务局国际税收课题组：《我国个人所得税反避税立法的研究》，载《国际税收》2018年第3期。

2. 通过税法漏洞进行避税

我国税法对居民纳税人的认定采取有无住所和在中国境内居住时间两个判断标准,在2018年修正的《个人所得税法》实施之前采用的是1年标准(有双边税收协定的按照183天)。[①] 无论是居民纳税人还是非居民纳税人,对其境内所得均有纳税义务,但是对于无住所且居住时间在1年(有双边税收协定则为183天)以内的非居民纳税人来说,对于其境外支付的境内所得予以免税。居民纳税人对境外所得需要纳税,但是对于居住时间在1~5年的居民纳税人,对于其境外支付的境外所得予以免税。[②] 另根据《财政部、国家税务总局关于在华无住所的个人如何计算在华居住满五年问题的通知》(财税字〔1995〕98号,已失效)[③],仅对居住满5年,从第6年起的以后各年均居住时间满1年的人才对无论是境内所得还是境外所得征税,否则重新按照居住时间满90天的判断标准判定纳税义务。这给非居民纳税人利用出入境的时间来规避境内境外所得税的缴纳提供了机会。[④] 最重要的是,在2018年修正的《个人所得税法》施行之前的税法并未规定个人所得税的反避税事项,这给税务机关查处带来了法律依据上的困难。在本案中,税务机关并未直接依据税法规定进行调查,而是采取了与纳税人沟通的间接方式。

---

① 《个人所得税法》将居住时间标准统一调整为183天。该法第1条第1款规定:在中国境内有住所,或者无住所而一个纳税年度内在中国境内居住累计满183天的个人,为居民个人。居民个人从中国境内和境外取得的所得,依照本法规定缴纳个人所得税。

② 《个人所得税法实施条例》将承担全球纳税义务的期限延长为6年。该法第4条规定:"在中国境内无住所的个人,在中国境内居住累计满183天的年度连续不满6年的,经向主管税务机关备案,其来源于中国境外且由境外单位或者个人支付的所得,免予缴纳个人所得税;在中国境内居住累计满183天的任一年度中有一次离境超过30天的,其在中国境内居住累计满183天的年度的连续年限重新起算。"

③ 《财政部、国家税务总局关于在华无住所的个人如何计算在华居住满五年问题的通知》第2条规定:个人在中国境内居住满5年后,从第6年起的以后各年度中,凡在境内居住满1年的,应当就其来源于境内、境外的所得申报纳税;凡在境内居住不满1年的,则仅就该年内来源于境内的所得申报纳税。如该个人在第6年起以后的某一纳税年度内在境内居住不足90天,可以按《个人所得税法实施条例》第7条的规定确定纳税义务,并从再次居住满1年的年度起重新计算5年期限。根据《财政部、税务总局关于非居民个人和无住所居民个人有关个人所得税政策的公告》(财政部、税务总局公告2019年第35号)的规定,财税字〔1995〕98号文自2019年1月1日起废止。

④ 《个人所得税法》施行后,根据《个人所得税法实施条例》第4条和《财政部、税务总局关于在中国境内无住所的个人居住时间判定标准的公告》(财政部、税务总局公告2019年第34号)的规定,无住所个人在6年内任1年在中国境内累计居住天数不满183天或者单次离境天数超过30天的,该纳税年度来源于中国境外且由境外支付的所得,免予缴纳个人所得税。

3. 选择不同的税目进行避税

在2018年修正的《个人所得税法》实施之前，我国税法对个人所得适用不同的税率分别征税。[①] 如果同一笔收入被划分为不同的所得，其适用的税率将会有所不同，从而为纳税人进行避税提供机会。在2018年修正的《个人所得税法》施行之前，工资、薪金所得适用3% ~45%的7级超额累进税率，劳务报酬所得适用的附加规定有加成征收的20%比例税率，[②]利息股息红利所得适用的是20%的比例税率。在所得相同的前提下，相同数目的工资薪金所得与劳务报酬所得或者利息股息红利所得，因为适用税率有所不同，纳税人实际承担的个人所得税税收负担也存在不同。这样，当工资、薪金所得比劳务报酬所得、利息股息红利所得采用的税率高导致相应个人所得税税负加重时，纳税人就可能将工资、薪金所得转化为劳务报酬所得或者股权激励的方式以达到规避税收负担的目的，反之亦然。[③] 不过，在2018年修正《个人所得税法》后，工资薪金、劳务报酬、稿酬、特许权使用费4项所得纳入综合征收范围，统一按照税法进行扣除后计算应纳税所得额并适用3% ~45%的7级超额累进税率。

（二）隐忧与迷思："统一"的所得反避税规则

继1991年《外商投资企业和外国企业所得税法》（已失效）及其实施细则首次引入转让定价制度和独立交易原则之后，2008年内外资企业"两税合并"后的《企业所得税法》和《企业所得税法实施条例》将一般反避税条款写入税法。[④] 2009年，国家税务总局又出台《特别纳税调整实施办法（试行）》（国税发〔2009〕2号，部分失效），对转让定价、预约定价安排、成本分摊协议、CFC、资本弱化以及一般反避税等特别纳税调整事项进行细化。2014年年底，国家税务总局公布

---

① 2018年修正后《个人所得税法》第2条规定，工资薪金、劳务报酬、稿酬和特许权使用费等4项所得，按纳税年度合并计算个人所得税，但总体上，将不同所得区分所得类型并按照不同税率分开计征纳税的格局，并未作较大调整。

② 2018年修正前《个人所得税法》第3条规定，劳务报酬所得，适用比例税率，税率为20%。对劳务报酬所得一次收入畸高的，可以实行加成征收，具体办法由国务院规定。2018年修正的《个人所得税法》施行后，根据该法第6条的规定，劳务报酬所得、稿酬所得、特许权使用费所得以收入减除百分之20%的费用后的余额为收入额。稿酬所得的收入额减按70%计算。

③ 《个人所得税法》施行后，工资薪金、劳务报酬、稿酬和特许权使用费按照纳税年度合并计算个人所得税，前述拆分意义不再明显。但就所得区分收入类型而进行税收规避，却成为常见的手段。

④ 《企业所得税法》第47条规定："企业实施其他不具有合理商业目的的安排而减少其应纳税收入或者所得额的，税务机关有权按照合理方法调整。"《企业所得税法实施条例》第120条规定：企业所得税法第47条所称不具有合理商业目的，是指以减少、免除或者推迟缴纳税款为主要目的。

了《一般反避税管理办法(试行)》(中华人民共和国国家税务总局令第 32 号),对一般反避税处理的程序事项进行了明确。2015 年,我国加入 OECD/G20 税基侵蚀和利润转移(BEPS)行动计划,国家税务总局随即着手全面修订《特别纳税调整实施办法(试行)》。2016 年至 2017 年,国家税务总局先后发布《关于完善关联申报和同期资料管理有关事项的公告》(国家税务总局公告 2016 年第 42 号)、《关于完善预约定价安排管理有关事项的公告》(国家税务总局公告 2016 年第 64 号,已被修改)和《特别纳税调查调整及相互协商程序管理办法》(国家税务总局公告 2017 年第 6 号,部分失效),对特别纳税调整相关实体性和程序性规定进行了明确。

然而,前述涉及一般反避税的制度设计几乎都是针对企业的避税行为和商业安排,包括个人独资企业和合伙企业投资者的自然人都不在其调整范围。2014 年年底国家税务总局公布的《股权转让所得个人所得税管理办法(试行)》(国家税务总局公告 2014 年第 67 号,已被修改)就自然人股权转让事项出台了特别反避税规则,但该规范性文件仅涉及自然人股东投资于我国境内的企业或组织(不包括个人独资企业和合伙企业)的股权或股份,其调整面和调整方法均有限,个人所得税反避税领域仍存在很大空白,并未符合个人所得税反避税的时代预期。2018 年《个人所得税法》第 8 条增补了个人所得税的一般反避税条款,首次提出税务机关有权进行个人所得税纳税调整,与《企业所得税法》中的"特别纳税调整"的概念含义基本相同。尽管如此,与《个人所得税法》第 8 条具体掌握和适用的相关实施细则仍有待出台。与此同时,适用于企业所得税和个人所得税的统一的反避税规则仍需进一步解析和归纳,以指导和规范纳税人进行合法税务筹划和税务机关进行稳妥执法安排,并作为具体的、较为复杂的税务案件办理中的税法法理依据。

(三)心有余而力不足:跨境反避税调查程序

个人资本流动的全球性特点决定了个人所得税反避税制度的建立绝不能仅仅依赖于国内税法的规定,还需在全球范围内建立广泛的国际反避税合作和普适性的国际反避税规则。然而,个人所得税法在各国的发展情况不同,反避税立法更是存在较大差异。各国只有在秉持维护各自税收利益、加强跨境税收征管的共同理念的基础上,才能求同存异,开展国际合作,建立跨境反避税沟通合作机制和执法安排。一般认为,个人所得税涉税信息的获取能力是反避税案件调查的核心和关键问题，但由于税收征管手段和信息获取能力的限制，跨境反避税调查中的信息不对称会很大程度上影响和限制税务机关的反避税能力。由于国家与国家之间存在的跨境边界壁垒和信息交换的技术壁垒，即便已经有了国家税务总局于 2015 年 2 月 1 日施行的《一般反避税管理办法（试行）》，但长期以来，我国税务机关仍旧无法及时获取中国税收居民和税收居民企业的境外财产信息和收入信息，也就无从对其境外收入进行征税。在本案中，税务机关曾处于无法及时获知中国内地居民纳税人财务信息的现实困境，导致案件办理一度陷入僵局和困境。

然而，共同申报准则（Common Reporting Standard，CRS）项下金融账户信息自动交换规则，从根本上打破了这种涉税信息的跨境壁垒和技术樊篱。CRS 项下的金融账户信息自动交换的过程如下：首先，A 国（地区）金融机构通过尽职调查程序，识别 B 国（地区）税收居民个人和企业在该机构开立的账户，向 A 国（地区）主管部门报送账户持有人名称、纳税人识别号、地址、账号、余额、利息、股息以及出售金融资产的收入等信息；其次，A 国（地区）税务主管部门与账户持有人的居住国，即 B 国（地区）的税务主管部门开展信息交换，最终为各国（地区）进行跨境税源监管提供信息支持。从 2018 年 9 月起，非居民纳税人的离岸资产涉税相关信息，已经首次全面提交给我国税务机关，并有效提升了税务机关打击境外避税的执法能力。至此，2015 年 2 月 1 日施行的《一般反避税管理办法（试行）》，在理论上可以发挥其制度规则的实际效果，对包括离岸公司在内的中国内地税收居民的境外避税行为进行调查和规制。但是，实务中启动国际税收情报交换和反避税调查的数据较为繁多，程序较为复杂，比对耗时也相对较长，此种情况大大提高了税务机关执法的成本，客观上还使避税人有相对充足的时间去应对处理。

三、我国《个人所得税法》反避税规定之适用

《个人所得税法》第 8 条是一个反避税条款，分别从独立交易原则、CFC、一般反避税三个方面进行了说明，并规定了税务机关据此作出纳税调整并依法加收利息。与修正前的《个人所得税法》相比，该条款的规定至少在形式上填补了此前个人所得税征管中的反避税漏洞，并从较为完整的角度上对个人所得税避

税的具体情形进行了概念性规定。《个人所得税法实施条例》第 23 条规定了纳税调整后利息的计算方法。[1] 但《个人所得税法》及其实施条例并未对关联方、关联关系、独立交易原则、CFC、实际税负明显偏低、合理商业目的等概念的含义和标准加以细化,后续仍有待税务主管部门进一步予以明确。根据税法的基本学理和体系解释,有关概念的含义和标准可参考目前较为成熟完备的企业所得税特别纳税调整和反避税管理的相关规定。

(一)独立企业交易原则

根据《个人所得税法》第 8 条第 1 款第 1 项的规定,不符合独立交易原则的业务往来会被视为存在避税嫌疑,税务机关有权进行纳税调整。该不符合独立交易原则的具体表现:"个人与其关联方之间的业务往来不符合独立交易原则而减少本人或者其关联方应纳税额,且无正当理由。"关于关联方的定义,根据《企业所得税法实施条例》第 109 条的规定,"是指与企业有下列关联关系之一的企业、其他组织或者个人:(一)在资金、经营、购销等方面存在直接或者间接的控制关系;(二)直接或者间接地同为第三者控制;(三)在利益上具有相关联的其他关系"。《税收征收管理法》第 36 条对独立交易原则作了相应规定,[2]《税收征收管理法实施细则》第 51 条则对关联企业的概念作了基本类似的规定。[3] 国家税务总局发布的《特别纳税调整实施办法(试行)》(国税发〔2009〕2 号,部分失效)对关联方作了进一步明确列举,其中第 9 条列举了 8 种构成关联关系的情形,对具体的 4 种关联交易类型进行了分解和论述,并对《企业所得税法实施条例》中规定的关联关系的 3 种典型形态作了细化规定,更具有可操作性。

---

① 《个人所得税法实施条例》第 23 条规定:个人所得税法第 8 条第 2 款规定的利息,应当按照税款所属纳税申报期最后 1 日中国人民银行公布的与补税期间同期的人民币贷款基准利率计算,自税款纳税申报期满次日起至补缴税款期限届满之日止按日加收。纳税人在补缴税款期限届满前补缴税款的,利息加收至补缴税款之日。

② 《税收征收管理法》第 36 条规定:"企业或者外国企业在中国境内设立的从事生产、经营的机构、场所与其关联企业之间的业务往来,应当按照独立企业之间的业务往来收取或者支付价款、费用;不按照独立企业之间的业务往来收取或者支付价款、费用,而减少其应纳税的收入或者所得额的,税务机关有权进行合理调整。"

③ 《税收征收管理法实施细则》第 51 条规定:"税收征管法第三十六条所称关联企业,是指有下列关系之一的公司、企业和其他经济组织:(一)在资金、经营、购销等方面,存在直接或者间接的拥有或者控制关系;(二)直接或者间接地同为第三者所拥有或者控制;(三)在利益上具有相关联的其他关系。纳税人有义务就其与关联企业之间的业务往来,向当地税务机关提供有关的价格、费用标准等资料。具体办法由国家税务总局制定。"

因为在《个人所得税法》修正之前，当时的税法对个人以及关联方彼此之间还没有作出明确规定，导致部分税收居民可利用居住地变换的方式，获得非居民身份，进而利用关联交易的方式对应当缴纳的税收加以转移，达到逃避应向我国税务机关缴纳税款的目的。在《个人所得税法》框架中，独立交易原则被引入到个人所得税的具体征管实务中，税务机关有权结合征管过程中的实际情况，针对性地调整个人与关联方交易过程中的税务事项，使关联交易当中的个人所得税对应的监控链条达到闭合状态，并由纳税人承担其应当合理承担的税收负担。《股权转让所得个人所得税管理办法(试行)》(国家税务总局公告2014年第67号，已被修改)规定的股权转让收入明显偏低的认定，可作为参考。[①] 从理论上讲，独立交易原则的适用目的是设立一个可以衡量的标准，以独立交易原则审查关联交易，审查是否会因为关联交易的存在而产生“应取得而未得到的利润或收入”，进而调整关联方之间利益的不正当转移，防止不正当的利益输送所导致的国家税收流失。

(二)受控外国公司原则

通常而言，CFC原则的设立是为了防止跨国企业利用其控制的境外公司囤积利润从而规避母国纳税义务，旨在支持属人原则的居民税收管辖权。随着我国对外开放水平的扩大，目前我国已由以往的资本输入国发展成为资本输出国，很多企业为了实现自我长久、可持续的发展，越来越重视“走出去”，并将其当作未来重要的发展目标与方向。一些跨国公司在经营发展过程中，为了更大的经营利润，通常会在避税地设立国外分公司，以借助避税地无税或者低税的政策优势，广泛地在避税地公司拓展经营业务，同时利用转让定价等方法，向避税地转移公司的一部分利润。这种公司还会借助所居住国家推迟课税相关规定，长时间地把利润保留在海外公司，既不进行利润分配，又不汇回，从而达到逃避税收征管的不正当目的。由于2018年修正前的《个人所得税法》及其实施条例没有

---

① 《股权转让所得个人所得税管理办法(试行)》第13条规定：“符合下列条件之一的股权转让收入明显偏低，视为有正当理由：(一)能出具有效文件，证明被投资企业因国家政策调整，生产经营受到重大影响，导致低价转让股权；(二)继承或将股权转让给其能提供具有法律效力身份关系证明的配偶、父母、子女、祖父母、外祖父母、孙子女、外孙子女、兄弟姐妹以及对转让人承担直接抚养或者赡养义务的抚养人或者赡养人；(三)相关法律、政府文件或企业章程规定，并有相关资料充分证明转让价格合理且真实的本企业员工持有的不能对外转让股权的内部转让；(四)股权转让双方能够提供有效证据证明其合理性的其他合理情形。”

明确规定 CFC 原则,也无法适用作为《企业所得税法》配套规则之《特别纳税调整实施办法(试行)》(国税发〔2009〕2 号,部分失效)第 76 条的相关规定。[①]

根据《个人所得税法》第 8 条第 1 款第 2 项的规定,“居民个人控制的,或者居民个人和居民企业共同控制的设立在实际税负明显偏低的国家(地区)的企业,无合理经营需要,对应当归属于居民个人的利润不作分配或者减少分配”,税务机关有权按照合理方法进行纳税调整。在本案中,甲始终坚持分红资金已由 H 公司汇往上市公司 C 公司,C 公司按股权比例将款项分给了甲在 BVI 的 D 公司,一直放在 D 公司账户上,D 公司未再分红给其个人,这些行为是否真的属于“非合理经营需要”,税务机关并没有一个较为细化的规定去参考判断。参考企业所得税中一直就存在的争议,有学者建议:“可从其是否有实际的经营业务和管理机构、是否能够提供经常性地在境外召开董事会等证据来判定其是否仅仅出于避税目的而设立”[②];还有学者建议:“可以结合积极所得的判定以及《国家税务总局关于境外注册中资控股企业依据实际管理机构标准认定为居民企业有关问题的通知》(国税发〔2009〕82 号,部分失效)的相关规定来判定合理经营需要。”[③]在本案办理过程中,仍适用 2018 年修正前的《个人所得税法》,税务机关运用多种方式与纳税人积极沟通,甲才同意了税务机关补税的请求。如果未来的税法中明确了“非合理经营需要”的具体判断准则,则可以减少类似案件的不确定性,不然在现行税法框架下只能通过一般反避税之规定予以补足。

(三)一般反避税之规定

2018 年修正的《个人所得税法》实施之前,税务机关针对自然人避税的监管力度不足,其中一个比较重要的原因是纳税主体以减少、免除或者推迟缴纳税款为主要目的实施的一些不合理商业活动。在当时的税法框架下,仅在企业所得

① 《特别纳税调整实施办法(试行)》第 76 条规定:受控外国企业是指根据所得税法第 45 条的规定,由居民企业,或者由居民企业和居民个人控制的设立在实际税负低于所得税法第 4 条第 1 款规定税率水平 50% 的国家(地区),并非出于合理经营需要对利润不作分配或减少分配的外国企业。第 77 条第 1 款规定:“本办法第七十六条所称控制,是指在股份、资金、经营、购销等方面构成实质控制。其中,股份控制是指由中国居民股东在纳税年度任何一天单层直接或多层间接单一持有外国企业 10% 以上有表决权股份,且共同持有该外国企业 50% 以上股份。”

② 何晓蓉、刘爱明:《新企业所得税法“合理性原则”的判断》,载《会计之友》(上旬刊)2010 年第 5 期。

③ 杨娴:《我国受控外国企业税收管理研究与完善》,载《涉外税务》2011 年第 1 期。

税层面引入了“不具有合理商业目的的安排”的概念[①],使得个人在缴纳税款时,常常通过一些商业手段,基于减免或延迟缴纳税款的目的实施避税之行为,而税务机关的监管不足也导致了避税行为的增加,造成了个人所得税税收部分流失的后果。对于什么是不具有合理商业目的的问题《企业所得税法实施条例》第120条规定,企业所得税法所称不具有合理商业目的,是指以减少、免除或者推迟缴纳税款为主要目的。[②] 从各国立法以及实践来分析,合理商业目的标准已经成为各个国家的避税认定标准,其最初源于美国Gregory案。美国联邦最高法院在Gregory案判决中提到:纳税人以法律允许的方法减轻其本来应承担的税收数目甚至完全避免,这是合法的,也是纳税人的固有权利。但是需要注意的是,必须考察其税收目的是不是还符合税法的目的。[③] 从案件的判决来看,合理商业目的在于“审查引致纳税人投入资本的原因是不是仅仅出于税收考虑,或者是不是还含有非税动机或合法的盈利动机”[④]。

从本质上看,合理商业目的标准是一个相对主观的标准,关于主观标准能否作为避税的标准,一直都存在争议。有观点认为要认定为避税须有客观行为,且适用税法也是客观的行为,另有观点则认为,避税认定要件须具有避税的主观目的。[⑤] 在避税的学理认定上,通常有客观经济事实、税法之滥用、税法规避及规避意图等4项构成要素,[⑥]并宜采取客观行为为主、主观目的为辅的考察识别标准。从本案来看,甲始终坚持分红资金已由H公司汇往上市公司C公司,C公司按股权比例将款项分给了甲在BVI的D公司,一直放在D公司账户上的安排,但是这种安排没有任何商业价值,也不符合合理的商业目的。因为在这种安排下,甲不可能有任何利润收入,相反甲会产生资金上的损失,因此可以认定甲

---

① 《企业所得税法》第47条规定:企业实施其他不具有合理商业目的的安排而减少其应纳税收入或者所得额的,税务机关有权按照合理方法调整。

② 《新企业所得税法精神宣传提纲》(国税函〔2008〕159号,部分失效)在“一般反避税条款”中进一步明确:“不具有合理商业目的的安排通常具有以下特征:一是必须存在一个安排,即人为规划的一个或一系列行动或交易;二是企业必须从该安排中获取‘税收利益’,即减少企业的应纳税收入或者所得额;三是企业获取税收利益是其安排的主要目的。”

③ Gregory v. Helvering, 293 U. S. 469 (1935).

Donald L. Korb, *The Economic Substance Doctrine in the Current Tax Shelter Environment*, Remark at the 2005 U.

④ niversity of Southern California Tax Institute, Los Angeles, 25 California on January, 2005.

⑤ 参见王宗涛、陈涛:《试析我国避税认定标准与方法》,载《国际税收》2014年第6期。

⑥ 参见陈清秀:《税法总论》,台北,元照出版有限公司2010年版,第224~225页。

具有避税的目的。当税务机关要求甲提供在 BVI 的公司 D 公司的资金往来等相关账簿以及该账户的交易记录时,甲都明确表示无法提供,从甲交易的客观行为角度考量,甲从事的是与经济实质不相当的非常规交易形式,加上其始终坚持分红资金一直放在 D 公司账户上,D 公司未再分红给其个人,可以认为其兼具了避税的客观行为和主观目的,在《个人所得税法》一般反避税的合理框架下,此种情形可以认定为避税。

四、启示与思考

检视该宗境外上市公司派发股息征收个人所得税案,不难发现,在反避税征管实践中,税务机关除征管能力和执法技术手段的困扰外,税法制度设计上的不完备也会造成反避税工作开展的难度。2018 年的《个人所得税法》开启了我国个人所得税反避税的框架性规定,并为后续的个人所得税反避税工作提供了行动指南。在与 2018 年的《个人所得税法》配套的一般反避税细则规定尚未制定出台之前,个人所得税相关反避税工作的技术参考和认定标准可能会参照企业所得税法及其较为成熟的反避税规则的相关规定。但需要指出的是,即便是在《个人所得税法》施行和 CRS 框架下跨境税务信息自动交换已然开展的前提下,由于数据庞杂、跨境证据、程序冗长等技术性因素仍然存在,除了一些事实简单、证据充分的典型案件,在当前一段时间内,税务机关在办理具体的反避税案件时可能还是倾向于通过类似本案的“管理和服务的方式”来让纳税人自行补税。对于作为市场主体的企业和自然人而言,在了解既定反避税规则和征管执法实践的基础上,依据合理的商业目的进行妥适的业务规划和税务安排亦显得非常必要。

附录 1:相关法律法规政策规定(略)

附录 2:相关法律及涉税文书(略)

025

间接持有境内公司的境外主体迁址带来的税务影响*

——某在华外国投资公司海外分支机构更名迁址案

摘要：间接持有境内公司股权的境外主体迁址时，是否会对境内企业适用的税种或中国税务机关对企业的征税权发生实质变化？该问题是部分在华的外资公司在变动其境外分支机构时所常持有的疑问。我国现行法律并未对境外主体在境外的迁址行为的法律效果及可能责任进行明确，也无非常具体的案例可作我国税务机关相关征管口径的明显佐证。从当前的税务实务来看，间接持有境内公司股权的境外主体的迁址行为不属于间接转让境内公司股权的行为，我国税务机关并无非常明确的来源我国税法的税收管辖权，亦不产生需要向我国税务机关进行相关申报的法定义务。

一、案情简介

A公司系一在华外国投资公司，就其海外分支机构更名迁址是否构成常设机构变更、是否导致税收管辖权的变更、是否负有备案告知的法定义务等问题向本团队进行询问，本团队据此出具了专业法律意见，确保海外涉税事项的法律与税务合规。

---

* 团队在接受一些跨国公司和外资企业咨询的过程中发现，目前他们遇到的实际问题往往是税收政策没有特别规定，并不涉及现有案例的参考。这些问题的解决，需要结合税法的基本原理、国际上的通行做法以及我国目前相关的税法规定综合研判，方能给出比较客观而准确的答复和建议。

二、法律分析

(一)可能的争议点概括

该情形下的争议点:间接持有境内公司股权的境外主体的迁址行为是否构成我国税法学理及实践意义上的股权转让(含应受我国税法规定的与股权相关的实际控制权转移)、我国税务机关是否会行使管辖权及其依据以及公司应如何加以应对(含是否有申报义务等程序性要求)。

(二)税法学理与征管政策

1. 税法学理

税法上对税收利益的存在采取实质利益认定原则,如果投资、经营或与之联系的相关权益最终或实质来源某国或某地区,则该国或该地区具有行使管辖权及依据该国或该地区税法规定进行有效征管的权力。

在特定条件下,需要考虑纳税人与税法有关联的相关行为是否具有合理商业目的,或仅具有税务目的以及以税务目的为主要目的,这也是考察相关税收利益是否应合理存在的基础。

2. 征管政策

自 2009 年《国家税务总局关于加强非居民企业股权转让所得企业所得税管理的通知》(国税函〔2009〕698 号,目前已被《国家税务总局公告 2017 年第 37 号——关于非居民企业所得税源泉扣缴有关问题的公告》(国家税务总局公告 2017 年第 37 号,已被修改)、《国家税务总局公告 2015 年第 7 号——关于非居民企业间接转让财产企业所得税若干问题的公告》(国家税务总局公告 2015 年第 7 号,部分失效)、《国家税务总局关于非居民企业股权转让适用特殊性税务处理有关问题的公告》(国家税务总局公告 2013 年第 72 号,已被修改)等文件废止部分条款,目前该规范性文件已经全文废止,但一些基本原则和规定仍被新的规范性文件承继)公布以来,我国税务机关对间接股权转让采取更为严格的征管趋势。近年来,我国税务机关也积极主动加入了包括 BEPS、“双支柱”在内的项目进程并积极推动其成果向国内税制改革、税收立法和征管实践转化。

间接持有境内公司股权的境外主体转让境内公司股权的,依照中国税法的规定需要在中国按照权益性投资资产转让所得缴纳企业所得税。按照相关规定,境外主体作为非居民纳税人且在境内未设立机构及场所的,根据企业所得税实行的源泉扣缴原则,以支付人为扣缴义务人,境外主体应当就其来源中国境内的所得缴纳企业所得税。转让股权所得属于权益性投资资产转让的所得,所得来源地是被投资企业所在地,即境内公司的所在地。

但问题在于,迁址这种情形是否存在导致应税权益的转移或税基削减的可能,在我国税法没有明确规定的情形下,我国税务机关在实际征管过程中倾向于不直接给出应当或不应当承担纳税义务的明确答复,但纳税人需要对可能的后果作审慎分析并对此自行负责。原则上,即便是后续我国税法又补充了类似情况应予征税或对纳税人更为不利的规定,通常情况下也不会溯及既往。

(三)类似情况的税法规定与案例

在我国税务机关没有明确答复的情况下,纳税人需要执行对相关涉税行为或事实做我国税法上的客观分析。除前述税法学理及征管政策的分析,可以适当参照类似或相对比较近似的税法规定及相关案例再作适当分析。

1. 现行税法规定

一方面,某境内实体间接持有另一家境内公司的股权时,如持股的境内实体在境内变更其注册地址,该行为不属于对其间接持股的境内公司的股权转让行为,目前也没有税收法律、法规、规章或规范性文件将这一行为拟制为股权转让行为。

另一方面,根据《财政部、国家税务总局关于企业重组业务企业所得税处理若干问题的通知》(财税〔2009〕59号,已被修改)的规定,除符合该通知中适用特殊性税务处理的规定外,“企业由法人转变为个人独资企业、合伙企业等非法人组织,或将登记注册地转移至中华人民共和国境外(包括中国港澳台地区),应视同企业进行清算、分配,股东重新投资成立新企业。企业的全部资产以及股东投资的计税基础均应以公允价值为基础确定。企业发生其他法律形式简单改变的,可直接变更税务登记,除另有规定外,有关企业所得税纳税事项(包括亏损结转、税收优惠等权益和义务)由变更后企业承继,但因住所发生变化而不符合税收优惠条件的除外”。

上述规定的原理在于,当企业由法人转变为个人独资企业、合伙企业等非法人组织,或将登记注册地转移至中华人民共和国境外(包括中国港澳台地区)时,企业适用的税种及税制均发生变化,登记注册地转移至中华人民共和国境外可能导致我国税务机关对企业的征税权发生变化。

但财税〔2009〕59号文规定的此种情况仅作为参考,因为该等迁址明显产生了我国税收利益的变化,而本案例所研讨的情形属于境外迁址并不必然导致我国税收利益的变化或者至少是当期或显而易见的变化。

2. 相关案例

目前,尚未在公开渠道查询到也未从可能的内部渠道获知,证明存在此种情况下相关主体被我国税务机关认为属于影响征税管辖权、税基减少或需要产生纳税义务之情形的案例。

(四)结论

就税法原理而言,间接持有境内公司股权的境外主体的迁址行为不会导致境内企业适用的税种或我国税务机关对企业的征税权发生明显变化。此外,并无现行税法规定对境外主体(含持有境内公司股权或对境内公司产生其他控制效果的境外主体)在境外的迁址行为的法律效果及可能责任进行明确,也无非常具体的案例可作我国税务机关相关征管口径的明显佐证。

故综上所述,间接持有境内公司股权的境外主体的迁址行为不属于间接转让境内公司股权的行为,我国税务机关并无非常明确的来源我国税法的税收管辖权,亦不产生需要向我国税务机关进行相关申报的法定义务。

三、启示与思考

间接持有境内公司的境外主体迁址的问题涉及国内税法与国际税法之间的衔接和管辖问题,一方面需要对迁址行为进行国内税法上的定性,另一方面也需要考虑该行为是否涉及税收协定等特殊规定。在没有具体规定,且行为不会产生类似股权转让或其他对税收管辖权和税种等造成实质影响的情况下,一般不应当以股权转让或其他内容要求纳税人进行申报、缴纳税费等。

附录1:相关法律法规政策规定(略)

附录2:相关法律及涉税文书(略)

李　华

盈科律师事务所创始合伙人、盈科全国业务指导委员会主任。

李华律师作为盈科全国业务指导委员会主任，负责盈科体系内的专业化建设，带领盈科律师，构建出完整的专业化法律服务体系，包括研究院、专业委员会及综合性法律中心，推动盈科律师专业化的法律服务，以适应法律服务市场不断细分的需要。在此基础上，通过集成各专业委员会纵深化的法律服务能力为客户提供综合性的法律服务。

曾荣获全国律师行业优秀党员律师、北京市优秀律师、朝阳区优秀律师、朝阳区首届优秀女律师、朝阳区优秀党员的荣誉称号，钱伯斯《大中华区指南2023》TMT：数据保护&隐私领域上榜律师。

王桦宇

北京大学财税法学博士，上海交通大学金融法学博士后。现任盈科全国财税法律专业委员会主任、盈科上海财税法律事务部主任，兼任中国法学会财税法学研究会理事会理事、上海市律师协会财税专业委员会副主任、上海市法学会财税法学研究会秘书长等社会职务。曾任上海市静安区财政局法律顾问、上海市静安区金融办法律顾问。同时持有上海证券交易所和深圳证券交易所上市公司独立董事资格，担任多家上市公司和拟上市公司独立董事。